한국에 영향을 미친 중국 근대 지식과 사상

이 책은 2016년 대한민국 교육부와 한국연구재단의 지원을 받아 수행된 연구임

(NRF-2016S1A5A2A03926486)

지은이

황종원: 단국대학교 철학과 교수
허재영: 단국대학교 교육대학원 교육학과 교수
김경남: 단국대학교 일본연구소 HK연구교수
강미정: 건국대학교 강사

한국에 영향을 미친 중국 근대 지식과 사상

© 황종원·허재영·김경남·강미정, 2019

1판 1쇄 인쇄__2019년 02월 20일
1판 1쇄 발행__2019년 02월 25일

지은이__황종원·허재영·김경남·강미정
펴낸이__양정섭

펴낸곳__도서출판 경진
　　　등록__제2010-000004호
　　　이메일__mykyungjin@daum.net
　　　주소__서울특별시 금천구 시흥대로 57길(시흥동) 영광빌딩 203호
　　　전화__070-7550-7776 팩스__02-806-7282

값 28,000원
ISBN 978-89-5996-600-4 93300

한국에 영향을 미친
중국 근대 지식과 사상

황종원·허재영·김경남·강미정 지음

이 책은 2016년 선정된 한국연구재단 일반공동연구 사업 '한국에 영향을 미친 중국 근대 지식과 사상'의 결과물이다. 본 연구는 사업 신청 시 '중국에서의 근대 지식과 사상 형성 과정', '중국 근대 지식의 한국 유입 및 영향 관계' 등을 거시적으로 규명하는 데 목표를 두고 출발했다.

2년간의 사업 진행 과정에서 다수의 월례 발표, 연구원 공동의 콜로키움 등을 통해 사업의 본 목표를 달성하는 데 최선의 노력을 다하고자 했다. 그 결과 연차별 총 7편의 사사표기 논문을 생산했으며, 일부 중요 자료를 번역하기도 하였다. 이 책은 연구진이 사업을 진행하면서 발표한 논문과 번역한 결과물을 엮은 것이다. 그 내용은 다음과 같다.

제1부는 연구 계획서의 주요 내용을 바탕으로 수정한 것으로 연구책임자 황종원 교수와 허재영 교수가 공동으로 작업하였다. 제2부의 「근대 계몽기 한국에 수용된 중국 번역 서학서」는 전임연구원 강미정 박사와 공동연구원 김경남 교수의 공동 논문으로 『동악어문학』 71집에 발표한 것이며, 「근대 중국어 번역 학술어 생성 양상과 그 영향」은 공동 연구원 허재영 교수가 『한민족어문학』 79집에 발표한 것이다. 제3부 「근현대 한국에 수용된 중국 학술 사상」(『어문논집』 63집), 「근대 한국에서의 양계초 저술 번역의 의미」(『우리말글』 74)는 공동 연구원

허재영 교수의 논문을 수정한 것이다. 또한 「양계초의 유교에 대한 견해가 박은식에게 미친 영향」은 연구 책임자 황종원 교수가 『유학연구』 44집에 발표한 논문을 수정한 것이다. 제4부의 「양계초 격의 서양 철학에 관한 연구」는 연구 책임자 황종원 교수가 『유학연구』 40집에 발표한 논문을 수정한 것이며, 「환유지구 계몽 담론과 국문 기행문」은 공동 연구원 김경남 교수가 『독서연구』 46집에 발표한 것이다. 구체적인 서지 사항은 각 장의 글 밑에 주석으로 표시하였다.

연구 과정에서 수많은 자료를 수집하였고, 연구진이 함께 그 내용을 독해하고 해석하고자 노력하였다. 그 과정에서 존 프라이어(傅蘭雅)의 『역서사략(譯書事略)』이나 『음빙실문집(飮冰室文集)』의 일부 내용은 꼭 번역해야 할 필요를 느꼈다. 이에 일부 자료를 번역하여 부록으로 처리하였다. 이처럼 지속적인 연구를 진행했음에도 2년이라는 기간은 거시적인 연구 주제를 해결하는 데는 만족스러운 시간이 되지 못했다. 이 책은 비록 충분한 성과물이라고 할 수는 없지만, 연구 계획에 따라 연구 서적을 출판해야 하는 입장에서 최선을 다해 산출한 연구 결과물이다. 미흡한 점은 연구진이 함께 지속적으로 연구해 나가면서 보완하고자 한다.

2019년 2월
연구진 일동

목차

펼치는 글 _____ 4

제1부 한·중 근대 지식 교류의 연구 목적과 방법

한·중 근대 지식 교류 연구 목적과 방법 __ 황종원·허재영 __ 1
    1. 연구의 목적과 의의 ·· 11
    2. 연구 대상과 방법 ··· 14
    3. 선행 연구 ··· 16

제2부 근대 중국의 서양서 번역과 보급 과정

제1장 근대 계몽기 한국에 수용된 중국 번역 서학서 __ 강미정·김경남 __ 31
    1. 서론 ·· 31
    2. 근대 계몽기 중국에서의 서양서 번역 ································· 35
    3. 근대 계몽기 한국에서의 번역 서학서 수용 양상 ············· 47
    4. 결론 ·· 61

제2장 근대 중국어 번역 학술어의 생성 양상과 그 영향 __ 허재영 __ 67
    1. 번역 학술어 생성과 보급의 의미 ·· 67
    2. 근대 중국에서의 역법(譯法)과 언어 ··································· 70
    3. 『청의보』와 『신민총보』의 학술어 논쟁 ····························· 74
    4. 『신명사훈찬』의 신어(新語) ··· 85
    5. 근대 한국의 학술어에 대한 태도 ·· 88
    6. 한국에 영향을 미친 중국 근대 번역 학술어의 의미 ········· 92

제3부 한국에 영향을 미친 중국 근대 지식과 사상

제1장 근대 계몽기 지식 유통의 특징과 역술 문헌 __ 허재영 __ 99
1. 서론 ··· 99
2. 개항에서 갑오개혁까지(1880~1894) ··· 102
3. 근대식 학제 도입기의 지식 유통과 역술 문헌 ························· 109
4. 통감시대 지식 유통과 역술 문헌 ·· 118
5. 결론 ·· 125

제2장 근대 한국에서의 양계초 저술 번역의 의미 __ 허재영 __ 130
1. 서론 ·· 130
2. 『음빙실문집』의 판본과 내용 ··· 132
3. 『음빙실문집』 역술 상황과 의미 ·· 141
4. 결론 ·· 151

제3장 양계초의 유교에 대한 견해가 박은식에게 미친 영향 __ 황종원 __ 156
1. 들어가는 말 ··· 156
2. 양계초의 유교의 근대화 및 종교화에 대한 견해 ····················· 158
3. 양계초의 유교에 대한 견해가 박은식에게 미친 영향 ·············· 169
4. 나오는 말 ·· 184

제4부 근현대 동아시아 학문 지평의 특징

제1장 양계초 격의 서양철학에 관한 연구 __ 황종원 __ 191
1. 들어가는 말 ··· 191
2. 주자의 격물궁리설로 설명한 베이컨, 데카르트 사상 ············· 194
3. 홉스와 순자, 묵자의 정치사상 사이의 유사성에 대한 설명 ········ 201
4. 칸트와 유식불교, 주자, 왕양명 사이의 유사성에 대한 설명 ········ 209
5. 나오는 말 ·· 219

제2장 환유지구 계몽 담론과 국문 기행문 __ 김경남 __ 222
1. 서론 ·· 222
2. 환유지구·출양견문 담론의 계몽성과 문체상의 한계 ··············· 225

3. 순국문 기행문과 지식 계몽 담론 …………………………………… 235
4. 결론 …………………………………………………………………… 248

부록

[부록 1] 강남제조총국 번역국 역서사략(譯書事略) ___ 허재영·김경남 ___ 255
[부록 2] 양계초의『음빙실문집』중 서양철학 소개 자료 ___ 황종원 ___ 307
[부록 3]『음빙실문집(飮氷室文集)』중 종교·유교 관련 자료 ___ 황종원 ___ 391

제1부 한·중 근대 지식 교류의 연구 목적과 방법

한·중 근대 지식 교류의 연구 목적과 방법

황종원·허재영

1. 연구의 목적과 의의

이 연구는 한국에 영향을 미친 중국 근대 지식과 사상을 연구 대상으로 한다. 『황성신문』 1900년 7월 25일~26일자 '외보'에는 '청국의 비밀결사'라는 제목으로 중국 내 정치·종교 단체의 활동을 소개한 기사가 실려 있다. "신보(申報)에 이르기를 중국의 난민이 항하(恒河)의 모래와 같이 그 얼마나 많은가. 가로회(哥老會)가 장강에 두루 퍼져 있으나 모두 떠돌아 흩어진 병사처럼 돼지와 같이 꿈틀거려 족히 복심(腹心)의 근심 거리가 될 만한 것이 없고, 대도회(大刀會), 소도회(小刀會) 등이 각 성 여러 군읍에 만연하여 살인 약탈하여 법과 형벌을 두려워하지 않으나 이 모두 향마(響馬, 수말)와 홍죽자(紅鬍子)의 무리여서, 초멸(剿滅)하기 쉽고, 가장 근심할 만한 것은 오직 월동(粤東)의 역모자 손문이 거느린 혁명당(革命黨)인딕"라고 시작하는 이 기사는 『신보(申報)』를 기사원(記

事源)으로 하여, 중국 내 '가로회, 대도회, 소도회, 혁명당' 등의 활동을 소개하면서, 혁명당 활동에 큰 의미를 부여하고 있다. 이 기사뿐만 아니라 이 신문 1900년 8월 2일부터 14일까지 14회에 걸쳐 연재한 '중국 조야 인물(中國朝野人物)'은 근대 중국 지식인의 유형을 이해하는 좋은 자료일 뿐만 아니라, 중국 근대 지식인과 한국과의 관계를 이해하는 데 중요한 단서가 된다.

전통적으로 한국과 중국은 정치·경제적인 면뿐만 아니라 지적인 면, 사상적인 면에서 불가분의 관계를 맺어 왔다. 그렇기 때문에 한·중·일의 연구자들 사이에 다소의 온도 차이가 있다고 할지라도, '동양(東洋)'이라는 담론이 제기될 경우, 상당수의 학자들은 '동양'이라는 용어에서 '중국'을 전제하는 경우가 많다. 그러나 사상사적인 차원에서 '근대'를 논의할 경우 '한국에 영향을 미친 중국 근대 사상'이라는 주제로 중국 사상을 연구하고자 한다면, '동양'의 실체가 무엇인지, 그리고 제국주의 시대에 중국과 일본에서의 동양 담론이 어떻게 형성·변화되었는지를 고찰하지 않으면 안 된다. 특히 일제의 동양주의는 서구에 대항하는 일본 중심의 제국주의 이데올로기와 밀접한 관련을 맺고 있기 때문에, 막연한 '한·중·일 공동체'로서의 동양 담론과는 그 성격이 판이하게 다르다.

지식 교류의 차원에서 전통적으로 한국과 중국은 불가분의 관계에 있었다. 조선 후기 지식인의 대외 인식을 연구 주제로 한 김문식(2009)에서는 조선 시대 서구 학문의 유통 경로를 '연행사 코스', '통신사 코스', '표류민 코스'의 세 가지로 정리한 바 있다. 이 가운데 연행사 코스는 조선에서 중국에 파견한 연행사와 수행원을 중심으로 중국 학문을 수용하는 과정을 의미한다. 이양선의 출몰이나 서학의 유입, 천주교의 발흥과 함께 쇄국의 시대로 접어든 조선 후기일지라도 중국과의 교류는 지속적으로 이루어졌으며, 그 과정에서 청국의 정치·사회적인 변화가 쇄국 시대에도 점진적인 영향을 주고 있다. 이러한 흐름에서 1876년 개항은 조선 사회에 큰 충격으로 다가왔다.

개화기 이후 한국의 근대 지식과 사상 형성 과정을 연구한 다수의 선행 연구를 종합해 보면, 개항 이후 서구 학문의 도입 과정에서 대부분 일본을 주목하는 경향이 있다. 이는 1876년 강화도 조약이 일본에 의해 강제 체결되었고, 수신사 파견, 재일 유학생 출현, 『한성순보』와 『한성주보』의 발행 등과 같이 일본과 관련된 지적 교류가 활발해졌기 때문일 것이다. 이 시기에도 중국에 영선사를 파견하고 그를 통해 서구의 기기 문물을 도입하고자 한 시도가 끊임없이 이어졌으나, 근대 지식과 사상 형성의 차원에서 그 가치를 평가하는 연구는 많지 않다. 이 점에서 중국에서의 서구 학문 도입과 전파 과정을 규명하고, 한국에 영향을 미친 중국 근대 지식과 사상을 규명하는 일은 가치 있는 일이다.

이와 같은 차원에서 본 연구는 근대 한중 지식 교류 및 사상에 대한 영향 관계를 실증 자료를 바탕으로 재구성하는 데 목표를 둔다. 한국과 중국의 매체 발달 과정, 근대 지식의 형성과 사상적 영향 관계에 대한 다수의 연구가 존재하지만 본 연구가 지향하는 바는 '역사학, 철학, 문헌학, 번역사, 사회과학'의 다분야에 걸친 학문적 성과를 기반으로 한국 근대 지식과 사상 형성에 기여한 중국 근대 지식사를 재구성한다는 점에서 의미가 있다. 이를 뒷받침하기 위해, 선행 연구를 종합 정리한 뒤, 기초 자료를 체계적으로 수집·정리하고, 중요 문헌을 번역하며, 사상사 연구 방법과 사회과학 연구 방법을 종합하여 한국 근대 지식과 사상 발전 과정을 도출해 가고자 한다.

2. 연구 대상과 방법

이 연구의 목표는 한국에 영향을 미친 중국 근대 지식과 사상의 성격을 규명하는 데 있다. 이 점에서 중국에서의 근대 지식 형성 과정을 규명하는 일은 이 연구의 전제 조건이 된다. 이 과제는 아편전쟁 이후 중국의 지식장(知識場)이 어떻게 변화하는가를 고찰하는 데서 출발해야 한다. 이를 고려하여 이 연구에서는 일차적으로 서양 선교사들과 외교관들이 중심이 된 화문(華文) 신문을 개괄하는 데서 출발한다. 현재 국내에 소장되어 있는 『격치휘편』, 『만국공보』가 일부 연도에 국한되어 있으나 중국을 비롯한 해외 학계에서는 이에 대한 기초 연구가 비교적 체계화되어 있으므로, 이를 활용하여 중국 근대 지식 형성 과정을 개괄할 수 있도록 한다. 이를 바탕으로 한국에 영향을 미친 중국 근대 지식인의 사상을 분석하는 데 중점을 둔다. 선행 연구에서 살펴본 바와 같이, 개항 이후 한국에 큰 영향을 준 지식인으로는 정관응, 황준헌, 엄복, 강유위, 양계초 등이 있다. 이들뿐만 아니라 『황성신문』 1902년 8월 10일~11일에 걸쳐 소개된 '중국 재야 인물'(陳寶箴, 康有爲, 梁啓超, 麥孟華, 徐勤, 唐才常, 孫文, 文廷式, 汪康年, 吳大徵, 馬建忠, 黃遵憲, 張蔭桓, 唐薇卿, 孫家鼐, 吳汝綸, 何啓 등의 활동을 소개하였음)은 이 시기 대표적인 중국 지식인들로 한국 지식인들과 교류했던 사람들이다. 이들은 이른바 한국의 개신유학파(장지연, 박은식, 신채호, 이기 등)뿐만 아니라 민족 종교를 주창했던 다수의 인물(오세창, 이종린, 박정동, 이돈화 등)의 사상에도 일정한 영향을 주었음이 틀림없다. 이는 한국의 근대 지식과 사상의 스펙트럼이 서구와 일본을 중심으로 형성된 것이 아니라 전통적인 지식 교류 코스와 마찬가지로 중국과도 밀접한 관련을 맺고 있었음을 의미한다.

이 연구는 아편전쟁 직후부터 1900년대 초까지를 대상으로 한다.

이는 김영민(1994), 홍석표(2005) 등에서 중서문화의 충돌이라는 관점에서 진행한 중국 지식사의 시대 구분 원리와도 비슷하다. 홍석표(2005)에서는 서구 세력에 대한 중국인의 대응 방식을 '서학중원설(서양 학문의 근원은 중국이라는 설) → 중체서용(중국의 정신을 바탕으로 서양의 기술을 수용하자는 논리) → 전반서화론(모든 것이 서양화될 필요가 있다는 논리) → 동방문화론 → 중국본위문화론'으로 구분한 바 있는데, 『격치휘편』이나 『신보』에 등장하는 다수의 학문론은 서학중원설에 기반한 것들이 많으며, 이 이론 가운데 상당수는 『한성순보』와 『한성주보』에도 소개되었다. 한국과 마찬가지로 중서문화의 충돌은 1895년 전후 급격한 변화를 보이는데, 청일전쟁 이후 재일 청국 유학생이 등장하면서 '전반서화론'이나 '국학(양계초의 경우 中學)' 이념이 등장한다. 이 시점에서 한중 지식과 사상 교류 문제가 전통적인 교류 방식과는 상당히 다른 모습을 띠게 된다. 이 점을 고려하여 이 연구에서는 중국의 경우 아편전쟁부터 1900년대 초까지에 집중할 예정이며, 한국의 경우 1880년대부터 1900년대 초까지를 중점적으로 다룰 예정이다.

이러한 차원에서 연구하고자 하는 기초 자료를 세 가지 유형으로 정리할 수 있다. 첫째는 한국에 영향을 미친 근대 중국의 신문이다. 그 가운데 일차적인 규명 대상은 국내 소장본 『격치휘편』, 『만국공보』이며, 이를 바탕으로 두 신문의 해외 소장본을 추가 확보하여 분석한다. 또한 해외 소장본을 추가 확보하여 분석하며, 근대 신문의 기사원으로 빈번히 등장하는 『신보(申報)』(1872.4.30, 상해에서 창간)를 보조 자료로 활용한다.

둘째는 한국에 수용된 중국 발행 서적에 대한 실태 조사이다. 현재까지 개항 이후 한국에 수용된 중국 서적에 대한 전수 조사가 이루어진 경우는 없으나, 『태서신사남요』(1896, 학부 간행)에 소재하는 '광학회 서목'이나 중국에서 조사된 광학회 서목, 후대에 작성된 것이지만 고종황제의 서재였던 집옥재 소장 도서 목록(1948년 전후에 작성된 것으로 추정됨) 등을 비교한 뒤, 규장각과 국립중앙도서관, 장서각 등의 도서 목록을 비교할 경우, 이 시기 유통된 중국 근대 서적에 관한 기초 자료가 어느 정도는 규명될 수 있을 것으로 판단한다.

셋째, 근대 신문 및 잡지에 소재하는 중국인 저술 번역물에 대한 실태 조사이다. 대상 신문은 『한성순보』, 『한성주보』, 『황성신문』, 『대한매일신보』, 『만세보』 등으로 한정하며, 기사원을 명확히 밝힌 것들로 한정한다. 관훈클럽신영영신기금(1983)의 설명에 따르면 『한성순보』의 기사원 가운데 중국계 신문으로는 『신보(申報)』(260건), 『호보(滬報)』(123건), 『중외신보(中外新報)』(69건), 『순환보(循環報)』(58건), 『상해보(上海報)』(21건) 등으로 나타난다. 이는 일본계 신문인 『시사신보(時事新報)』(22건), 『동경일일(東京日日)』(6건), 『보지신문(報知新聞)』(6건)보다 훨씬 많은 비중을 차지하는 것으로, 1880년대 지식 교류에서 중국과의 영향이 적지 않았음을 보여준다.

3. 선행 연구

한국에 영향을 미친 중국 근대 지식과 사상 연구는 '역사학', '철학', '문헌학', '번역학', '사회과학' 등을 종합한 연구에 해당한다. 역사학의 차원에서는 중국 근현대사와 한국 근현대사의 연구 성과를 기반으로 한다. 중국 근대사 연구는 중국학자들의 중심으로 수많은 연구가 이루어져 왔다. 국내에서도 신승하(1994)의 『중국근대사』(대명출판사), 김준엽(1971)의 『중국최근세사』(일조각)를 비롯한 다수의 연구가 있었으며, 무원(武原) 저·천성림 옮김(1999), 『중국근대사』(예전사), 조시원 외저·중국사연구회 옮김(1990), 『중국근대사』(청년사), 신해혁명연구회 엮음·김종원 옮김(1997), 『중국근대사연구입문』(한울) 등과 같이 다수의 번역본도 널리 알려져 있다. 그러나 역사학의 차원에서는 중국 근대 지식사나 사상사를 집중적으로 다루지는 않는다. 김준엽(1971)에서도 '제1편 구중국(舊中國)의 몰락(아편전쟁, 태평천국), 제2편 근대화로의 고민(양무운동, 서법 모방 시기의 대외 관계, 제국주의하의 중국, 유신운동, 서태후의 반동정치, 신해혁명)' 등과 같이 정치사를 중심으로 중국의 격변기를 서술하는 경향이 우세하다. 이 점에서 중국 근대사 연구의 성과가 이 시기 중국 지식 사상이 한국과 어떤 관련을 맺게 되는지를 규명하는 데 충분한 정보를 제공하지 않는다. 이는 한국 근현대사 연구 경향도 유사하다. 다수의 한국 근대사, 현대사 연구 성과는 정치사나 사상사의 차원에서 시대적인 흐름을 보여줄 뿐, 지적 영향 관계를 구체적으로 그려내지 않는다.

이 점에서 철학, 특히 한중 근대 사상사 연구 성과를 점검할 필요가 있다. 중국 근대 사상사와 관련된 연구로는 박응수(1991), 백지운(2003) 등의 박사논문이 존재하고, 리쩌허우(李澤厚) 저·임춘성 옮김(2005)의 『중국근대사상사론』(한길사)이 번역된 바도 있으나, 이 또한 중국 근대 사상을 전제로 할 뿐, 한국과의 영향 관계를 설명하는 데는 충분하지 않다. 이러한 흐름에서 홍석표(2005)의 『현대 중국: 단절과 연속』(선학사)도 주목된다. 그의 연구에서는 근대 시기 중국의 개혁 운동에 등장하는 '통변의식(通變, 變法)'을 주목하면서 중서문화의 충돌 현상을 비교적 소상하게 규명하고자 하였다. 그럼에도 홍석표(2005)의 연구 범위가 중국 근대사였으므로, 한국과의 영향 관계를 밝혀내는 데까지 확장되지는 않았다. 이 점은 한국의 근대 사상 연구 경향도 비슷하다. 한국 사상사 연구 방법론과 관련된 문제가 본격적으로 다루어지기 시작한 1970년대 이후부터 현재까지 한국사상연구회(1973)의 『한국사상총서』(경인문화사), 최창규(1972), 신용하(1987), 노용필(2010), 양은용(2012) 등 다수의 한국 근대 사상사 연구 성과가 축적되었으나, 한중 관계의 지식 교류사 문제는 부각되지 않았다.

근대 한중 지식 교류사의 차원에서 문헌에 대한 기초 연구는 중요한 의미를 갖는다. 이 점에서 한국 개화사를 집중적으로 연구한 이광린(1969)의 『한국 개화사연구』(일조각)는 의미 있는 성과이다. 이 저서에서는 『해국도지』의 전래 과정, 정관응의 『이언』이 한국 개화에 미친 영향 등을 집중적으로 다루었다. 이뿐만 아니라 이광린(1986)의 『한국 개화사의 제문제』(일조각)에서는 신구학의 대립, 만국공법 수용 문제, 러시아령 이주민 활동 등의 연구 과제를 확장함으로써 이 시기 한중 지식 교류사의 일면을 보여주기도 하였다. 그럼에도 기존의 연구에서 근대 한중 지식 교류사와 관련하여 주목한 문헌은 『해국도지』, 『이언』, 『조선책략』 등 제한된 서적뿐이었다. 이 점에서 송만오(1995), 백옥경(2012) 등에서 다룬 『공보초략(公報抄略)』은 의미 있는 연구 성과로 보인다. 그럼에도 한중 지식 교류의 기반이 되었던 근대 시기 중국에서 발행된 다수의 신문, 저서에 대한 기초 연구는 충분하지 않다. 이 점에서 1870~1880년대 상해 번역국의 활동(『격치휘편』, 1876.11.)이나 서양 선교사에 의해 발행된 『중서견문록』(후에 『격치휘편』으로 개제), 『교회월보』(후에 『만국공보』) 등에 대한 기초 조사가 충실하게 이루어질 필요가 있다. 현재 이들 문헌은 국내 일부 도서관에 산재되어 있는데, 『격치휘편』은 서울대학교 규장각에 1876년부터 1882년 사이의 발행본이 소장되어 있으며, 『만국공보』는 국립중앙도서관에 1898년부터 1902년 사이의 일부가 마이크로필름 형태로 공개되어 있다. 이 점에서 본 연구는 한중 지식 교류사를 증명할 수 있는 기초 문헌 정리를 일차적인 목표로 설정한다.

지식과 사상 교류의 차원에서 주목할 학문 분야는 매체학이다. 일반적으로 매체학은 사회과학의 커뮤니케이션 차원에서 다루어질 경우가 많다. 중국 근대 언론 발달 상황에 대해서는 차배근(1985)의 『중국 근대 언론사』(나남), 차배근(2008)의 『중국 근대 언론 발달사(1815~1945)』(서울대학교 출판부) 등에서 비교적 체계적인 정리가 이루어진 바 있다. 이뿐만 아니라 전상기 외(2009)의 『동아시아 근대 언론 매체 DB사전』(한국연구재단 연구 보고서) 등과 같이, 근대 언론에 대한 기초 연구 성과가 비교적 풍성하다. 그럼에도 한중 지식 교류의 차원을 고려한다면, 한국 근대 언론 매체에 등장하는 중국 지식인들의 지식 담론 분석이 충분히 이루어졌다고 보기는 어렵다. 예를 들어 양계초(梁啓超)의 『음빙실문집』은 근대 계몽기 지식인들에게 절대적인 영향을 주었던 서적으로, 당시 번역된 자료도 10여 건에 이른다. 그렇지만 현재까지 양계초 문집을 번역한 사례는 최형욱(2015)의 『음빙실문집』(지식을만드는사람들)에 불과한 것으로 보이며, 이 번역물도 발췌본이어서 빙집(氷輯)의 전모를 이해하는 데 한계를 갖는다.

이러한 차원에서 이 연구의 기반이 되는 '한중 근대 지식 형성과 사상 교류'와 관련한 선행 연구는 크게 세 가지 방향으로 정리할 수 있다.

첫째는 한국과 중국의 근대 사상과 관련된 연구이다. 먼저 한국학술정보서비스에서 '중국의 근대사상'을 키워드로 연구물을 검색하면 대략 4,700여 건이 검색된다. 이 가운데 학위논문이 860종을 차지하는데, 박사논문으로는 윤영도(2005)의 「中國 近代 初期 西學 飜譯 硏究: 『萬國公法』飜譯 事例를 中心으로」(연세대학교 대학원), 함홍근(1975)의 「中國 近代의 政治的 改革思想 硏究」(이화여자대학교 대학원), 김월회(2001)의 「20세기초 中國의 文化民族主義 硏究」(서울대학교 대학원) 등이 있으며, 황선미(2012)의 「신문화운동기의 『신청년(新靑年)』 번역 작품 연구」(한국외국어대학교 대학원), 이종민(1998)의 「近代 中國의 時代認識과 文學的 思惟: 梁啓超, 王國維, 魯迅, 郁達夫를 중심으로」(서울대학교 대학원), 심형철(1997)의 「近代轉換期 中國의 小說論 硏究」(서울대학교 대학원) 등과 같이 문학 연구의 차원에서 이루어진 박사논문도 다수 발견된다. 학술지 소재 논문은 270여 편을 찾을 수 있는데, 그 가운데 김수영(2011), 조성환(2009, 2010), 양일모(2004) 등은 중국 근대 지식 형성 과정을 주제로 한 연구에 해당한다. 단행본으로 널리 유통되는 성과물은 무원·천성림 옮김(1999)의 『중국근대사』(예전사), 조시원 외·중국사연구회 옮김(1990)의 『중국근대사』(청년사), 신승하(1994)의 『중국근대사』(대명출판사), 신해혁명연구회 엮음·김종원 옮김(1997)의 『중국근대사연구입문』(한울) 등이 있다. 이뿐만 아니라 중국에서 연구된 李侃·李时岳·李德征·杨策·龚书铎 著(2004)의 『中国近代史』(北京: 中華書局), 武吉庆 外(2011)의 『中国近代史』(北京: 高等教育出版社), 黎光明 著(1981)의 『中国近代史』(北京: 黎明文化事業股份有限公司) 등도 주목할 성과에 해당한다. 이와 같이 비교적 다수의 연구 성과가 존재함에도, 근대 한중 지식 교류와 사상적 영향 관계에 대한 집중적인 연구 성과는 많지 않다. 비록 전상기 외(2009)와 같은 동아시아 근대 매체 연구 성과가 존재하지만, 영향 관계를 연구하는 기초 자료 구축과 연구 방법이 충분하지 못했기 때문에 나타난 문제로 보인다.

둘째, 근대 한중 지식 교류의 수단인 서적 유통 상황이나 번역물의 역사에 관한 연구이다. 이 문제는 근대 연구가 활성화된 2000년대 이후 다수의 성과물이 축적되고 있다. 특히 근대 동아시아의 번역과 교섭 문제와 관련된 이화인문과학원(2013)의 『번역과 교섭』(이화여자대학교 출판부), 『만국공법』의 수용 양상을 중점적으로 연구한 부산대학교 점필재 연구소 고전번역센터(2013)의 『동아시아, 근대를 번역하다』(점필재)는 최근의 근대 한중 지식 교류 연구 방향을 잘 보여준다. 이와 같은 연구 성과는 일본과 중국의 근대 지식 형성 및 번역에 관한 다수의 선행 연구를 반영한 것으로 볼 수 있는데, 국가학과 정치학 분야의 역술에 관한 김효전(2005, 2008), 역사학 분야의 백옥경(2010), 가정학 분야의 임상석(2013) 등은 지식 유통 차원의 번역물 관련 연구에서 주목할 성과로 보인다. 그러나 근대 한중 지식·사상 교류 매체와 관련한 다수의 연구가 축적되었음에도 구체적인 서적 유통 상황이나 중국 근대 지식인이 한국 근대 사상에 어느 정도 영향을 주었는가를 주제로 할 경우 아직까지 연구해야 할 문제가 많이 남아 있다. 특히 정관응(110건), 황준헌(198건), 강유위(932건), 양계초(2211건) 등의 주요 인물을 중심으로 한 연구물은 목록을 작성하기 어려울 정도로 성과가 많으나, 『한성순보』와 『한성주보』 등의 신문이나, 『대조선독립협회회보』를 비롯한 한국 근대 잡지에 빈번히 기사원(記事源)으로 등장하는 『격치휘편(格致彙編)』과 관련된 연구는 차배근(2008)의 해설이 거의 유일한 수준이다. 물론 이 신문의 전신에 해당하는 『중서견문록』과 관련된 주숙하(2010)의 「淸朝中前期中西跨文化形象書寫與飜譯硏究」(숭실대학교 대학원 박사논문)와 이민호(2009)의 『동서양 문화교류와 충돌의 역사』(한국학술정보), 동북아역사재단(2009)의 『동아시아의 지식교류와 역사기억』 등이 있으나 중국 근대 지식 형성사에서 서양인에 의해 발행된 중국어판 신문에 관한 연구가 충실하게 이루어졌다고 보기는 어렵다. 이는 『교회월보』나 『만국공보』도 마찬가지이다. 후자의 경우 대략 80여 건의 관련 연구물이 존재하지만, 전자와 후자의 관계, 공보에 수록된 글과 한국에 미친 영향 등은 거의 연구된 바 없다. 이러한 차원에서 『격치휘편』을 발행했던 격치서원이나 상해 광학회의 실체에 관한 기초 연구가 필요하며, 광학회에서 발행한 서적의 유통 상황에 대한 검토도 요구된다.

셋째, 중국 근대 학문과 사상이 한국에 미친 영향과 관련된 연구이다. 이광린(1969, 1986)에서 밝힌 바와 같이 1880년대 개화 사상가들에게 가장 큰 영향을 주었던 중국 서적은 『해국도지』, 『영환지략』(세계여가

지은 세계 지리서), 『이언』(정관응), 『조선책략』(황준헌)이다. 이 가운데 『이언』은 1883년 언해본이 출현한 이후 몇 차례 재간행이 이루어질 정도로 중요한 문헌이었다. 황준헌의 『조선책략』은 언해한 사례가 없으나 전통적으로 한문(漢文)을 위주로 한 조선 지식인들에게 큰 영향을 주었음은 쉽게 짐작할 수 있다. 이 책은 조일문(2006)의 번역본이 있다. 중국 근대 사상의 영향에 관한 선행 연구는 조보로(2003), 노종상(2002), 이정길(2003), 권혁률(2003) 등의 박사논문과 같이 문학 사상의 영향에 초점을 맞춘 경우가 많다. 이외에 우남숙(1993), 최기복(1990), 오지석(2010), 최선웅(2014), 조성환(2013) 등의 박사논문은 정치사상이나 종교관과 관련된 논문으로 볼 수 있는데, 사상사적 관점에서 중국 사상이 한국 사상에 미친 영향을 개괄하는 데 기여하였다. 이 외에도 문영걸(2008)의 「조자신의 신앙에 대한 연구」, 김상순(2015)의 「중국 금도의 한국 전래에 대한 연구」, 우란(2014)의 「중국 여성의 법적 지위 변천에 관한 연구」 등도 일정 부분 사상적 영향과 관련된다. 단행본의 경우 금장태(1984)의 『동서 교섭과 근대 한국사상』(성균관대학교 출판부), 고병익(1984)의 『동아시아의 전통과 근대사』(삼지원), 이춘식(1995)의 『동아사상의 보수와 개혁』(신서원), 강성학(2008)의 『동북아의 근대적 변용과 탈근대 지향』(매봉) 등 비교적 다수의 연구 서적이 있다. 그러나 선행 연구의 지식 교류사에서는 중국 지식인들의 저술과 한국 사상가들의 저술을 비교하는 방식을 취한 경우가 대부분이다. 달리 말해 근대 중국 지식인들의 저술이 어떤 과정으로 어떻게 유입되었으며, 구체적으로 누구에게 어떤 영향을 주었는지를 증명하는 과정이 충분하지 않았다는 뜻이다. 엄밀히 말하면 이 증명은 근대 시기의 서적 유입과 번역 상황 등을 고려하지 않으면 가능하지 않다.

참고문헌

고병익(1984), 『東아시아의 傳統과 近代史』, 삼지원.

국학자료원(2007), 『韓日近代思想史研究』, 국학자료원.

권혁률(2003), 「춘원과 루쉰에 관한 비교문학적 연구」, 인하대학교 박사논문.

금장태(1984), 『東西交涉과 近代韓國思想』, 성균관대학교 출판부.

금장태(2003), 『한국 근대사상의 도전』, 한국학술정보.

김경남(2015), 「근대 계몽기 가정학 역술 자료를 통해 본 지식 수용 양상」,
    『인문과학연구』 46, 강원대학교 인문과학연구소, 5~28쪽.

김경남(2015), 『일제강점기 글쓰기론 자료』, 경진출판.

김병철(1975), 『한국 근대 번역문학사 연구』, 을유문화사.

김상순(2015), 「中國 琴道의 한국 전래와 발전 양상에 관한 연구」, 성균관대
    학교 박사논문.

김수영(2011), 「중국 근대 지식지형의 형성과 패러다임: 전문지식과 전문가
    집단의 탄생을 중심으로」, 『중국사연구』 71, 중국사학회, 215~246.

김영민(1994), 「양무파와 변법파의 철학적 기초」, 『논쟁으로 보는 중국 철학』,
    예문서원.

김영희(1994), 「한국 근대언론사상의 형성과 그 성격에 관한 연구」, 한양대
    학교 박사논문.

김월회(2001), 「20세기초 中國의 文化民族主義 研究」, 서울대학교 박사논문.

김제란(2008), 『동아시아 불교, 근대와의 만남』, 동국대학교 출판부.

김준엽·김창순(1967), 『한국공산주의운동사(1)』, 고려대학교 출판부.

김창규(2015), 「『신청년(新靑年)』의 신문학운동과 중국의 근대성」, 『역사학
    연구』 59, 호남사학회, 197~219쪽.

김채수 외(2002), 『한국과 일본의 근대 언문일치체 형성 과정』, 보고사.

김효전(2005), 『근대 한국의 국가사상: 국권회복과 민권수호』, 철학과현실사.

김효전(2008), 「번역과 근대 한국: 법학과 국가학 문헌을 중심으로」, 『개념과 소통』 1, 한림과학원, 25~78쪽.

노용필(2010), 『한국근현대 사회사상사 탐구』, 한국사학.

노종상(2002), 「동아시아 初期 近代小說의 民族主義 樣相: 李光洙·夏目漱石·魯迅 小說 比較研究」, 고려대학교 박사논문.

동북아역사재단(2009), 『동아시아의 지식교류와 역사기억』, 동북아역사재단.

리쩌허우(李澤厚), 임춘성 옮김(2005), 『중국근대사상사론』, 한길사.

마루야마 마사오·가토 슈이치, 임성모 옮김(2013), 『번역과 일본의 근대』, 이산.

무원, 천성림 옮김(1999), 『중국근대사』, 예전사.

문영걸(2008), 「중국 지식계층의 기독교 이해: 조자신(趙紫宸)의 신앙과 신학 연구」, 목원대학교 박사논문.

박성래(2003), 「중국 근대의 서양어 통역사」, 『국제지역연구』 7(1), 한국외대제지역연구센터, 253~382쪽.

박응수(1991), 「中國 近代思想史에 있어서 進化論의 展開: 그 受容과 克服을 中心으로」, 경기대학교 박사논문.

박정심(2016), 『한국 근대사상사: 서양의 근대·동아시아 근대·한국의 근대를 어떻게 보아야 하는가』, 천년의상상.

박진영(2011), 『번역과 번안의 시대』, 소명출판.

백옥경(2010), 「한말 세계사 저역술서에 나타난 세계 인식」, 『한국사상사학』 35, 한국사상사학회, 173~210쪽.

백옥경(2012), 「개항기 역관(譯官) 금경수(金景遂)의 대외인식(對外認識): 『공보초략(公報抄略)』을 중심으로」, 『한국사상사학』 41, 한국사상사학회, 307~335쪽.

백지운(2003), 「近代性 담론을 통한 梁啓超 啓蒙思想 재고찰」, 연세대학교 박사논문.

부산대학교 점필재연구소 고전번역학센터(2013), 『동아시아 근대를 번역하
　　　다』, 점필재.

서광덕(2003), 「동아시아의 근대성과 노신(魯迅): 일본의 노신 연구를 중심
　　　으로」, 연세대학교 박사논문.

송만오(1995), 「金景遂의 『公報抄略』에 대하여」, 『역사학연구』 9, 전남사학
　　　회, 111~153쪽.

수잔 베스넷·맥과이어, 엄재호 옮김(1996), 『번역학개론』, 인간사랑.

신승하(1994), 『중국근대사』, 대명출판사.

신용하(1987), 『韓國近代社會思想史硏究』, 일지사.

신해혁명연구회 엮음, 김종원 옮김(1997), 『중국근대사연구입문』, 한울.

심형철(1997), 「近代轉換期 中國의 小說論 硏究」, 서울대학교 박사논문.

쓰지유미, 이희재 옮김(2001), 『번역사 산책』, 궁리.

야나부 아키라, 김옥희 옮김(2011), 『번역어의 성립』, 마음산책.

양세욱(2013), 「근대 이행기 중국의 자국어 인식」, 『한국학연구』 30, 인하대
　　　학교 한국학연구소, 93~121쪽.

양은용(2012), 『한국근대사상사 탐구』, 논형.

양일모(2004), 「근대 중국의 서양학문 수용과 번역」, 『시대와 철학』 15(2),
　　　한국철학사상연구회, 119~152쪽.

오지석(2010), 「조선 후기 지식인사회의 서학 윤리사상 수용과 이해: 영혼,
　　　신, 윤리 개념을 중심으로」, 숭실대학교 박사논문.

오현기(2013), 「중국 근대사에 끼친 서양 선교사들과 선교회들의 영향에 대
　　　한 연구」, 『대학과 선교』 25, 한국대학선교학회, 121~160쪽.

왕병흠, 김혜림 외 옮김(2011), 『중국 번역사상사』, 이화여자대학교 출판부.

우남숙(1993), 「자강, 독립, 사상 연구: 장지연, 박은식, 신채호를 중심으로」,
　　　이화여자대학교 박사논문.

우란(2014), 「중국여성의 법적 지위의 변천에 관한 연구」, 영남대학교 박사 논문.

위앤진(2009), 「상하이는 어떻게 중국 근대의 문화중심이 될 수 있었는가」, 『한국학연구』 20, 인하대학교 한국학연구소, 7~27쪽.

윤영도(2005), 「中國 近代 初期 西學 飜譯 硏究: 『萬國公法』飜譯 事例를 中心 으로」, 연세대학교 박사논문.

이민호(2009), 『동서양 문화교류와 충돌의 역사』, 한국학술정보.

이석규 외(2002), 『우리말답게 번역하기』, 역락.

이수완(1988), 「近代中國에서의 中醫學 變遷史에 關한 硏究」, 경희대학교 박 사논문.

이예안(2012), 「中江兆民『民約譯解』의 번역과 정치사상: 법치주의와 덕치 주의의 정치구상」, 『일본사상』 22, 한국일본사상사학회, 113~139쪽.

이예안(2014), 「대한제국기 유신의 정치학: 개념의 치환과 일본유신30년사」, 『개념과 소통』 14, 한림과학원, 61~94쪽.

이정길(2002), 「胡適의 中國新文學에 대한 認識과 實踐」, 충남대학교 박사논문.

이종민(1998), 「近代 中國의 時代認識과 文學的 思惟: 梁啓超, 王國維, 魯迅, 郁達夫를 중심으로」, 서울대학교 박사논문.

이진일(2012), 『서구학문의 유입과 동아시아 지성의 변모』, 선인.

이춘식(1995), 『동아사상의 보수와 개혁』, 신서원.

이화인문과학원 편(2013), 『번역과 교섭: 근대 인문지식의 형성』, 이화여자 대학교 출판부.

임상석(2013), 「근대계몽기 가정학의 번역과 수용」, 『한국고전여성문학연구』 27, 한국고전여성문학회, 151~171쪽.

임상석(2014), 「근대계몽기 잡지의 번역과 분과학문의 형성: 『조양보』와 『대한 자강회월보』의 사례」, 『우리어문연구』 50, 우리어문학회, 279~304쪽.

조경란(2009), 「중국 민족주의의 구조와 성격」, 『시대와 철학』 20(4), 한국철학사상연구회, 199~230쪽.

조보로(2013), 「한국 개화기 소설론에 나타난 양계초의 영향 연구」, 배재대
학교 박사논문.

조성환(2009), 「근대중국의 경학사조와 강유위, 장병린의 정치사상」, 『동양
정치사상』 8(2), 한국동양정치사상사학회, 113~143쪽.

조성환(2010), 「진화론과 근대 중국의 민족주의: 양계초와 장병린의 민족사상
을 중심으로」, 『정치사상연구』 16(1), 한국정치사상학회, 194~216쪽.

조성환(2013), 「천학(天學)에서 천교(天敎)로: 퇴계에서 동학으로, 천관(天
觀)의 전환」, 서강대학교 박사논문.

조시원 외, 중국사연구회 옮김(1990), 『중국근대사』, 청년사.

주숙하(2010), 「淸朝中前期中西跨文化形象書寫與飜譯硏究」, 숭실대학교 박
사논문.

지기영(2013), 『동서양 정치사상사』, 법영사.

진관타오, 이기윤 역(2009), 「중국 사회 근대적 전환의 역사단계: 키워드 중
심의 관념사 연구」, 『개념과 소통』 2(2), 한림대학교 한림과학원, 133
~173쪽.

최경옥(2005), 『번역과 일본의 근대』, 살림.

최기복(1990), 「儒敎와 西學의 思想的 葛藤과 相和的 理解에 關한 硏究: 近世의
祭禮問題와 茶山의 宗敎思想에 關聯하여」, 성균관대학교 박사논문.

최선웅(2014), 「張德秀의 사회적 자유주의 사상과 정치활동」, 고려대학교
박사논문.

최창규(1972), 『近代韓國政治思想史』, 일조각.

한지은(2008), 「근대역사경관의 노스텔지어를 이용한 상하이의 도심재생」,
서울대학교 박사논문.

함홍근(1975), 「中國 近代의 政治的 改革思想 硏究」, 이화여자대학교 박사논문.

허재영(2011), 『일제강점기 어문정책과 어문생활』, 경진출판.

허재영(2016), 「근대 계몽기 신문·잡지의 번역과 역술 문화」, 『동악어문학』 66, 동악어문학회, 165~196쪽.

홍석표(2005), 『현대 중국, 단절과 연속: 20세기 중국의 문화 학술 문학 연구』, 선학사.

황선미(2012), 「신문화운동기의 『신청년(新靑年)』번역 작품 연구」, 한국외국어대학교 박사논문.

李侃, 李时岳, 李德征, 杨策, 龚书铎 著(2004), 『中国近代史』, 北京: 中華書局.

武吉庆 外(2011), 『中国近代史』, 北京: 高等教育出版社.

黎光明 著(1981), 『中国近代史』, 北京: 黎明文化事業股份有限公司.

陳恭祿(1936), 『中国近代史』, 東京: 商務印書館.

村田雄二郎 責任編輯(2010), 『万国公法の時代 : 洋務·変法運動』, 東京: 岩波書店.

鄭大華·鄒小站 共編(2005), 『中國近代思想史研究集刊 第一輯 思想家與近代中國思想(*Thinkers and thoughts in modern China*)』, 北京: 社會科學文獻出版社.

郑大华·邹小站 主编(2007), 『中国近代史上的民族主义』, 北京: 社会科学文献出版社.

茂木敏夫·菊池秀明(2010), 『開国と社会変容: 清朝体制·太平天国·反キリスト教』, 東京: 岩波書店.

郑大华·邹小站 主编(2005), 『西方思想在近代中国』, 北京: 社会科学文献出版社.

郑大华·邹小站 主编(2011), 『中国近代史上的社会主义』, 北京: 社会科学文献出版社.

村田雄二郎·深町英夫·吉川次郎(2010), 『民族と国家: 辛亥革命』, 東京: 岩波書店.

제2부 근대 중국의 서양서 번역과 보급 과정

제1장 근대 계몽기 한국에 수용된 중국 번역 서학서*

강미정·김경남

1. 서론

이 글은 근대 지식 형성 과정에서 중국의 번역 서학서의 국내 유통 상황을 조사·분석하는 데 목표를 둔다. 1840년 중국은 아편전쟁 이후 서세동점 상황에서 급격한 사회 변화를 맞이하였다. 특히 1860년대를 전후하여 서양 선교사와 외교관이 중심이 된 이른바 '실용지식전파회'가 활동하고, 1868년 미국 감리교회 전교자(傳教者)였던 알렌(중국명 林樂知)이 『중국교회신보(中國教會新報)』(1872년 『교회신보』, 1874년 『만국공보(萬國公報)』로 개칭)를 창간하고, 1872년 윌리엄 마틴(중국명 丁韙良), 요셉 애드킨스(중국명 艾約瑟) 등이 『중서견문록(中西見聞錄)』(1876년 『격치휘편(格致彙編)』으로 개칭)을 창간한 뒤, 서양 지식이 중국에 급속하게

---

* 이 글은 강미정·김경남(2017)의 「근대 계몽기 한국에서의 중국 번역 서학서 수용 양상과 의미」(『동악어문학』 71, 동악어문학회, 253~288쪽)를 수정한 것임.

유입되었다. 특히 상해에는 '강남 제조총국(江南 製造總局)'(이하 '제조국' 또는 '제조총국')을 두고, 다수의 서양 서적을 번역했는데, 1882년 영선사로 중국에 파견되었던 김윤식의 『음청사(陰晴史)』에서도 이들 책명이 등장하는 것으로 볼 때, 중국어로 번역된 서양 서적이 국내에 소개되기 시작한 것도 이 시기부터로 추정할 수 있다.

근대 계몽기 중국에서 번역된 서학서(西學書)는 고종의 도서관으로 알려진 집옥재(集玉齋)에도 다수 소장되어 있었던 것으로 추정된다. 이는 1948년 작성된 것으로 알려진 『집옥재목록 외서책(集玉齋目錄外書冊)』과 『집옥재서적목록(集玉齋書籍目錄)』의 서명(書名)을 비교할 경우 상해 제조총국 서명과 동일한 책명이 다수 존재하는 데서도 확인할 수 있다.

중국의 번역 서학서에 대한 기초 연구는 윤영도(2005)의 '중국 근대 초기 서학 번역 연구'(한국연구재단 연구 보고서)에서 일부 진행된 바 있다. 이 보고서에서는 19세기 후반 중국의 서학 번역 필요성, 근대 번역 프로토콜, 천진조약 이후의 번역 상황, 윌리엄 마틴을 중심으로 한 『만국공법』 번역 상황 등을 중심으로 연구를 진행하였다. 이러한 경향은 윤영도(2005)의 박사논문 「중국 근대 초기 서학 번역 연구: 만국공법 번역 사례를 중심으로」(연세대학교 대학원)도 비슷하다. 근대식 학제가 도입되고 학부 편찬 교과서로 『공법회통(公法會通)』이 출현한 것을 고려할 때, 『만국공법』의 수용 과정에 대한 심층적 연구는 의미 있는 성과라고 할 수 있다. 다만 1870년대 이후 중국의 번역 서학서 유통 상황을 고려한다면, 기초 연구 차원에서 중국의 번역 서학서 발행 상황과 그러한 책의 국내 유통 상황에 대한 심층적인 연구가 더 필요해 보인다.

이 주제와 관련하여 국내의 연구 가운데 김선경(1995)의 박사논문 「19세기 전반 중국 개명인사와 서양 개신교 선교사간의 지적 교류」(이화여자대학교 대학원), 송인재(2010)의 「근대 중국에서 중학·서학의 위상 변화와 중체서용: 장즈등의 권학편을 중심으로」(『개념과 소통』 6, 한림과학원), 양일모(2004)의 「근대 중국의 서양 학문 수용과 번역」(『시대와 철학』 15(2), 한국철학사상연구회), 최형섭(2010)의 「언어와 번역을 통해 본 17~18세기 중국사회」(『중국문학』 65, 한국중국어문학회), 박지현(2012) 의 「17세기 중국에 파견된 예수회 선교사들의 초기 번역과 문자 이해를 중심으로」(『인문논총』 67, 서울대학교 인문학연구원), 오순방(2005)의 「청 말의 번역 사업과 소설작가 오견인」(『중국어문논역총간』 14, 중국어문논 역학회) 등도 주목할 만하다. 이러한 연구에서는 1870년대 이후로 특정 하지는 않았지만, 서세동점기 중국에서의 서양 학문 수용 양상을 지적 교류 및 번역 현상과 관련하여 연구하였다. 또한 정성미·송일기(2016) 의 「양계초의 서학서목표(西學書目表) 내용 분석」(『서지학연구』 68, 한국 서지학회)은 양계초를 중심으로 한 중국의 근대 지식 형성 과정을 짚어 냈다는 데서 의미가 있으며, 허재영(2015)의 「광학회 서목과 태서신사 남요를 통해 본 근대 지식 수용과 의미」(『독서연구』 35, 한국독서학회), 김경혜(2008)의 「상해의 중국 근대 지식인 왕도」(『한중인문학회 국제학술 대회』, 한중인문학회) 등은 광학회 서목과 왕도(王韜) 등을 대상으로 한 연구이다. 이처럼 다수의 선행 연구가 존재함에도 근대 계몽기 한국에 많은 영향을 미친 상해 제조총국 번역서나 광학회 서목에 대한 연구는 충분하지 않다. 이와 관련하여 타이완 위윤공(魏允恭)의 『강남제조국기 (江南製造局記)』(2005, 文海出版社) 2책, 강남제조국 간(江南製造局刊)의 『증 혜민공 기택 문집(曾惠敏公 紀澤 文集)』(1976, 文海出版社有限公司) 등은 상 해 제조총국과 관련된 연구로 중국인의 연구로 볼 수 있고, 곽건우(郭建 佑, 2007)의 「명청 역서 서목의 연구(明淸譯書書目之研究)」(천주교 보인대학 도서자신학 석사논문)도 이 주제를 포괄하고 있다.

중국의 번역 서학서가 국내에 유입되는 과정에 대한 연구로는 조광 (2006)의 「조선후기 서학서의 수용과 보급」(『민족문화연구』 44, 고려대학 교 민족문화연구원), 송용근·김채식 외(2012)의 「한국 근대 수학교육의 아버지 이상설이 쓴 19세기 근대화학 강의록 화학계몽초」(『한국수학논문집』 20(4), 강원경기수학회), 장영숙(2012)의 「집옥재 서목 분석을 통해 본 고종의 개화서적 수집 실상과 활용」(『한국근대사연구』 61, 한국근대사학회), 민회수(2015)의 「규장각 소장본으로 본 개항기 서양 국제법 서적의 수입과 간행」(『규장각』 47, 서울대학교 규장각 한국학연구원), 이태진 (1996)의 「규장각 중국본 도서와 집옥재 도서」(『민족문화논총』 16, 영남대학교 민족문화연구소), 박준형·박형우(2011)의 「제중원 약물학 번역」(『의사학』 20(2), 대한의사학회), 최경현(2008)의 「19세기 후반 상해에서 발간된 화보들과 한국 화단」(『한국근현대미술사학』 19, 한국근현대미술사학회) 등과 같은 연구가 있다. 이들 연구에서는 고종의 도서관으로 알려진 집옥재를 대상으로 한 중국 번역 서학서 유통에 관한 내용이 포함되어 있으나, 이들 도서의 유통과 영향에 대한 논의를 진행한 것은 아니다.

이 연구에서는 선행 연구를 바탕으로 규장각 소장의 『격치휘편』(도서번호 3121), 황현공(黃顯功) 편저(2014)의 『만국공보(萬國公報)』(上海書店出版公司) 80책, 청국 장음환 편집(張蔭桓 編輯, 1896)의 『서학부강총서(西學富强叢書)』 48책(鴻文書局), 학부 편찬(1895) 『태서신사남요(泰西新史攬要)』 소재 '광학회 서목(廣學會書目)' 등을 대상으로 중국의 서학 번역 상황을 살펴보고, 김윤식(1882)의 『음청사』(1976년, 국사편찬위원회 재간), 국립중앙도서관 소장의 『집옥재목록외서책(集玉齋目錄外書冊)』(1848, 간행자 미상), 『집옥재서적목록(集玉齋書籍目錄)』(1948, 간행자 미상) 등에 나타난 중복 서목을 살핌으로써, 중국어본 서양 서적이 국내에 미친 영향을 살피고자 한다.

2. 근대 계몽기 중국에서의 서양서 번역

2.1. 서양서 번역 및 유통 경향

중국에서의 서학 번역은 1840년 아편전쟁 이후 본격화되었다. 중국의 대외 번역과 관련한 연구서인 마조의(馬祖毅, 1984)의 『중국번역간사(中國飜譯簡史)』(北京: 중국대외번역출판공사)에서는 아편전쟁부터 5.4운동까지의 번역사를 신구학의 대립, 서학과 중학(中學)의 쟁투로 묘사하면서, 1840년대부터 시작된 서양 지리서 역술 상황을 정리한 바 있다, 이 책에서는 시기 대표적인 번역자로 임측서(林則徐, 1785~1850), 이선란(李善蘭, 1810~1882), 서수(徐壽, 1818~1884), 화형방(華蘅芳, 1883~1902), 엄복(嚴福, 1853~1921), 왕도(王韜, 1828~1897) 등을 소개하였는데, 이들은 대부분 서양서 번역에 업적은 남겼다.

임측서(林則徐)는 뮤리(Murry, 중국명 慕瑞)의 『지리대전(地理大典, Cyclopaedia of Geography)』의 일부를 『사주지(四洲志)』(1842)로 편역했고, 그의 친구인 위원(魏源)은 『해국도지(海國圖志)』(1844)를 출판하였다. 100권으로 구성된 『해국도지』는 근대 계몽기 중국뿐만 아니라 일본과 한국에도 절대적인 영향을 미친 서적이다. 이선란(李善蘭)은 동문관(同文館) 교사[1]로 1845년 초부터 산학(算學) 관련 역술(譯述)을 시작한 것으로 알려져 있다. 서수(徐壽)는 화학(化學)을 연구하여 『화학감원』, 『화학구수(化學求數)』 등을 역술했으며, 화형방(華蘅芳)은 상해 제조총국에서 영국 의사

---

[1] 동문관은 서양 학술을 연구하기 위한 중국 최초의 학교로 1862년 8월 24일 북경에 설립되었다. 주중 영국 공사관 참찬 토마스 프란시스 웨이드(Thomas Francis Wade, 1818~1895, 중국명 威妥瑪)의 도움으로 청국 성공회 영국 전교사 버든(John Shaw Burdon, 1826~1907, 중국명 包爾騰)이 교사를 맡았다. 처음에는 영문관(英文館)을 설립하고, 후에 법문(法文), 아문(俄文), 덕문(德文), 일문(日文), 격치(格致), 화학(化學) 등의 관(館)이 증설되었으며, 1866년에는 천문(天文), 산학(算學) 등의 과정을 증설하고, 학제를 5년과 8년 두 과정으로 나누었다. 이선란(李善蘭)은 당시 산학관 교사를 맡았다.

모건(중국명 馬高溫), 선교사 프라이어(중국명 傅蘭雅) 등의 저서를 번역하였다. 엄복(嚴福)의 번역 활동은 영국 유학에서 귀국한 1879년 이후 본격화된 것으로 알려져 있는데, 『천연론(天演論)』(토마스 헨리 헉슬리의 '진화와 윤리' 번역, 1897), 『군기권계설(群己權界說)』(존 스튜어트 밀의 '자유론' 번역, 1899) 등 다수의 번역서가 1900년을 전후로 나타난다. 왕도(王韜)는 1870년 홍콩에서 『순환일보(循環日報)』를 창간한 사람으로, 상해 격치서원에서 중요한 역할을 담당했던 사람이다.

중국에서의 서양 서적 번역은 '강남 제조국(江南 製造局)'[2] 내의 번역관(繙譯館) 설치에서 나타나듯이 비교적 체계적으로 진행된 것으로 보인다. 상해 제조총국의 서양서 번역 관련 기록은 『격치휘편』 제3권(1876.3)에 처음 등장한다.

「江南 機器製造總局 飜譯 各種西書 價目單」
격치서원 판매 제공(在 格致書院寄售)
운선약지(運船約指, 1本, 二百四十文), 제화약법(製火藥法, 이하 本, 文 생략), 기기발초(機器發初), 기기신제(機器新制), 기기발이(機器發以), 지학천석(地學淺釋), 금석식별(金石識別), 화학감원(化學鑑原), 화학분원(化學分原)

이 광고문에는 22종의 번역 서서(西書)와 10종의 번각 각종서적 가격목록이 등장한다. 이 목록은 『격치휘편(格致彙编)』 1880년 6월호의 '강남 제조총국 번역 서서 사략(江南 製造總局 繙譯 西書 事略)'[3]에서 비교적

---

2) 강남 제조총국: 1860~70년대 중국 상해에 설치된 현대식 무기 제조, 과학 기술 연구소로 중국의 자강운동 차원에서 설립되었다. 병기창의 하나로 증국번(曾國蕃)과 이홍장(李鴻章)이 발전시켰으며, 1882년 영선사로 파견되었던 김윤식도 이 제조총국의 총서를 접한 바 있다.
3) 『格致彙编』, 1880.6~8. 江南製造總局 飜譯西書 事略. '역서사략(譯書事略)'은 강남 제조총국

상세히 기술되었는데, 이에 따르면 상해의 제조총국 설치는 1867년 시작되었으며, 서수(徐壽)와 화형방(華蘅芳)의 공이 컸다고 기술하였다.

「第一章 論源流4)」

溯江南製造總局設館飜譯西書之事 起於西歷一千八百六十七年冬 成此一擧 藉無錫 徐華 二君之力爲多. (…中略…) 二君遊覽上海 至墨海書館 見合筒氏 在一千八百五十五年所著 博物新編 一書 甚爲欣美 有慊襟懷. 蓋利瑪竇諸人 著 格致書後 越有二百餘年 此時內泰西格致大興 新理迭出而中國尙未之知 也. 故一獲此書猶之 忽過二百年而與此新理相觀 遂在家中自製格致器 以試 其書中理法 且能觸類引仲旁通其所未見者 一有所得卽筆之於書 將所記者 後此事觀 有不明者互相答問 而徐君手下所存記錄器具等尤多 故徐君譽邦 家有光西諺云 曠漠淵源特出周遊賣草滋榮 其徐君之謂歟. 惜乎當時髮賊作 亂侵據無錫 而得其城民人逃避山中多經艱苦 惟徐君願已知格致有益之法 能減其苦 且可輔助他人.

번역 제1장 논원류: 강남 제조총국이 기관을 설치하여 서양 서적을 번역한 일을 되돌아보면, 서기 1867년 겨울, 이 일은 무석의 서·화5) 두 사람의 힘이 컸다. (…중략…) 두 사람은 상해에 유람하여 묵해서관(墨海書館)에서 통(筒?) 씨를 만나 1855년에 지은 『박물신편』 일권을 보았는데, 매우 정묘하여 크게 기뻐했다. 이는 마테오리치(利瑪竇)가 지은 『격치서』 이후 200여년이 지난 뒤 태서의 격치가 크게 흥하여 새로운 이치가 발달했으나 중국은 아직 그것을 알지 못한 것이다. 그러므로 이 책을 얻

번역관에서 진행된 서양 서적 번역과 관련된 기사를 요약한 글이다. 이 글은 총론, 제1장 논원류(論源流), 제2장 논증서지법(論證書之法), 제3장 논역서지익(論譯書之益), 서목(書目)으로 구성되어 있다. 역서 관련 사략(事略)은 후에 『역서사략(譯書史略)』이라는 책명으로 발행되었으며, 현재 서울대학교 규장각에 소장되어 있다.

4) 『格致彙編』, 1880.6. 江南製造總局 飜譯西書 事略. 第一章 論源流.

5) 서화 이군(徐華二君): 서수와 화형방.

어 보니 문득 200년이 지나 이 새로운 이치를 보게 되었으나, 드디어 자기 집에서 스스로 격치 기구를 제작하고, 이로써 책에 있는 이법을 실험해 보았다. 또한 능히 접촉하는 것 가운데 보지 못한 것은 책에서 끌어와 기록하니 장차 기록한 후에 밝히지 못한 것은 서로 문답하니 서군 수하에 기록 기구 등이 많았다. 그러므로 서군은 우리나라에 빛을 준 사람이니, 서양 속담에 광막한 못에서 풀이 무성해진다고 할 것이니 이것이 서군을 일컬음이 아니겠는가. 안타깝게도 그 당시 도적(태평천국의 난)이 난을 일으켜 무석에 침입하니 성의 사람들이 산중에 도피한 사람이 많아 고초가 심했다. 오직 서군만이 격치의 이법을 알아 그 고통을 줄였으며, 또한 다른 사람을 도울 수 있었다.

이 기록에 따르면 강남 제조총국 번역관의 서양서 번역 과정에서 서화(서수, 화형방) 두 사람의 공이 컸다는 사실은 명백하다. '역서사략'의 서목에는 '필자'와 '역자(譯者)' 이외에 '필술인(筆述人)'이 등장하는데, 당시 대표적인 필술인이 서수(徐壽), 화형방(華蘅芳), 서건실(徐建實), 가보위(賈步緯), 정창염(鄭昌棪), 왕덕균(王德均), 조원익(趙元益), 이봉포(李鳳苞), 주은석(朱恩錫), 채석령(蔡錫齡), 강형(江衡) 등이었다. '역서사략'에 따르면 1880년 8월까지 역서한 책은 이미 간행된 것(已刊成) 98부 225본, 간행되지 않은 것(尙未刊) 45부 142본, 완역되지 않은 것(未譯全書) 13부 43본 총 156부 410본이라고 하였다. 그런데 간행과 번역 여부에 따라 제시한 실제 서목은 이미 간행한 것(98종), 간행하지 않은 것(45종), 번역되지 않은 것(13종)뿐만 아니라, 익지서회에서 판매하는 것(42종)을 포함하여 259종이 등장한다. 이들 서적은 상해 소동문외(小東門外)에 존재했던 미화서관(美華書館)에서 판매되었는데, 미화서관에서 판매하는 도서는 『만국공보(萬國公報)』 제301권(1874.9.5)부터 제750권(1883.7.28)까지 지속적으로 광고되었다.[6]

이와 같이 1870년대 전후 중국에서의 서양 지식 수용은 실용 지식을 중심으로 비교적 활발하게 진행되었다. 1874년 상해에 격치서원이 창설되면서 서양 지식 수용이 좀 더 적극적으로 이루어지기 시작했다. 이 격치서원은 영국 선교회 전교사 프라이어(중국명 傅蘭雅)와 중국 교육가 서수 등이 창설한 것으로, 설립 취지는 다음과 같다.

「設格致院之意7)」

此書館之設原令 今中國人明曉西國各種學問 與工藝 與造成之物 其法分爲三事. 一立博物房內安置各種機器與器具 與造成之貨物 便於華人觀閱. 二立格致房內講敎各種格致之學. 三立書房內備各種書籍 願此院開設數年之後 中國各省自行開立分館 以補西國之各學.

> **번역** 이 서관을 설립한 본래의 의미는 중국인이 서양 각국의 학문을 이해하게 하고, 더불어 공예 물건 제조의 방법을 알게 하는 데 있는데, 세 가지 사항으로 구분된다. 하나는 박물방을 설립하여 그 안에 각종 기기와 기구를 안치하고, 여러 가지 물건 만드는 법을 중국인이 편하게 볼 수 있도록 한다. 둘은 격치방을 설립하여 각종 격치학을 강구하게 한다. 셋은 서방을 설치하여 그 안에 각종 서적을 비치한다. 이 서원을 개설한 후 수년 뒤 중국 각 성에서 스스로 분관을 설립하여 서양 각국의 학문을 보충하게 하고자 한 것이다.

이 조항은 '격치원의 의미(格致院之意)', '격치원 관리법(管理格致院之

---

6) 서울대학교 규장각 소장(도서번호 3121)의 『格致彙編』, 1880.6~8. '譯書史略' 마이크로필름은 상태가 좋지 않아 판독이 어려운 글자도 많다. 259종의 서목 가운데 일부는 판독이 어려운데, 이들 서목 가운데 『만국공보』에 지속적으로 광고된 '미화서관' 서목과 '상해 제조국 서목'을 비교할 경우 210종 정도를 판독할 수 있다.

7) 『만국공보』, 1875년 2월 13일, 제7년 323권, 상해 격치원발왕각국지조진(上海格致院發往各國之條陳).

法)', '격치원 용관(籌格致院之用款)', '박물방 설립(設博物房)', '격치당 설립
(設格致堂)', '서방 설립(立書房)'으로 구성되었는데, 각 조항에서 추론할
수 있듯이, 실용적인 서양 지식 수용에 초점을 맞추고 있음을 알 수
있다.

격치서원과 관련된 자세한 기록은『만국공보』1875년 10월 9일 제8
년 357권의 '격치서원 일차 기록(格致書院 一次記錄)'을 참고할 수 있는데,
이에 따르면 영국 영사 매드허스트(Walter Henry Medhurst, 중국명 麥領事)
가 1874년 3월 초5일『자림신보(字林新報)』에서 서원(학교) 창립을 주장
한 데서 출발했다고 한다. 이 기사에서는 15조로 된 규정을 제시하였는
데, 이를 살펴보면 다음과 같다.

「格致書院 第一次 記錄8)」
自西一千八百七十四年 三月起 一千八百七十五年 九月止 自西文譯出(…中
略…) 擬設書院規條
一. 書院名格致書院
二. 立此書院原意 欲中國士商深悉西國之事 彼此更敦和好
三. 此院應於租界內設立 (…中略…)
九. 院內備有各省現時 及續增所刊新聞 並有西人所譯西國經史子集 各種書
　　卷 漢文著作 至中國各種書籍聽憑董事 增列入院 又設天球地球 並各項
　　機器奇巧圖式俾衆便覽. (…中略…)
十二. 隨時請有西人講解機器各法 並西國各論.

번역 서력 1874년 3월에 시작하여 1875년 9월에 이르기까지 서양 문자
　　　로 역출하였다. (…중략…) 격치서원조규
일. 서원 이름은 격치서원이라 함

---

8)『만국공보』1875년 10월 9일 제357권, 격치서원 제1차 기록.

이. 서원 설립의 본뜻은 중국 학자와 상인들이 서국의 일을 잘 탐구하고 피차 화호(和好)를 돈독히 하는 데 있음

삼. 이 서원은 조계 내에 설립함 (…중략…)

구. 원내 각 성의 현재 또는 계속 증가하는 신문을 비치하고 아울러 서양인이 번역한 서양 각국의 경사자집 등 각종 서적과 한문으로 저작된 서적을 비치하며, 중국 각종 서적은 동사(董事)를 초빙하여 점차 원내 두고, 또한 천구와 지구 및 각항의 기기 기교 도식을 설치하여 인민이 편히 볼 수 있도록 한다. (…중략…)

십이. 때때로 서양인을 초청하여 기기 각법과 서국 각론을 강해(講解)한다.

이 기사에서 확인할 수 있듯이, 격치서원은 중국 각 성의 신문, 번역 서학서 등을 구비하여 중국인을 개명하고자 하는 목적에서 만들어진 기관이다. 당시 총리아문에서는 매드허스트 영사를 초정하여 프라이어(중국명 傅蘭雅) 등 서양인 동사(董事)를 초빙하고, 장정을 만들며 박물관, 격치당 등을 설립하고 각종 서적은 열람할 수 있도록 하였다.

이와 같은 번역 서학서의 유통은 1880년대 이후에도 지속되었다. 특히 1887년 영국과 미국 선교사들이 중심이 된 광학회(廣學會, The Christian Literature Society for China)가 창립된 이후, 윌리엄슨(중국명 韋廉臣), 리처드(중국명 李提摩太) 등은 기독교 신학과 정치, 철학, 법률, 교육, 천문, 역사, 법률, 물리, 화학, 의학 등의 서적을 지속적으로 번역하였다. 1895년 대한제국 학부에서 편찬한 『태서신사남요』의 '광학회 서목'에는 이 시기까지 번역된 서양 서적이 대략 45종으로 나타나나, 1903년 서목을 참고하면 211종에 이른다.[9] 이뿐만 아니라 1900년대 상무인서관(商務印書館) 창립에 따라 중국인에 의해 번역된 책도 광범위하게 유

---

9) 허재영(2015), 「광학회 서목과 태서신사남요를 통해 본 근대 지식 수용과 의미」, 『독서연구』 35, 한국독서학회, 235~237쪽.

통되었다. 1927년 4월『동광』제2권 4호 차리석(車利錫)의 '상해 상무인
서관(上海 商務印書館)＝중국 사업계의 일별(2)'에 따르면 당시 상무인서
관이 발행한 도서에는 한역과학(漢譯科學), 양계초의『음빙실문집』을
비롯하여 신역(新譯) 서류가 다수 등장한다.[10]

　　이처럼 시대에 따라 한역(漢譯)된 서양 서적은 중국뿐만 아니라 일본
과 한국에도 자연스럽게 유통되기 시작하였다. 이 점은『격치휘편』이
중국, 일본, 싱가포르 등에서 판매되었고, 이 신문뿐만 아니라 다수의
상해 제조총국 서적과『만국공보』등이 국내에도 소장되어 있음을 통
해서도 확인할 수 있다.

2.2. 역서(譯書)와 번역 문제

　　번역 서학서의 출현은 지식 보급뿐만 아니라 번역 방법을 비롯한
언어 문제에도 적지 않은 영향을 주었다. 역서 사략 제2장 '논증서지법
(論證書之法)'은 번역 과정에서 등장하는 언어 문제를 적절히 드러낸다.
서양서 번역에서 가장 먼저 등장한 것은 새로운 개념을 나타내는 명사
를 어떻게 번역할 것인가의 문제이다. 다음을 살펴보자.

　(5) 論證書之法[11]

　　西人在華初譯格致書時 若留意於名目 互相同意則所用者 初時能穩妥後 亦
　不必大夏改. 如譯化學書應使初學 此書之華人與未見. 此書之西人閱之同明
　其名義 凡初次用新名處則註釋之後 不必再釋. 若不從頭觀看 而●意●閱則
　自難明 與西人以此法 看西化學書同理 然竟有華友及西人 曾將局內所譯之
　書於牛中披覽 遇新名處則不識間 諸師友亦莫之知因曰此書無用 或云所譯

---

10) 차리석(1927), 「상해 상무인서관＝중국 사업계의 일별(2)」, 『동광』 제2권 제4호, 동광사.
11) 『格致彙編』, 1880.6, 第二章 論證書之法. '●'로 표시한 것은 판독하기 어려운 글자임.

不淸 孰穩明之 又曰是繙繹西書實爲枉費工力而已 殊不知所不明者爲己之
粗心耳.

번역 그러므로 서양인이 중국에서 처음 격치서를 번역할 때, 그 명목에
유의하여 서로 뜻이 같은 것을 사용한 연후에야 가하 타당하고
다시 고칠 필요가 없다. 화학서를 번역하여 초학자에게 사용하는 것과
같이 이 책은 중국인이 이전에 보지 못하던 책이다. 이 책이 서양인이
보는 것과 같이 그 명의를 같게 하고자 하면, 무릇 처음 새로운 명사가
나타나면 곧 주석을 한 뒤 다시 나타나면 주석하지 않는다. 만약 앞부분
을 보지 않으면 스스로 그 뜻을 명확히 하기 어렵다. 서양인이 이 방법으
로 화학서를 보는 것과 같은 이치이다. 결국 중국인과 서양인이 장차 제
조총국 내의 번역서 가운데 반은 신명사를 여러 사우(師友)들도 알지 못
하며 또한 이로 인해 이 책이 무용이라고 혹은 번역이 깔끔하지 못하여
누구든 알지 못하며, 또 말하기를 이 서양서 번역은 실로 힘을 들였지만
잘못된 것일 뿐이라고 하니 불명확한 것을 알지 못하는 것은 거친 심리만
만들 뿐이다.

신명목(명사)을 번역할 때, 이전에 보지 못하던 개념을 서양인이 사용
하는 개념과 동일하게 번역하는 문제는 번역학에서 논하는 등가성을
따지지 않더라도 번역의 생명이 될 수밖에 없다. 이러한 과정에서 번역
은 새로운 개념이나 언어를 창조하는 활동이 되며, 그 과정에서 기존의
표현과 신개념을 어떻게 조화롭게 사용할 것인가가 중요한 문제로 대
두된다. 이에 대해 '논증서지법'에서는 상해 제조국 번역관의 해결 방
법을 세 가지로 요약한다.

「此館譯書之 先中國諸士皆知名目爲難 欲殿法以定之議多時後則略定要事
有三[12])」

一. 華文已有之名. 設疑一名目爲華文已有者 而字典內無處可察則有二法.
　　一. 可察中國已有之格致 或工藝 等書 並 前在中國之天主教師 及 近來
　　耶蘇教師 諸人所著 格致 工藝 等書. 二. 可訪中國客商 或 製造 或 工藝
　　等 應知此名目之人.

二. 設立新名. 若華文果無此名 必須另設新者 則有三法. 一. 以平當字外 加
　　偏旁而爲新名 仍讀其本音如 鐃鐘布矽 等 或 以字典內不常用之字 釋以
　　新義 而新名 如鉑鉀鈷鉮 等 是也. 二 用數字解釋其物 卽以此解釋爲新
　　名 而字數以少爲妙如 養氣 輕氣 火氣 輪船 風雨表 等 是也. 三 用華字
　　寫其西名 以官音爲主而西字各音 亦代以常用同之華字 凡首譯書人已用
　　慣者則襲之華人可一見 而知爲西明所已設之新名不過暫爲試用 若後能
　　察得中國已有古名 或見所設者不妥則家更易.

三. 作中西名字彙: 凡譯書時所設新名 無論爲事物人地等名 皆宜隨時錄於
　　華英小簿 後刊書時可附書末 以便閱者核察西書 或關諸西人而各書內所
　　有之名 宜彙總書製成大部 則以後譯書者有所核察可免混名之弊

　　以上三法在譯書事內惜未全用 故各人所譯西書 常有混名之弊. 將來甚難
更正. 若繙繹時配準各名則 費功小而獲益大. 惟望此館內譯書之中. 西人以
此義爲要務用相國之名則所譯之書益尤大焉. 譯書混名之事 不獨此館爲然
卽 各義師所譯西書 亦嘗有之. 如合信氏 博物新編之名目不甚●●而譯書者
可仍其舊因不但其名妥冷 且其書已通行中國. 夫人而知然譯書 西士以爲定
名 幾若爲被一人所主●前人所定者 皆置於本論. 故有以博物新編內之 淡氣
嘗爲輕氣之用. 若華人閱此二人著作 則淡氣輕氣之義幾難分辨矣. 察各門敎
師 稱造化萬物之主 有曰天主者 有曰上帝者 有曰眞神者 此爲傳敎第一要名
稱. 未能同心合意通用一名 而彼輕氣淡氣郁混者 亦不爲奇焉. 然若能彼此同

---

12) 『格致彙編』, 1880.6, 第二章 論證書之法. 여기에 옮긴 것은 규장각본으로 마이크로필름 상태가
　　좋지 않아서 일부 글자는 잘못 판독한 것이 있을 수 있음. 특히 '●'로 표시한 것은 판독하기
　　어려운 글자임.

心 以發格致名目卽有大益. 凡前人已用者 若無不合則可仍之德之西格致察.
凡察得新動植等物 而命●名則各國格致家 亦仍其名而無想更改者有云. 北
京有數敎師共擬義字一則 以譯西國 人地各名 但其所證者用以譯新名則可
若不仍前人所用者 亦不能有甚大益.

이 서관에서 책을 번역하는 것은 먼저 중국의 여러 선비들의 명목
을 아는 것이 어려워, 법을 정해 의논한 연후 대략 세 가지 사항을
정했다.

일. 중국에 이미 존재하는 명사: 한 명목이 중국 문자에 이미 존재하는
것으로 자전에 없는 것은 두 가지 방법이 있다. 하나는 중국에 이미
존재하는 격치 혹 공예 서적 등과 이전 중국 천주교사 및 근래 야소교
사 여러 사람이 지은 격치 공예 등의 서적을 살피는 일이다. 둘은 중
국을 찾는 상인, 제조 혹 공예 등에서 이들 명목을 알고 있는 사람들
을 응용하는 것이다.

이. 새로운 명사를 만드는 일: 만약 중국에서 이들 명사가 없다면 반드시
새로운 것을 만들어야 하는데, 세 가지 방법이 있다. 하나는 요신(鐃
鉮), 포자(布矴) 등과 같이 신명사 곁에 평상시 쓰는 글자를 부가하여
그 본음을 읽도록 하거나 박갑(鉑鉀, 氯鉑酸鉀, 화학 용어의 하나임)
고모(鈷鉾)와 같이 자전에 상용하지 않는 글자로 새로운 뜻을 해석하
여 신명사로 쓰는 방법이 있다. 둘은 수자로 그 물질을 해석하는 것으
로, 이 해석이 신명사가 되며 글자 수가 적어 적절하다. 양기(養氣,
산소), 경기(輕氣, 수소), 화기(火氣, 중국 의학 용어), 윤선(輪船), 풍우
표(風雨表) 등이 그것이다. 셋은 관음(官音)을 위주하여 서양 각음을
중국 문자로 베끼는 것으로, 또한 같은 중국 문자를 상용하여 대신하
며, 무릇 번역하는 사람이 이미 습관적으로 사용하여 중국인이 볼 수
있고 서양에서 밝혀 새로운 명사가 된 것은 잠시 시험적으로 사용하
도록 하고, 만약 후에 능히 중국의 옛날 이름에서 찾을 수 있거나 만든

것이 타당하지 않으면 다시 쉽게 고치도록 한다.

삼. 중국과 서양의 자휘(字彙)를 만듦: 무릇 번역할 때 사물이나 인지명 등과 같이 새로운 명사를 만들면 마땅히 중국어와 영어에서 채록한 작은 장부에 따라 대조하고 후에 간행할 때 책 말미에 부가하여 보는 사람이 서양서의 핵심을 편히 보도록 하고, 혹은 책 속의 서양인과 관련된 명사가 있으면 총서를 제작하여 후에 번역하는 자가 살펴 혼란스러운 명칭이 생기는 폐단을 면하도록 한다.

이상 세 가지 방법이 역서하는 일에 완전히 적용된 바 없다. 그러므로 서양서를 번역하는 사람마다 혼란스러운 명칭을 사용하는 폐단이 있어, 장래 바르게 교정하기가 심히 어렵다. 만약 번역할 때 준거가 되는 이름을 배열하면 노력은 적고 이익은 클 것이다. 오직 이 번역관 내 번역 중에 바라는 것으로 서양인이 상대국의 명칭을 밝히는 것을 중요 업무로 삼으니 역서의 이익이 크다. 역서의 혼란스러운 명칭은 단지 이 관에서만 그런 것은 아니다. 서양서를 번역하는 각 선비들이 또한 그러했다. 합신(合信, 벤자민 흡슨, 1816~1873) 씨의 박물신편의 명목은 심하지 않다. (판독 안됨) 이에 역서는 옛날에 만들어진 명사를 온당하게 쓰는 데 그치지 않고 중국에 통행하는 것이어야 한다. 대저 사람이 안 연후에 역서를 한다. 서양 학자는 명사를 정하는 데 만약 저 한 사람이 중심이 되어 이전 사람이 정한 것은 대개 본론에 둔다. 그러므로 박물신편 내 담기(淡氣)는 일찍이 경기(輕氣)로 썼다. 만약 중국인이 이 두 사람의 저작을 보면 담기와 경기를 구분하기 어렵다. 각문의 교사가 만물을 만든 주인을 '천주'라고 말하고, '상제'라고 말하며, '진신'이라고 말하는 것은 전교 제일의 명칭으로 같은 마음으로 합의하여 하나의 명사를 사용하지 못하기 때문이다. 이에 저 경기, 담기의 혼란이 더욱 심하니 또한 이상한 일이 아니다. 그러나 만약 피차 동심이 가능하고 격치 명목을 정하면 그 이익이 클 것이다. 무릇 이전 사람이 이미 사용한 것을 합치하지 못하면 이에 서양 격치를 살피기 어려울 것이다. 무릇 새로운 동식물 등을 살펴 명명하면 각국 격치가들이 또한 기 명창을 다시 고치기 어려울 것이라고 한다. 북경에 여러 교사가 함께 글자의 뜻을 하나로 하여 서국 인지명을 번역하니 단지 증명하는 것으로써 새로운 명사를 삼도록 하니, 만약 이전 사람이 사용한 것으로 하지 않으면 큰 이로움을 얻기 어려울 것이다.

번역 방법에서 가장 큰 문제는 신개념, 외국 인지명을 어떻게 번역할 것인가의 문제였다. 상해 제조국에서는 '기존의 명사'로 신개념을 획득하는 경우, '새로운 명사를 만드는 경우', '자휘(字彙)' 제작 등의 세 가지 원칙을 제시한 셈인데, 이러한 원칙에 따라 '경기(輕氣)', '담기(淡氣)'의 혼용, '천주', '상제', '진신' 등의 혼란을 막기 위한 통일 원칙을 제시한 셈이다. 이처럼 제조국의 번역 방법은 『중서역어묘법(中西譯語妙法)』으로 간행되었으며, 이 도서는 현재 서울대 규장각한국학연구원이 소장하고 있다.

3. 근대 계몽기 한국에서의 번역 서학서 수용 양상

3.1. 번역 서학서의 유입 상황

근대 계몽기 한국에서의 지식 유통은 수신사, 영선사 등의 외교 사절을 중심으로 이루어지기 시작하여, 점차 민간 교역이 확대되면서 직접적인 교류가 확산되었음을 추론할 수 있다. 특히 1882년 중국과 조선의 '수륙무역장정(水陸貿易章程)' 체결은 비록 불평등 조약이기는 하나, 점차 기존의 육로뿐만 아니라 해로(海路)를 통한 교역 확대가 이루어질 것임을 의미한다.13) 이 장정을 체결하는 데 관여했던 어윤중(魚允中)도

1881년 기선(汽船)을 타고 일본을 거쳐 상해를 왕래했다.14) 1881년 12월 24일 복명 입시(復命入侍)하여 전한 사정을 살펴보면 다음과 같다.

「辛巳 十二月 十四日15)」

上曰 其國情形 盖何如乎. 允中曰 顧今局勢非富強, 無以保國, 故上下之一意 經營者 卽此一事而已. 上曰 中原事與各國虛實 詳探詳知乎. 允中曰 豈敢曰 詳知. 槩有所聞耳. 上曰 中原人多有來留云 中原事 亦有詳探者乎. 允中曰 中國曾不暗外情 所以多生枝節, 近來深致力於軍事, 剗平群寇 而此則賴曾國 藩, 左宗棠, 李鴻章 諸人也. 所藉而得力者 雖有八旗軍綠營兵 猶賴准軍湘軍 也. 上曰 大國事有勝於前日乎. 允中曰 與俄有釁 近已賠償 遂得消戢 漸欲修 學實政矣. 上曰 日本外若富強 而內實不然云乎. 允中曰 一國皆勉力於富強 而於維新初 浪費財力 國債至爲三億五千萬 割歲入之半 歸之償債 所以其國 人憂之. (…中略…) 上曰 近來中原果務何事乎. 允中曰 始以軍務專心用力, 近復開招商局 用輪船 且勸商業矣. 外人之來 卽是通商 則我亦可以商務應之 故耳. 上曰 自日本距中原 爲幾里乎. 允中曰 自長崎距上海爲二千三百里矣.

번역 상 왈 그 나라(일본)의 정형은 대개 어떠한가? 윤중 왈 지금 시국을 돌아보니 부강하지 않고 보국(保國)하기 어려우니, 상하가 한 뜻으로 경영하는 것이 이러할 뿐입니다. 상 왈 중원의 일과 각국의 허실을 자세히 탐문하여 알고 있는가? 윤중 왈 어찌 감히 상세히 알겠습니까.

---

13) 『만국공보』 1883년 1월 6일 제15년 722권. 이 장정은 제1조 청의 상무위원, 조선 관원 상호 파견, 제2조 청국 상무위원의 조선 내 재판권 행사, 제3조 선박 조난 시 구조 활동 및 조선 연안, 산동·봉천 연안의 양국 어선 어업 활동 허가, 제4조 북경과 양화진의 행잔(行棧) 설치 및 내지 재판 금지, 제5조 변방 지역의 책문·의주 개시 존치, 제6조 조선 상인의 홍삼 수출과 관세, 제7조 청 선박의 항로 개설 및 병선 왕래·정박권, 제8조 장정 수정 조건 등을 규정한 것으로, 일종의 불평등 조약으로 평가받는다.

14) 어윤중(魚允中), 『종정연표(從政年表연표)』, 1881년 3월 20일~10월 10일. 어윤중이 일본과 상해를 왕래하는 과정에서 이용한 배는 모두 기선(汽船)이었다.

15) 어윤중(魚允中), 『종정연표(從政年表)』, 1881.12.24.

상 왈 중원인이 많이 와서 거류한다는 말이 있는데, 중원의 일을 또한 상탐하였는가? 윤중 왈 중국은 일찍이 외부 사정에 어둡지 않아 여러 가지 사정이 많았는데, 근래 군사(軍事)에 힘써 여러 도적을 평정하니 이는 곧 증국번(曾國藩), 좌종당(左宗棠), 이홍장(李鴻章)에 의지하는 바가 큽니다. 이에 힘을 얻은 자는 비록 팔기군 녹영병이 있으나 준군(淮軍)과 상군(湘軍)에 의지하는 것과 같습니다. 상 왈 대국의 사정이 전일보다 나아졌던가? 윤중 왈 러시아와 더불어 다투어 근일 배상하고 드디어 실상을 알고 실질적인 정무를 배우고자 합니다. 상 왈 일본은 겉으로는 부강하나 내실은 그렇지 못한가? 윤중 왈 나라 전체가 모두 부강에 힘쓰나 유신(維新)의 시작이어서 재력을 낭비하여 국채가 3억 5천만에 이르러 세입의 반을 부채를 갚는데 쓰니, 국인이 그것을 걱정합니다. (…중략…) 상 왈 근래 중원은 과연 어떤 일에 힘쓰던가. 윤중 왈 군무에 전심용력하기 시작했으며, 근래 통상국을 다시 열고, 윤선(輪船)을 사용하며, 상업을 권장합니다. 외국인이 오면 즉시 통상하니 곧 우리도 또한 상무(商務)를 따라야 하는 까닭입니다. 상 왈 일본으로부터 중원은 거리가 얼마나 되는가? 윤중 왈 나가사키(長崎)로부터 상해(上海)까지 2300리입니다.

이 일기는 조사(朝士)로 일본에 파견되었던 어윤중이 일본을 거쳐 상해를 왕복한 뒤, 입시하여 국왕과 나눈 대화의 일부이다. 어윤중이 일본과 중국 사정을 이해하는 과정은 서책보다 탐문(探聞)이 주된 방법이었다. 특히 상해 시찰 과정에서 '강남 기기제조총국'을 견문했음을 확인할 수 있는데, 그 과정에서 제조국 번역 서학서를 접했을 가능성도 있다. 『종정연표』 1881년 12월 24일 '서계(書啓)'를 좀 더 살펴보자.

「呈書啓16)」 臣於本年正月祗奉聖旨 越四月 與行護軍朴定陽等 自東萊賃載 東洋輪船 向往日本 到長崎港 覽造船所 工作局 學校 及 高島煤礦是白遣 仍

到神戶港從火車到大坂 觀鎭臺兵操鍊 歷覽砲兵工廠 造幣局 製紙所 博覽會 病院 監獄是白遣 入西京 觀女紅場 盲啞院是白遣 更至天津 觀琵琶湖 還至 神戶 乘輪船抵橫濱 直達江戶 於人 見三條實美 嚴倉具視 寺島宗則 副島種 臣 山田顯義 井上馨 大山巖 川村純義 松方正義 等, 於官省工場 見外務 內 務 大藏 陸軍 海軍 工部 農商務省 開拓使 元老院 大學校 士官學校 戶山學 校 師範學校 工部大學校 海軍兵學校 機關學校 語學校 農學校 電信 郵便 印刷 瓦斯局 敎育博物館 博覽會 製紙所 集治監 砲兵工廠 育種場 橫須賀造 船所是白遣, 日主之北巡也 迫至宇都宮觀兵 至日光山奉審孝廟御筆是白乎 於 諸臣 皆後先歸航是白乎矣. 臣則才鈍識淺 無所見聞是白乎故 仍留數月是 白如可 還從長崎 西渡至中國上海 見蘇松太 兵備道劉瑞芬 往江南機器製造 總局 觀造礮槍軍火 更付中國招商局輪船 到天津 見直隸總督李鴻章 海關道 周馥 更從航路 由上海抵長崎 還泊釜山港登陸是白乎於 大藏省事務 及 財 政見聞 另成冊子 以備乙覽是白齊.

번역 서계를 드림. 신은 본년 정월 성지를 받들어 4월에 행호군 박정양 등과 더불어 동래에서 동양윤선을 빌려 타고 일본으로 향해, 나가 사키 항에 도착하여 조선소, 공작국, 학교 및 다카시마 매광(煤礦)을 관람 하고, 이에 고베항(神戶港)에 도착하여 화차(火車)를 타고 오사카에 도착 하여 진대의 군사 조련을 보고 포병공창, 조폐국, 제지소, 박람회, 병원, 감옥 등을 두루 살피고, 사이쿄(西京)에 들어가 여홍장(女紅場, 여학교), 맹아원을 보고, 다시 천진(天津)에 이르러 비파호를 본 뒤, 고베로 돌아와 윤선을 타고 요코하마(橫濱)에 도착하여 직접 에도(江戶)에 도착했습니 다. 여기서 산조시네마토(三條實美), 이와쿠라도모미(嚴倉具視), 데라시 마무네노리(寺島宗則), 소에지마다네오미(副島種臣), 야마다아키요시(山 田顯義), 이노우에가오루(井上馨), 오오야마이와오(大山巖), 가와무라스

16) 어윤중, 『종정연표』, 1881.12.24.

미요시(川村純義), 마스카타마사요시(松方正義) 등을 만나고, 관성공장(중앙 관청의 공장)에서 외무, 내무, 대장, 육군, 해군, 공부, 농상무성, 개척사(開拓使), 원로원, 대학교, 사관학교, 호산학교, 사범학교, 공부대학교, 해군병학교, 기관학교, 어학교, 농학교, 전신, 우편, 인쇄, 와사국, 교육박물관, 박람회, 제지소, 집야감, 포병공창, 육종장, 요코스카(橫須賀) 조선소 등을 견문하고, 일로 북쪽을 돌아 우스노미야(宇都宮)에 이르러 병사들을 보고, 니코산(日光山)에서 효묘 어필을 살폈으며, 여러 신하들이 모두 배로 돌아왔습니다. 신은 재주가 둔하고 아는 것이 얕아서 견문한 것이 없습니다. 그러므로 수개월 머물다가 나가사키로 돌아와 중국 상해에 이르러 소송태(蘇松太, 상해도를 일컬음) 병비도 유서분(兵備道劉瑞芬)을 만나고, 강남 기기제조총국(江南 機器製造總局)으로 가서 조포창군화를 관람하고, 다시 중국 상국(商局) 윤선으로 천진(天津)에 이르러 직이(예)총독 이홍장(李鴻章), 해관도 주복(周馥)을 만나고 다시 항로를 따라 상해에서 나가사키에 이르러 부산항에 도착하여 육지로 돌아왔으며, 대장성 사무 및 재정 견문은 별도의 책자를 만들어 이를 볼 수 있도록 하였습니다.

이 서계는 조사(신사유람단 사신)의 한 사람으로 일본에 갔던 어윤중이 일본과 중국에서 견문한 일과 대장성 재정 관련 보고서[17]를 만들어 보고하기까지의 과정을 요약한 글이다. 일본과 중국 왕래는 윤선을 이용했으며, 일본의 각종 기관을 시찰하고, 관계자를 다수 만났으며, 중국에서는 강남 기기제조총국을 방문하고 이홍장(李鴻章), 주복(周馥) 등을 면담했음을 확인할 수 있다.

여기서 주목할 사실은 제조총국을 방문한 일이다. 왜냐하면 제조총

---

17) 조사시찰단 보고서의 하나인 『재정견문(財政見聞)』을 말한다. 이 보고서는 허동현(2003) 편, 『조사시찰단관계자료집』 13(국학자료원)에 수록되어 있다.

국 방문은 곧 번역 서학서를 접했을 가능성이 높음을 의미하기 때문이다. 이러한 사실은 1882년 영선사로 중국을 방문했던 김윤식(金允植)도 마찬가지이다. 그의 일기인 『음청사(陰晴史)』1882년 4월 26일자 기록에서는 남국 제원의 회례단(回禮單)과 서목(書目)이 등장한다.

「1882년 壬午(高宗 19年)[18]」

4월 26일: 맑음. 석정(윤태준)이 담초(談草) 및 여러 국원 어전 회답 예단 및 기본사전(寄本使箋: 본사에 드리는 전)을 보내왔다. (…중략…)

서목(書目)

운규약지(運規約指) 1부: 계1본(計一本), 지학천석(地學淺釋) 1부: 계8본(計八本), 제화약법(製火藥法) 1부: 계1본((計一本), 금석식별(金石識別) 1부: 계6본(計六本), 기기발인(汽機發軔) 1부: 계4본(計四本), 화학감원(化學鑑原) 1부: 계4본(計四本), 기기신제(汽機新制) 1부: 계2본(計二本), 화학분원(化學分原) 1부: 계2본(計二本), 기기필이(汽機必以) 1부: 계6본(計六本), 어풍요술(御風要術) 1부: 계6본(計六本), 개매요법(開煤要法) 1부: 계2본(計二本), 항법간법(航法簡法) 1부: 계2본(計二本), 방해신편(防海新編) 1부: 계6본(計六本), 서예지신속각(西藝知新續刻) 1부: 계6본(計六本), 기상현진(器象顯眞) 1부: 계3본(計三本), 궁성게요(營城揭要) 1부: 계6본(計六本), 극로백조법(克虜伯操法) 1부: 계2본(計二本), 영루도설(營壘圖說) 1부: 계1본(計一本), 극로백조법(克虜伯操法) 1부: 계3본(計三本), 측후총담(測候叢談) 1부: 계2본(計二本), 수사조련(水師操練) 1부: 계3본(計三本), 평원지구도(平圓地球圖) 1부: 계16장(計十六張), 대수표(代數術) 1부: 계6본(計六本), 서국근사소휘(西國近史巢彙) 1부: 계16본(計十六本), 행군측회(行軍測繪) 1부: 계2본(計二本), 열국세계정요(列國歲計政要) 1

18) 김윤식(金允植), 『음청사(陰晴史)』, 1882.4.26.

부: 제6본(計六本), 성학(聲學) 1부: 제2본(計二本), 삼각정리(三角整理) 1

부: 제6본(計六本), 야금록(冶金錄) 1부: 제2본(計二本), 정광공정(井礦工

程) : 제2본(計二本), 해당집요(海塘輯要) 1부: 제2본(計二本), 격치계몽

(格致啓蒙) 1부: 제4본(計四本), 사예편년표(四裔編年表) 1부: 제4본(計四

本), 수학리(數學理) 1부: 제4본(計四本), 격치계몽(格致啓蒙) 1부: 제4본

(計四本), 수학리(數學理) 1부: 제4본(計四本), 해도도설(海道圖說) 1부: 제

10본(計十本), 수사초정(水師草程) 1부: 제16본(計十六本), 폭약기요(爆藥

紀要) 1부: 제1본(計一本), 동방입견서(董方立遣書) 1부: 제1본(計一本),

전학(電學) 1부: 제6본(計六本), 구수외록(九數外錄) 1부: 제1본(計一本),

담천(談天) 1부: 제4본(計四本), 구고육술(句股六術) 1부: 제1본(計一本),

동방교섭기(東方交涉記) 1본: 제2본(計二本), 개방표(開方表) 1부: 제1본

(計一本), 삼재기요(三才紀要) 1부: 제1본(計一本), 대수표(對數表) 1부: 제

1본(計一本), 산법통종(算法統宗) 1부: 제4본(計四本), 현체대수표(弦切對

數表) 1부: 제1본(計一本), 팔선간표(八綫簡表) 1부: 제1본(計一本), 항성

도표(恒星圖表) 1부: 제1본(計一本), 산학계몽(算學啓蒙) 1부: 제2본(計二

本), 팔선대수간표(八綫對數簡表) 1부: 제1본(計一本), 윤선포진(輪船布

陣) 1부: 제2본(計二本), 석정 여 주왕산 담초 절략(石汀與周玉山談草節

略): 여기에 적을 필요는 없음(此不必錄).

이 서목은 『격치휘편』, 1880.6~8월의 '역서사략(譯書事略)'에 등장하

는 서목과 모두 일치한다. 영선사 파견 이후 1883년 기기창(機器廠)을

설치·운영한 점을 고려한다면, 이 시기 번역 서학서가 국내에서 교재로

활용되었을 가능성은 매우 높다. 비록 제한적이기는 하지만, 중국을

통한 번역 서학서의 유입은 한국의 근대 지식 형성 과정에서 중요한

역할을 한 것으로 보이는데, 이러한 경향은 『한성순보』나 『한성주보』

의 경우도 마찬가지이다. 이광린(1969)의 『한국개화사연구』(일조각)에

서 정리한 바와 같이 순보에 인용된 각국의 신문명 가운데 중국의 『상해신보(上海新報)』, 『신보(申報)』, 『자림호보(字林滬報)』, 『향항서자보(香港西字報)』, 『향항중외신문(香港中外新聞)』, 『만국공보(萬國公報)』 등은 서양 지식을 한역(漢譯)하여 보급하는 데 중요한 역할을 했던 신문들이다.19) 이를 통해 볼 때, 1880년대에도 서양 지식이 국내에 광범위하게 유입되기 시작했음을 확인할 수 있다.

3.2. 번역 서학서 유통과 지식 확장

1880년대 광범위한 번역 서학서의 유입과는 달리 갑오개혁 이전의 외서 유통은 그다지 활발했던 것은 아니다. 이는 조선 정부의 외서(外書) 정책과도 밀접한 관련이 있는데, 개항 직후 조선 정부에서는 외서 유통을 철저히 금지했다.

「조선 정부의 외서 정책(外書政策)」
第四款, 六, 現在離通商各處百里內者【朝鮮里】, 或將來兩國所派官員, 彼此議定界內俄民, 均可任便游歷, 勿庸請領執照。惟俄國民人, 亦准持照前往朝鮮各處游歷通商, 並將各貨運進出售【惟朝鮮政府不允之書籍刊印各物等, 不准在內地銷售】20)

번역 제4관 6. 현재 통상 각 지역으로부터 100리【조선 이수】내의 지방이나 혹은 장래 양국이 파견하는 관원이 피차 의정할 경계 내에서는 러시아 사람들이 모두 마음대로 여행할 수 있으며 여행증명서를 지니

19) 이에 대해서는 한보람(2005)의 「1880년대 조선 정부의 개화정책을 위한 국제 정보 수집」(『진단학보』 100, 진단학회), 최영철·허재영(2014)의 「개항 이후 학제 도입 이전까지의 한국 근대 학문론과 어문문제」(『인문과학연구』 40, 강원대 인문과학연구소) 등을 참고할 수 있다.
20) 『고종실록』 권21, 고종 21년 윤5월 15일, 조아조약성립(朝俄條約成立).

고 다니라고 요구할 수 없다. 러시아 사람도 여행증명서를 지니고 조선의 각처를 다니면서 유력하고 통상하며 아울러 각종 화물을 운반해 들여와서 팔거나【단 조선 정부가 허가하지 않는 서적과 각종 인쇄물 등을 내지에서 파는 것은 허가하지 않는다.】

1884년 체결된 '조아조약(朝俄條約)'에는 정부가 허가하지 않는 외서(外書)와 인쇄물의 유통을 금지하는 조항이 들어 있다. 이 조항은 1886년 체결된 '조법조약(朝法條約)'에도 나타난다. 여기서 말하는 '허가하지 않는 서적'이 어떤 것인지는 밝히기 어려우나, 당시 조선 정부에서 외서 유통을 그다지 환영하지 않았음은 쉽게 추론할 수 있다. 그뿐만 아니라 1880년대 해외 지식의 유통도 당시의 일본이나 중국에 비해 활발하지 않았음을 확인할 수 있는데, 『격치휘편』의 경우 1876년 11월부터 1880년까지 중국, 싱가포르, 일본 등지에 판매소를 두었으나 조선의 경우 판매소를 둘 상황이 아니었다.21) 또한 『만국공보(萬國公報)』에서도 1874년부터 1883년까지 각국 근사(各國近事)를 기록할 때 한국은 '조선'이라는 국명 대신 '고려(高麗)'를 사용하고 있음을 고려한다면, 그 당시 조선의 사정이 상해 지역에 널리 알려진 것은 아니었다.

이러한 흐름에서 번역 서학서가 국내에 본격적으로 유통되기 시작한 것은 1895년 근대식 학제 도입 이후로 볼 수 있다. 1895년 학부에서는 근대식 교과서를 편찬하면서 다수의 번역 서학서를 복각하여 교과서로 활용하였다. 예를 들어 『태서신사남요(泰西新史攬要)』, 『공법회통(公法會通)』, 『지구약론(地球略論)』, 『서례수지(西禮須知)』 등이 대표적이다.

---

21) 『격치휘편』, 1876.11, 「각구기수격치휘편(各口寄售格致彙編)」에 따르면 당시 이 신문을 판매하는 장소로는 중국의 북경(北京), 천진(天津), 우장(牛莊), 제남부(濟南部), 연대(燕臺), 등주부(登州府), 한구(漢口), 무창(武昌), 무혈(武穴), 구강(九江), 남경(南京), 진강(鎭江), 상해(上海), 소주(蘇州), 심파(審波), 항주(抗州), 복주(福州), 하문(廈門), 대만담수(臺灣淡水), 유두(油頭), 향항(香港), 광주부(廣州府), 싱가포르(新嘉坡), 일본의 고베(神戸), 요코하마(橫濱)가 있었다.

이러한 서적은 1887년 창립된 광학회(廣學會, 처음에는 동문서관)에서 발행한 것으로 알려져 있으나, 상당수의 책은 제조총국의 번역 서학서와 관련을 맺고 있다.[22] 이 점은 독립협회의 회보인『대조선독립협회회보』에서 빈번히 격치휘편을 소개하는 데서도 확인할 수 있다. 예를 들어 이 회보 제3호(1896.12)에서는 '독격치휘편(讀格致彙編)'과 마고온(瑪高溫, 모건)의 '유익지수역지천재(有益之樹易地遷栽)'를 수록하였고, 제4호에서는 '논무운론(論霧雲露)', '수론(水論)'을 수록하였다. 이 회보에 발췌 수록된『격치휘편』의 주요 기사는 다음과 같다.

「『대조선독립협회회보』에 수록된『격치휘편』기사」

번호	연대	필자	제목	수록권호	기타
1	1896.3.	부란아	독 격치휘편	제03호	격치
2	1896.12.	마고온 (모건)	유익지수이지천재	제3호	지문
3	1897.1.	부란아	논무운로	제04호	지문
4	1897.1.	부란아	수론, 논무운로	제04호	지문
5	1897.2.	부란아	빙설 급 동빙 리의 론	제06호	지문
6	1897.2.	부란아	동방각국이 서국 공예를 모방하는 총설이라	제07호	공업
7	1897.3~4.	부란아	기관사 와특전	제08, 09호 (2회)	전기
8	1897.3.	부란아	인분오류설	제08호	지문
9	1897.3.	부란아	논 전 여 뢰	제09호	물리
10	1897.3.	부란아	지구인 수 점다 응설법 이첨식량론	제09호	지문
11	1897.4.	부란아	광학론	제10호	광물
12	1897.4.	부란아	방직기계설	제10호	공업
13	1897.4.	부란아	광학론	제11호	광물
14	1897.5.	부란아	대포 여 철갑론	제12호	군사
15	1897.5.	부란아	은광론, 동광론	제12호	광물
16	1897.5.	부란아	논 인론 화학편	제12호	화학
17	1897.5.	부란아	생기설	제12호	물리

22) 이에 대해서는 윤영도(2005)의 박사논문, 허재영(2015)의 「광학회 서목과 태서신사남요를 통해 본 근대 지식 수용과 의미」(『독서연구』 35, 한국독서학회) 등을 참고할 수 있다.

번호	연대	필자	제목	수록권호	기타
18	1897.5.	부란아	동광론	제13호	광물
19	1897.6.	부란아	철광론	제14호	광물
20	1897.6.	부란아	서국부호이민설, 서법유익어민론, 덕국잡사기략, 법국쇄기 등	제15호	정치
21	1897.6.	부란아	논광론	제15호	광물

이 가운데 제3호의 '독격치휘편'은 『격치휘편』 1876년 2월의 '격치휘편 서(格致彙編 序)'에 한문으로 해설을 부가한 것이다. 그 중 일부를 옮기면 다음과 같다.

「讀格致彙編」

英人 傅蘭雅於西曆一千八百七十六年間(我開國四百八十五年)在淸國上海 課月出書一卷 名曰格致彙編. 此書也於格致事物之利用厚生 莫不粲然廣大 悉備萬望諸君子 以些少之價文購買其全帙於上海等處 一遍看過 必庶幾有 補於日用事物之間矣. 今特揀其緊切有益處 雖記載于此會報之中 亦不免管 斑之歎云爾. 且淸國碩學徐壽序其編首之文 可該其書之旨如左.

致知格物之學 乃脩齊治平之初級工夫 朱子所謂推極吾之知識 欲其所知 無不盡窮知事物之理 欲其極處無不到也. 蓋人心之靈莫不有天下之物莫不 有理 若不因其已知之理 而求其未知之理循此 而造乎其極則必於理有未窮 而於知有不盡矣. 傅蘭雅先生 英國之通儒也. 來遊中國十餘年 通曉中國言語 文字 特將西文格致諸書 擇其有益於人者繙譯華文 月出一卷問世蓋欲使吾 華人 探索底蘊盡知理之所以 然而諸實用吾華人 固能由淺入深得其指歸則 受益 豈能量哉. (…中略…) 昔徐文定公 嘗稱西儒云 不驕不吝藹然可親 且津 津乎引進後學 今觀傅先生之居心誠 亦不讓古之西儒矣. 是書名曰彙編 乃檢 泰西書籍 並近事新聞 有格致之學相關者, 以暮夜之功不辭勞悴撰要摘譯彙 集成編 便人傳觀從此門逐漸窺開聰益智 然後積日累功績少成盈 月計之不

足 年計之有餘 得其要領而再致力於成書全秩 以冀造乎其極而豁然 有得則
於民生日用之事 措置有道而設施有方 即所謂有補實用之效也. 是爲略述之
如此 雪邨 徐壽 撰.

번역 영국인 부란아(傅蘭雅)[23]는 서력 1876년간(아국 개국 485년) 청국
상해에 거주하면서 매월 책 한 권을 발행하였는데, 이름이 격치휘
편[24]이라. 이 책은 사물의 격치로 이용후생함에 찬연하지 않은 바 없고
광대하여 실로 모든 군자들이 갖추기를 바란다. 적은 값으로 책을 구하고
상해 등지에서 전질을 구할 수 있으니 한 번 두루 보면 반드시 일용 사물
을 밝히는 데 도움이 될 것이다. 이에 그 긴절하고 유익한 곳을 가려 이
회보에 기록하고자 하나 또한 보는 바가 좁음을 탄식할 뿐이다. 또한 청
국의 석학 서수(徐壽)가 그 수권에 서문을 썼는데, 가히 그 책의 취지를
알 수 있으니 그 뜻은 다음과 같다.

격물의 학을 지극히 아는 것은 수신제가 치국평천하의 초급 공부이다.
주자가 소위 나의 지식을 지극히 아는 것은 사물의 이치를 알아 궁극에
이르지 아니함이 없도록 하기 위함이요 그 지극한 것을 도달하지 아니함
이 없고자 한 것이라고 말한 것이다. 대개 인심의 영묘함은 천하 만물에
있지 아니한 것이 없고 그 이치가 없는 것이 없다. 만약 이치를 아는 데서
말미암지 않으면 그 이치의 어떠함을 알지 못하며, 그 지극함으로부터
추구하지 않으면 궁리에 미치지 못하므로 앎이 극진하지 못할 것이다.
부란아 선생은 영국의 유명한 학자로 중국에 건너온 지 10여년에 중국의
언어 문자를 통효하고 특히 서양어로 된 격치학 서적에서 사람들에게 유
익한 것을 가려 중국어로 번역하여 월 1권씩을 내었는데, 세인이 그 이유
를 물으니 우리 중국인으로 하여금 온진(蘊盡)의 이치를 탐색케 하고자

---

23) 부란아(傅蘭雅): 존 프라이어(John Fryer). 1874년 상해에 격치서원을 창설하고, 〈격치휘편〉
    을 발행함. 당시 프라이어가 감독을 담당하고, 서수가 주관(主管)을 맡음.
24) 격치휘편: 1876년 2월 영국인 프라이어가 격치서원에서 창간한 잡지.

한 까닭이다. 그러므로 우리 중국인에게 실용이 되게 하는 것이 진실로 가벼운 데서 출발하여 그 가리키는 바 심오함을 이해하니 그 이익됨을 어찌 헤아리겠는가. (…중략…) 옛적 서 문정공이 서양 선비를 일컬어 교만하지 않고 인색하지 않으며 애연(藹然)하여 가히 친하고 가까이 할 만하다 하니 또한 후학을 이끌 만하다고 하였다. 이제 부란아 선생이 성심을 다하는 것을 보니 또한 옛날 서양 학자들에 뒤지지 않는다. 이 책의 이름이 휘편이니 이에 서양 서적과 아울러 최근의 신문에서 격치학과 관계된 것을 조사하여 주야로 노고를 아끼지 않고 발췌 번역하여 휘편을 집성했으니, 사람들에게 전하여 규문을 넓히고 지혜를 밝게 하고자 한 것으로, 그 후 날이 갈수록 공적이 쌓이고 조금씩 채워지는 것이 달로 부족하고 해가 되어 넘쳐 그 요령을 얻고 다시 그 힘을 다해 책을 이루어 전질을 이루었다. 이로써 그 끝을 이루어 활연(豁然)히 하여 민생 일용의 사를 얻고, 도를 조치하며 방책을 설시(設施)하기를 바라니, 곧 이른바 실용을 보익하는 효험이다. 이에 이와 같이 간략히 서술한다. 설촌(雪邨) 서수(徐壽) 찬.

이 글은 『격치휘편』에 대한 설명과 '설촌 서수 찬(雪邨 徐壽 撰)' 두 부분으로 이루어져 있다. 특히 서수가 찬(撰)한 글은 '격치휘편 서'를 전재(轉載)한 것이다. 이는 『태서신사남요』가 티모시 리처드(중국명 李提摩太)의 번역서를 복각(復刻)한 것과 같은 형태이다.

이와 같이 갑오개혁 이후부터는 근대 지식 수용과 보급 차원에서 한역서(漢譯書)의 유입과 유통이 활발해진 것으로 보인다. 이 점에서 비록 후대에 작성된 것이기는 하지만 고종의 서재였던 집옥재(集玉齋)에 소장되었던 서목(書目)을 살펴보는 것도 유용하다. 1948년 작성된 것으로 알려진 『집옥재목록외서책(集玉齋目錄外書冊)』, 『집옥재서적목록(集玉齋書籍目錄)』(국립중앙도서관 디지털라이브러리)에는 2400여 종의 서목이 정리되어 있는데, 그 가운데 번역 서학서로 추정되는 도서는 300여 종이다. 이 가운데 강남 제조총국의 역서와 동일한 서명이 58종, 유사 서명 18종으로, 이를 고려하면 집옥재에는 대략 72종의 번역 서학서가 소장되어 있었던 것으로 추정된다. 동일 서명과 유사 서명은 다음과 같다.

「집옥재 서명과 제조총국 역서(譯書) 비교」

ㄱ. 동일 서명(58종, 중복본 포함): 격치계몽(格致啓蒙), 공수포법(攻守砲法), 광학(光學), 교화의(敎化儀), 구수외록(九數外錄), 기기신제(汽機新制), 기기필이(汽機必以), 기상현진(器象顯眞), 담천(談天), 대수술(代數術), 대영국지(大英國志), 동방교섭기(東方交涉記), 미적소원(微積溯源), 부국책(富國策, 2종), 사예편년표(四裔編年表), 산식집요(筭式輯要), 산학계몽(筭學啓蒙), 삼각수리(三角數理), 서국 근사 휘편(西國近事彙編), 서약약석(西藥略釋), 서의약론(西醫略論), 성학(聲學), 수사장정(水師章程), 수사조련(水師操鍊, 2종), 식물학(植物學), 양법대산(量法代筭), 역람기략(歷覽記略), 열국세계정요(列國歲計政要, 3종), 영성게요(英城揭要), 운규략지(運規略指), 윤선포진(輪船布陣), 이찰신법(裏紮新法), 임문충공정서(林文忠公政書), 전기도금약법(電氣鍍金略法), 전학(電學, 2종), 제화약법(製火藥法), 조양반서(造洋飯書), 중학(重學), 지리문답(地理問答), 지학천석(地學淺釋), 팔선관표(八線管表), 포준심법(礮準心法), 피부신편(皮膚新編), 항해간법(航海簡法, 3종), 해당집요(海塘輯要), 행군측회(行軍測繪), 화학감원속편(化學鑑原續編), 화학분원(化學分原), 화학이지(化學易知), 화학천원(化學闡原), 화학초계(化學初階)

ㄴ. 유사 서목(12종): 관화소문법(官話小文法), 구수통고(九數通考), 극려백포설(克盧伯砲說), 기기발축(汽機發軔), 대미적(代微積), 만국사기

(萬國史記), 병항포법(兵航砲法), 서국악법(西國樂法), 서약대성(西藥
大成), 안과지몽(眼科指蒙), 전체신론(全體新論), 중서관략(中西關略),
중서역어초법(中西譯語抄法), 즉고산학(則古筭學), 팔선대수설(八線
對數說), 팔선대수설(八線對數說), 해도도설(海道圖說), 화학감원보편
(化學鑑原補編)

집옥재는 1891년 7월 13일(고종 28년) 보현당을 고쳐 만든 서재로,
이 시기 고종은 이 서재에서 각국 공사를 접견하기도 하였다. 집옥재
서목이 작성된 시점은 광복 이후이나, 서책을 소장한 시점은 1890년대
로 추정할 수 있다. 특히 제조총국 번역서의 경우 1882년 김윤식의
사례에서 나타나듯이, 이 시기 이전부터 국내에 들어온 것을 집옥재에
도 보관하게 된 것으로 추정된다.

4. 결론

이 글은 1870년대 이후 중국의 번역 서학서의 국내 유통 상황을 조사
하는 데 목표를 두고 출발했다. 아편전쟁 이후 1960년대 실용지식전파
회, 1970년대 상해 강남 제조총국 번역관의 서양서 번역 등은 중국뿐만
아니라 한국과 일본의 근대 지식 형성에도 적지 않은 영향을 미쳤다.
상해 제조총국의 서양서 번역은 1876년 제조총국 설립 시기부터 시
작되어 1887년 광학회에 이르기까지 지속된 것으로 볼 수 있다. 이
번역서는 제조총국뿐만 아니라 상해의 격치서원(格致書院), 미화서관(美
華書館) 등을 통해 중국과 일본 등지에 널리 전파되었다. 조선의 경우
개항 이후 조사시찰단이나 영선사를 통해 이러한 역서를 처음 접하게
되었고, 기기창 설립 등과 같은 개혁 과정에서 이러한 서적을 이용했던

것으로 추정할 수 있다.

중국에서의 서양서 한역(漢譯)은 근대 지식의 유통뿐만 아니라 새로운 개념의 번역, 신어, 인지명 표기의 통일 등과 같이 번역상 대두되는 여러 가지 문제에 관심을 갖는 계기가 되었다. 이러한 과정에서 생성된 신어 가운데 상당수는 한자를 공동 문어로 사용하는 중국과 일본, 한국에 영향을 주었을 것으로 추정된다.

이와 같은 번역 서학서는 1880년대 이후 상당수가 한국에도 유입되었다. 어윤중의『종정연표』, 김윤식의『음청사』기록은 이를 증명한다. 그뿐만 아니라 광복 이후에 만들어진 목록이지만, 1890년대부터 소장되었을 것으로 추정되는『집옥재서적목록』에서도 제조총국의 번역 서학서와 동일한 서명이 다수 포함되어 있다.

그러나 번역 서학서의 유입이 광범위한 지식 유통을 의미하는 것은 아니다. 조선의 경우 1880년대에는 중국이나 일본과 같이 다수의 신문 판매소가 존재하지 못했고, 인쇄 기술이 발달하지 못한 상황이었다. 그렇기 때문에 서적 유통이 쉽지 않았고, 그것을 다시 간행하는 일도 어려웠다. 더욱이 정부 차원에서도 외서(外書) 유통에 대해 폐쇄적인 태도를 취했던 것으로 보인다. 이러한 상황에서 갑오개혁 이후부터는『격치휘편』이나 광학회 서적에 대한 관심이 높아졌고, 그로 인해 학부 편찬 교과서나『대조선독립협회회보』에 번역 서학서가 빈번히 등장하게 되었다.

이러한 번역 서학서의 유통은 한국의 근대 지식 형성 과정에도 적지 않은 영향을 미쳤을 것으로 추정된다. 번역 과정에서 나타난 새로운 개념이나 술어가 그대로 수용된 것도 있고, 그렇지 않은 것도 있다. 예를 들어『한성순보』에 등장하는 '양기(養氣, 산소)', '경기(輕氣, 수소)' 등은 번역 서학서에서 만든 용어이지만, 후대에 '산소', '수소'로 대체되었다.

번역 서학서의 유입은 그 자체로 근대 학문 발달을 의미하는 것은 아니다. 이들 서적이 국내에 유통된 상황과 그 서적을 어떻게 활용했는가가 학문 발달 차원에서 더 중요한 문제가 될 수 있다. 번역 서학서가 한국 근대 학문에 미친 영향은 새로운 개념과 지식 체계 형성, 학술어의 변화, 연구 방법의 변화 등 다차원적으로 연구해야 할 대상이다. 특히 번역 서학서의 학문 분야별 분포를 고려할 경우, 각각의 서적을 좀 더 정밀하게 고증해야 할 과제가 많다.

참고문헌

格致彙編館(1876~1882), 『格致彙編』, 1876.3~1882.1, 서울대학교 규장각 소
　　장본(문서번호 3121)

國史編纂委員會(1976), 『從政年表・陰晴史』(한국사자료총서 6), 탐구당.

未詳(1948), 『集玉齋目錄外書冊』, 국립중앙도서관, 디지털라이브러리.

未詳(1948), 『集玉齋書籍目錄』, 국립중앙도서관, 디지털라이브러리.

傅蘭雅(1876~1882), 『格致彙編』, 규장각 소장본(도서번호 3121)

張蔭桓 編輯(1896) 『西學富强叢書』 48冊, 鴻文書局.

學部 編纂(1895), 『泰西新史攬要』, 學部(1976년, 亞細亞文化史)

허동현 편(2003), 『朝士視察團關係資料集』 1~14, 국학자료원.

黃顯功 編著(2014), 『萬國公報』 1~80, 上海: 上海書店出版公司.

김경혜(2008), 「상해의 중국 근대 지식인 왕도(王韜)」, 『한중인문학회 국제
　　학술대회』, 한중인문학회, 51~61쪽.

김선경(1995), 「19세기 전반 중국 개명인사와 서양 개신교 선교사간의 지적
　　교류」, 이화여대 박사논문.

민회수(2015), 「규장각 소장본으로 본 개항기 서양 국제법 서적의 수입과
　　간행」, 『규장각』 47, 서울대학교 규장각 한국학연구원, 201~229쪽.

박준형・박형우(2011), 「제중원 약물학 번역」, 『의사학』 20(2), 대한의사학회,
　　327~354쪽.

박지현(2012), 「17세기 중국에 파견된 예수회 선교사들의 초기 번역과 문자
　　이해를 중심으로」, 『인문논총』 67, 서울대학교 인문학연구원, 383~
　　386쪽.

송용근・김채식 외(2012), 「한국 근대 수학교육의 아버지 이상설이 쓴 19세
　　기 근대화학 강의록 화학계몽초」, 『한국수학논문집』 20(4), 강원경기

수학회, 541~563쪽.

송인재(2010), 「근대 중국에서 중학·서학의 위상변화와 중체서용: 장즈둥의 권학편을 중심으로」, 『개념과 소통』 6, 한림과학원, 103~131쪽.

양일모(2004), 「근대 중국의 서양 학문 수용과 번역」, 『시대와 철학』 15(2), 한국철학사상연구회, 119~152쪽.

오순방(2005), 「청말의 번역 사업과 소설작가 오견인」, 『중국어문논역총간』 14, 중국어문논역학회, 283~318쪽.

윤영도(2005), 「중국 근대 초기 서학 번역 연구」, 연세대학교, 한국연구재단 연구 보고서.

윤영도(2005), 「중국 근대 초기 서학 번역 연구: 만국공법 번역 사례를 중심으로」, 연세대학교 박사논문.

이광린(1969), 『한국개화사연구』, 일조각.

이태진(1996), 「규장각 중국본 도서와 집옥재 도서」, 『민족문화논총』 16, 영남대학교 민족문화연구소, 169~188쪽.

장영숙(2012), 「집옥재 서목 분석을 통해 본 고종의 개화서적 수집 실상과 활용」, 『한국근대사연구』 61, 한국근대사학회, 7~39쪽.

정성미·송일기(2016), 「양계초의 서학서목표(西學書目表) 내용 분석」, 『서지학연구』 68, 한국서지학회, 415~450쪽.

조광(2006), 「조선후기 서학서의 수용과 보급」, 『민족문화연구』 44, 고려대학교 민족문화연구원, 199~236쪽.

차리석(1927), 「상해 상무인서관=중국 사업계의 일별(2)」, 『동광』 제2권 제4호, 동광사.

최경현(2008), 「19세기 후반 상해에서 발간된 화보들과 한국 화단」, 『한국근현대미술사학』 19, 한국근현대미술사학회, 7~28쪽.

최영철·허재영(2014), 「개항 이후 학제 도입 이전까지의 한국 근대 학문론과 어문 문제」, 『인문과학연구』 40, 강원대 인문과학연구소, 181~207쪽.

최형섭(2010), 「언어와 번역을 통해 본 17~18세기 중국사회」, 『중국문학』
  65, 한국중국어문학회, 89~115쪽.

한보람(2005), 「1880년대 조선 정부의 개화 정책을 위한 국제 정보 수집」,
  『진단학보』 100, 진단학회, 109~164쪽.

허재영(2015), 「광학회 서목과 태서신사남요를 통해 본 근대 지식 수용과
  의미」, 『독서연구』 35, 한국독서학회, 229~252쪽.

江南製造局刊(1976), 『曾惠敏公 紀澤 文集』, 臺灣: 文海出版社有限公司.

京大人文研究所(1976), 『東方叢書 西學富强叢書(鴻門書局, 1896)』, 日本: 京都.

郭建佑(2007), 「明淸譯書書目之硏究」, 天主敎 輔仁大學 圖書資訊學 碩士學位
  論文.

馬租義(1984), 『中國飜譯簡史』, 北京: 中國對外飜譯出版公司.

史春風(2006), 『商務印書館與中國近代文化』, 北京: 北京大出版部.

魏允恭(2005), 『江南製造局記』, 臺灣: 文海出版社.

제2장 근대 중국어 번역 학술어의 생성 양상과 그 영향*

허재영

1. 번역 학술어 생성과 보급의 의미

근대 학문 형성과 지식의 유통 과정에서 학술 개념어의 형성은 중요한 의미를 갖는다. 우리나라에서 근대 학술 개념어가 본격적으로 사용되기 시작한 시점은 1880년대 전후로 볼 수 있다. 이 시기 조사시찰단 보고서나 『한성순보』, 『이언』 등의 자료에는 각종 근대 학술 용어가 빈번히 등장하며, 일부 용어는 그 의미를 이해하기 어렵기 때문에 주석을 붙이기도 하였다.

근대의 학술 개념어 형성은 중국이나 일본에서도 중요한 문제로 인식되었다. 중국의 경우 1860년대 실용지식전파회가 만들어지고, 각종 중국어판 교회 신문이나 번역 서양서가 등장하고, 1868년 강남 제조총

---

* 이 글은 허재영(2018)의 「근대 중국어 번역 학술어 생성 양상과 한국에 미친 영향」(『한민족 어문학』 79집, 한민족어문학회, 9~37쪽)을 수정한 것임.

국의 번역관이 설립되면서 다수의 서양 서적을 중국어로 번역하면서 본격적인 번역 문제가 등장했고, 일본에서도 1840년대의 난학(蘭學)이나 1868년 메이지 유신 이후 서양 서적의 번역에 따른 번역어 문제가 대두되었다. 새로운 개념의 도입과 함께 새로운 학술어를 만들거나 인접 국가에서 번역한 학술어를 어떻게 수용할 것인가는 근대의 지식 계몽 담론에서 빈번히 등장하는 문제일 수밖에 없었다. 특히 한자 번역 학술어는 서구 지식의 유통 확대에 따라 중국과 일본, 한국이 공통으로 부딪히는 문제가 되었다.

이러한 차원에서 근대의 번역 한자 학술어에 대한 학계의 관심도 비교적 오래 전부터 존재해 왔다. 예를 들어 이현미(2012)의 「번역의 정치학: 대한제국기 혁명 개념 연구」(서울대학교 박사논문), 윤영도(2005)의 「중국 근대 초기 서학 번역 연구: 만국공법 번역 사례를 중심으로」(연세대학교 박사논문) 등의 학위논문이나, 양세욱(2013)의 「근대 이행기 중국의 자국어 인식」, 진력위(2015)의 「근대 동아시아의 언어교섭에 의한 한자어의 의미 변화」, 권보드래(2001)의 「번역어의 성립과 근대」, 김동기(2003)의 「일본의 근대와 번역」 등의 논문은 근대 학술어 형성 과정에서 번역어가 갖는 의미를 고려한 논문으로 볼 수 있다. 또한 한중일 삼국이 공통으로 사용하는 특정 한자 학술어에 대한 연구 성과도 비교적 다수 축적되었는데, 김태진(2017)의 「근대 일본과 중국의 'society' 번역」, 이행훈(2013)의 「번역된 '철학' 개념의 수용과 전유」, 이헌창(2008)의 「Political economy와 Economics의 개념과 번역」, 최재목(2005)의 「近代期飜譯語 '自由' 槪念의 成立과 中國 流入에 대하여」 등을 참고할 수 있다. 이뿐만 아니라 한국의 근대 학술어와 관련한 김재현(2012)의 「『한성순보』, 『한성주보』, 『서유견문』에 나타난 '철학' 개념에 대한 연구」, 박혜진(2013)의 「개화기 한국 자료에 나타난 신개념(新槪念) 용어(用語) '민주(民主)'와 '공화(共和)': 수용과 정착과정을 중심으로」, 한상철

(2012)의 「근대 초기 지식인들의 '문명-서양' 인식: 번역어 '天演'과 '進化'를 중심으로」, 한정은(2015)의 「근대 개화기 번역의 세 가지 경로에 관한 고찰」 등을 참고할 수 있으며, 일본의 근대 번역어와 관련한, 최경옥(2013)의 「메이지기, 번역한자어의 성립과 한국 수용 고찰: [-ism]이 [-주의(主義)]로 번역되기까지」, 김중섭(2014)의 「근대화 과정에서 나타난 중국어 어휘 의미 변화에 대한 고찰: '權利'의 번역을 중심으로」, 중국의 근대 번역 학술어에 대한 김태진(2016)의 「'Organism'의 번역: 옌푸의 유기체론 수용과 '신체관의 충돌'」, 양세욱(2017)의 「근대 중국의 개념어 번역과 '격의(格義)'에 대한 비교 연구」, 양일모(2010)의 「번역과 개념으로 본 중국의 근대성: '유신'과 '혁명'을 중심으로」 등도 근대 번역 학술어에 대한 주요 연구 성과라고 할 수 있다.

이처럼 근대 학술어 번역과 수용에 대한 다수의 연구 성과가 축적되고 있음에도 근대의 번역 학술어 생성 및 수용 과정에 대한 문제가 체계적으로 해결된 것은 아니다. 더욱이 근대의 서구 지식 수용 과정에서 새로운 개념을 한자어로 번역하는 과정에서 발생했던 문제나 수용 과정상의 특징 등에 대한 논의는 선행 연구에서도 많이 다루어진 주제가 아니다. 특히 근대 한국 지식장에 등장하는 중국인 번역의 한자 학술어는 현재의 독자들에게 생소한 느낌을 줄 경우도 있지만, 신개념어로서의 학술어 생성 원리 및 수용 과정상의 특징을 보여주는 경우가 많다. 특히 근대 한국 학문 담론에서는 번역어 문제나 번역 방법에 대한 논의가 활발하지 못한 상황이었는데, 중국과 일본의 경우 번역 방법에 대한 논의가 비교적 활발했던 것으로 보인다.

이 연구는 먼저 『역서사략』, 『청의보』, 『신민총보』, 주상부의 『신명사훈찬』 등에 나타난 번역 학술어(또는 신명사)에 대한 태도를 분석하고, 이러한 번역 용어가 근대 한국사회에 미친 영향을 살펴보는 데 목표를 둔다.

2. 근대 중국에서의 역법(譯法)과 언어

서양 지식이 중국어로 번역 저술되기 시작한 것은 16세기 마테오리치(利瑪竇)의 『서양기법(西洋記法)』, 『기하원본(幾何原本)』 등으로 알려져 있다. 그 이후 다수의 한역(漢譯) 서양서가 등장하였으나,[1] 본격적인 중국어 서양 번역서가 저작 유통된 시점은 1860년대로 추정된다. 이러한 사정은 『격치휘편』 1880년 6월호의 '강남제조총국 번역서서 사략(江南製造總局 飜譯西書事略)'을 통해 확인할 수 있는데,[2] 이 사략은 '제1장 논원류(論源流)', '제2장 논증서지법(論證書之法)', '제3장 논역서지익(論譯書之益)' 및 서목으로 구성되어 있다. 강미정·김경남(2017)에 따르면 사략 가운데 제2장은 역서와 번역 방법에 관한 문제가 구체적으로 기술되어 있는데, 그 가운데 "서양인이 중국에서 처음 격치서를 번역할 때, 그 명목에 유의하여 서로 뜻이 같은 것을 사용한 연후에야 가히 타당하고 다시 고칠 필요가 없다."라는 주장이나 "무릇 처음 새로운 명사가 나타나면 곧 주석을 한 뒤 다시 나타나면 주석하지 않는다."라는 설명 등은 역법(譯法)과 관련한 대표적인 논의에 해당한다.

『역서사략』에 등장하는 '신명목(新名目)'은 새로운 학문과 관련한 번역 학술어에 해당한다. 이 점에서 중국의 경우 1860년대 이후 번역 학술어 생성과 관련한 관심이 나타난다고 볼 수 있다. 강미정·김경남(2017)에서 논의한 바와 같이, 상해 제조총국 번역관에서는 '중국에 이미 존재하는 명사를 사용하는 방법', '새로운 명사를 만들어 해결하는 방법', '중국과 서양의 자휘(字彙)를 만들어 대조하는 방법' 등으로 이 문제를 해결하고자 했음을 확인할 수 있다.[3]

---

1) 郭建佑 撰(2007), 「明淸譯書書目之硏究」, 天主教輔仁大學 圖書資訊學系 碩士班 碩士論文.
2) 『격치휘편』, 1880.6~8. 이 사략은 단행본으로 출간되기도 하였다. 『격치휘편』과 『역서사략』 은 모두 서울대학교 규장각에 소장되어 있다.

그러나 중국에서도 번역 방법이나 새로운 학술어 사용 문제는 쉽게 해결될 수 있는 사안은 아니었다. 그렇기 때문에 서양 지식을 보급하는 과정에서 번역 방법이나 언어 사용과 관련한 문제는 지속적으로 제기된 것으로 보인다. 다음은 『만국공보』에서 확인할 수 있는 번역 관련 자료들이다.

「『만국공보』 소재 번역 문제」

ㄱ. 격치서원 제1차 기록(格致書院 第一次 記錄)

自西一千八百七十四年 三月起 一千八百七十五年 九月止 自西文譯出. 設立書院之源流並原意 上海與各口所有中外之人 固皆知其大略然 恐後日 或致遺忘 或有惧會 故擬此第一次記錄 首述其原意與源流. 上海設立書院供 華人之用其意數年前已有之 並有新聞紙論及之 惟初創此議勸人說法興 此 事者係英領事麥在一千八百七十四年 三月 初五日 字林新報內言之 因華人 考究各種西學 年進一年 故宜將成此美意而引之 入室則設此格致書院爲最 合宜之事 所有章程十五條開列如左. 擬設書院規條. (…中略…) 九. 院內備 有各省現時 及續增所刊新聞 並有西人所譯西國經史子集 各種書卷 漢文著 作 至中國各種書籍聽憑董事 增列入院 又設天球地球 並各項機器奇巧圖式 俾衆便覽.

번역 서력 1874년 3월에 시작하여 1875년 9월에 이르기까지 서양 문자로 역출하였다. 서원 설립의 시작과 본뜻은 상해와 각 항구의 중국과 외국인이 진실로 모두 그 대략을 알고 후일 혹은 안타까운 일이 있을까 두렵고, 혹은 서로 잘못 이해하는 일이 있을까 걱정하여 이로써 제1차로 그 원래 의미와 원류를 기록한다. 상해에 서원을 설립하여 중국인에

---

3) 강미정·김경남(2017), 「근대계몽기 한국에서의 중국 번역 서학서 수용 양상과 의의」, 『동악 어문학』 71, 동악어문학회, 253~288쪽; 허재영(2017), 「근대 중국의 서양서 번역 보급과 한국 근대 학문에 미친 영향 연구」, 『한민족어문학』 76, 한민족어문학회, 67~103쪽.

게 제공하여 사용하게 하고자 한 것은 이미 수년 전이며 아울러 신문지에서 이를 논급하였는데, 오직 처음 이 논의에서는 사람들에게 설법을 홍하게 하는 일이었다. 이 일에 관계한 사람은 영국 영사 맥(麥, 매드허스트, Walter Henry Medhurst)인데, 1874년 3월 초5일 〈자림신보(字林新報)〉에서 이를 언급했고, 이로 인해 중국인이 각종 서학을 연구하였으며, 일 년이 지나 마땅히 이 좋은 뜻을 이어 서실(書室)을 만들고자 하여 격치서원을 설립하니 가장 마땅한 일이었다. 15조로 된 장정을 갖고 있으나 다음과 같다. (…중략…) 구. 원내 각 성의 현재 또는 계속 증가하는 신문을 비치하고 아울러 서양인이 번역한 서양 각국의 경사자집 등 각종 서적과 한문으로 저작된 서적을 비치하며, 중국 각종 서적은 동사(董事)를 초빙하여 점차 원내 두고, 또한 천구와 지구 및 각항의 기기 기교 도식을 설치하여 인민이 편히 볼 수 있도록 한다.

▶『만국공보』, 1875년 10월 9일, 제8년 357권

ㄴ. 논 영학초계(論 英學初階)

自泰西諸國 訂約通商 而後世之講求洋務者 紛然起 亦惟講求洋務 而世之肄習西文者 紛然起 且惟肄習西文 而世之譯印西籍 以裨初學者 又紛然起. 然譯註行世之書 可謂林立 而善本卒少 今之所謂善本者 其李芳春 先生手纂 『英學初階』乎. 余嘗讀其書 而喟然曰 我國家宣風重譯 文軌大同 各友邦測海來王梯航 拱集規既宏乎. 無外道益著乎交隣. 故自中外和好以來各國 仕商率皆肄習西國文字語言 以裨交涉之用大 而公使行人小 而商估傭販在 在皆有所裨誠時務之要術也.

번역 태서 제국과 통상 약정을 한 후 세상이 양무(洋務)를 강구하는 일이 분연히 일어났다. 또한 양무를 강구하면서 서양 문자를 공부하는 일이 분연히 생겨났으며, 또한 서양 문자를 공부하면서 서양 서적을 역술 간행하는 일로 초학자들에게 도움을 주고자 하는 일이 분연히 일어났다. 그런데 역주하여 세상에 나도는 책이 가히 수풀을 이룬다고 할지라

도 좋은 책은 드문데, 지금 선본(좋은 책) 중에 가히 이방춘 선생이 편찬한 『영학초계』와 같은 것이 있겠는가. 나는 일찍이 이 책을 읽고 탄식하여 말하기를, 우리 국가가 마땅히 중역하는 풍토로 문장의 궤적은 대체로 비슷하나 각 우방이 측해(測海)하고 배로 왕래하는 규칙을 수집한 것이 이미 굉장하다. 저서로 교란하는 데 도움이 되는 길 외에 다른 것이 없다. 그러므로 중국이 외국과 화약(和約)한 이래 상인들이 솔선하여 서국 문자와 언어를 배워 교섭하는 데 보탬이 되는 일이 크다. 그러나 공사(公使)로 행하는 사람은 드물며 오히려 상인들이 판매자를 고용하는 데 두니, 진실로 시무의 중요한 술책이 될 것이다.

▶『만국공보』, 1880.03.06, 제12년 579권

이 두 자료는 1880년대 중국에서의 서양서 번역 실태와 문제점을 짐작하게 하는 자료들이다. ㄱ에서는 '격치서원(格致書院)'을 설립하는 목적이 서학 연구를 바르게 할 수 있도록 하는데 있었으며, 각종 도서를 비치하여 서학과 중국 학문을 이해할 수 있도록 하는 데 있음을 밝히고 있다. 이러한 목적은 근본적으로 번역상의 문제를 포함하고 있음을 나타내는데, 격치서원의 활동은 1887년 이후 광학회(廣學會)로 이어진다. ㄴ에서는 이방춘이라는 사람이 『영학초계(英學初階)』를 지은 뜻을 설명하고 있는데, 여기서는 1880년대 중국의 영어 학습 실태와 서학의 중국어 번역 실태가 나타난다. 이 또한 중국에서의 서양서 번역과 관련한 문제가 지속되고 있음을 의미한다.

1890년대 중국의 대표적인 서양서 번역 사례는 광학회 기사를 통해 확인할 수 있다. 예를 들어 『만국공보』 1892년 6월 토머스 리처드(李提摩太)의 '광학회계(廣學會啓)'를 비롯하여 1894년 1월 '광학회 제6년 기략(廣學會 第六年 紀略)' 등에서는 1887년 창설된 광학회가 중국 부흥의 다섯 가지 사업(교섭, 상고, 화물 운송법, 격치학, 행선 등의 실효)이 지속되었

음을 밝히고 있다. 『만국공보』에 지속적으로 광고한 '광학회 서목'을 참고하면, 1907년까지 광학회에서 발행한 역저 신서(譯著新書)는 대략 264종에 이르는 것으로 추정되는데, 1907년 8월 제224책의 서목을 참고하면 '도학(道學, 종교서)' 98종, '천문학' 5종, '지리학' 11종, '정학(政學)' 22종, '이학(理學)' 6종, '사학(史學)' 31종, '전기(傳記)' 22종, '이재학(理財學)' 8종, '율학(律學)' 7종, '농학(農學)' 2종, '의학(醫學)' 3종, '산학(算學)' 1종, '몽학(蒙學)' 8종, '문학(文學)' 4종, '격치학(格致學)' 11종, '전학(電學)' 2종, '설부(說部)' 4종, '보(報)' 3종, '도화(圖畫)' 6종 등이다.

이 서목에서 주목할 것은 분류에 사용한 학술어인데 '도학, 천문학, 지리학, 정학, 이학, 사학, 이재학' 등과 같은 용어는 이 시기 중국에서 일반적으로 사용했던 학술 신어라는 점이다. 이러한 학술 신어는 『역서사략』에서 언급한 '중국에 이미 존재하는 명사'를 기반으로 만든 신명사로 볼 수 있는데, 한자의 축자적 의미를 살려 단음절로 표현한 명사가 많은 것이 특징이다. 이 점에서 중국에서 만든 새로운 학술어는 일본식 학술어와 다른 점이 있다. 그럼에도 중국인 스스로 어떻게 번역 학술어를 만들 것인가를 심층적으로 논의한 자료는 찾아보기 어려운 것은 아쉬운 점에 속한다.

3. 『청의보』와 『신민총보』의 학술어 논쟁

재일 중국인 유학생들이 만든 『청의보』와 『신민총보』에는 중국의 번역 학술어에 대한 흥미로운 자료가 나타난다.

「論 學日本文之益, 哀時客」
　哀時客既旅日本數月 肄日本之文 讀日本之書. 疇昔所未見之籍. 紛觸於

目. 疇昔所未窮之理. 騰躍於腦. 如幽室見日. 枯腹得酒. 沾沾自喜. 而不敢自
私. 乃大聲疾呼. 以告同志曰. 我國人之有志新學者. 蓋亦學日本文哉. 日本
自維新三十年來. 廣求智識於寰宇. 其所譯所著有用之書. 不下數千種. 而尤
詳於政治學. 資生學「卽理財學 日本謂之經濟學」智學「日本謂之哲學」羣學
「日本謂之社會學」等. 吾中國之治西學者固微矣. 其譯出各書 偏重於兵學
藝學. 而政治資生等本原之學. 幾無一書焉. 夫兵學藝學等專門之學. 非舍棄
百學而習之. 不能名家. 卽學成矣.

> **번역** 애시객이 일찍이 일본을 여행한 지 수개월에 일본문을 익혀 일본
> 서적을 읽으니, 옛날 보지 못했던 서적이 눈에 분분히 뜨이고 옛
> 날 이해하지 못했던 것이 두뇌에 들어와 깊은 방안에서 해를 보는 것과
> 같았다. 고픈 배에 술을 부어 점점 스스로 기뻐하며 감히 사사로 하지
> 않고 이에 큰 소리를 질렀다. 이로써 동지에게 말하기를 우리나라 사람으
> 로 새로운 학문에 뜻을 둔 자는 모두 일본문을 배워야 한다고 하였다.
> 일본은 유신 30년래로 세계에서 널리 지식을 구하여 그 번역하여 사용하
> 는 책이 수천 종을 넘으니 더욱 정치학과 자생학(곧 이재학, 일본은 경제
> 학이라고 부른다), 지학(일본은 철학이라고 부른다), 군학(일본은 사회학
> 이라고 부른다) 등이 상세하다. 우리 중국에서는 서학을 배우는 자가 진
> 실로 미미하다. 그 역출 서적은 병학과 예학에 편중되었으며, 정치학, 자
> 생학(경제학) 등의 본원의 학문은 어찌 한 권의 책도 없는가. 대저 병학과
> 예학 등의 전문학은 모든 학문을 버리고 배우지 않을 수 없으며 명가가
> 아니면 학문을 이루기 어렵다.

▶『淸議報』第十號(1899.2.21)

이 논설은 '애시객'이라는 필명을 사용한 량치차오[4]의 논설로, 중국

---

4) '애시객'은 량치차오의 필명으로, 『청의보』 제19책(1899.5.21)에서는 '哀時客 梁啓超 撰'이라
는 표현을 사용하고 있음.

과 일본의 번역 학술어 사용의 차이가 잘 드러난다. 이에 따르면 중국은 일본에서 사용하는 '경제학, 철학, 사회학'이라는 용어 대신 '자생학, 지학, 군학'이라는 명사를 사용하고 있다. 이는 중국과 일본의 서양서 번역 과정에서 새로운 학술어 생성에 차이가 있었음을 의미한다. 이러한 차이는 『신민총보』의 문답에서 좀 더 구체적으로 드러난다.

「問答」

(一)問 讀貴報 第一號紹介新著 一門原富條下 於英文之political Economy 欲譯爲政術理財學. 比之日本所譯經濟學. 嚴氏所譯計學, 雖似稍確稍眩. 然用四字之名. 未免太冗. 稱述往往不便. 如日本書中 有所謂經濟界 經濟社會 經濟問題等文. 以計字易之固不通. 以政術理財字易之亦不通也. 此學者在中國. 雖無顓門. 但其事爲人生所必需. 隨文明而發達. 吾中國開化數千年. 古籍之中. 豈竟無一名詞足以當此義者. 貴撰逑博通羣典. 必有所見. 乞悉心硏搜. 定一雅馴之名 以惠末學. 幸甚幸甚(東京 愛讀者)

(一)答 政術理財學之名 冗而不適 誠如尊諭. 惟此名求之古籍. 脗合無間者 實覺甚難. 洪範八政. 一曰食 二曰貨. 班書因採之爲食貨志. 食貨二字 頗眩 此學之材料. 然但有其客體 不有其主體. 未能滿意. (…中略…) 但所謂 Political Economy者 合公團之富 與私人之富言之. 而其注重實在公富. 貨殖 則偏於私富. 不含政術之義. 亦非盡富. 史記有平準書. 所言皆朝廷理財之事. 索隱曰「大司農屬官有平準令丞者 以均天下郡國輸斂. 貴則糶之賤則買之. 仝賦以相準. 故命曰平準也.」按漢代平準之制 本所以吸集天下財貨於京師. 其事非爲人羣全體之利益. 本不足以當 Political Economy之義. 雖然單舉平準二字. 尙不失爲均利宜民之意. 且二字出於史記人人一望而解. 而又不至與他種名詞相混. 然則逕譯之爲平準學(평준학) 似尙不繆.

번역 (일)문: 귀 신문을 제1호에 소개한 신저(新著)를 읽으니 전문 분야의 원부조(原富條, 엄씨 원부) 아래 영문 폴리티컬 이코노미를 '정술 이재학(政術 理財學)'이라고 번역하고자 하였는데, 일본에서 번역한 '경제학'에 비하여 엄씨(엄복)가 번역한 '계학(計學)'이 비록 좀더 확실하고 다소 적당해 보이나, 네 자로 이루어진 명사는 용열함을 면하기 어려워, 왕왕 불편하다. 일본의 책 가운데 소위 '경제계', '경제사회', '경제문제' 등이 있는데, '계(計)' 자로 바꾸면 진실로 통하지 않으며 '정술이재'로 바꾸어도 또한 통하지 않는다. 이 학문이 비록 중국에 있고 비록 한 분야를 전단하지 않으나 다만 그 사업이 인생에 반드시 필요한 것이며 문명과 발달을 따르는 것이다. 우리 중국이 개화한 지 수천 년에 옛날 문헌 가운데 어찌 이에 해당하는 한 명사로 족히 이 뜻을 나타낼 것이 없겠는가마는 귀 신문사는 여러 경전을 널리 살펴 찬술하였으니, 반드시 마음을 다해 연구 탐색하여 우아하고 바른 명사로써 학식이 짧은 사람에게 혜택을 주시기를 간절히 바라고 바란다.

(일)답: '정술이재'라는 이름은 용열하여 적합하지 않으나 성의껏 이와 같이 비유한 것인데, 오직 이 명사는 옛날 서적에서 구한 것으로 조금도 차이가 없이 부합하는 것을 실제 찾기가 어렵다. 『홍범』 8정은 첫째가 식(食)이요 둘째가 화(貨)인데, 반서(班書)가 이를 채용하여 '식화지(食貨志)'를 만들었다. '식화'라는 두 자는 자못 이 학문의 재료와 부합한다. 그러나 다만 그 객체만 있을 뿐이고 주체가 없어 그 뜻을 충분히 담아내기 어렵다. (…중략…) 소위 Political Economy라는 것은 공적 단체의 부를 합한 것과 개인의 부를 말하는 것이다. 그러므로 그 가운데 공적인 부를 주목해야 한다. 화식은 곧 사적인 부에 치우쳐 있어 정술(政術)이라는 뜻을 포함하지 않으니 진정한 부가 아니다. 『사기』에는 평준서라는 것이 있는데 대개 조정의 이재와 관련된 일들을 말한다. 색은(索隱)이 말하기를 "대사농 속관은 평준령승자로써 천하의 군국을 균등하게 거두어 들인다. 귀하면 그것을 내다 팔고, 천하면 곧 사들이니 부과하는 것을 공평하게 한다. 그러므로 명하여 말하기를 평준이라고 한다."라고 하였다. 살피

건대 한나라 때 평준의 제도는 본래 천하의 재물을 경사(京師)로 흡입하여 모아들이니 그것이 사람들 전체의 이익이 되는 것은 아니어서 본래 Political Economy를 나타내기에 충분하지 않다. 비록 평준(平準) 두 자도 백성들에게 이익을 균등하게 하는 것을 잃지 않는다. 또한 이 두 자는 『사기』에도 나오는데 사람마다 한번 보고 이해할 수 있으며 또 다른 명사를 혼잡하게 쓰지 않게 된다. 그러므로 이를 '평준학(平準學)'으로 번역할 수 있다.

▶『新民叢報』第三號(1902.2.1)

이 문답은 영어 Political Economy를 번역하여 '정술 이재학'이라고 하는 것에 대한 독자의 질문과 이에 대한 신문사 기자의 답변으로 구성되어 있다.[5] 독자의 질문에는 '이재학'보다 옌푸(嚴復)가 번역하여 사용한 '계학(計學)'이라는 용어가 적합한 것이라는 생각이 포함되어 있는데, 기자는 '정술 이재(政術理財)'가 중국 고문헌에서 사용된 점을 근거로 용어의 적합성을 설명하고, 이와 비슷한 '식화(食貨)'가 활동의 객체만 있고 주체가 존재하지 않기 때문에 불합한 점, 『사기』에 나타나는 '평준(平準)'이라는 용어로의 번역 가능성 등을 제시하였다. '이재학'과 '평준학'의 사용 가능성에 대한 설명은 제8호(1902.5.22)의 문답에서는 일본인의 번역 '경제'라는 말의 적절성과 '계학', '평준' 등의 용어가 갖는 모호성에 대한 비판으로 이어진다.

「問答」
(七)問: 經濟學原名 Political Economy 直譯之爲政治節用學. 迨Morsbotl 氏而始名爲 Economics. 日本人譯之爲經濟學. 不求其理而驟觀之. 則經濟似與

---

5) Political Economy의 번역 학술어에 대해서는 이헌창(2008)의 「Political economy와 Economics의 개념과 번역」(『개념과 소통』 1(2), 한림과학원, 113~177쪽)에서 논의된 바 있다.

政治混而無別. 夫經者 含政治之義. 濟者寓泉流之旨. 其與斯學本義已極相符. 日本當時之定爲此名 蓋已斟酌審愼 而無遺議者矣. 貴報第三號 乃欲易爲平準學. 夫平準者 誠如嚴氏所謂西京一令. 以名官職. 不足以副斯學. 乃如嚴氏之譯爲計學. 其名則誠雅馴矣. 若謂用之處處而無扞格. 則恐爲賢者自許之太過也. 案Statistics者 亦財政之中 而獨立一學者. 日本人則譯爲統計學. 又曰計學. 今中國之方 與人民出產國用. 皆渺無定稽. 是此學爲中國所宜急講者矣. 今若竟從嚴氏之名 則不知此後 而欲譯Statistics. 其又將以何者而易之. 貴報第七號 而又名曰生計學. 雖生計二字其較嚴氏爲稍善. 然終嫌範圍太小. 而不能以政治理財之意包括於其中. 竊謂泰西近世所新發明事理. 爲我中國曠古所未有者. 不一而足. 若必一一而冠以我中國所固有名辭. 是誠許子之不憚煩矣. 亦恐未必有此吻合者. (駒場 紅柳生)

(七)答. 平準二字之不安. 鄙人亦自知之. 故旣棄去. 計學與Statistics相混. 且單一名詞. 不便於用. 如日本所謂經濟問題 經濟世界 經濟革命 等語. 若易以計問題 計世界 計革命 等. 便覺不詞.

번역

(칠)문: 경제학의 원래 이름 Political Economy를 직역하여 '정치절용학'이라고 하였으니, 이는 Morsboltl이 처음 만든 말로 Economics를 일본인이 직역하여 경제학이라고 한 것이다. 그 이치를 구하지 않고 보건대, 경제는 정치와 뒤섞여 구별이 없는 것 같다. 대저 경(經)이라고 하는 것은 정치라는 뜻을 포함한다. 제(濟)는 샘이 흐르는 데 살아가는 의미를 갖는 취지로 이 학문의 본질과 매우 부합한다. 일본이 당시이 이름을 정한 것은 그 뜻을 신중히 살펴 논란이 없도록 하고자 한 것이다. 귀보의 제3호에서는 이를 평준학이라고 바꾸고자 하였다. 대저 평준이라는 것은 확실히 엄씨가 말한 서경일령으로 관직명을 삼은 것이니 이 학문을 나타내기에 부족하다. 이에 엄씨와 같이 계학(計學)이라고 번역하면 그 명사는 진실로 아순(雅馴)하다. 그러나 만약 여러 곳에 이 용어를 사용하면 바로잡을 수 없으니 곧 현자(賢者)가 스스로 큰 잘못을 허용할

까 두렵다. 생각건대 Statistics라는 것도 또한 재정의 하나로 독립된 한 학문이다. 일본인은 이를 번역하여 통계학(統計學)이라고 하였는데 다시 말하면 '계학(計學)'이다. 지금 중국의 지방과 인민이 만들어내는 것을 사용하는 데 대개 아득하여 뚜렷이 정해진 것이 없다. 이는 이 학문을 중국에서 마땅히 시급히 강구해야 할 바이다. 지금 만약 엄씨의 명사대로 하면 앞으로 Statistics를 번역하고자 할 때, 장차 어떤 것으로 바꾸어야 할지 알 수 없다. 귀보 제7호에서 또한 말하기를 '생계학(生計學)'이라 하였으니 비록 생계라는 두 자는 엄씨와 비교할 때 좀 낫다. 그러나 마침내 그 범위가 좁아지며 이로써 정치 이재라는 뜻을 그 가운데 포괄하기 어렵다. 생각건대 태서의 근세 새로 발명한 이치를 따라 우리 중국에서도 옛날에 없었던 것을 밝히면 하나같지 않고 충분할 것이다. 만약 일일이 중국의 고유명사로 쓰고자 한다면 이는 진실로 후손들이 번잡하여 꺼릴 것이며 또한 입을 다물지 못할까 두렵다.

(칠)답: 평준 두 자는 불안정하다. 나도 또한 그것을 알고 있다. 그러므로 그 용어를 버린 것이다. 계학과 Statistics가 혼동되는 것은 또한 단일 명사로 사용하기 불편하다. 일본에서 소위 경제문제, 경제세계, 경제혁명 등의 말을 사용하는 것을 바꾸어 계학문제, 계세계, 계혁명 등으로 사용하면 불편함을 느낄 것이다.

이 논쟁에서 주목할 사실은 새로운 학술어를 만드는 원칙이다. 질문자의 주장과 같이, 번역 학술어가 기존에 있는 어휘소(語彙素)만을 고집할 경우, '평준학'과 같이 학문 본래의 의미를 담아내는 데 한계가 있을 수 있으며, '계학(計學)'과 같이 번역 결과 다른 학문(Statistics)과 혼란을 유발하는 용어도 적합하지 않다는 주장을 담고 있다. 이 점은 기자의 태도도 동일하다. 이 문답은 제11호(1902.7.5)의 12번 문답으로 이어진다.

「問答」

(十二)問: 讀貴報 第八號於英文 Political Economy 又有譯爲財政二字. 較之日本所譯經濟學. 嚴氏所譯計學. 貴撰述所譯之平準學生計學. 似稍切實賅括. 然尙嫌範圍太小. 不能以政治理財之意 包括其中. 誠如貴撰述所云 財政者不過經濟學之一部分. 指財政爲經濟. 無異指朝廷爲國家. 是則財政學決不可用明矣. 然則終無一名詞足以定之乎. 鄙意殊謂不然. 夫我中國卽無固有之名詞以冠之. 亦不妨創一新名詞. 如泰西近今有新發明之事理 卽創一新字以名之也. 若必欲以我國古名詞 泰西今事理. 恐亦不能確切無遺憾. 貴撰述學術博通. 苟悉心商榷豈不能定一雅馴之名詞. 以釋羣疑而惠末學. 如不得已則國計學似足賅此學朝廷理財之事. 由是日本所謂經濟家則名爲國計家. 經濟學者則國計學者. 經濟界則國計界. 經濟社會爲國計社會. 經濟問題爲國計問題. 加之各種名詞之上 似尙少窒礙之處. 且國計二字. 義界旣淸. 吾國文中亦甞用之. 人人一望卽解. 必無亂人耳目之弊. 用以質之貴撰述. 並當世之高明尙祈互答而指正焉. (無錫孫開圻)

(十二)答: 經濟不專屬諸國. 國計只賅括財政. 不能及其他. 至如所謂「箇人經濟」,「家事經濟者」. 皆經濟學中一部分. 以國計統之. 似不合論理. 嚴氏專用一計字. 正以其可兼國計家計等而言耳. 本報微嫌其單詞. 不便於用. 故易以生計. 不得已也. (本社)

(십이)문: 귀보를 읽으니 제8호에 영문 Political Economy를 또한 '재정' 두 자로 번역하고 일본에서 번역한 '경제학'과 엄씨가 번역한 '계학'과 비교한 뒤, 귀보는 '평준학', '생계학'으로 찬술하였으니 좀 더 사실에 부합하는 듯하나, 범위가 좁아져 '정치', '이재'의 뜻을 그 속에 포함하기 어렵고, 진실로 귀보의 찬술에서 이르기를 재정이라는 것은 경제의 일부분에 지나지 않고 재정을 지칭하여 경제라고 하면 조정을 지칭하여 국가라고 하는 것과 다르지 않으니 이는 재정학을 명료하게 사용할 수 없다고 하였다. 그런즉 마침내 하나의 명사로 족히 그것을 정할 수

없다는 것인가. 어리석은 뜻이지만 그렇지 않다. 대저 우리 중국은 고유 명사로 그것을 포괄할 수 없더라도 그것이 새로운 명사를 만드는 것을 방해하지 않는다. 태서에서 근일 새로운 사리를 발명하면 곧 새로운 글자로써 그에 이름을 붙인다. 만약 우리의 옛 명사로 태서의 현재 사물 이치를 나타내고자 한다면 정확하고 긴절하지 못할까 두렵다. 귀보는 학술을 널리 통하여 찬술하니, 진실로 상각(商権)을 다하면 어찌 우아하고 바른 명사를 정하지 못하겠는가. 이로써 사람들의 의문을 풀어주고 학식 없는 사람들에게 혜택을 줄 수 있다. 부득이하면 '국계학'이 조정의 이재(理財)와 관련한 학문을 충분히 나타낼 수 있다. 이로 말미암아 일본의 소위 경제가는 곧 국계가로 명명할 수 있고, 경제학자는 곧 국계학자, 경제계는 국계계, 경제사회는 국계사회, 경제문제는 국계문제, 이에 더하여 각종 명사 위에 붙이면 조금도 막힐 것이 없다. 또한 '국계(國計)' 두 자는 의미 경계가 이미 뚜렷하니 우리 중국 문자에서 일찍이 그것을 사용하였으니 사람마다 한 번 보고 곧 이해할 수 있어, 사람들의 이목을 혼란스럽게 하는 폐단이 없으니 이를 사용하여 귀보를 찬술하고 아울러 세상에 그 뜻을 밝히는 것이 어떤지 답을 해 주시고 바르게 가르쳐 주기를 바란다. (무석손개기)

(십이)답: 경제는 여러 나라에 오로지 쓰이지 않는다. 국계는 다만 재정을 나타내기에 적합하며 다른 것은 나타낼 수 없다. 소위 「개인경제」, '가사경제」라는 것은 모두 경제의 일부분이다. 국계로 통괄하고자 하면 그 논리에 맞지 않는다. 엄씨가 '계' 한 자만 사용한 것은 가히 국계와 가계 등을 아울러 바르게 하고자 했을 따름이다. 본보에서는 그 명사가 한 글자여서 사용하기 불편하여 '생계'로 바꾸어 표현한 것이니 부득이한 것이다. (본사)

12문답은 '평준학'과 '생계학'이라는 용어에 대한 독자의 비판과 그

에 대한 해답으로 구성되어 있다. 독자의 질문은 '생계학'이 '계학'보다
는 적합하나 부득이할 경우 '국계학'을 대안으로 제시한 셈이다. 이에
대해 기자는 '국계'가 '국가 재정'만을 의미하므로, '생계'가 적합함을
밝히고 있다.[6]

이러한 논쟁에서 중심이 되는 것은 '중국 전통의 고유명사'를 기반으
로 한 '새로운 명사'를 사용하는 것의 적합성 문제이다. 『신민총보』는
유학생이 중심이 되어 발행한 잡지라는 점에서 근대 중국의 사정을
대변한다고 보기 어려운 점이 있으나, 신학문 용어를 정리한 '신석명
(新釋名)'[7]의 경우 'Society'를 번역한 '군(羣)', 또는 '인군(人羣)' 대신
'사회'라는 용어를 채용할 것임을 밝히기도 하였다.

「新釋名」

社會: 英 Society, 德 Gesellschaft, 法 Societe (社會學之部) 採譯 日本 建部遯
　　吾 社會學序說 及 敎育學術硏究會之敎育辭書.

　　社會者 衆人協同生活之有機的 有意的 人格的之渾一體也. 將此定義分析
解說如何.

第一. 社會者 二箇以上之人類之協同生活體也. (…中略…)

第二. 社會者有機體也. (…中略…)

第三. 社會者有意識者也. (…中略…)

第四. 社會者人格也.

---

6) 『신민총보』의 문답에 등장하는 새로운 학술어는 Political Economy뿐만 아니라 '금융'(金融,
　제3호 제3문), '요소'(要素, 제7호 제6문) 등이 더 있으나, 이 두 용어는 '이재학', '평준학',
　'생계학' 등에 비해 많은 논쟁으로 이어지지는 않았다.

7) '신석명(新釋名)'은 학문 분과의 정묘함에 따라 생성되는 명사가 많아짐을 고려하여 여러
　서적을 참고하여 만든 어휘 자료를 뜻한다. 이 자료는 『신민총보』 제3년 제1호(1904.7.13)~
　제2호(1904.7.25)까지 연재되었으며, 본래 철학류(도덕학, 논리학, 사회학, 교육학), 생계학
　류, 법률학류, 형이하에 관련된 제과학류로 나누어 수록하고자 하였으나, 실제 연재된 것은
　철학류의 '사회', '형이상학', 생계학류의 '재화'뿐이다.

第五. 社會者渾一體也. (…中略…)

合此五者則 '社會'之正確訓詁. 略可得矣. 間有用動物社會 植物社會諸名 不過假借名詞. 未足爲定語也. 中國於此字無確譯 或譯爲羣 或譯爲人羣. 未足以包擧全義. 今從東譯.

번역 사회: 영어 Society, 독일어 Gesellschaft, 프랑스어 Societe (사회학의 부문) 일본 다카베 둔고(建部遯吾)의 『사회학서설(社會學序說)』 및 교육학술연구회(敎育學術研究會)의 『교육사서(敎育辭書)』에서 발췌하여 번역함.

사회라는 것은 무릇 사람들이 협동생활을 하는 유기적, 유의적, 인격적 혼일체이다. 장차 이 정의를 분석하여 해설한다.

제일. 사회라는 것은 둘 이상의 사람이 협동생활을 하는 단체이다. (…중략…)

제이. 사회라는 것은 유기체이다. (…중략…)

제삼. 사회라는 것은 의식이 있는 것이다. (…중략…)

제사. 사회는 인격이 있다. (…중략…)

제오. 사회라는 것은 혼일체이다. (…중략…)

이상 다섯가지는 곧 '사회'라는 정확한 뜻의 훈고(訓詁)이니 간략히 이해할 수 있다. 만혹 동물사회, 식물사회 등의 이름을 사용하기도 하나 이는 명사를 차용한 것에 불과하여 정확한 말이 될 수 없다. 중국에서는 이 문자를 정확히 번역하여 사용하지 않고 혹은 '군(羣)'이라고 번역하고, 혹은 '인군(人羣)'이라고 번역하여 사용하므로 전체의 뜻을 포괄하는 데 충분하지 않다. 그러므로 지금부터는 일본의 번역을 따른다.

이 자료에서는 새로운 학술어로서 '사회'는 영어 Society, 독일어 Gesellschaft, 프랑스어 Societe 등을 번역한 것으로, '사회'라는 용어에는 다섯 가지 조건이 포함되어 있음을 논증하고, 중국에서 '군' 또는 '인군'

으로 번역하여 사용하나, 다섯 가지 조건을 포괄하기 어려우므로 '사회'라는 용어를 사용할 것임을 밝히고 있다. 이는 번역 한자 학술어 가운데 수용 가능성이 높은 학술어는 고유 어휘소를 전제로 한 것이 아니라 개념을 좀 더 적합하게 표현한 용어여야 함을 의미한다.

4. 『신명사훈찬』의 신어(新語)

『신명사훈찬』은 1912년 중국 저장성 향현 사람인 주상부(周商夫)[8]가 편찬한 신어집으로, 상해 소엽산방(上海 掃葉山房)에서 석인(石印)으로 발행되었다. 이 책의 서문은 다음과 같다.

「新名詞訓纂 序」

治外國言語文字學者 起而名詞以興 名詞也者 卽我所謂名物訓詁也. 歲壬寅 余于役江右時 東西譯籍抱註正盛 絡檢所及覺新義 往往從古義 劘鑢出 乃有說文解字新注之茸書成勵一卷. 老友瀏陽劉更生 卽爲之序.

其明年束裝旅里書不果成稿存 他友許十年以來久不省憶矣. 今年得識人和周商夫少年學士也. 出所著新名詞 古注一篇眎余. 余受而籀之 凡新義之原出載籍者 條分縷晰粲郞耐觀間列 按語尤确鑿知編檢棄取大非苟作因勸以訓纂易. 其名慫恿問世 又憶余當戊戌己亥之間 以新學甫萌芽筆鉛藍縷急就譯雅一書刻於越中. 甲辰悼亡長物悉棄 鐲家刻木板片亦失忘 如隔世今樂商夫書之成盍 自歎余書之 舍旃船脣馬足消鑠心力身世之感. 況際滄桑俛仰愧悼者已. 壬子 十一月 錢唐 允公 唐詠裳 序

---

8) 주상부의 본명은 주기여(周起予)로 이 시기 중국의 외래어에 관심이 많았던 학자로 알려져 있다. LIN Ming-chang(2013)에 따르면 중국에서의 신학술어가 급속히 확산된 것은 1898년부터 1919년 사이로 보이는데, 주상부의 『신명사훈찬』은 이 시기 대표적인 신어 자료집이라고 볼 수 있다.

번역 외국어를 연구하는 학자는, 일반적으로 명사를 가장 먼저 연구하기 시작했다. 명사라는 것은 바로 내가 말하는 각종 사물 이름에 대해 설명하는 것이다. 임인년(1902) 내가 강우(저장성의 지명)에서 근무할 때 동서의 서적을 번역하여 주석하는 것이 유행이었다. 단어의 새로운 뜻이 옛날의 의미를 갈고 닦은 데서 나옴을 깨달으니 이에 『설문해자』에 새로 주석하여 한 권의 책을 만들었는데, 오랜 친구 유양의 유갱생(劉更生)이 서문을 썼다.

그 다음해에 내가 짐을 정리하고 고향으로 돌아갔으나 원고가 완성되지 않았다. 다른 친구들은 십년이 지난 후에도 이를 기억하지 않았다. 올해 인화에서 온 주상부를 알게 되는데 그는 어렸을 때부터 학식을 쌓았다. 주상부는 〈신명사〉를 저술하여 내게 보여주었다. 내가 그것을 받아 살펴보니, 새로운 뜻의 출처가 조목별로 정리되어 있고 분석을 명료하게 하여 행간이 정제하였다. 말을 살펴보니 더욱 확실하게 편제하고 버릴 것은 버리고 취할 것은 취하여 진실로 이로 인해 훈찬을 쉽게 함으로써 그 명사를 세상에 알릴 수 있었다. 또 생각해보니 무술년과 기해년 사이에 새로운 학문에 막 싹트면서 급히 어설프게 번역하여 한 권의 책을 만들어 월중(越中, 일본 도야마현)에서 판각했다. 갑진년에 각본과 판형을 모두 잃어버려 잊고 있었는데, 세월이 지나 지금 주상부의 책을 읽으니 더욱 자탄하였다. 내가 쓴 것을 버리고 붉은 배의 언저리나 말발굽을 잃고 심력을 다한 느낌일 뿐이니, 기를 꽂는 배와 제사용의 육류를 버리고 심력을 다한 느낌을 해소하기 충분하다. 게다가 상전벽해 때 가히 순식간에 안타까움뿐이겠는가. 임자년(1912) 11월 전당인 윤공 당영상 서

이 글에 따르면 당영상은 1902년부터 외국 서적 번역 주석에 필요한 어휘 자료를 수집했던 것으로 보이는데, 주상부가 저술한 『신명사훈찬』을 보고 서문을 써 판각했다고 한다. 주상부의 훈찬은 '정지속(政之

屬)'(215개 어휘), '학지속(學之屬)'(97개 어휘), '어지속(語之屬)'(246개 어휘), '물지속(物之屬)'(54개 어휘)으로 구성되었는데,9) 훈찬의 기본 원칙은 '신명사의 출처를 조목별로 제시하는 것'이었다. 다음은 '정지속'의 '공화', '문명'에 대한 예이다.

「政之屬」

어휘항	한국음	원문
共和	공화	【史記 周記】周公召公二相行政. 號曰共和. 按共音恭. 法也. 共和猶云法治. 周召共和十四年. 是爲年號紀元之始. (사기 주기) 주소공 때 두 재상이 정치를 맡았는데, 이를 일컬어 공화라고 하였다. 살펴건대 공(共)은 음이 공(恭)이니 법(法, 본받음)이다. 공화는 법치를 이름과 같다. 주소 공화 14년으로 이는 연호 기원의 시작이 되었다.
文明	문명	【易】文明以止 人文也. (역경) 문을 밝힘으로 그치니 인문을 말하는 것이다. 【荀子禮論注】文謂法度也. (순자 예론 주석) 문은 법도를 말하는 것이다. 【賈子道術】知道者謂之明. (가자도술) 도를 아는 것을 일컬어 명(明)이라고 한다. 【儲光義詩】文明叶邦選. (저광희시) 문을 밝혀 나라를 조화롭도록 선별한다.

　이 자료에 따르면 '공화'라는 용어는 중국 고전인 『사기』에 나타나는 말로 두 재상이 정치를 맡은 데서 유래한 말이며, '문명'이라는 용어는 『역경』을 비롯한 다수의 문헌에서 '인문을 밝혀 나라를 조화롭게 하는 것'을 의미하는 말이었다. 이처럼 주상부가 '신명사'를 훈찬하고자 한 목적은 신명사가 갑자기 출현한 것이 아니라 중국 고전에서 그 근거를 찾을 수 있음을 밝히고자 한 데 있는데, 이러한 용어는 『역서사략』의 '중국에 이미 존재하는 명목'을 중시하는 번역어 생성 원칙을 이어받은 것이라고 할 수 있다. 『신명사훈찬』에 수록된 612개의 어휘는 현재 한국사회에서도 동형·동의 형태로 사용되는 것들이 많다. 예를 들어 '공화, 문명, 유신, 교육, 통상, 명령, 제도, 권리, 선거' 등이 이에 해당한다.10) 이는 기존에 존재하는 어휘소를 활용하여 만든 신어가 새로운

---

9) LIN Ming-chang(2013: 50~51)에서는 615개로 산정하였으나 실제 조사한 바에 따르면 612개이다.

어휘 자료를 활용하여 만든 것보다 수용 가능성이 높음을 의미하는
것으로 해석할 수 있다.

5. 근대 한국의 학술어에 대한 태도

한국 사회에서 근대적 학문 분야와 관련된 용어가 등장하는 시점은
1880년대로 볼 수 있다. 그 가운데 대표적인 것이 조사시찰단의 일원으
로 일본에 파견되었던 조준영이 제출한『문부성소학목록』11)과 1883년
언역한 정관응의『이언언해(易言諺解)』권2의 '부론양학(附論洋學)',12)『한
성순보』의 '태서문학원류고'(제14호, 1884.3.8) 등을 들 수 있다.

『문부성소할목록』에서는 일본의 '대학 법리문(法理文) 삼학부', '대학
예비문', '대학 의학부' 등에서 일본 대학의 교과과정과 교과서를 소개
했는데, 그 가운데 다수의 전문 분야 학술어가 등장한다. 다음을 살펴
보자.

「大學 法理文 三學部: 二. 編制 及 敎旨」

一. 東京大學, 綜法學部, 理學部, 文學部, 醫學部, 而法學部 置法學科, 理學
部 置化學科, 數學, 物理學, 星學科, 生物學科, 工學科, 地質學科, 採鑛冶金
學科, 文學部 置哲學, 政治學, 理財學科, 和漢文學科, 就各學科 中 專敎一科
爲旨.

---

10)『신명사훈찬』에 등장하는 612개의 어휘를 조사하면, 가운데 현재 한국사회에서 동형·동의로
    사용하는 어휘 489개, '경기(輕氣, 수소), 원인(元因, 한자 다름), 예당(禮堂), 공재(公財), 공공
    재' 등과 같이 한국사회에서 쓰이지 않는 어휘 99개, '악필(蜜筆), 환선(丸船)'과 같이 일본에
    서 뜻이 바뀐 경우에 해당하는 어휘 24개의 분포를 보인다.
11) 이 자료는 현재 서울대학교 규장각에 소장되어 있으며, 허동현(2003)에서 영인하여 보급한
    바 있다.
12) 홍윤표 해제(1992),『이언(언해본·한문본) 합본』, 홍문각.

번역 일. 동경대학은 종합적으로 법학부, 이학부, 문학부, 의학부가 있으며, 법학부에는 법학과, 이학부에는 화학과, 수학·물리학·성학과, 생물학과, 공학과, 지질학과, 채광야금학과, 문학부에는 철학·정치학·이재학과, 화한문학과를 두고, 각 학과 중 한 과를 전문적으로 가르치도록 하였다.

이 자료에 나타난 바와 같이, 1880년대 일본에서는 '법학, 이학, 문학, 의학, 화학, 수학, 물리학, 성학, 생물학, 공학, 지질학, 채광야금학, 철학, 정치학, 이재학, 화한문학' 등의 학문 분야가 있었음을 의미하며, 이러한 전문 분야를 나타내는 학술어가 조준영에 의해 소개되었음을 의미한다.

그러나 『문부성소할목록』에 들어 있는 학술어가 당시 사회에 널리 알려진 것은 아니다. 더욱이 이들 용어는 학술어 번역 과정을 알 수 없으나, 그 당시 일본에서 사용했던 것을 그대로 옮겨왔을 가능성이 높다.13) 이러한 차원에서 『이언언해』의 '양학'을 번역한 것도 비슷하다.

「附論洋學」

　鄕塾之上 有郡學院 因在授學 專敎 格致, 重學, 史鑑, 歷學, 算法, 他國語言文字 及 藝術所必用之書. (…中略…) 大學院之掌院 必名望出衆才識 兼優者 方應此任. 院中各種書籍 規儀器物無一不備. 一. 經學, 二. 法學, 三. 智學, 四. 醫學.

번역 (언해) 향숙 우희는 군학원(고을의 잇는 학교라)이 이시니 지목을 인ᄒᆞ야 학업을 가ᄅᆞ치되 격치지학과 즁학과 ᄉᆞ긔와 칙력법과 산

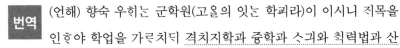

---

13) 『문부성소할목록』에 쓰인 한자 학술어의 번역 유래에 대해서는 개별적인 고찰이 필요한데, 예를 들어 '이재학(理財學)'의 경우 일본에서는 주로 '경제학(經濟學)'으로 번역 사용하였으며, '이재학'은 중국에서 많이 사용한 것으로 알려져 있다. 따라서 조준영이 시찰할 당시 동경대학의 학과가 '이재학과'였는지, 아니면 '경제학과'였는지는 좀 더 고증이 필요하다.

법이며 타국 언어문ᄌ와 기예 슐슈의 반ᄃ시 쁠 글을 젼쥬ᄒ야 가ᄅ치며
(…중략…) 대학원에 쟝원(원 일을 쥬쟝ᄒᄂ 관원)은 반ᄃ시 명망이 츌중
ᄒ고 지식이 겸비흔 재라야 바야흐로 이 소임을 담당ᄒ고 원중에 온곳
셔ᄎᆨ이며 졔도 규모와 긔물이 ᄒ나토 ᄀᆺ쵸지 아니미 업ᄉ니 하나흔 경셔
빅호ᄂ 학이오, 둘흔 법 빅호ᄂ 학이오, 셰흔 기예 빅호ᄂ 학이오, 네흔
슐 빅호ᄂ 학이니

『이언언해』에서는 한문 원문의 '격치, 중학, 사감, 역사, 산법, 타국어
언문자, 예술, 경학, 법학, 지학, 의학'을 '격치, 중학, 사기, 책력, 산법,
타국 언어 문자, 기예·술수, 경서 배우는 학, 법 배우는 학, 기예 배우는
학, 술 배우는 학' 등과 같이 풀이하고 있음을 확인할 수 있는데, 이는
그 당시 지식인들이 사용했던 언어를 반영한 번역으로 보인다. 여기에
나타난 '격치, 중학, 사감, 역사, 산법, 경학, 법학, 지학, 의학' 등의 학술
어는 그 당시 중국과 한국에서 비교적 널리 사용된 용어라고 할 수
있으며, 그것을 번역하는 과정에서 '경서 배우는 학'과 같이 구 구조로
풀이한 것은 전문 학술어 대신 의미를 고려한 번역 방식을 사용한 것이
라고 할 수 있다.[14]

이러한 흐름에서 근대 지식의 형성 과정에 나타난 전문 학술어는
일본과 중국에서 번역한 한자 학술어를 그대로 음차하는 경우와 구
구조로 번역하여 표현하는 경우가 있음을 확인할 수 있는데, 이러한
번역 방식은 1900년대까지 지속된 것으로 보인다. 비록 주시경(1910)의
우리말 학술 용어 창조의 노력이 있었지만,[15] 그 이외의 전문 용어

---

14) 허재영(2016), 「근대 계몽기 전문 용어의 수용과 생성 과정 연구」, 『한말연구』 42, 한말연구학
회, 245~271쪽. 이 논문에서도 근대 생물학 용어도 전문 용어가 정착되기 전 '구 구조'의
번역 형태가 많이 쓰였음을 밝힌 바 있다.
15) 이에 대해서는 국어학계에서 많은 연구가 이루어진 바 있다. 특히 김민수(1977)의 『주시경연
구』(탑출판사) 85~86쪽을 참고할 수 있다.

학술어 만들기에 대한 논의를 찾기 어렵다. 이러한 상황에서 근대의 학술 용어는 중국이나 일본에서 번역하여 사용하는 용어를 그대로 옮겨 쓰는 경우가 많아진 것으로 보이는데, 번역문일수록 그러한 경향이 강하다. 다음을 살펴보자.

「淸國 志士가 日本文을 先學ᄒᆞᄌᆞᄂᆞᆫ 論說을 略記ᄒᆞ노라. (抄淸議報)」

日本이 維新한지 三十年來에 智識을 寰宇(환우)에 廣求ᄒᆞ야 其 所譯 所著한 有用의 書가 數千種에 不下한ᄃᆡ 政治學과 資生學과 智學과 群學 等에 尤精ᄒᆞ니 다 民智를 開ᄒᆞ고 國基를 强ᄒᆞᄂᆞᆫ 急務라. 吾 中國의 西學을 治ᄒᆞᄂᆞᆫ 者 固微ᄒᆞ도다. 其 譯出 各書가 兵學과 藝學에 偏重ᄒᆞ고 政治 資生 等 原本의 學에ᄂᆞᆫ 一書가 無ᄒᆞ니 今 余ㅣ 日로 汲汲히 譯ᄒᆞ야 我의 同人을 餉코져 ᄒᆞ나 窃想컨ᄃᆡ 待譯而讀ᄒᆞ면 緩而少ᄒᆞ고 學文而讀ᄒᆞ면 速而多ᄒᆞᆯ지라. 故로 余ㅣ 國人을 普勸ᄒᆞ야 日本文을 學ᄒᆞ라ᄂᆞᆫ 所以라.

> **번역** 일본이 유신한 지 30년 이래 지식을 세계에서 널리 구하여 그 번역한 유용한 책이 수천 종이 넘는데 정치학과 자생학, 지학과 군학 등이 더욱 정묘하니 모두 민지를 개발하고 국가 기초를 부강하게 하는 데 급무이다. 우리 중국은 서학을 배우는 자가 진실로 미미하다. 그 역출한 각 서적이 병학과 예학에 편중되고 정치, 자생 등 원본의 학은 하나의 책도 없으니 지금 내가 날로 급히 번역하여 우리 동지에게 제공하고자 하나 생각건대 번역을 기다려 읽으면 늦고 부족하니, 글을 배워 읽으면 빠르고 많을 것이다. 그러므로 내가 국인(國人)들에게 일본문을 배우라고 권하는 까닭이다.

▶『황성신문』, 1899.4.29

이 논설은 『청의보』 제10책(1899.2.21)에 수록된 애시객(哀時客, 량치차오의 필명)의 '논학일본문지익(論學日本文之益)'을 번역한 글이다. 번역

과정에서 사용한 번역 학술어 '정치학, 자생학, 지학, 군학' 등은 중국식 번역 학술어인데, 애시객은 원문16)에서 이들 학술어의 일본 번역어를 대조하였으나, 번역 과정에서는 그것을 생략했다. 이러한 흐름에서 근대 한국사회는 '자생학, 지학, 군학' 대신 '경제학, 철학, 사회학' 등이 정착되고 있음을 확인할 수 있는데, 이러한 번역 학술어의 정착은 일본어의 세력이 급증하면서 자연스럽게 이루어진 것이라고 할 수 있다.17)

6. 한국에 영향을 미친 중국 근대 번역 학술어의 의미

이 연구는 근대 중국의 학술 번역어 생성과 수용 태도를 고찰함으로써 이 시기 한국의 학문 형성 과정에 나타난 다양한 번역 학술어의 수용 과정을 이해하고자 하는 목적에서 출발하였다. 주지하다시피 중국에서의 서양서 번역은 1860년대 실용지식전파회와 강남 제조총국 번역관의 설립부터 본격화되었으며, 그 과정에서 번역 학술어를 어떻게 만들어야 하는가에 대한 고민이 있었다. 이러한 고민은 비슷한 시기 일본에서도 나타났으며, 그 결과 근대 지식을 표현하는 다양한 한자 학술어가 산출되었다.

우리나라의 근대 시기에는 중국에서 산출한 한자 학술어와 일본에서 산출한 한자 학술어가 다량으로 유입되었는데, 일본을 통한 지식 유입이 활발해지고 일본어의 세력이 급속히 확장되면서 일본식 학술어가

---

16) 『청의보』 제10책, 1899.2.21, '논학일본문지익'. "哀時客既旅日本數月 肄日本之文 讀日本之書. 疇昔所未見之籍. 紛觸於目. 疇昔所未窮之理. 騰躍於腦. 如幽室見日. 枯腹得酒. 沾沾自喜. 而不敢自私. 乃大聲疾呼. 以告同志曰. 我國人之有志新學者. 蓋亦學日本文哉. 日本自維新三十年來. 廣求智識於寰宇. 其所譯所著有用之書. 不下數千種. 而尤詳於政治學. 資生學「卽理財學 日本謂之經濟學」智學「日本謂之哲學」羣學「日本謂之社會學」等."

17) 허재영(2014), 「근대 계몽기 외국어 교육 실태와 일본어 권력 형성 과정 연구」, 『동북아역사논총』 44, 동북아역사재단, 315~354쪽.

정착되는 경우가 많아졌다. 그럼에도 한자 학술어가 일본식 한자어인지 아니면 중국식 한자어인지를 구분하기 어려운 경우도 많다. 이 점에서 중국에서 산출된 한자 학술어를 가려내고 그 용어가 한국 근대 사회에 미친 영향을 살펴보는 것은 의미 있는 일이다. 특히 중국의 근대 학술어 산출에서 두드러진 현상은 '중국에 이미 존재하는 어휘소'를 활용하여 조어하는 방식을 취했다는 점이다. 『역서사략』이나 『청의보』, 『신민총보』, 『신명사훈찬』 등에 나타나는 '신명사(새로운 학술어를 포함한 신어)' 가운데 상당수는 기존의 명사를 활용하여 조어한 것이다. 이러한 용어 가운데 새로운 개념을 표현하는 데 적합하지 않은 것들은 널리 활용되지 못하고 일본에서 조어한 한자어로 대체된 경우도 있다. 그럼에도 기존의 문헌을 검증하고 그것을 바탕으로 하여 만든 용어 가운데 상당수가 중국뿐만 아니라 현재 한국에서도 널리 활용되고 있음은 주목할 현상이다. 이와 같은 맥락에서 근대 한중일 삼국에서 생성되고 수용된 새로운 학술어를 전수 조사하고 데이터를 구축하는 일은 한국 학문 발달사에서 중요한 의미를 갖는다. 전수 조사와 데이터 구축은 비교적 많은 시간과 인력이 필요한 작업이므로 지속적인 연구 과제가 되어야 할 것이다.

참고문헌

구장률(2012), 『근대 초기 잡지와 분과 학문의 형성』, 케이포북스.

권보드래(2001), 「번역어의 성립과 근대」, 『문학과 경계』 1(2), 문학과경계사, 380~396쪽.

김동기(2003), 「일본의 근대와 번역」, 『시대와 철학』 14(2), 한국철학사상연구회, 263~290쪽.

김동기(2005), 「일본근대철학의 형성과 번역」, 『시대와 철학』 16, 한국철학사상연구회, 247~277쪽.

김민수(1977), 『주시경연구』, 탑출판사, 1977.

김재현(2012), 「『한성순보』, 『한성주보』, 『서유견문』에 나타난 '철학' 개념에 대한 연구: 동아시아적 맥락에서」, 『개념과소통』 9, 한림과학원, 149~181쪽.

김중섭(2014), 「근대화 과정에서 나타난 중국어 어휘 의미 변화에 대한 고찰: '權利'의 번역을 중심으로」, 『언어학연구』 19, 한국언어연구학회, 39~54쪽.

김태진(2016), 「'Organism'의 번역: 옌푸의 유기체론 수용과 '신체관의 충돌'」, 『한국동양정치사상사연구』 15(2), 한국동양정치사상사학회, 215~243쪽.

김태진(2017), 「근대 일본과 중국의 'society' 번역: 전통적 개념 속에서의 '사회적인 것'의 상상」, 『개념과 소통』 19, 한림과학원, 179~217쪽.

박혜진(2013), 「개화기 한국 자료에 나타난 신개념(新槪念) 용어(用語) '민주(民主)'와 '공화(共和)': 수용과 정착과정을 중심으로」, 『일본어교육연구』 26, 한국일어교육학회, 29~46쪽.

양세욱(2009), 「근대 번역어와 중국어 어휘체계의 혁신」, 『코기토』 65, 부산대학교 인문학연구소, 33~53쪽.

양세욱(2013), 「근대 이행기 중국의 자국어 인식」, 『한국학연구』 30, 인하대학교 한국학연구소, 93~121쪽.

양세욱(2017), 「근대 중국의 개념어 번역과 '격의(格義)'에 대한 비교 연구」, 『중국문학』 91, 한국중국어문학회, 151~175쪽.

양일모(2010), 「번역과 개념으로 본 중국의 근대성: '유신'과 '혁명'을 중심으로」, 『동양철학』 33, 동양철학회, 173~198쪽.

염정삼(2009), 「論理(Logic)라는 개념어의 형성: 중국에서의 활용 사례를 고찰하며」, 『인간·환경·미래』 3, 인제대학교 인간환경미래연구원, 139~170쪽.

윤영도(2005), 「중국 근대 초기 서학 번역 연구: 만국공법 번역 사례를 중심으로」, 연세대학교 박사논문, 2005.

이행훈(2013), 「번역된 '철학' 개념의 수용과 전유」, 『동양철학연구』 74, 동양철학연구회, 227~258쪽.

이헌창(2008), 「Political economy와 Economics의 개념과 번역」, 『개념과 소통』 1(2), 한림과학원, 113~177쪽.

이현미(2012), 「번역의 정치학: 대한제국기 혁명개념 연구」, 서울대학교 박사논문.

이혜경(2012), 「근대 중국 '倫理' 개념의 번역과 변용: 유학과의 관계를 중심으로」, 『철학사상』 37, 서울대학교 철학사상연구회, 95~129쪽.

진력위(2015), 「근대 동아시아의 언어교섭에 의한 한자어의 의미 변화」, 『언어사실과 관점』 36, 연세대 언어정보연구원, 7~24쪽.

최경옥(2013), 「메이지기, 번역한자어의 성립과 한국 수용 고찰: [-ism]이 [-주의(主義)]로 번역되기까지」, 『비교일본학』 28, 한양대학교 일본학국제비교연구소, 217~239쪽.

최경옥(2017), 「메이지기, 번역한자어의 성립과 한국 수용 고찰」, 『비교일본학』 39, 한양대학교 일본학국제비교연구소, 415~432쪽.

최윤경(2012), 「중국어에 수용된 근대 일본 한자번역어: 중·일 지식인의 사상과 업적의 관점에서」, 『중국언어연구』 38, 한국중국언어학회, 93~119쪽.

최재목(2005), 「近代期飜譯語 '自由' 概念의 成立과 中國 流入에 대하여」, 『남명학연구』 19, 경상대학교 남명학연구소, 385~404쪽.

한상철(2012), 「근대 초기 지식인들의 '문명-서양' 인식: 번역어 '天演'과 '進化'를 중심으로」, 『현대문학이론연구』 51, 현대문학이론학회, 417~437쪽.

한정은(2015), 「근대 개화기 번역의 세 가지 경로에 관한 고찰」, 『통역과 번역』 17, 한국통번역학회, 37~256쪽.

허동현(2003), 『조사시찰단 관계 자료집』 5, 국학자료원.

허재영(2015), 「근대 계몽기 지식 유통의 특징과 역술 문헌에 대하여」, 『어문논집』 63, 중앙어문학회, 7~36쪽.

허재영(2016), 「근대 계몽기 전문 용어의 수용과 생성 과정 연구」, 『한말연구』 42, 한말연구학회, 245~271쪽.

허재영(2017), 「근대 중국의 서양서 번역 보급과 한국 근대 학문에 미친 영향 연구」, 『한민족어문학』 76, 한민족어문학회, 7~103쪽.

허재영(2017), 「근현대 한국에 수용된 중국 학술 사상에 대한 연구」, 『인문과학연구』 53, 강원대학교 인문과학연구소, 55~83쪽.

홍윤표 해제(1992), 『이언(언해본·한문본) 합본』, 홍문각, 1992.

格致彙編館(1876~1882), 『格致彙編』(1876~1882), 서울대학교 규장각 소장본.

上海出版社(2014), 『萬國公報』 1~60冊, 中國: 上海出版社 影印本.

中華書局(2012), 『淸議報』 1~6, 中國: 中華書局 影印本.

中華書局(2012), 『新民叢報』 1~14, 中國: 中華書局 影印本.

周商夫(1912), 『新名詞訓纂』, 上海: 掃葉山房 石印.

LIN Ming-chang(2013), "A New Perspective on the Creation of Neologism", *Acta Linguistica*, Vol. 3, No. 1. http://revije.ff.uni-lj.si/ala/

제3부 한국에 영향을 미친 중국 근대 지식과 사상

제1장 근대 계몽기 지식 유통의 특징과 역술 문헌*

허재영

1. 서론

학문사에서 근대는 과학사상 및 지식 발달과 밀접한 관련을 맺으므로, 지식 교류의 역사를 살펴보는 것은 중요한 일이다. 지식 교류의 차원에서 개항 이전에는 중국의 지식을 수용하거나 중국을 통해 서구의 지식을 수용하는 일이 적지 않았다. 이는 한국 근대의 학문이 일방적으로 서구의 것을 모방하는 데 그친 것이 아니라 전통적인 학문 교류의 차원에서 지식 수용이 이루어졌을 가능성을 의미하는 것이다.

이 연구는 개항 이후 통감시대(1880년대~1910년)에 이르기까지 근대의 지식 형성과 유통의 특징을 개괄하고, 그 과정에서 등장하는 다양한 역술(譯述: 번역 편술) 담론과 역술 문헌의 분포를 살피는 데 목적이 있다.

---

* 이 글은 허재영(2015)의 「근대 계몽기 지식 유통의 특징과 역술 문헌에 대하여」(『어문논집』 제63집, 중앙어문학회, 7~36쪽)를 수정한 것임.

지식사를 재구하는 차원에서 근대 지식의 수용 과정과 역술 문헌을 전수 조사하는 일은 쉽지 않을 뿐만 아니라, 어찌 본다면 가능하지 않은 일일 수 있다. 그렇기 때문에, 이 글에서 논의하는 바는 1880년대부터 1910년까지의 지식 수용 양상과 역술 자료의 산출 과정을 개략하는 데 그칠 것이다.

여기서 주목할 점은 흔히 '근대'라고 일컫는 1880년대부터 1910년까지의 기간에도 지식 수용 양상에 큰 변화가 있었다는 점이다. 이는 근대 학문사를 연구한 이광린(1979, 1986), 강재언(1982)나 교과서를 대상으로 한 이종국(1992, 2003), 박붕배(1987) 등에서도 빈번히 언급되었던 사실이다. 좀 더 구체적으로 말하면 개항 직후인 1880년대에는 근대식 학제가 도입되기 이전의 시기로 중국과 일본의 사신단 또는 시찰단을 중심으로 한 근대 지식 수용이 중요한 의미를 지닌 시기였으며, 갑오개혁 직후인 1895년부터 통감시대 직전인 1905년까지는 근대식 학제의 도입과 관비 재일 유학생의 등장이 지식 수용 양상을 변화시킨 요인으로 작용한다. 또한 통감시대인 1906년부터 1910년까지는 다수의 개인 저작 교과서류가 등장하나 1908년 이후에는 통감부의 '교과용 도서 검정 규정', '출판법' 등의 통제가 극심하게 이루어졌던 시기이다.

이러한 과정에서 때로는 국문 번역, 역술의 중요성이 강조되기도 하였고, 때로는 일본어나 영어를 배워 지식을 직접 수입해야 한다는 주장이 제기되기도 하였다.

근대 계몽기 지식 수용 양상을 보여주는 자료는 크게 세 유형으로 나누어 볼 수 있다. 첫째는 신문류이다. 1880년대의 『한성순보』와 『한성주보』는 비록 한문으로 쓰였지만 근대 지식의 수용이라는 차원에서 볼 때, 이 시기의 학술 수준을 대변하는 매체였다. 이는 갑오개혁 직후의 『독립신문』, 『매일신문』, 『제국신문』, 『황성신문』도 마찬가지였다. 이들 신문에서는 논설, 기서 형식으로 다수의 학문 담론을 번역 등재하였으며, 그 나름대로 근대 학문의 기초를 쌓아나갔다. 학술지를 대용한 신문의 역할은 적어도 1920년대 말까지는 지속된 것으로 보인다. 둘째는 각종 단체에서 발행한 회보, 학보, 잡지류이다. 회보의 출현은 1896년 독립협회의 『대조선독립협회회보』, 재일유학생친목회의 『대조선재일유학생친목회회보』로부터 비롯된다. 각종 학회보는 1906년 이후 급증했는데, 현재 파악된 것만도 대략 30여 종에 이른다. 또한 조양사의 『조양보』(월 2회 발행 신문과 잡지의 중간 형태), 소년한반도사의 『소년한반도』, 육당이 발행한 『소년』, 가정잡지사의 『가정잡지』 등은 학보와 마찬가지로, 근대 지식 유통의 중요한 경로였다. 셋째는 개인의 저술 또는 학부에서 발행한 각종 교과서류가 있다. 1882년 8월 29일 지석영의 '시무 상소(時務上疏)'에 나타나는 『만국공법』, 『조선책략』, 보법전기』, 『박물신편』, 『격물입문』 등은 중국에서 서양 선교사들이 중국어로 역술한 서적들이 유입된 사례이며, 같은 시기 중국판 서양 선교사들의 『격치휘편』이라는 신문도 들어왔다. 이 상소에 등장하는 김옥균의 『기화근사』, 박영교의 『지구도경』은 그 실체를 확인하기 어려우나, 전 현령 김경수(金景秀)가 지었다는 『공보초략』은 '서학약설(西學略說)'을 비롯하여 각종 서구 학문을 소개한 책이었다. 조사시찰단을 수행한 안종수(安宗洙)가 근대 서구 농법을 소개한 『농정신편(農政新編)』도 1900년대까지 교과서를 대용한 개인 저술에 해당한다. 이러한 개인 저역서는 근대식 학제 도입 이후 더욱 활발해졌는데, 현재 조사한 바에 따르면 1897년 학부 발행 교과서 24종, 상해 광학회 서적 42종 이외에 1905년까지 국내에 유통된 교과서류는 대략 78종 정도로 파악된다. 또한 통감시대 국내 유통된 교과서는 대략 520종 정도로 조사된다.

이를 고려하여 이 글에서는 근대 계몽기를 세 시기로 구분하고, 세 가지 유형의 문헌 자료를 대상으로 근대 계몽기 지식 유통의 특징과 역술 담론 및 역술 문헌의 분포 경향을 기술하는 데 목표를 둔다.

2. 개항에서 갑오개혁까지(1880~1894)

2.1. 번역·저술의 필요성

근대 지식의 수용 과정에서도 일차적인 방법은 외국 서적을 직수입하는 형태로 이루어졌다. 서양 서적의 전래는 1600년대 이후부터 시작된다. 이광린(1979)에서는 청말 학자 위원(魏源)의 『해국도지(海國圖志)』, 정관응(鄭觀應)의 『이언(易言)』, 황준헌(黃遵憲)의 『조선책략(朝鮮策略)』 등이 전래되는 과정을 밝힌 바 있고, 강재언(1981)에서는 17세기 서양 지식의 유입 과정을 논의하면서 대략 22종의 지리·과학 서적과 13종의 천주교서가 국내에 유입되었음을 규명한 바 있다.[1]

그러나 본격적인 지식 수용은 이른바 '역술(譯述)' 형태로 이루어졌다. 사전적 의미에서 '역술'이란 '번역하여 기술하는 것'을 의미한다. 일반적으로 번역은 어떤 언어(대상 언어)를 다른 언어(목표 언어)로 옮기는 것을 뜻한다. 그런데 근대 계몽기의 '역술' 개념은 서양어나 일본어 또는 중국어를 한국어로 옮기는 것만을 의미하지는 않았다. 예를 들어 『태서신사언역본』에서는 '영국 마간셔 원본, 리졔마틔 번역, 채이강 술고'라고 하였다. 곧 영국인 맥켄지가 지은 책을 리처드가 번역하고, 채이강이 기술하였다는 뜻이다.

근대의 역술(譯述) 개념은 한자 낱자의 뜻대로 '역(譯)'이 의미하는 '훈고 주석'[2]과 '술(述)'이 의미하는 '전술(傳述)'의 개념을 합친 것으로

---

1) 이 시기 직수입된 서적이 어느 정도일지에 대해서는 충분한 조사가 이루어지지 않았으나, 조준영(1881)의 『문부성소할목록』, 김윤식의 『음청사』 등을 참고할 때, 수신사, 영선사, 시찰단 등을 통해 일본과 중국의 서적이 다수 유입되었을 가능성이 높다.

2) 최남선(1915)의 『신자전』에서는 '역(譯)'을 "① 전역(傳譯) 역이지언자(譯夷之言者) 통별할, ②(史記) 월상씨중구역 이래(越裳氏重九譯而來), ③ 고석경의(詁釋經義) 번역할(阳)"으로 풀이하였다. 곧 '역(譯)'은 '이언(夷言)'을 전제로 번역하는 의미를 갖고 있지만, '경의(經義)'를 '고석(詁釋)'하는 의미도 강하다.

보인다.3) '역(譯)'의 의미가 '고석(詁釋)'에 있고, '술'의 의미가 '전술' 또는 '전습(傳習)'에 있다면, 근대 계몽기에 출현하는 다수의 역술서들은 단순 번역이 아니라, 그 자체로서 지식 수용과 생산을 아울러 의미하는 개념으로 쓰일 수도 있다.4)

근대 지식 수용 과정에서 가장 시급했던 문제 가운데 하나는 '문자(文字)' 문제였다. 이는 최영철·허재영(2014)에서 밝힌 바와 같이 개항 직후 각국과 외교 통상 조약을 체결하는 과정에서 번역 문제에 부딪혔기 때문이다. 국회도서관 입법조사국(1965)에서 정리한 『구한말 조약 휘찬』에 따르면 이 시기 러시아와 체결한 '한로육로통상장정(韓露陸路通商章程, 1888)'을 제외한 다른 조약들은 해당 국가의 언어와 한문을 공식 문자로 사용했다. 이 과정에서 국문 번역의 중요성이 대두되기 시작했는데, 이를 보여주는 예로 『한성주보』 제3호(1886.2.15)의 '논학정(論學政)', 1888년 박영효의 건백서 등이 있다.

「국문 번역 문제」

ㄱ. 惟願秉軸諸公議 自政府特設繙譯處 盡以諺文記述 各種學科另成一冊頒布國內 使士民周知其便 且自政府補助學費激勸奬厲則學將不日而大張矣. 西語曰朝鮮有邦文 比於東洋各國 尤爲簡便 若朝鮮士民利用邦文 咸得其宜則其政學政必冠於東洋.

ㄴ. 一 設壯年學校 以漢文 或以諺文 譯政治 財政 內外法律 歷史 地理 及

---

3) 아직까지 학계에서 '역술'이 무엇을 의미하는지에 대한 논의가 본격적으로 제기된 적은 없는 것으로 보인다. 근대의 '번역'과 '번안'에 대한 개념은 박진영(2011)에서 확인할 수 있으나, 이 저서에서도 '역술'이 무엇을 의미하는지에 대한 개념 정의는 찾을 수 없다. 다만 김남이(2011)에서 '중역(重譯)', '역술(譯述)', '적역(摘譯)', '초역(抄譯)' 등의 문헌이 갖는 특징을 고찰한 바 있는데, 이 논문도 지식 수용의 경로를 밝히는 데 목표를 두었기 때문에, 개념 논의에 치중하지는 않았다. 분명한 것은 김남이(2011)에서 다룬 문헌들은 번역의 일종이다.

4) 이 문제는 이 논문의 주요 주제가 아니므로, 후에 별도로 논의하기로 한다.

算術 理化學 大意等書. 教官人之少壯者.[此似湖堂古事, 而其益必大也]
或徵壯年之士于八道, 以教之, 待其成業, 以科舉之法試之, 而擇用於文官.

근대 지식 수용 과정에서 '조선문', '국문'이라는 개념이 등장한 것은
국가 차원의 공용어를 인식했다는 점에서 의미 있는 일이다. 비록 산발
적이기는 하지만, 1894년 갑오개혁 당시 '국문위본(國文爲本)'을 천명하
는 과정이 급격하게 이루어진 것이 아님을 증명한다.

2.2. 1880년대 지식원(知識源)과 역술 자료

1880년대는 개항 이전에 비해 지식 유통이 급속도로 확산되던 시기
였다. 그 출발점은 수신사, 조사시찰단, 영선사의 파견과 밀접한 관련
을 맺는다. 앞서 살펴본 바와 같이 1881년 조사시찰단의 일본 파견
결과 일본의 교육 제도 및 교과서에 대한 정보가 유입되었음을 확인할
수 있다. 그뿐만 아니라 시찰단 일원으로 파견되었던 어윤중(魚允中)은
상해를 거쳐 귀국했으며, 김윤식(金允植)은 영선사의 일원으로 중국을
방문하여 그 시기 중국의 서적을 접하기도 하였다. 이와 함께 다수의
근대식 학교가 설립되면서 교과서의 저술도 시작되었다.
먼저 이 시기 일본과 중국을 다녀온 사람들의 자료에 나타나는 서적
및 교과서류를 살펴볼 필요가 있다. 이 시기 이른바 개화사상가들에게
가장 많은 영향을 미친 책은 이광린(1979)에서 밝힌 바와 같이, 『해국도
지』, 『영환지략(瀛環志略)』(1850년대 청의 서계여(徐繼畬)가 지은 세계 지리
서), 황준헌(黃遵憲, 1848~1905)의 『조선책략』으로 알려져 있다.5) 이규경
(李圭景)의 『오주연문장전산고(五洲衍文長箋散稿)』에서 "중국에 근일 새

---

5) 이 세 종의 유입 과정은 이광린(1979)에서 규명한 바 있다.

로 나온 기서가 심히 많은데, 우리나라에 전래된 것도 많다. 해국도지 수십책, 완씨전서, 또 문선루총서 일백 책, 영환지략 십여 책, 수산각총서 일백20책, 휘각서목 십 책 등으로, 해국도지, 완씨전서, 영환기략, 수산각총서, 휘각서목 이러한 것은 모두 해내의 기서이다."6)라고 밝히면서 협주에 이 책들이 영상 조인승과 상사 최한기(崔漢綺) 등이 소장하고 있었다는 이야기를 적고 있다. 이를 고려할 때『해국도지』와『영환기략』은 개항 이전부터 국내에 유입되어 지식인들에게 읽혔음이 분명하다. 그런데 황준헌의『조선책략』과 정관응(鄭觀應, 1841~1923)의『이언(易言)』은 1880년 수신사로 파견되었던 김홍집(金弘集)이 주일 청국 공사관의 참찬관(參贊官)이었던 황준헌으로부터 받아온 책으로 알려져 있다.『조선책략』은 '친중국(親中國) 결일본(結日本) 연미국(聯美國)'을 통해 러시아를 방비하자는 이상주의적 외교론을 핵심으로 하는 책7)으로써 조사시찰단이나 영선사 파견에 영향을 주었던 책이며,『이언(易言)』은 상하 2책으로 상권에서는 '공법(公法), 세무(稅務), 아편(阿片), 상무(商務), 개광(開鑛), 화차(火車), 전보(電報)' 등과 같은 국가 제도 및 과학기술 관련 18항의 논설을 다루고, 하권에서는 '변방(邊防), 교섭(交涉), 전교(傳敎)' 등의 부국강병책 관련 항목을 논의한 책이다.『이언』은 1883년 4권 4책의 언해본이 출간될 정도로 이 시기 한국의 학문에 큰 영향을 끼쳤다.8) 홍윤표(1992) '해제'에 따르면『이언』은 1893년『성세위언(盛世危言)』, 1896년에는『성세위언 증정후편(盛世危言 增訂後編)』이라는 책명으로 간행될 정도로 근대 계몽기 지식인들의 주목을 받았던 책이다.

이상의 4종은 지리를 포함하여 세계정세와 중국, 조선의 진로에 관

---

6)『오주연문장전산고(五洲衍文長箋散稿)』권19 중원신출기서변증설(中原新出奇書辨證說). 이광린(1979: 5) 참고.

7) 이 책의 번역본은 조일문 역(2006)의『조선책략』(건국대학교 출판부), 김승일 역(2007)의『조선책략』(범우사) 두 종이 있다.

8)『이언언해』는 1992년 홍문각에서 홍윤표 '해제'와 함께 영인된 바 있다.

한 정책을 담고 있는 서적들이다. 이뿐만 아니라 일본과 중국을 견문하고 각종 과학기술 및 학문 관련 서적 정보를 제공하는 자료들이 나타난다. 이 시기 중국과 일본에 유통되던 서적명을 보여주는 자료로는 조준영의 보고서, 김윤식의 『음청사』 등이 있다. 조준영의 보고서(『문부성소할 목록』)에는 각급 학교의 교과목과 함께, 해당 교과의 교과서명이 등장한다. 예를 들어 '대학 법·리·문학부'의 경우는 25개 교과의 338종의 교과서명이 등장한다.9)

이들 교과서 가운데 『만국공법』은 우리나라에서도 사용된 바 있는데, 저자명의 차자 표기를 고려하면 일본에서 사용된 책이 우리나라에 유입된 것으로 보이지는 않는다. 왜냐하면 우리나라에서 사용된 것은 미국 법학자 휘튼(Henry Wheaton, 惠頓, 1785~1848)의 『국제법 원리』를 미국인 선교사 윌리엄 마틴(William A. P. Martin, 丁韙良, 1827~1916)이 중국 동문관에서 한역한 것인데, 저자명 차자 표기가 일본의 교과서는 '합이돈(合伊頓)'인 데 비해 동문관 번역본은 '혜돈(惠頓)'이기 때문이다. 이뿐만 아니라 조준영의 보고서에는 '대학 예비문'과 '대학 의학부', '사범학교', '부속 소학교', '여자 사범학교', '외국어 학교'의 교과 세목이 들어 있는데, '대학 예비문'과 '부속 소학교'의 세목에도 몇 종의 교과서명이 보인다. 대학 예비문에는 25종의 교과서명이 등장하며,10)

---

9) 교과별 제시된 교과서의 수(괄호 안의 숫자)는, 일본 고대 법률(10), 일본 현행 법률(0), 영국 법률(20), 불란서 법률(0), 분석 화학(7), 응용 화학(0), 유기 화학(1), 순정 급 응용 수학(32), 물리학(24), 성학(14), 식물학(40), 동물학(8), 토목공학(16), 기계공학(11), 도학(圖學)(0), 금석학 급 지질학(11), 야금 급 채광학(4), 철학(40), 정치학(10), 이재학(理財學)(17), 화문학(和文學)(28), 한문학(14), 사학(21), 영문학(12), 불란서 급 독일어(11)로 모두 338종이다.

10) 대학 예비문의 교과서는 다음과 같은 것이 있다(괄호 안의 숫자는 학년, 과목임). 占弗兒 著, 『讀本』 권3, 권4(1년, 독방); 弗羅翁 著, 『英國小文法書』(1년, 영문법); 斯維頓 著, 『萬國史畧』(1년, 해석); 路敏遜 著, 『實用算術書』(1년, 수학); 『日本外史』(1년, 화한서); 『由尼恩 讀本』 권4(2년, 독방); 伯羅恩 著, 『英國大文法書』(2년, 영문법); 盧敏遜 著, 『實用算術書』; 來土 著, 『平面幾何書』(2년, 수학); 莫耳列 著, 『自然地理書』(2년, 지리학); 斯維頓 著, 『萬國史略』(2년, 사학); 『日本政記』(2년, 화한서); 格賢勃 著, 『英國 作文 及 修辭書』(3년, 수사); 來土 著, 『平面幾何書』; 突土蕃太兒 著, 『小代數書』(3년, 수학); 弗利萬 著, 『萬國史』(3년, 사학); 巴苦斯列·由

'부속 소학교'에서는 『소학독본』 권1~권7, 『독본』 권1~권5가 등장한
다. 가타기리 요시오·기무라 하지메 외 지음, 이건상 옮김(2011: 129)에
서는 1873년 일본 문부성에서 처음으로 『소학독본』 권1을 편찬했다고
하였는데,[11] 시기상으로 볼 때 이 보고서에 등장하는 독본과 동일한
것일 가능성이 높다.

이처럼 근대 교육 형성기 서구식 학제를 도입한 일본을 시찰한 결과
학제뿐만 아니라 교과서에 대한 관심도 높아졌던 것으로 보인다. 이는
앞에서 살펴본 지석영의 상소문이나 『한성주보』의 '논학정', 박영효의
'건백서' 등에서 지속적으로 학제와 서적에 관한 논의가 포함되는 데서
도 확인할 수 있다. 그럼에도 근대 교육 형성기의 각종 학교에서는
'교과'와 '교과서'에 대한 확고한 지식이 부족했던 것으로 보인다. 그렇
기 때문에 각급 학교의 실정에 맞는 교과서를 편찬하기보다는 외국에
서 사용하는 책을 수입하여 사용했을 가능성이 높다. 특히 지석영의
상소문에 등장하는 『만국공법(萬國公法)』, 『조선책략(朝鮮策略)』, 『보법
전기(普法戰記)』, 『박물신편(博物新編)』, 『격물입문(格物入門)』, 『격치휘편
(格致彙編)』(이상 각국 인사가 지은 것) 등은 대체로 중국에서 간행된 책을
수입한 것으로 보인다.[12] 특히 이 시기 지식 유통의 경로가 일본보다
중국에 치우쳐 있었던 것으로 보이는데, 그것은 전통적인 대중 외교의
결과 때문으로 보인다. 이러한 맥락에서 김윤식의 『음청사(陰晴史)』
1882년 4월 26일의 '남국 제원(南局諸院)의 회례전(回禮箋)'[13]에 등장하

燙 合撰, 『生理書』(3년, 생물학); 『通鑑覽要』(3년, 화한서); 譜太耳烏土 著, 『掌中英國文學書』(4
년, 영문학); 突土蕃太兒 著, 『大代數書』(4년, 수학); 斯丢亞土 著, 『物理書』(4년, 물리학); 盧斯
杲 著, 『化學初步』(4년, 화학); 仁可耳遜 著, 『教科用 動物書』(4년, 생물학); 和塞土 著, 『小理財
書』(4년, 이재학).

11) 가타기리 요시오·기무라 하지메 외, 이건상 옮김(2011: 129)에 따르면 이 교과서는 미국의
『윌슨·리더』를 번역한 것이라고 한다.

12) 이들 책이 중국을 경유한 것으로 보는 이유는 마틴의 『만국공법』과 마찬가지로, 『격물입문』,
『격치휘편』 등의 책명이 중국에서 사용되었기 때문이다.

는 '서목(書目)'은 중국에서 유통되던 기기 관련 지식수준을 보여준다고 할 수 있다. 그러나 이 '전'의 서목이 이 시기 우리나라에 모두 도입되었는지는 확인할 길이 없다.[14]

이처럼 직수입된 서적 이외에 다수의 서적이 번역되거나 저술되기 시작하였다. 지석영의 상소문에 등장하는 『기화근사(箕和近事)』, 『지구도경(地球圖經)』의 실체는 확인할 수 없으나. 안종수의 『농정신편(農政新編)』은 원산학사의 교과서로 사용되기도 하였다. 또한 김경수(金景遂)가 지은 『공보초략(公報抄略)』은 중국 서양 선교사들의 신문이었던 『교회신보(敎會新報)』(1868)와 『만국공보(萬國公報)』(1874)를 한문으로 초역(抄譯)한 근대 학술서였다.[15] 『한성순보』는 '국내 기사', '각국 근사', '논설' 등으로 구성되었는데, '각국 근사'나 '논설'은 중국이나 홍콩, 일본 등의 신문을 참고한 것이 많았다. 한보람(2005)에서는 순보의 각국 근사를 대상으로 정보원을 분석한 바 있는데, 이에 따르면 『상해신보』(268), 『자림호보』(121), 『중외신문』(66), 『순환일보』(53) 등과 같이 중국계 신문이 다수를 차지하고, 『시사신보』(21), 『일본보』(21) 등과 같이 일본계 신문도 비교적 자주 등장한다. 그뿐만 아니라 『인도신문』, 『프랑스신문』, 『미국신문』, 『독일신문』, 『러시아신문』 등도 등장하는데, 이들 신문을 직접 보았는지는 확인할 수 없으나, 앞의 중국계 또는 일본계 신문을

---

13) 이 회례전은 영선사 일행이 기계 학습을 위해 남국(南局)을 방문한 뒤 그곳에 남았던 종사관 윤태준(尹泰駿: 윤치호의 아버지)이 보내온 것이다.

14) 예를 들어 이들 교과서나 서적명을 『집옥재서적목록(集玉齋書籍目錄)』이나 『집옥재목록외서책(集玉齋目錄外書冊)』('집옥재'는 고종의 서재로 약 4만권의 장서를 소장했던 것으로 알려져 있다. 서적 목록과 목록외서책은 국립서울대학교 중앙도서관장 판을 1948년 2월에 등사하였다. 이 자료는 현재 국립중앙도서관의 디지털 열람실에서 확인할 수 있다)의 서명과 대조했을 때, 유사한 서명은 많지만 동일 서명이 발견되지 않는 점을 고려할 때, 근대 교육 형성기의 중국과 일본 서적이 우리나라에 어떤 영향을 주었는지 밝히는 데 어려움이 있다.

15) 『공보초략』에 대해서는 송만오(1992, 1995, 1999), 백경옥(2012), 박종훈(2012)의 연구가 있다. 송만오(1995)에서 밝힌 바와 같이 이 책은 1879년 11월에 서문을 썼으며, 1876년부터 약 4년간 편찬한 것으로 알려져 있다. 이 책은 현재 고려대학교 중앙도서관에 소장되어 있는데, 서울대학교 규장각의 원조지(袁祖志, 1884)의 『공보초략』과는 다른 책이다.

거쳐 번역된 기사일 가능성이 높다. 더욱이 지식원을 밝히지 않은 다수의 논설류도 중국이나 일본계 신문을 참고하여 역술한 형태의 자료일 가능성이 높다. 예를 들어 『한성순보』 제3호(1883.11.20)의 '회사설(會社說)'도 "今泰西諸國莫不設會而招商寔爲富强之基礎也 (…중략…) 以此則 商社業亦爲時日之急務 故今將西人之成法以告同志."라고 하면서, 자료 출처를 밝히지 않은 채 서양의 회사 설립 방법과 규칙을 소개하였다. 최영철·허재영(2014)에서는 『한성순보』와 『한성주보』에 소재한 학문 담론 자료 270편을 분석한 바 있는데, 이들 자료는 대부분 서양 근대 지식을 대상으로 한 역술 자료로 볼 수 있을 것이다.

3. 근대식 학제 도입기의 지식 유통과 역술 문헌

3.1. 근대식 학제 도입과 교과서

갑오개혁은 정치사뿐만 아니라 학문사에서도 큰 전환점을 가져왔다. 칙령 제1호의 '국문위본(國文爲本)' 천명이나 1895년의 근대식 학제 도입과 이에 따른 지식 보급, 1896년 관비 일본 유학생 파견 등 이전의 사회에서는 볼 수 없는 여러 가지 제도적 개혁이 뒤따랐다.[16] 관제 개편이 이루어지고 『관보』의 발행이 이루어졌다. 1894년 12월 12일에 는 이른바 '종묘서고문'이 공포되고, 13일에는 '교육입국조서'가 반포 되었다. 이 가운데 '교육입국조서'로 알려진 13일의 조칙은 한문, 국한

---

16) 갑오개혁의 성격과 이로 인한 제도 개혁이 갖는 의미와 한계에 대해서는 다양한 학설이 존재한다. 흔히 '경장'으로 일컬어지는 갑오개혁이 동학혁명(갑오농민전쟁)의 실패와 외세에 따른 개혁의 성격이 강하다는 점을 중시하는 입장과 자주적·내재적 발전 과정을 중시하는 입장이 있을 수 있다. 이러한 성격 논쟁은 학문사의 변화 과정을 기술하는 주요 주제가 아니므로, 이에 대한 논의는 피하기로 한다.

문, 국문 세 종류의 문체로 공시되었는데, 그 가운데 국한문본에는 '독립(獨立)' 7회, '자주(自主)' 4회, '자주독립(自主獨立)' 2회, '유신(維新)' 1회가 등장할 정도로 독립 국가의 의지를 천명하였다. 이를 번역한 국문본은 '독립' 6회, 'ᄌ쥬' 4회, 'ᄌ쥬독립' 2회로 나타나는데 '유신(維新)'이라는 표현은 '명을 새롭게 함'으로 번역하여, '유신'이 개념어로 쓰이지는 않았음을 보여준다. 이 조칙에서는 '자주독립을 위한 방편'으로 '충군애국(忠君愛國)', '학식광구(學識廣求)', '기예장종(技藝長從)'을 계유(啓喩)하고 있다.

근대식 학제의 도입은 학문 발달과 지식 보급에서 중요한 의미를 지닌다. 그러나 신학제의 도입에 따른 학교와 학생 수가 많지 않았고, 그것을 뒷받침하기 위한 교재의 개발도 충분하지 않았다. 그렇기 때문에 이 시기 『독립신문』에서는 나라 개명을 위한 학문의 필요성과 서적 보급의 필요성을 주장한 논설을 지속적으로 게재하였다. 이들 논설에서는 정부가 교육은 시작하였으나, 가르칠 책은 전혀 없는 셈이므로 문명개화를 위한 서책 보급이 급선무임을 여러 차례 강조한다.

이러한 주장은 학제 도입 이후 저술된 교과서가 극히 적기 때문에 나타난 것들이다. 이종국(1992)에서 조사한 바와 같이, 1895년부터 1897년 사이에 학부에서 편집한 교과서는 『공법회통』권10 끝부분과 『태서신사남요(泰西新史攬要)』의 '학부 편집국 개간 서적 정가표(學部編輯局開刊書籍定價票)'에 등장하는 24종이 있다.17) 이들 교과서는 내용별로 분류하면 독본 4종, 법률 1종, 사회 1종, 산술 2종, 수신 1종, 역사 6종, 지리 8종의 분포를 보인다. 독본 가운데 『국민소학독본』, 『(신정)심

---

17) 『공법회통』에는 18종이 있으며, 『태서신사남요』에는 22종이 있다. 이 가운데 『조선역대사략한문본』, 『조선약사(朝鮮略史)』는 『공법회통』에만 나타나며, 『태서신사남요』, 『태서신사언역본』, 『사민필지』, 『동여지도』, 『소지구도착색』, 『국문소지구도착색』은 『태서신사남요』에만 나타난다.

상소학』은 근대식 교육 내용을 담고 있으나,『소학독본』,『유몽휘편』은 국한문으로 쓰였으나 전통적인 윤리를 교육 내용으로 하고 있다.[18] 『숙혜기략(夙惠記略)』도 일종의 독본으로 볼 수 있는데, 아동용 윤리 교과서이다. 법률서인『공법회통』은 김효전(2008)에서 규명한 바와 같이, 1896년 블룬칠리(Johann Casper Bluntchili, 중국명 步倫)의『공법회통』을 학부 편집국장 이경직(李庚稙)의 서문을 붙여 간행한 것이다.[19] 또한 역사서인『태서신사남요』와『태서신사언역본』은 로버트 맥켄지(Robert Mackenzie, 한어명 馬懇西)가 1880년 영국에서 저술한『19세기: 역사(The 19th Century: A History)』(London, T. Nelsan and Sons)를, 티모시 리처드 (Timothy Richard, 한어명 李提摩太)가 1895년 상해에서 번역한 것이다. 이처럼 학제 도입 후 교과서 개발이 충분하지 않은 시대에 중국 상해에서 역술된 서적이 번간되어 교과서로 활용된 것은 근대 학문 성립 과정에서 서구 지식의 영향이 적지 않았음을 보여준다.

지리는 개항 이후 근대 지식의 보급 과정에서 가장 관심을 끈 분야였는데, 학부 설립과 함께 8종의 지리 교과서가 간행된 점도 이 때문이다. 이 가운데『여재촬요(輿載撮要)』는 한장석(韓章錫),[20] 이헌영(李*憲永), 윤용선(尹容善), 오횡묵(吳宏默)의 서문이 들어 있는데, 이들 서문은 모두

---

18) 『국민소학독본』,『(신정)심상소학』,『소학독본』의 내용 분석은 박붕배(1987), 윤여탁 외 (2005) 등에서 이루어진 바 있다.『유몽휘편』은 상하권의 편제 방식이 다른데 상권은 '총론 천지인', '언천도(言天道)', '언지도(言地道)', '언인도(言人道)', '명군신지의(明君臣之義)', '명 부부지별(明夫婦之別)', '명장유지서(明長幼之序)', '언음식지절(言飮食之節)', '논만물(論萬 物)', '언유학(言儒學)', '언기용관실(言器用官室)'의 11장, 하권은 인류과 학문에 관한 설명 1장으로 구성되었다. 구체적인 내용 분석은 교과서 분석에서 수행한다.

19) 『공법회통』을 비롯한 서양 법률 지식의 유입에 대해서는 김용구(1997)의『세계관의 충돌과 국제 정치학』(나남출판), 오영섭(2004)의 「개항 후 만국공법 인식의 추이」(『동방학지』124, 연세대 국학연구원), 김효전(2008)의 「번역과 근대 한국: 법학과 국가학 문헌을 중심으로」(『개 념과 소통』1, 한림대학교 한림과학원) 등을 참고할 수 있다.

20) 한장석(韓章錫)의 서문은 '숭정기원후 오계사(崇禎紀元后五癸巳)'라고 하여 연호 표기 방식이 명나라 마지막 황제 숭정제를 기준으로 한 연호를 쓰고 있다. 숭정 기원은 1628년이며, 숭정 기원 후 첫 번째 계사년은 1653년이다. 다섯 번째 계사는 1893년이다.

계사년(癸巳年)에 쓰인 것으로 나타나므로, 1893년에 저술된 것으로 보인다. 책의 구성은 전10권으로 제1권에서는 천문지구 관련 각종 도해와 일월식, 지구와 양주(洋洲)에 대한 논의, 각국 정교(政敎)에 관한 설명, 아세아주 5국, 구라파주 19국, 아프리카 주 7국, 북아메리카 주 9국, 남아메리카 주 10국, 대양주 1국을 설명하였고, 제2권은 우리나라의 지리와 성씨 등, 제3권 경기 38관(官), 제4권 충청도 54관, 제5권 전라도 56관, 제6권 경상도 40관(좌도), 제7관 경상도 31관(우도), 제8권 강원도 26관, 제9권 평안도 44관, 제10권 황해도 23관, 함경도 24관을 내용으로 하고 있다. 세계 지리와 관련한『만국지지』나 헐버트가 저술한『사민필지』의 한문본 등도 이 시기 서양 지식의 수용 양상을 보여준다.『소지구착색도』와『국문소지구착색도』는 책명에서 보여주듯, 지구도의 일종이다. 역사 교과서인『만국약사』나『태서신사남요』는 세계사의 일종이다. 이에 비해『조선역사』,『조선역대사략』은 본국의 역사 교과서이다. 두 교과서는 같은 역사서이지만, 체제와 기술 방식은 전혀 다르다. 세계사의 경우 장절법을 사용하고 있지만, 본국 역사는 역대 왕조의 사적을 연대순으로 기술하는 방식이다. 이처럼 독본, 윤리, 역사, 지리 분야에서 전통적인 서술 방식과 새로운 편제 방식이 혼재하는 것은 지식 수용 과정에서 나타나는 과도기적 성격을 반영하는 셈이다.『지구약론』은 한자 부속 문체를 사용한 문답식 지리 교과서이며,『근이산술(近易筹術)』은 상하 2책 5편으로 구성된 산술 교과서이다. 이와 같이 학부 편찬 24종의 교과서 가운데 우리나라의 역사와 전통 수신 윤리를 제외한 대부분의 교과서는 이 시기 유통되었던 근대 지식의 수준을 반영하고 있다.

3.2. 학제 도입기 지식 유통 상황과 역술 서적

개항 직후와 마찬가지로 이 시기에도 근대 지식의 직수입 현상은
지속되었다. 그 예의 하나가 학부 편찬(1897) 『태서신사남요』 부록에
소재한 '광학회 서목'이다. 허재영(2015)에서 규명한 바와 같이, 이 서목
에는 45종의 서목과 정가가 제시되어 있다. 이 가운데 현재 국내에서
소장처가 확인된 서적만도 32종에 이른다. 그뿐만 아니라 1897년 중국
에 설립된 '상무인서관'의 도서도 1900년대 이후 일제강점기까지 지속
적으로 유입되었다.

그러나 이 시기 본격적으로 유입된 서적은 일본어 서적으로 보인다.
그러한 예의 하나로 이 시기 교과서의 유통 경향을 살펴볼 수 있다.
이종국(1992)의 조사를 바탕으로 1897년부터 1905년 사이에 유통된 일
본문 직수입 교과서는 대략 24종 34책에 이른다. 이처럼 일본문 교과서
가 급증한 것은 이 시기 일본의 교과서 저술과 번역 문화가 발달했기
때문이다. 특히 중국에 비해 일본의 지식 유통이 활발했음은 『제국신문』
의 다음 논설에서도 확인할 수 있다.

「일본이 시로 청국을 침범흠」
  엇던 셔양 월보에 긔록흔 것을 보건디 일본이 시로히 청국을 침범흐는
디 이 침범흐는 것인즉 군스로 흠이 아니오 계칙으로 흠이라. 힘으로써
승부를 겨르는 디신에 롱락흐는 직조와 지혜로써 군스를 디신흐며 학문
의 스업 경영으로써 군긔를 삼아 완고흐고 쇠미흐여 들어가는 청국을 졔
어흐고 일본이 동양에 뎨일 권리를 잡으려 흐나니 근리 형편으로 스업상
권리의 도라가는 것을 볼진디
  일은 몃히 젼에 쟝지동이 우창 디방에 농업학교를 셜시흐엿는디 미국
교스를 고빙흐여 쥬쟝흐게 흐더니 지금은 젼혀 일본인의게 돌녀보니엿스

며, 이는 항쥬에 잇는 무관학교를 전혀 일본 ᄉ관이 교련식히는 바ㅣ오, 삼은 각식 시학문 셔칙 번역ᄒ는 거시 틴반이나 일본 사람들에 ᄒ는 바오, ᄉ는 근릭에 쟝지동이 유학ᄒ는 싱도들을 만히 쏀바 일본에 보닉여 각식 전문학을 공부ᄒ게 ᄒ엿스며, 오는 쳥국에 나는 신문 월보 등류가 거의 틴반 이나 일인의 쥬쟝이 아니면 혹 일인의 긔ᄌᄒ는 바인틱 기즁 하나흔 량국 교졔샹에 뎨일 권력 잇는 신문이오, 륙은 거의 일빅명 가량에 일본 싱도들 이 샹히 학교에셔 영어와 쳥어를 공부ᄒ며 졍형과 닉졍을 비화 쟝ᄎ 쳥국에 셔 졍치와 교육과 농업과 샹업과 광산 텰도 등 모든 긴요ᄒ고 권력 잇는 자리를 도모ᄒ야 맛홀 목적으로 쥬의ᄒ는 바이오, 칠은 각식 신학문 번역 ᄒ는 회를 셜시ᄒ야 샹히에셔 ᄉ무를 확쟝ᄒ는 즁인틱 쥬의인즉 문명에 유 조홀 셔칙을 만히 번역ᄒ야 젼국에 젼하ᄒ야 인민의 식견을 열 터인틱 셔양글로 번역ᄒ는 이보다 일어로 ᄒ는 거시 더 쳡경이 된다 ᄒ여 왈 일 본이 긔왕에 셔양 졍치 학술의 가장 졍긴ᄒ 거슬 쏀바다가 만들어 시힝ᄒ 야 긔왕 경력을 지닌 거시니 더욱 긴쳡ᄒ다 홈이라.

▶『제국신문』, 1902.10.27, 론설

이 논설은 이 시기 중국과 일본, 한국의 지식 유통 상황을 잘 보여주고 있다. 이 시기 일본은 중국 각지에서 서양인들의 권리를 인수받고, 각종 서류를 번역하여 일본문으로 된 서적을 유통시켰다. 이는 중국인이나 한국인들에게도 직접적인 영향을 미쳤는데, 그 결과 중국에서도 '영어보다 일본어를 먼저 배워야 한다.'는 주장까지 제기되는 실정이었다. 다음을 살펴보자.

「淸國 志士가 日本文을 先學ᄒᄌᄂ 論說을 略記ᄒ노라.」(抄淸議報)
日本이 維新한지 三十年來에 智識을 寰宇에 廣求ᄒ야 其 所譯 所著한 有用의 書가 數千種에 不下한틱 政治學과 資生學과 智學과 群學 等에 尤精

114

ᄒ니 다 民智를 開ᄒ고 國基를 强ᄒᄂ 急務라. 吾 中國의 西學을 治ᄒᄂ 者 固微ᄒ도다. 其 譯出 各書가 兵學과 藝學에 偏重ᄒ고 政治 資生 等 原本 의 學에ᄂ 一書가 無ᄒ니 今 余ㅣ 日로 汲汲히 譯ᄒ야 我의 同人을 餉코져 ᄒ나 窃想컨ᄃ 待譯而讀ᄒ면 緩而少ᄒ고 學文而讀ᄒ면 速而多ᄒᆯ지라. 故로 余ㅣ 國人을 普勸ᄒ야 日本文을 學ᄒ라ᄂ 所以라. (…중략…) 吾의 此言을 發흠은 人을 勸ᄒ야 英文을 必學지 못ᄒᆯ 것이란 言이 아니라 特히 英文을 學ᄒ기 前에 不可不 日本文을 先通혼다 云흠이로라. (…중략…) 日本은 我 로 脣齒 兄弟의 國이라. 반다시 畛域을 互渾ᄒ고 提携를 協同혼 然後에야 可히 黃種의 獨立을 保ᄒ고 歐勢의 東漸을 杜ᄒᆯ 쑨더러 他日에 支那 日本 兩國이 ᄌ못 合邦의 局을 將成ᄒᆯ지라 言語를 互通흠이 實로 聯合을 爲ᄒ ᄂ ᄃ 第一義니라.

▶『황성신문』, 1899.4.29, 별보

이 논설은 중국『청의보』을 번역한 것인데, 중국인의 입장에서 영어 학습보다 일본어 학습이 우선해야 한다는 주장을 담고 있다. 물론 일본 의 역저(譯著)를 본받아 자국의 역저를 강조한 것은 아니므로 논리적인 결함을 보이기도 하지만, 이 시기 일본의 역술 문화가 급속히 발달했으 며 중국에도 그 영향이 매우 컸음을 증명한다.

이러한 상황에서 근대 지식의 유통을 위한 역술의 중요성은 더욱 커졌다. 이는『독립신문』,『제국신문』,『황성신문』,『대한매일신보』 등 에서 서적 저술이나 역술의 중요성을 강조하는 논설을 지속적으로 발 표하는 데서도 확인할 수 있다.

그러나 이들 신문에 소재한 학술 담론의 성격을 규명하는 일은 쉽지 않다.『독립신문』의 경우 '생물학'(1897.6.19~7.24, 총14회), 노병선의 '징 역론'(1897.7.20)을 비롯하여 대략 53편 정도의 학술 담론이 등장하며,[21] 『제국신문』도 순국문판을 내던 1898년부터 1902년 사이에 '빈국론'

(1899.4.7~4.8, 2회), '화폐론'(1899.5.15~5.16, 2회), '지구론'(1900.5.16~17, 2회, 1901.6.25~26, 2회), '호흡론'(1900.10.18~19, 2회), '물리·생물학'(1899. 11.21~29, 7회), '알렌의 연설'(1902.8.13~16, 4회), '리로이 쌜로의 동양론'(1902.9.5~18, 6회) 등과 같이 다양한 분야의 근대 지식을 연재하였다. 이러한 학문 담론의 출처를 규명하기는 어려우나, 1899년 11월 13일자의 '론셜'에 등장하는『만국공보』소재 천주교·기독교 교리를 번역·소개한 것이나, 1902년 11월 18일부터 6회에 걸쳐 연재한 '대한 근일의 정형'(아서 브라운의 유람기) 등은 번역문임을 명시한 자료들이다.

『대조선재일유학생친목회회보』의 경우 총 6호 가운데 역술 자료임을 명시한 것은 나타나지 않는다. 그러나 제5호(1897.9.26) 소재 어용선(魚瑢善)의 '경제학개론(經濟學槪論)'이나, 정재순(鄭在淳)의 '법률개론(法律槪論)', 제6호(1897.4.9) 소재 원응상(元應常)의 '개화의 삼원칙' 등에서 "~라 ᄒ오."와 같이 인용 형식의 설명 방식을 취한 글들은 대부분 이 시기 일본 유학 과정에서 공부한 자료를 편역한 형식의 글로 볼 수 있다.[22] 또한『대조선독립협회회보』는 제2호(1896.11.30) '인간인(人間人)의 삼종이라', '법률적요', 제3호(1896.12.30)의 '격치휘편(格致彙編)'을 비롯하여 상당수의 역술 자료가 실렸다.[23] 특히『격치휘편』은 1876년 상해에서 발행한 신문으로『협회회보』에 소재한 자료는 그 가운데 일부를 발췌하여 일부는 국한문으로 역술하고, 일부는 한문을 그대로 역술(또는 전재)하였다.[24] 제4호의 '격치약론(論霧雲露, 水論)', 제6호~제7호의 '격치론', 제8호~제9호의 '기관사 와특(와트)전'은 국한문으로 번역한 사례이며, 제8호의 '인분오류설(人分五類說)', 제9호의 '논전여뢰(論

---

21) 이에 대해서는 허재영(2014),「독립신문의 학문론과 어문 사상 연구」,『어문연구』80, 어문연구학회, 405~432쪽 참고.

22) 이 회보에 대해서는 차배근(1998, 1999, 2000)에서 집중적인 분석을 한 바 있다.

23) 이 회보에 대한 분석은 한흥수(1973)을 참고할 수 있다.

24)『격치휘편』1876~1882년본은 현재 서울대학교 규장각에 소장되어 있다.

電與雷)', '지구인수 점다응설법 이첨식량론(地球人數 漸多應設法 以添食糧
論)' 이하 제13호의 '성인신지원질(成人身之原質)'은 중국어를 한문으로
역술(또는 전재)한 것들이다. 이들 자료의 저자는 당시 『격치휘편』을
편집한 부란아(傅蘭雅, 프라이어, 1839~1928)로 되어 있다. 이뿐만 아니라
제11호의 '사감물경우목설(史鑑勿輕寓目說)', '전기학(電氣學)', '타미기기
도설(打米器機圖說)', '광학론(礦學論)', 제12호의 '영국왕실론', '대포여철
갑론(大砲與鐵甲論)' 등은 관해당 양수경(1839~1915)[25]의 글을 역술(또는
전재)한 것이다.[26]

역술 서적의 출현도 주목할 만한 일인데, 『독립신문』에는 『양계법(닭
기르는 법)』(1877.7.20. 훈동 이문사, 종로 대동서시 판매), 『(학부편찬) 각국조
약』(10권, 1898.2.28), 『(중역) 중동전기』(1898.5.18) 등이 발행된 것으로
나타나며, 『황성신문』의 논설, 잡보, 광고 등을 참고할 때, 정석규의
『경찰론』(1898.9.26, 논설), 『중역 중동전기』(1899.5.13, 광고), 『서양 요리
법』(1899.12.6, 광고), 남순희의 『정선산학』, 『미국독립사, 』파란말년전
사』, 『법국혁신사』, 『청국 무술정변기』, 『양잠실험설』, 『신정산술』 등
의 책명이 더 등장한다. 비록 학부 편찬의 24종에 비해 풍부한 것은
아니지만, 지리, 역사뿐만 아니라 양계, 양잠, 경찰, 산술 분야의 역술서
들이 등장하는 것은 그만큼 지식 유통의 필요성이 커졌기 때문이다.

---

25) 趙飛鵬(1991), 『觀海堂藏書硏究』, 臺北: 漢美圖書.
26) 『대조선독립협회회보』의 내용 분석은 한홍수(1973)에서 이루어진 바 있다.

4. 통감시대 지식 유통과 역술 문헌

4.1. 역술의 필요성과 애국계몽

저역술의 필요성은 학제 도입과 신지식의 수용, 보급을 통해 더욱 증대되었다. 이러한 저역 활동은 '애국계몽'의 하나로 간주되었는데, 이는 교육 보급 곧 지식 보급이 문명개화, 자주독립국 건설에 필수적인 일로 여겨졌기 때문이다. 이를 뒷받침하듯 1900년대 이후에는 저역의 중요성을 강조하는 논설이 각 신문마다 지속적으로 게재되었다.[27] 이러한 논지는 통감시대 일제의 학정 잠식으로 더욱 강화되었는데, 특히 『대한매일신보』의 논설을 주목할 만하다.

「대한매일신보』의 저역 관련 논설」

ㄱ. 實로 一日이라도 玩게치 못홀 者나 至若 日語와 日文으로 蒙學教科를 編成훈 者는 韓國에 適宜훈 教科方針이라 謂치 못흐리로다. 現今 六洲 相通흐고 萬邦交涉之日에 世界 各國의 言語 文字를 皆可學之者오. 況 韓日兩國은 上下 人民이 朝夕與處흐고 步武相接之地라 互相間 言語 文字를 豈可不學흐리오 然흐나 學語小兒로 흐야금 先히 他國 言文을 學習케 흐면 曉解가 甚難흐야 文化의 發達이 甚極 遲滯홀 뿐더러 全國 蒙幼의 先入之學이 惟是他國言文이면 一般 人民의 腦髓는 專히 他國 精神쑨이오 自國精神은 全然히 消滅홀 境遇에 至흐리니 此其關係가 果何如哉아. 大抵 他國言文은 決不合於尋常 小學科니 高等 小學科나

---

27) 저역술의 필요성은 『독립신문』, 『제국신문』 등에서도 자주 나타난다. 『황성신문』 1901년 7월 23일의 '저술서적개유신지(著述書籍開牖新智)'나, 1902년 4월 30일의 '의광포신서(宜廣 布新書)'도 저역의 중요성을 강조한 논설이다. 이러한 경향은 1905년 이후에도 지속되었는데, 1905년 4월 4일 논설 '서적인포위개명지제일공업(書籍印布爲開明之第一功業)', 1907년 6월 28일 논설 '외적(外籍) 역출(譯出)의 필요(必要)' 등이 이에 해당한다.

普通科나 一個科程을 作홀 거시오. 尋常小學科는 本固性質의 適合흔 것을 斟量ᄒ며 各國 規模의 良好흔 것을 參酌ᄒ야 國漢文을 交用ᄒ고 繪畫를 合ᄒ야 簡便易知흔 冊子로써 全國 蒙幼의게 一致 敎科書를 裁定흠이 可ᄒ다 ᄒ노라.

▶『대한매일신보』, 1905.10.5, 논설

ㄴ. 現今 我韓國民의 一般思想을 推察흔 즉 三尺穉童도 將來之韓國 興亡은 敎育二字에 不出이라 ᄒ니 此言이 信然에 不必更論이어니와 國民敎育이라 ᄒᄂ 거슨 其大主義가 國家的 思想을 涵養흠에 在흔 거시라 若敎育家가 此點에 注意치 아니ᄒ면 卒業生이 日計 千人이로듸 其國家에 利益이 無흔 거슨 必然之理라. 今日 我邦之 敎育界 現勢를 靜言察之흔즉 自京城으로 至於各地方히 新設學校之大部分은 敎師가 皆是日人이오 敎科書가 皆是 日本 文部省 檢定 敎科書라 其中에 或有 改良之處나 此亦 不過直譯而面 百步五十步之差에 止ᄒ도다. 此事情을 詳思ᄒ면 我邦에는 相當흔 敎師도 無ᄒ고 相當흔 敎科書도 無흠으로 勢不得已ᄒ야 暫時 權宜로 出흔 듯ᄒ나 今日 我邦之國民敎育이 將來 國家之運命에 關係가 有흠을 思量ᄒ면 毫釐之差에 千里之謬이 되ᄂ 거슬 不可不 注意로다.

▶『대한매일신보』, 1906.6.26~28, (기고) 희구생(喜懼生), '경고대한교육가(警告大韓敎育家)'

두 편의 논설은 이 시기 저역술이 어떤 의미를 갖는지 극명하게 보여준다. 『대한매일신보』에서 저역 활동의 필요성을 강조한 데에는 통감시대 학정 잠식과 일본문 교과서 편찬 계획이 중요한 요인이 되었다. 1906년 이후 통감부의 교과서 정책은 공사립학교에서 모두 학부 편찬의 교과서 또는 학부에서 검정한 교과서를 사용하도록 추진되었고, 시데하라 다이라(幣原坦)를 중심으로 소학교에서 사용하는 교과서도 일본문으로 편찬하고자 하였다. 『대한매일신보』는 이런 움직임임 '일본

인화'를 목표로 하는 동화정책임을 간파하고, 이에 대한 통렬한 비판을 전개하였다.[28] 이런 배경에서 저역술의 중요성은 학문 연구와 지식 보급의 차원뿐만 아니라 국가 정신을 지키는 애국계몽의 활동으로 인식되었다.

4.2. 저역 서적과 신문·학회보의 역술 자료

통감시대의 저역 활동은 '신문지법'이 공포된 1907년 이전과 이후에 큰 변화를 보인다. 『황성신문』의 논설, 잡보, 광고 등을 종합할 때, 1906년과 1907년 사이에는 애국계몽의 차원에서 역사와 지리 분야의 개인 저역 활동이 본격적으로 시작되었다.

「1906년부터 1907년 '신문지법' 공포 전까지 『황성신문』에 나타나는 저역서명」

ㄱ. 국가학: 『국가학』(김상만/주한영/대동서시/고제홍 책사 발매)

ㄴ. 독본: 국민교육회(國民敎育會)의 『초등소학』

ㄷ. 물리학: 『신찬소물리학(新撰小物理學)』(국민교육회 사무소/김상만/ 대동서시 발매)

ㄹ. 법률: 『국문형전(國文刑典)』(1906.3.10, 잡보), 유성준(兪星濬)의 『법학통론(法學通論)』

---

28) 이에 대해서는 허재영(2010)의 『통감시대 어문 교육과 교과서 침탈의 역사』(경진출판)를 참고할 수 있다. 이때 『대한매일신보』에서 일본문 교과서 편찬을 비판한 논설로는 1906년 3월 29일 '신론교과서(申論敎科書)', 4월 3일 잡보의 '교과개량(敎科改良)', 4월 13일 잡보의 '교과질변(敎科質辨)', 4월 13일~14일 기서 '논일어교과서(論日語敎科書)', 6월 6일 잡보 '교육화태(敎育禍殆)', 6월 27일~28일 희구생(喜懼生)의 기서 '경고대한교육가(警告大韓敎育家)' 등이 있다. 이에 따라 일본문 교과서의 전면적인 편찬은 중지되었으나, 1908년 『이과서(理科書)』(東京: 三省堂)가 일본문으로 출판되기도 하였다. 국권 상실 직후인 1911년 제1차 조선교육령 이후에는 전면적인 일본문 교과서의 출판이 이루어졌다.

ㅁ. 사회: 황성신문사(윤치호), 『의회통용규칙(議會通用規則)』(황성신문사)

ㅂ. 산술: 『산술신서(筭術新書)』(고유상/대동서시/김기홍 발매소)

ㅅ. 실업: 현공렴(玄公廉), 『재상전서 부 포도재배 급 양주법(栽桑全書附
葡萄栽培及釀酒法)』(국한문 역술, 광교 고홍제 책사/종로 대동서시/
주한영책사 발매)

ㅇ, 역사: 『만국사기(萬國史記)』, 『미국독립사』, 『법국혁신사』(1905년 8월
24일~25일 논설에서 소개), 『법란서신사(法蘭西新史)』(국한문, 김상
만/주한영 서포 발매), 『애급근세사(埃及近世史)』(1905.10.7, 논설과
광고), 『청국무술정변기(淸國戊戌政變記)』, 『파란말년사』, 신채호(申
采浩)의 『월남망국사』(즈한영 서관/동래서관/동화서관 발매), 신채호
의 『의대리 건국삼걸전(意大利建國三傑傳)』(1906.12.18~28, 논설)

ㅈ. 잡지: 경성학당내 일어잡지사의 『독습일어잡지』(경성학당내 일어잡
지사), 『대한자강회보』, 조양사(朝陽社)의 『조양보』 제1호. 흘법(訖法)
의 『대한월보(大韓月報)』(순국문, 미국인 흘법)

이들 서적은 지식 보급과 애국계몽의 차원에서 저역된 서적들이다.
분야별로 보면 역사와 지리가 가장 많으며, 일부 전문 분야의 서적이
존재하기는 하지만 그 양은 소수이다.

이러한 배경에서 중국과 일본의 서적이 직수입되는 사례도 많았다.
이는 각종 서적관 광고나 '서포(書舖)', '서시(書市)', '책사(冊肆)' 등의 명
칭을 갖고 있는 서점들의 서책 광고를 통해서도 확인할 수 있다.

1906년 이후 『황성신문』이나 『대한매일신보』에는 경성(京城), 평양
(平壤) 등지에 산재한 국내 각 서점의 서적 광고가 빈번히 등장한다.
예를 들어 『대한매일신보』 1906년 6월 10일, 13일 광고된 '평양 종로
대동서관'에서 판매한 도서 목록에는 55종의 역사서, 8종의 지리서,
49종의 정치·법률서, 12종의 사회학서, 19종의 철학서, 18종의 경제학

서, 14종의 농학서, 11종의 상업서, 10종의 공업서, 35종의 의학서, 18종의 병학 발명서, 22종의 전기가 등장한다. 이상과 같이 광고된 서적명만도 271종에 이르는데, 서적명과 분야만 나열되어 있기 때문에 필자와 내용을 구체적으로 짐작하기는 어렵다. 또한 『대한매일신보』 1907년 5월 4일자 광고에서도 경성(京城) 일한서방(日韓書房)에서 도쿄(東京) 동문관(同文館)에서 직수입하여 보급한 서적명을 확인할 수 있다. 이 광고에 등장하는 서적명은 총 134종인데, 그 가운데 윤리·수양서 13종, 교육학·교육사 12종, 국어(일본어) 6종, 독본 6종 등은 이 시기 일본의 사상과 교육을 직수입한 서적으로 보인다.29) 일본 서적의 직수입 현상은 1908년 교과서 통제 정책이 강화된 뒤 더욱 심해진 것으로 보인다. 이는 각 서점 광고에서 일본인 저술 서적이 증가하는 현상에서도 확인된다. 또한 교과서 통제 정책은 기존에 저역된 교과서의 내용에도 큰 영향을 미쳤다. '자주'나 '독립'을 강조한 내용은 삭제되거나 변조되었다. 이러한 예는 안종화가 저술한 『초등윤리학교과서』(1907, 광학서포)와 『초등수신교과서』(1909, 광학서포)를 견주어 보면 뚜렷이 알 수 있다. 후자는 전자의 개정판인데 개정하면서 전자에 들어 있던 '지역사회', '병역의 의무' 등과 같은 단원을 삭제하였다.30)

또한 지식 보급 차원에서 잡지나 학회보의 국외 지식의 번역 등재도 지속적으로 이루어졌다. 그 가운데 1906년 발행된 『조양보』와 『소년한반도』에 등재된 역술 자료는 학문 연구의 차원에서 주목할 만하다. 『조양보』는 1906년 6월 18일 창간되어 11호까지 발행된 신문 형태의 잡지로 볼 수 있다. 임상석(2014)에서 분석한 바와 같이, 이 잡지에 수록

---

29) 이 광고에 등장하는 서적의 소비자는 주로 재한 일본인(在韓日本人)이었을 것으로 추정된다. 그러나 『대한매일신보』에 게재된 광고라는 점을 고려한다면, 일본 유학 경험이 있거나 일본어를 해득할 수 있는 한국인들도 이 책을 구입했을 것으로 추정된다.

30) 이에 대해서는 이화여자대학교 한국문화연구원(2011)에서 번역 해제한 『근대수신교과서』 1(소명출판)을 참고할 수 있다.

된 '자조론'(스마일스), '교육론'(장지연), '사회국가관계론', '부인의독' (시모다 우타코의 가정학을 역술한 것임), '개화론', '한국 교육사', '태서 교육사', '21세기 제국주의', '실업론(농업, 상업 등 여러 분야)' 등은 이 시기 저역을 통한 학문의 양적 성장 과정을 보여준다. 『소년한반도』 (1906년 11월부터 1907년 4월까지 총 6호 발행)에 수록된 '자수론(윤리학)', '교육신론(교육학)', '교자제신학(교육학)', '사회학', '국제공법(국제법)', '경제학', '농학', '아모권면(가정학)', '위생문답(위생학)', '지리문답(지리학)', '심리문답(심리학)', '동물문답(동물학)', '식물문답(식물학)', '광물문답(광물학)', '수학', '지문(지문학)', '교제신례(수신과 의사소통)' 등의 담론도 근대 학문과 개념이 성립되어 가는 과정을 보여준다.

국내의 학회보로는 『대한자강회월보』(1906년 7월, 장지연·윤정효·심의성 등이 조직한 단체)를 필두로 서북지방의 『서우』(1906년 12월), 『서북학회월보』(1908년 6월), 기호지방의 『기호흥학회월보』(1908년 8월), 호남지방을 기반으로 하는 『호남학보』(1908년 6월), 사학 육성을 강조했던 『대동학회월보』(1908년 2월), 교육자가 중심을 이루었던 『교남교육회잡지』(1909년 4월) 등이 있었다. 이뿐만 아니라 1906년 이후 재일 유학생 단체와 국내 애국계몽운동가들이 다수의 학회를 조직하고 학보를 발행하였는데, 재일 유학생 단체가 발행한 『태극학보』(1906년 8월, 도쿄 태극학회), 『대한유학생회학보』(1907년 3월 도쿄 대한유학생회 최남선 등), 『대한학회월보』(1908년 3월 도쿄 대한학회), 『대한흥학보』(1909년 3월, 대한학회의 후신) 등이 있다.

1906년 이후 발행된 학회보 및 잡지에서 근대의 개념적 지식과 관련된 논설, 논문, 설명, 학술 데이터 등의 자료는 대략 2000건 정도가 나타난다. 이 가운데 가장 많은 분포를 보이는 것은 교육 관련 자료(370건 정도), 언어(171건), 법률(129건), 학문 일반 및 학술 단체(113건), 생리위생(112건), 정치(110건), 경제(98건), 역사(89건), 농업(66건), 지리(64건),

국가(62건), 식민 담론(49건), 유학생 문제(48건), 지구·지질(43건), 식물학(42건), 과학 일반(33건), 임업(32건), 물리(32건), 동물학(31건), 행정(27건), 화학(25건), 철학 윤리(23건), 종교(22건), 광물(21건), 실업론(21건), 수학(18건), 가정학(16건, 가정교육은 교육으로 분류함), 외교(14건), 잠업(13건), 민속(12건), 사회학(12건), 천문(11건), 공업(10건), 국제교류(9건), 심리(8건), 상업(7건), 생물학(7건), 의학(5건), 이과(4건) 등의 분포를 보인다.[31]

이 또한 근대 계몽기 학문과 지식 개념의 양적 성장을 보여주는 사례이다. 이들 자료 가운데 시모다 우다코(下田歌子)의 『신선가정학』은 『조양보』에 '부인의독(婦人宜讀)'이라는 제목으로 역술되었을 뿐만 아니라, 1907년 박정동의 『신찬가정학』, 1908년 『호남학보』 제1호부터 제9호까지 연재된 이기의 '가정학설(家政學說)'로도 번역되었다.[32]

'가정학'과 마찬가지로 각 학문 분야마다 근대 지식이 수용되면서 그에 적합한 개념이 형성되어 가고 있음을 확인할 수 있는 경우가 많은데, 그 중 하나가 '사회'의 개념이다. 본래 '사회'는 단체를 의미하는 용어로 사용될 때가 많았으나, 『소년한반도』에서 나타나는 이인직의 '사회학'은 현대 사회학의 개념과 유사하다.

신문을 통한 역술 활동도 활발하게 이루어졌는데, 『황성신문』 1906년 4월 30일부터 12월 31일까지 역등된 '일본유신삼십년사'는 이 시기 지식 유통의 경로를 보여준다. 『메이지 삼십년사』는 1898년 일본 도쿄[東京] 박문관(博文館)에서 메이지 유신 30년을 기념하여 일본인 학자 12명이 집필한 일본의 시사 평론서이자 근대 역사서이다. 이 책은 1902

---

31) 분류 기준은 『표준국어대사전』의 전문 용어 분류 체계를 따랐다. 또한 『가정잡지』와 『야뢰』는 전호를 구하지 못해 확보한 창간호와 이길상·정순우 공편(1991)의 『한국교육사자료집성』 1~3(한국정신문화연구원)에 소재한 자료만을 입력하였다.

32) 이에 대해서는 임상석(2013)의 연구가 있다.

년(광서 28년) 중국 상해의 광지서국(廣智書局)에서 나효고(羅孝高)가 중국어로 역술하였는데, 우리나라에서는 『황성신문』 역술본은 이를 대본으로 한 것이다. 『황성신문』 역등본은 제12편으로 구성된 『일본유신삼십년사』 가운데 제1편 '학술 사상사(學術思想史)', 제2편 '정치사(政治史)', 제3편 '군정사(軍政史)', 제4편 '외교사(外交史)', 제5편 '재정사(財政史)', 제6편 '사법사(司法史)', 제7편 '종교사(宗敎史)', 제8편 '교육사(敎育史)'이며, 제9편 '문학사(文學史)', 제10편 '교통사(交通史)', 제11편 '산업사(産業史)', 제12편 '풍속사(風俗史)'는 역등하지 않았다. '역사의독'에서 전편을 역술한다고 하였으나, 제9편 이하의 역술이 게재되지 않은 까닭은 알 수 있다.

또한 『황성신문』 1909년 8월 4일부터 9월 8일까지 연재된 '노사(盧梭, 루소)'의 '민약론(民約論)'도 국권 침탈기의 지식 통제 상황에서 사회계약설을 소개하고자 한 의도에서 이루어진 역술이라고 할 수 있다.

5. 결론

이 글은 개항 이후 통감시대에 이르기까지의 근대 지식 형성과 유통 과정에 대한 기초 조사를 목표로 쓴 글이다. 1880년대부터 1910년까지는 불과 30년의 짧은 기간이지만, 한국 지식 형성사에서는 매우 중요한 의미를 지니는 시기이기도 하다. 한국 지식사에서 서구에 대한 지식이나 근대 지식은 1600년대부터 출현하기 시작하지만, 그러한 지식은 사신을 수행한 지식인들의 견문에 불과한 경우가 많았다. 이에 비해 개항 이후의 근대 지식은 외교 사절뿐만 아니라 유학생의 등장, 신문과 학회보 등의 매체 발달 등에 힘입어 다양한 형태로 유입 전파되었다. 이 논문에서 논의한 바를 정리하면 다음과 같다.

첫째, 개항에서 갑오개혁까지 근대 지식의 접촉 과정에서 초기에는 중국어로 역술된 다수의 신문과 서적이 유입되기 시작했다. 『해국도지』, 『영환지략』, 『이언』 등은 초기에 유입된 서적이었으며, 조사시찰단과 영선사를 통해 일본과 중국의 근대 교육이 소개되기도 하였다. 이 과정에서 근대 지식에 대한 역술의 필요성이 본격적으로 제기되었으며, 『이언언해』와 같이, 국문으로 번역된 서적이 등장하기도 하였다. 특히 이 시기의 역술은 국문(조선문)뿐만 아니라 한문으로 번역하는 것까지 포함하는 개념이었다.

둘째, 근대식 학제 도입 이후에는 학부 편찬 교과서가 등장하고, 관비 유학생이 등장하였으며, 다수의 신문 매체와 『관보』가 등장함으로서 지식 유통이 더욱 활발해졌다. 학부 편찬 교과서는 지리, 산술, 독본류가 주종을 이루었으며, 다수의 역사 교과서가 저역되었다. 또한 이 시기부터는 일본문으로 된 교재류가 직수입되어 널리 유통되기 시작했으며, 다수의 신문에서도 교과서에 준하는 근대 지식을 번역 등재하기 시작하였다. 『대조선재일유학생회보』, 『대조선독립협회회보』 등의 학회보가 출현하고, 개인 저역의 교과서류도 다수 등장하기 시작했다.

셋째, 통감시대의 지식 유통은 애국계몽의 차원에서 활발히 전개되었던 저역술 자료와 각종 학술 단체의 학회보 또는 잡지, 신문에 번역 연재된 근대 학술 담론 등을 살펴볼 수 있다. 특히 국권 침탈의 영향에 따라 일본문 서적이 광범위하게 유포된 것으로 조사되며, 학회보나 잡지, 신문에 번역 등재된 다종의 근대 학술 담론은 지식의 양적 성장이 급속히 이루어지고 있음을 보여준다. 더욱이 『황성신문』에 번역 연재된 '일본유신삼십년사'(1906.4.30~12.31), 노사(루소)의 '민약론'(1909.8.4~9.8) 등은 이 시기의 시대 정신을 보여준다는 점에서 의미 있는 역술 활동으로 보인다.

참고문헌

강재언(1983), 『근대한국사상사연구』, 한울.

김기주(1993), 『韓末 在日韓國留學生의 民族運動』, 느티나무.

김남이(2011), 「20세기 초 한국의 문명전환과 번역: 중역(重譯)과 역술(譯述)의 문제를 중심으로」, 『어문논집』 63, 민족어문학회, 141~172쪽.

김양수(2001), 「朝鮮後期 譯官들의 軍備講究」, 『역사와실학』 19·20, 역사실학회, 343~380쪽.

김영민(2003), 「서구문화의 수용과 한국 근대문학」, 『동방학지』 120, 연세대학교 국학연구원, 229~253쪽.

박종훈(2012), 「19세기 조선 중인들의 국내외적 활동 양상: 小棠 金奭準의 懷人詩를 중심으로」, 『동방학』 25, 한서대학교 동양고전연구소, 239~268쪽.

백옥경(2012), 「개항기 역관(譯官) 김경수(金景遂)의 대외인식(對外認識): 『공보초략(公報抄略)』을 중심으로」, 『한국사상사학』 41, 한국사상사학회, 307~335쪽.

송만오(1995), 「金景遂의 『公報抄略』에 대하여」, 『역사학연구』 9, 전남사학회, 111~153쪽.

송만오(1999), 「韓國의 近代化에 있어서 中人層의 활동에 관한 硏究」, 전남대학교 박사논문.

신용하(1987), 『韓國近代社會思想史硏究』, 一志社.

신용하(2004), 『한말 애국계몽운동의 사회사』, 나남출판.

양일모(2004), 「근대 중국의 서양학문 수용과 번역」, 『시대와 철학』 15, 한국철학사상연구회, 119~152쪽.

윤여탁 외(2005), 『국어교육 100년사』 1~2, 서울대학교 출판부.

이광린(1979), 『한국 개화사 연구』, 일조각.

이광린(1986), 『한국의 개화사상의 제문제』, 일조각.

이화여자대학교 한국문화연구원(2005), 『근대계몽기 지식개념의 수용과 그 변용』, 소명출판.

이화여자대학교 한국문화연구원(2006), 『근대계몽기 지식의 발견과 사유 지평의 확대』, 소명출판.

이화여자대학교 한국문화연구원(2007), 『근대계몽기 지식의 굴절과 현실적 심화』, 소명출판.

임상석(2013), 「근대계몽기 가정학의 번역과 수용」, 『한국고전여성문학연구』 27, 한국고전여성문학회, 151~171쪽.

임상석(2014), 「근대계몽기 잡지의 번역과 분과학문의 형성: 『조양보』와 『대한자강회월보』의 사례」, 『우리어문연구』 50, 우리어문학회, 279~304쪽.

차배근(1998), 「大朝鮮人日本留學生 「親睦會會報」에 관한 硏究: 그 創刊趣旨·經緯·內容을 중심으로」, 『언론정보연구』 35, 서울대학교 언론정보연구소, 1~56쪽.

차배근(1999), 「大朝鮮人日本留學生 ≪親睦會會報≫에 관한 硏究(續): 創刊後 終刊號까지의 發刊實態와 주요 內容」, 『언론정보연구』 36, 서울대학교 언론정보연구소, 79~157쪽.

차배근(2000), 『開化期日本留學生들의 言論出版活動硏究』 1, 서울대학교 출판부.

최기영(2003), 『한국 근대 계몽사상 연구』, 일조각.

최영철·허재영(2014), 「개항 이후 학제 도입 이전까지의 한국 근대 학문론과 어문 문제」, 『인문과학연구』 40, 강원대학교 인문과학연구소, 181~207쪽.

한흥수(1973), 「독립협회 회보의 내용 분석」, 『사회과학논집』 6, 연세대학교

사회과학연구소, 17~55쪽.

허재영(2013), 『한국 근대의 학문론과 어문교육』, 지식과교양.

허재영(2014), 「독립신문의 학문론과 어문 사상 연구」, 『어문연구』 80, 어문연구학회, 405~432쪽.

趙飛鵬(1991), 『觀海堂藏書研究』, 臺北: 漢美圖書.

제2장 근대 한국에서의 양계초 저술 번역의 의미*

허재영

1. 서론

갑오개혁 이후 서구 지식이 수용되는 과정에서 중국의 근대 지식은 일본을 통해 유입된 지식 못지않게 중요한 의미를 갖고 있다. 이 문제는 한국 근대 학문 형성사에 대한 선행 연구 가운데 상대적으로 덜 연구된 경향이 있는데, 1895년 근대식 학제 도입 이후 학부 편찬 교과서의 상당수가 상해 광학회와 밀접한 관련을 맺고 있으며, 그 이전의 『한성순보』, 『한성주보』에서도 서양 학문의 원류가 중국에 있었다는 '서학중원설(西學中源說)'이 등장한 점, 또한 1898년 이후 『황성신문』 등에서 중국 사정을 빈번히 소개한 점 등을 고려한다면, 한국 근대 지식 형성사에서 중국의 근대 지식 유입 과정을 살피는 것은 의미 있는 일이다.

---

* 이 글은 허재영(2017)의 「근대 계몽기 량치차오 음빙실문집」 역술의 의미」(『우리말글』 74, 우리말글학회, 245~268쪽)를 수정한 것임.

이 연구는 근대 중국의 대표적인 지식인 가운데 한 사람인 량치차오(梁啓超, 1873~1929)의 『음빙실문집』의 판본과 내용을 고찰한 뒤, 한국 근대 계몽기 이 책의 역술 실태와 역술 배경을 고찰하는 데 목표를 둔다.

지금까지 량치차오에 대한 연구는 역사학, 철학, 문학 등 다방면에 걸쳐 진행되어 왔다. 신일철(1975)의 「신채호의 역사사상 연구: 양계초를 통한 서구 사상 수용을 중심으로」(고려대학교 박사논문)를 비롯한 16편 이상의 박사논문이 존재하고, 약 400여 편의 학술지 논문도 발표되었다. 그러나 『음빙실문집』에 대한 구체적인 연구가 충분히 이루어지지 않았고, 또 이 책에 대한 완역본(完譯本)도 출간되지 않았다. 권덕주·한무희 역(1975)의 『대동서·음빙실문집』(삼성출판사)을 비롯하여 최형욱(2015)의 『음빙실문집』(지식을만드는사람들) 등이 있지만 이 또한 발췌역이다.

『음빙실문집』의 학술적 가치나 계몽서로서의 가치에 대한 논의도 풍성하게 이루어졌다. 그러나 이 또한 근대 계몽기 한국 지식인들의 역술 상황을 중점적으로 논의한 것은 많지 않다. 예를 들어 섭건곤(1980)의 「양계초와 구한말 문학」(연세대학교 박사논문)을 비롯한 영향 관계나 도상범(1992)의 「양계초의 사론에 관한 연구」(충남대학교 박사논문), 이승원(1995)의 「양계초의 신민교육사상 연구」(고려대학교 박사논문) 등과 같은 연구를 비롯하여, 김택중(2014)의 「청말 양계초의 사상 변천」(『인문논총』 28, 서울여자대학교 인문과학연구소), 조병한(2007)의 「양계초의 국민국가론과 민권 민족 관념」(『서강인문논총』 22, 서강대 인문과학연구소) 등 수많은 량치차오 연구가 있었으나, 역술 문제를 대상으로 한 논의는 찾기 힘들다. 이러한 입장에서 이 논문은 『음빙실문집』의 판본과 내용, 근대 계몽기 역술 상황과 의미를 종합적으로 검토하는 데 목표를 둔다.

2. 『음빙실문집』의 판본과 내용

2.1. 『음빙실문집』의 판본

『음빙실문집』은 량치차오의 대표적인 저술로 근대 계몽기 한국 지식인들이 필독서처럼 여겼던 책이다. 이 책의 초판 출간에 대해서는 정확한 고증이 어려운데 그 이유는 책의 서두에 있는 서문과 '삼십자술(三十自述)'[1]을 기록한 연대가 '임인년(壬寅年)'이기 때문이다. 그러나 실제 1902년에 출판되었는지, 아니면 그 이후에 출판된 것인지 정확하지는 않은데, 현재 널리 알려진 것으로는 1906년 상해 광지서국(廣智書局) 출판본인데, 이 책은 『음빙실문집유편(飮氷室文集類編)』이라는 책 제목과 함께 '자서', '삼십자술', '목차'를 포함한 상하 2책의 연활자본이다. 본문 '통론'을 시작하기 전에 붙인 제목에서는 '분류정교 음빙실문집(分類精校 飮氷室文集), 신회 량치차오 저(新會 梁啓超 著)'라고 하여 그의 저작을 분류 편집한 문집임을 밝히고 있다. 이보다 앞선 『음빙실문집』은 1904년 일본에는 시모코베 혼고로(下河辺半五郎) 편역(1904)의 『음빙실문집유편(飮氷室文集類篇)』(東京: 下河辺半五郎)이 있는데, 이를 고려할 경우 임인년 초판이 발행되었을 가능성도 충분하다. 그러나 광지서국본의 경우 책의 하권 담총(談叢)에 수록된 다수의 글이 '계묘(癸卯, 1903)', '갑진(甲辰, 1904)', '을사(乙巳, 1905)'에 쓰인 글이라는 점을 고려할 때, 1906년까지 편집되어 발행된 것을 알 수 있다.[2]

광지서국본이 상하 2책 총 16편으로 구성된 데 비해, 『증정 분류

---

1) 량치차오가 그의 벗 담사동(譚嗣同, 호는 유양)이 30이 되어 자서전을 남긴 것과 같이, 자신도 30에 '자술(自述, 일종의 자서전)' 형태로 자신의 삶을 기록한 것이다.

2) 현재 국내에 소장되어 있는 판본은 대체로 1908년에 간행된 광지서국본인데, 이 책은 연활자본으로 한양대, 단국대, 국립중앙도서관 등에 소장되어 있다.

음빙실문집(重訂分類 飮氷室文集)』은 전편이 20권 단책(單冊)으로 구성되어 있다. 중정본은 속표지에 상해 광익서국(廣益書局) 간인(刊印)이며, 신회 량치차오가 지었음을 밝히고 있다. 광지서국본이 연활자본인데 비해 중정본은 석인(石印)이다.[3] 중정본은 '자서'와 '자술'이 없이, 그의 문집을 '논저류(論著類), 학설류(學說類), 학술류(學術類), 정치류(政治類), 역사류(歷史類), 전기류(傳記類), 문원류(文苑類), 소설류(小說類), 척독류(尺牘類), 잡저류(雜著類)'의 10개 항목으로 재분류하여 20권으로 편제하였다. 재분류 결과 권수는 늘었으나 광지서국본 소재 학설, 전기 등에서 누락된 것이 많고, 그 대신 '잡저류'에 '음빙실자유서(飮氷室自由書)', '독서기(讀書記)' 등이 추가되었다. 이뿐만 아니라『신편 분류 음빙실문집 전편』(간행지, 간행 연도 미상) 등과 같은 책도 발행된 바 있다.

이처럼『음빙실문집』이 수차례 간행된 것은 그만큼 그의 학문적 영향이 크기 때문이다. 특히 한국 근대 계몽기의 애국지사들에게는『음빙실문집』의 영향이 더욱 컸던 것으로 추정되는데, 당시 애국계몽가들이 읽었던 것은 광지서국본이거나 일본어 역본이었을 가능성이 크다. 광지서국본은 상권에 량치차오가 쓴 서문과 그의 자서전인 '삼십자술(三十自述)'을 포함하여 '통론, 정치, 시국, 종교, 교육, 생계, 학술' 등 7편에 총 149편의 글이 실려 있고, 하권은 '학설, 역사, 전기, 지리, 잡문, 유기, 담총, 시문, 소설' 등 9편으로 편제되었으며 이 가운데 '시문(詩文), 시사(詩詞), 곡(曲)'을 수록한 '시문'을 제외하면 총 135편의 글이 수록되어 있다. '자서'는 그가 스승 캉유웨이(康有爲)의 가르침을 받고, 중국의 진보와 신학을 위해 이 글을 썼음을 보여주고 있는데, 그 중 일부를

---

3) 중정본의 간행 연대는 미상이나 광지서국본이 나온 뒤 얼마 후에 석인(石印)으로 간행되었으며, 임인(壬寅, 1902) 계묘(癸卯, 1903) 합각(合刻)이라고 표시하여 『음빙실문집』이 수차례 간행되었음을 추측하게 한다. 중정본은 광지서국본(1906년 이후)보다 권수를 늘렸음을 고려한다면 1910년 전후에 출판되었을 가능성이 높다.

살펴보면 다음과 같다.

「自序」

中國之進步 亦緩矣. 先生所謂芻狗者 豈逐不足 以爲此數年之用 而零篇斷
簡散見報紙 或欲求而未得見 或旣見而不獲存國民 以此相憾者 亦多矣. 先生
之所以 委身於文界 欲普及思想 爲國民前途有所盡也. 使天下學者多憾 天柱
等實尸其咎矣 亦豈先生之志哉. 余重違其言 且自念最錄此 以比較數年來思
想之進退用 此自鞭策計 亦良得逐頷焉. 擎一乞自序草此歸之 西哲恒言謬見
者 眞理之母也. 是編 或亦可爲他日新學界眞理之母乎. 吾以是解嘲. 壬寅 十
月 梁啓超.

번역 중국의 진보 또한 느리다. 선생은 이른바 추구(芻狗, 중국에서 제
사지낼 때 짚으로 만든 개, 쓸모없는 인물)이다. 어찌 수년 동안
사용하는 데 모자람이 있는가. 그러나 영편하여 간혹 신문에서 볼 수 있
었으며 혹 구하고자 하더라도 보기 어렵고 혹 이미 보았더라도 국민이
얻기 어려우며 이로 유감스럽게 생각하는 사람이 적지 않았다. 선생은
학문계에 몸을 맡기고 국민 전도를 위해 사상을 보급하고자 진념하였다.
천하의 학자로 하여금 유감스럽게 하고, 천주등실(天柱等實)이 죽엄이니
그 허물이니 또한 어찌 선생의 뜻이 아니겠는가. 나는 거듭 그 말을 지키
지 않았고 또한 스스로 그것을 기록했으니 이로 수년 이래 사상의 진퇴와
비교하는 데 사용했으며, 이로 스스로의 계책을 편달하니 또한 좋은 방책
을 얻을 수 있었다. 홀연 '자서(自序)'를 써서 이에(선생의 말과 같이) 돌아
가고자 하니 서양 철학자들이 항상 말하기를 '유견(謬見)은 진리의 어머
니'라 했으니, 이 책 또한 다른 날 신학계(新學界)의 어머니가 될 수 있지
않겠는가. 나는 이처럼 어리석게 풀이한다. 임인년 시월 량치차오

스승 캉유웨이의 겸손과 자신이 엮은 문집의 의미를 밝힌 이 서문에

서 그는 비록 '그릇된 견해(謬見)'가 많을지라도 그것이 '진리의 어머니'가 될 수 있듯이, 이 책이 '타일(他日) 새로운 학문 세계의 진리'가 되는 데 기여할 수 있기를 바라는 마음에서 이 책을 펴내고 있음을 밝혔다. 이와 함께 서른이 되어 기록한다는 의미의 '삼십자술(三十自述)'에서는 30세까지의 그의 학문 이력을 잘 정리하고 있다. '삼십자술'에서는 량치차오가 18세에 상해 종방에서 『영환지략』을 구해 읽고, 그 당시 변법 운동가였던 라진호우(羅振方, 호는 通甫)를 만났으며, 그와 함께 남해(南海) 캉유웨이(康有爲)의 초청을 받아 그의 문인이 되었다고 기술한다. 이로부터 량치차오는 캉유웨이가 강의했던 만목초당(萬木草堂)에서 구학(舊學)을 버리고 사학(史學), 서학(西學) 등의 신학을 공부했으며, 그와 함께 변법상소를 올려 관심을 끌기도 하였다. 캉유웨이가 중심이 되었던 경사 강학회(京師强學會) 활동, 황쭌셴(黃遵獻)이 중심이 되었던 상해 『시무보(時務報)』 찬술원 등을 거치면서 『변법통의』, 『서학서목표』 등을 쓰기 시작한 량치차오는 무술 변법의 실패 이후 일본으로 망명하여 『청의보(淸議報)』 등을 주관하고, 도쿄에 중국 유학생을 위한 '고등대동학교(高等大同學校)'(후에 淸華學校로 개명)를 설립했으며, 『음빙실문집』 자서를 쓴 임인년(1902)까지 일본에 머물렀다.[4] '삼십 자술'의 끝부분에는 그가 『음빙실문집』을 엮은 이유를 잘 드러내고 있다.

「三十自述」

爾來蟄居東國忽又歲餘矣. 所志所事 百不一就. 惟日日爲文字之奴隸 空言喋喋無補時 艱 平旦自思. 只有慚悚 顧自審我之才力 及我今日地位 舍此更無術 可以盡國民責任於萬一. 玆事雖小亦安得已 一年以來 頗竭棉薄 欲草一中國通史 以助愛國思想之發達 然荏苒日月 至今猶未能成十之二 惟於今春

---

4) 이상의 기록은 '삼십 자술(三十自述)'을 바탕으로 한 것임.

爲『新民叢報』冬間復創刊新小說 述其所學懷抱者 以質於當世達人志士 冀
以爲中國 國民之遒鐸之一助. 嗚呼國家多難 歲月如流 眇眇之身力小任重 吾
友韓孔广詩云. 舌下無英雄. 筆底無奇士. 嗚呼. 筆舌生涯. 已催我中年矣.
此後所以報國民之恩者. 未知何如. 每一念及. 未嘗上驚心動魄. 抑塞而誰
語也. 孔子紀元二千四百五十三年壬寅十一月任公自逑.

번역 이래 일본에 칩거하면서 세월을 보냈다. 뜻한 것과 꾀한 일은 백 가운데 하나도 이루지 못했으니 오직 날로 문자의 노예가 되고 공언(空言)만 떠들어 시세의 어려움에 보탬이 없이 스스로 생각하되 다만 부끄럽고 두려울 따름이다. 스스로 나의 재주와 능력, 지금의 처지를 돌아보니 다시 다른 방도가 없어, 가히 국민된 도리로 모든 일을 다할 따름이다. 이 일이 비록 적으나 또한 어찌 편안하겠는가. 일 년 이래 옷이 헤지면서 『중국통사』를 초고하여 이로써 애국사상의 발달을 돕고자 하며 세월을 보냈다. 지금(1902년 임인년, 번역자 주)까지 열에 둘도 이루지 못했는데, 오히려 금년 봄 『신민총보』가 나와 겨울 동안 다시 새로운 소설을 창간하니, 그 배워 품은 뜻을 저술하여 당세의 달인과 지사를 돕고, 이로써 중국 국민을 일깨우는 데 일조를 하고자 한다. 아, 국가에 어려운 일이 많고 세월은 물처럼 흐르고 힘은 모자라고 맡은 임부는 중한데, 나의 벗 한공청이 시를 지어 이르기를 "입으로 영웅이 없고, 붓으로 기이한 지사가 없으니, 아아 필설생애가 이미 나의 중년을 재촉하는도다."라 하였으니, 이후 국민의 은혜를 갚고자 하는 것은 어찌해야 할 것인가. 매번 이에 생각이 미치니 마음이 놀라워, 답답하여 무슨 말을 해야 할지 모른다. 공자 기원 2453년 11월 임공(任公, 량치차오의 호) 스스로 쓰다.

이와 같이 량치차오는 중국 국민을 위한 '국민사상'을 북돋우는 데 일생을 바쳤다. 비록 그가 캉유웨이와 함께 '입헌군주제'를 주장하고 황제를 보위하고자 했으나,5) 『음빙실문집』은 근대 한국 애국계몽가들에게 가장 많은 영향을 준 저술 가운데 하나였다.

2.2. 『음빙실문집』의 주요 내용

광지서국본 『음빙실문집』은 상하 2책, 16편으로 시문을 제외하면
총 258편의 글이 실려 있다. 상권의 편명은 '통론', '정치', '시국', '종교',
'생계(경제학)', '학술' 등과 같이 분야별 논문을 중심으로 하였고, 하권
은 '학설', '역사', '전기', '지리', '잡문', '유기(기행문)', '담총(논설류)',
'시문', '소설' 등과 같이 문종을 중심으로 하였다. 수록된 글의 분포는
다음과 같다.

「『음빙실문집』에 수록된 글의 분포」

	상권	하권	계
1. 通論(통론)	23		23
2. 政治(정치)	19		19
3. 時局(시국)	54		54
4. 宗敎(종교)	5		5
5. 敎育(교육)	39		39
6. 生計(생계)	3		3
7. 學術(학술)	6		6
Ⅰ. 學說(학설)		14	14
Ⅱ. 역사(歷史)		15	15
Ⅲ. 傳記(전기)		19	19
Ⅳ. 地理(지리)		4	4
Ⅴ. 雜文(잡문)		10	10
Ⅵ. 유기(遊記)		3	3
Ⅶ. 담총(談叢)		68	68

---

5) 량치차오의 삶과 사상에 대해서는 셰시장(季淸), 김영문 옮김(2013), 『량치차오 평전』(글항아
리)을 참고할 수 있다. 이 책은 량치차오 평전 가운데 가장 대표적인 것으로 알려져 있으며,
그의 가계로부터 그가 교류했던 인물, 사상과 갈등 관계 등을 적절히 설명하고 있다.

	상권	하권	계
IX. 小說(소설)		3	3
계	149	136	285

(시문은 제외함)

상권의 '통론(通論)'에는 '변법통의(變法通議)', '논중국의강구법류지학(論中國宜講求法律之學, 중국이 마땅히 법률학을 강구해야 함을 논함)', '신민설(新民說)', '신민의(新民議, 신민을 의론함)' 등 23편의 글이 실려 있다. '변법통의'는 '변법'의 필요성을 비롯하여 변법의 본의, 학교, 과학, 학회, 사범, 역서 등 변법이 필요한 분야 등에 대한 종합적인 논의에 해당한다. 이를 비롯하여 '신민설'과 '신민의'는 그 당시 중국이 개혁해야 하는 이유와 방향을 제시한 논설이라고 볼 수 있다. 량치차오의 중심 사상이 그 당시 중국의 쇠퇴 원인을 규명하고, 변법을 통한 중국 개혁에 있었기 때문에 '중국 적약(積弱)'의 근원이나 '소년 중국론'과 같은 애국론을 펼친 셈이다. 특히 서구의 새로운 식민 정책을 논박한 '멸국신법론(滅國新法論)'은 같은 처지에 있던 근대 조선의 지식인들에게도 적지 않은 충격을 주었던 것으로 보인다.

'정치'편에서는 '입헌법의(立憲法議)'를 비롯한 각국 정체(政體), 국체(國體) 등을 논의하고, 의회제나 자강론을 강조하는 데 중점을 두었다. 특히 '정부와 인민의 권한', '중국과 구주의 국체가 다름', '요순이 중국 중앙 군권의 시작임을 고증함' 등과 같은 논설을 통해 '입헌군주제'를 옹호하고, '국가사상 변천의 같고 다름'이나 '자강군(自强軍)' 등과 같이 중국인의 애국사상을 고취하는 데 힘썼다. 이러한 흐름은 '시국(時局)'편의 '민족 경쟁의 대세'나 '근세 국민 경쟁의 대세와 중국의 앞날' 등과 같은 다수의 논설에도 반영된다. 특히 이 편에 들어 있는 '조선망국사략(朝鮮亡國史略)', '일본의 조선(日本之朝鮮)' 등은 을사늑약 전후의 준식민지 조선의 상황을 '멸국하는 새로운 방법(滅國新法)'의 관점에서 통렬하게 비판한 논설로, 근대 한국 지식인들에게도 큰 충격을 준 논설이었다.

또한 '교육'편의 '교육정책사의(敎育政策私議)', '경고유학생제군(敬告留學生諸君)' 등은 중국의 교육 상황뿐만 아니라 한국 지식인들에게도 많은 영향을 준 논설이며, '서학서목표(西學書目表)', '대동역서국서(大同譯書局序)', '역인정치소설서(譯印政治小說序)', '서서제요농학총서(西書提要農學總書序)' 등은 학문의 근대화와 밀접한 관련을 맺는 계몽 논설류이다. 흥미로운 것은 '생계(生計)'편인데, '20세기 거대한 혼령인 트러스트(二十世紀 巨靈 托辣斯)',[6] '중국 화폐문제', '외자(外資) 수입문제' 등은 대표적인 경제학 논설에 해당한다. 트러스트나 화폐 문제, 외채 문제를 중점적으로 다룬 것은 '멸국 신법'에서 확인할 수 있듯이, 그 당시 서구가 중국 식민지화를 수행하는 대표적인 방법이라고 믿었기 때문이다.[7]

하권의 편제는 다수의 논문과 '역사', '전기', '잡문', '유기', '담총' 등을 종합하는 방식으로 구성되었다. 논문에 해당하는 '학설'편에는 '스피노자 학안(斯片挪莎學案. BARUCH SPINOXA)', '루소 학안(盧梭學案, JEAN JAPUES ROUSSEAN)', '베이컨과 데카르트 학설(近世文明初祖倍根 笛卞兒之學說)', '진화론의 시조 다윈의 학설과 약전(天演學初祖 達爾文之學說及其畧傳)', '몽퇴스키외(法理學大家 孟德斯鳩之學說)', '벤담(樂利主義 泰斗 邊沁之學說)', '벤자민 키드(進化論革命者頡德之學說)' 등의 근대 계몽철학자들의 학문 세계와 경제학사에 해당하는 '생계학 학설 연혁 소사(生計學學說沿革小史)', 철학사에 해당하는 '격치학 연혁 고략(格致學 沿革考略)', '칸트의 학설(近世第一大哲康德之學說)', '불룬칠리의 학설(政治學大家伯倫知理之學說)' 등을 종합하였다. 특히 량치차오는 캉유웨이와 함께 이른

---

6) 탁랄사(托辣斯)는 독점기업을 의미하는 '트러스트(trust)'를 중국어로 차자한 표기임.

7) 1900년대에는 량치차오뿐만 아니라 일본의 정치학자, 경제학자들에게도 '식민정책' 연구가 화두(話頭)였고, 그 가운데 '화폐문제'는 대표적인 연구 대상이었다. 이 시기 한중일 '식민정책', '화폐문제' 연구 경향에 대해서는 그 당시 발행된 문헌을 대상으로 별도의 논의가 필요하다.

바 '서학중원설(西學中源說)'8)의 영향에 따라 서구 철학을 '묵자(墨子)'의 사상과 견주어 설명하고자 했는데, 이는 '묵자학설(墨子學說)'을 통해 잘 나타난다. 이 논문은 '묵자의 종교사상', '묵자의 실리주의', '겸애주의', '묵자의 정치술', '묵자 학설의 실행과 전파' 등으로 구성되었는데 논문의 결론에서는 '묵자와 중서 여러 철학을 비교하는 데' 목표를 두었다. 이러한 차원에서 량치차오의 학문론은 상권의 마지막편인 '학술'편도 참고해야 한다. 이 편에서는 '학술의 세력이 세계를 좌우함', '중국 학술사상 변천의 흐름', '태서학술사상 변천의 흐름' 등과 같이 학술의 중요성과 역사성을 기반으로 한 계몽 담론을 펼치고 있다.

하권 소재 '역사'편의 '중국사 서론'을 비롯한 다수의 논문과 논설, '스파르타 역사(斯巴達 小志)', '아테네 역사(雅典 小志)', '폴란드 멸망기(波蘭滅亡記)', '러시아 허무당(論 俄羅斯 虛無黨)' 등은 한국 근대 지식인들에게 직간접으로 많은 영향을 준 논문들이며, '전기'편의 '헝가리 애국자 괴르게이 전기(匈加利 愛國者 渴蘇士傳)', '이태리 건국 삼걸전(意大利 建國 三傑傳－마치니(瑪志尼), 가리발디(加里波的), 가부이(加富爾))' 등은 국권 침탈기 한국 지식인들의 애국사상 고취에도 빈번히 등장하는 소재가 되었다. 그밖에 '담총(談叢)'에 등장하는 다수의 논설은 짧은 시평(時評)이지만, '국권', '민권', '애국', '자조', '중국혼' 등의 용어에서 볼 수 있듯이 근대 민족주의 사상을 일깨우는 량치차오의 의식 세계를 보여준다.

---

8) 서학중원설은 서구 학문의 기원이 중국에서 비롯되었다는 학설로, 명나라 말기 양주학파(揚州學派)에서 비롯된 것으로 알려져 있다. 이에 대해서는 안대옥(2009)의 「주비산경(周髀算經)과 서학중원설: 명말 서학 수용 이후 주비산경 독법의 변화를 중심으로」(『한국실학연구』 18, 한국실학학회, 691~727쪽), 이원석(2014)의 「양주학파 완원(阮元)의 천산학과 서학관」(『중국사연구』 93, 중국사학회, 299~335쪽) 등을 참고할 수 있다. 한국에 '서학중원설'이 본격적으로 소개된 것은 『한성순보』 제14호(1884.3.8)의 「태서문학원류고(泰西文學源流考)」, 『한성주보』 제52호(1887.2.28)와 제53호(1887.3.7)의 「서학원류(西學源流)」 등이다.

3. 『음빙실문집』 역술 상황과 의미

3.1. 『음빙실문집』 역술 상황

근대 계몽기 한국에서 역술된 량치차오의 저술은 『음빙실문집』 소재 작품들이다. 현재 파악된 것은 23종이며, 『대한협회회보』제1호의 '스펜서의 일본 헌법에 관한 논의(斯賓塞論日本憲法)'는 일본 『태양』지에 발표된 논설을 『음빙실문집』에 전재한 것으로, 『대한협회회보』 제1호에서 다시 옮겨 실은 한문본 논설이다.9) 다음은 근대 계몽기 역술된 작품들이다.10)

「근대 계몽기 『음빙실문집』 역술 자료」

편명	제목	역술 상황
1. 通論(통론)	變法通議	『대한협회회보』제2호(자서), 3~7호(학교총론), 제8호(논학회), 제9호(논사범) 이상 홍필주 역술
1. 通論(통론)	新民說	『호남학보』 제6호, 이기, '대학신민설'
1. 通論(통론)	國民十六元氣論	『대한협회회보』 제12호
1. 通論(통론)	十種德性相反成義	장지연 『중국혼』(하)
1. 通論(통론)	中國積弱溯源論	장지연 『중국혼』(하)
1. 通論(통론)	過渡時代論	장지연 『중국혼』(하)
1. 通論(통론)	滅國新法論	『조양보』 제8~11호, 『통감부문서』 권1(현재 역 『월남망국사』 부록)
1. 通論(통론)	少年中國說 附 中國少年論	장지연 『중국혼』(상)

---

9) 『대한협회회보』 제1호(1908.4)에서는 한문으로 논설을 옮겨 싣고, "량치차오가 말하기를 스펜서가 논한 바는 가히 박학심절하게 옛 천연학(진화론)을 규명한 것으로, 통용되는 말이 모두 사물은 경쟁하며, 자연스럽게 우승열패가 가려진다고 하는데 스펜서는 곧 적자생존이라는 용어를 쓰기 좋아한다(梁啓超曰 斯氏所論 可謂博學深切 明昔天演學者 通用皆曰 物競天擇 優勝劣敗 而斯氏則好用 適者生存 一語)"이라고 평하여, 이 자료가 『음빙실문집』의 자료를 전재했음을 보여준다.

10) 이와 관련하여 허재영(2017)의 「근현대 한국에 수용된 중국 학술 사상에 대한 연구」(『인문과학연구』 53, 강원대학교 인문과학연구소)의 조사가 있으나 충분하지 않다.

편명	제목	역술 상황
1. 通論(통론)	呵旁觀者	장지연 『중국혼』(상)
1. 通論(통론)	論幼學	『서우』 제6~10호(박은식 역)
2. 政治(정치)	立憲法議	『호남학보』 제2~3호(이기 역술)
2. 政治(정치)	立法權論	『호남학보』 제4~7호(이기 역술)
2. 政治(정치)	政治學學理摭言	『호남학보』 제8호(이기 역술)
2. 政治(정치)	論中國與歐洲國軆異同	장지연 『중국혼』(하)
2. 政治(정치)	國家思想變遷異同說	장지연 『중국혼』(하)
3. 時局(시국)	論近世國民競爭之大勢及 中國之前途	장지연 『중국혼』(하)
3. 時局(시국)	日本之朝鮮	『통감부문서』 권1(현채 역 『월남망국사』 부록)
5. 敎育(교육)	敎育政策私議	『대한자강회월보』 제3~4호, 장지연 역술
5. 敎育(교육)	論學日本文之益	『황성신문』, 1899.4.29. (청의보 소재 역술 자료와 비교)
5. 敎育(교육)	論報館有益于國事	『대한자강회월보』 제7~8호, 이종준 역
III. 傳記(전기)	意大利 建國 三傑傳	『이태리 건국 삼걸전』(신채호, 광익서포)
III. 傳記(전기)	匈加利 愛國者 渴蘇士傳	『조양보』 제8호 역술
V. 雜文(잡문)	動物談	『조양보』 제9호
VII. 담총(談叢)	記斯賓塞論 日本憲法語	『대한협회회보』 제1호(한문 전재, 일본 『태양』지 발표문을 전재한 것임)
IV. 담총(談叢)	전체(40편)	전항기(全恒基) 역 『음빙실자유서(飮氷室自由書)』 (1908, 搭印社)

역술 자료의 분포는 통론 11편, 정치 5편, 교육 3편, 시국 2편, 전기 2편, 잡문 1편, 담총 41편[11]으로 나타나는데, '통론'과 '정치', '시국'은 유사한 성격을 띠므로, 량치차오의 '애국사상'이 근대 계몽기 애국계몽 운동가들에게 가장 큰 관심의 대상이었음을 확인할 수 있다. 그뿐만 아니라 『이태리 건국 삼걸전』, 『헝가리 애국자 괴르게이 전』 등도 본질 적으로 애국사상 고취와 밀접한 관련을 맺고 있다.

근대 계몽기 『음빙실문집』의 발췌 번역본은 단행본으로 출간되어 보급된 경우도 많았다. 대표적인 단행본은 장지연(1908)의 『중국혼(中國

---

11) 담총의 숫자가 늘어난 것은 전항기(全恒基) 옮김의 『음빙실자유서』(1908, 탑인사)가 있기 때문이다.

魂)』(대국석실포), 현채 역(1908)의 『월남망국사(越南亡國史)』(현공렴), 신채호 역(1907)의 『이태리 건국 삼걸전(伊太利建國三傑傳)』(광학서포) 등의 단행본이 있다. 『중국혼』은 상권에, '소년 중국설(少年中國說)', '가방관자문(呵旁觀者文)', '중국 적약 소원론(中國積弱溯源論)', '과도시대론(過渡時代論)', '논 근세 국민경쟁지대세 급 중국지전도(論近世國民競爭之大勢及中國之前途)'가 실려 있고 하권에 '논 중국 여 구주 국체 이동(論中國與歐洲國體異同)', '국가사상 변천 이동론(國家思想變遷異同論)', '십종 덕성 상반상성의(十種德性相反相成義)', '논 중국 금일 당이경쟁 구화평(論中國今日當以競爭求和平)'이 실려 있다. 『월남망국사』는 월남 망명객 소남자의 진술을 량치차오가 옮겨적은 것으로, 번역본의 경우 '월남망국사'를 본문으로 삼고, 부록으로 '멸국신법론', '일본의 조선'을 덧붙였다. 『이태리 건국 삼걸전』은 이탈리아 건국의 세 영웅인 '마치니(瑪志尼)', '가리발디(加里波的)', '가부이(加富爾)'를 중심으로 한 건국 기사이다. 이처럼 『음빙실문집』의 역술이 다량으로 출편한 것은 량치차오의 근대 애국사상이 국권 침탈기 한국 애국 계몽가들의 사상과 부합되었기 때문이다[12].

3.2. 역술 배경과 의미

역술 자료 가운데 시기상 가장 먼저 출현한 것은 『조양보』 제8호(1906.9)~제11호의 '멸국신법론(滅國新法論)'이다. 『음빙실문집』 상권 통론에 수록된 이 논설은 서양 제국주의가 동양 여러 국가를 멸하고 식민지화하는 새로운 방법을 의미하는 것으로, 『조양보』 이외에 『통감부문서』 권1에도 수록되어 있다. 두 자료 모두 번역자를 알 수는 없으나,

---

12) 이에 따라 1908년 학부의 '교과용도서 검정 규정' 발포 및 '교과서 조사 사업', 일제 강점기 교과서 조사 사업 등을 거치면서 량치차오의 『음빙실문집』과 역술본은 대부분 발매 금지서가 되었다.

『조양보』의 역술은 현토체에 근접한 국한문체인 데 비해, 현채 역(1906) 『월남망국사』 부록[13]의 자료는 순수한 국한문체이다.

이처럼 '멸국신법'에 대한 관심이 높아진 것은 을사늑약 이후 국권 침탈이 극심한 상황에서 량치차오의 멸국론이 한국의 시대상황을 일깨우는 데 큰 도움이 되었기 때문이다. 『조양보』 제8호에는 다음과 같은 역술 동기가 수록되어 있다.

「滅國新法論」

清國 飮氷室 主人 梁啓超 先生이 眷眷 以保全東洋으로 立言著論者ㅣ 甚多而其滅國新法論이 甚悲絶慷慨하야 足이 提警苟安之徒 故로 余ㅣ 譯 述如左ㅎ야 俾吾邦之人으로 讀之以自哀焉爾라.

번역 중국 음빙실 주인 양계초 선생이 동양을 보전할 방책으로 입언하여 저술한 것이 매우 많은데 멸국신법론이 매우 비절하고 강개하여 족히 경계가 되고 구안할 바 되므로 내가 다음과 같이 역술하여 우리나라 사람에게 보탬이 되도록 하니 이를 읽음으로써 스스로 위안을 삼을지라.

'멸국신법'은 말 그대로 '나라를 멸망시키는 새로운 방법', 곧 국권을 침탈하여 식민화하는 방법을 의미한다. 량치차오는 '멸국'은 자연스러운 이치인데, 우승열패(優勝劣敗)에 따라 멸국과 식민이 일어나는 기존의 멸국법과는 달리 '신법'은 교묘한 멸국법을 취한다고 주장한다. 진화의 법칙에 따라 등장한 '신법'은 다섯 가지 유형이 있는데, 외채를 늘리게 한 뒤 국권을 침탈하는 '이집트형(埃及)', 내부 당쟁을 격화시킨

---

13) 현채 역(1906), 『월남망국사』 '부 멸국신법론'(현공렴 발행, 대동서포). 이 자료는 국사편찬위원회 한국사데이터베이스, 주한일본공사관기록 『통감부문서』 권1, 7. 산교사 급 기독교에 관한 서류 (24) 한국 천주교회 소유 부동산 취득 방법 조회건에서 조회할 수 있다.

뒤 국권을 침탈하는 '폴란드형(波蘭)', 원주민의 힘을 이용하여 국권을 침탈하는 '인도형(印度)', 개광권(開鑛權)·철로권(鐵路權)·조계(租界)의 차지권을 빼앗은 뒤 국가를 멸하는 '케이프형(波亞, 트란스빌·오렌지국 등의 남아프리카국)', 미국의 힘을 빌려 스페인을 막고자 하다가 식민지가 된 '필리핀형(菲律賓)'의 다섯 가지이다. 량치차오는 이른바 '문명(文明)' 과 '공법(公法)'은 모두 힘이 있고 없음에 따라 결정되는 것일 뿐, 그 어떤 도리(道理)도 권력이 없다면 무용지물이 됨을 강조한다. '외채의 위험', '의화단의 난'과 일부러 '황화설(黃禍說, 동양인, 특히 중국인의 위험을 경고하는 서양인의 주장)', '노예의 노예'가 되는 인도식 식민주의 등을 중국 사정과 비교하여 경계한 내용은 을사늑약과 통감시대 경찰권과 외교권을 박탈당한 한국 상황을 견주어 본다면, 더욱 통절한 경고일 수밖에 없다.

'멸국신법론'의 논리와 마찬가지로 『음빙실문집』에 소재한 「조선망국사략(朝鮮亡國史略)」, 「일본의 조선」은 국권 상실의 위기에 놓인 시대 상황을 적절히 논파한 논설이다.[14] 전자는 중일전쟁(청일전쟁) 전후 조선의 외교 경과를 내용으로 「조선과 중일 양국의 조선(朝鮮爲中日兩國之朝鮮)」, 「조선이 일본과 러시아 양국의 조선이 됨(朝鮮爲日俄兩國之朝鮮)」, 「조선이 일본의 조선이 됨(朝鮮爲日本之朝鮮)」의 세 시기를 구체적으로 논증한 논문이며, 후자는 중국 경찰 당국자가 본 「일본의 식민지화된 조선」을 통탄하는 논설이다. 전자의 역술문은 발견되지 않으나, 후자는 현채 역(1906) 『월남망국사(越南亡國史)』(월남 망명객 소남자 술, 현공렴 발행, 대동서포 발매, 안종화의 서문이 들어 있음)의 부록으로 실려 있다.

'일본의 조선' 역술문은 원문을 발췌한 번역문으로 을사늑약 직전 '조선신회(朝鮮新會)' 회원이 한국 정부를 상대로 개혁을 요구하는 과정

---

14) '조선망국사론'은 역술 자료를 찾을 수 없으나, '일본의 조선'은 현채 역(1906), 『월남망국사』 (현공렴 발행, 대동서포 등 발매)의 부록에 수록되었다.

에서 경찰과 충돌한 사건을 빌미로 일본이 경찰권을 박탈해 가는 과정
을 집중적으로 번역하였다. 그 내용의 일부를 살펴보면 다음과 같다.

「日本의 朝鮮-支那 梁啓超 纂[15]」

予가 朝鮮亡國史略을 著ᄒ니 此ᄂ 其國을 哀흠이오 自此 以來로 日人이
朝鮮에 加ᄒᄂ 者ㅣ 日出無窮ᄒ거늘 日本報에ᄂ 隱諱ᄒ얏스니 予가 實地
調査가 無ᄒᄆ 能히 悉擧치 못흘지라. 오작 近日에 朝鮮의 警察 全權이
日本에 入ᄒ얏스니 陽曆 十二月 三十日에 朝鮮新會의 會員이 某處에 會集
ᄒ야 政府를 向ᄒ야 改革을 求ᄒ니 韓廷이 警察을 命ᄒ야 彈壓ᄒ나 不聽
ᄒᄂ지라. 旣而오 警吏가 拔劒發鎗ᄒ야 其會員 數十人을 傷ᄒ니 日本의
駐韓 憲兵이 또흔 會集흘시 韓人中에 石을 抛ᄒ야 日本 步兵 一名을 傷흔
지라. 日兵이 急히 傳令ᄒ야 韓人 數百을 捕縛ᄒ고 翌三十一日에 公使 林
權助가 駐韓 司令長官 長谷川으로 더브러 韓廷을 對ᄒ야 嚴重히 談判ᄒ고
新歲 一月 三日에ᄂ 長谷川이 韓廷에 要求ᄒ되 韓國 警察力이 治安을 維
持치 못ᄒ니 自今으로 全國 警察權을 移ᄒ야 日本 軍事 警察의 命令을
服從ᄒ라 ᄒ니 此ᄂ 第四 第五日 事라. (…中略…) 抵此 役에 朝鮮人이 日
本에 對ᄒ야 所犯이 오작 擲石一事쑨이오 所傷은 一步兵에 또 死흠도 아
니오 곳 輕傷이오 또 重傷이 아니라. 然이나 所獲흔 報酬ᄂ 全國 司法權을
奪ᄒ얏스니 (…中略…) 雖然이나 韓廷은 其無罪라 謂흘가. 誰가 汝로 하야
곰 警察을 設ᄒ야 民을 衛安치 아니ᄒ고 民을 壓制ᄒ얏스며 誰가 汝로
ᄒ야곰 奸慝을 糾詰치 아니ᄒ고 新黨을 凌蔑ᄒ라 ᄒ얏ᄂ지 (…중략…) 古
語에 云ᄒ되 兄弟가 爭室에 開門揖盜가 곳 此라. 自此로 朝鮮人의 朝鮮이
아니오 日本의 朝鮮이로다.

---

15) 현채 역(1906), 『월남망국사』(현공렴 발행, 대동서포 발매) 부록.

내가 조선망국사략을 지으니 이는 그 나라를 애도함이요, 이로부터 일본인이 조선에 가하는 것이 날로 무궁하거늘, 일본 신문에는 그것을 은폐했으므로 내가 실제 조사하지 못해 능히 다 알지는 못한다. 오직 근일 조선 경찰의 전권이 일본의 수중에 들어갔는데, 양력 12월 30일 조선 신회 회원이 모처에 모여 정부를 향해 개혁을 요구하고 한국 조정이 경찰에게 명하여 탄압하나 (회원들이) 듣지 않았다. 이에 경찰 관리가 창칼로 그 회원 수십인을 다치게 하니 일본 주둔 헌병이 또한 모여 집회할 때, 한국인 중 돌을 던져 일본 보병 한 사람을 상하게 하였다. 일본 군이 급히 명령하여 한국인 수백명을 체포하고 다음날 31일 공사 하야시가 주한 사령관 하세가와 함께 한국 조정에 대해 엄중히 담판하고 새해 1월 3일에는 하세가와가 한국 조정에 요구하여 한국 경찰력은 치안을 유지하지 못하니 지금부터 전국 경찰권을 이양하여 일본 군사 경찰의 명령에 복종하라고 하니, 이는 제4 제5일의 일이다. (…중략…) 대저 이 난리에 조선인의 일본에 대한 범죄는 오직 돌 하나 던진 것이며 다친 사람은 보병 한 명으로 죽은 것도 아니요 가벼운 상처이니 중상도 아니다. 그러나 얻은 바는 전국 사법권을 탈취하였으니 (…중략…) 그러나 한국 조정은 그 죄가 없다고 할 것인가. 누가 그로 하여금 경찰을 만들어 백성을 지키지 않고 백성을 압제 했으며, 누가 그로 하여금 간악한 무리를 규탄 힐난하지 않고 신당을 능멸하라고 했는지 (…중략…) 옛말에 이르기를 형제가 집안에서 다투면 문을 열어 도둑을 맞이하는 것이라고 했는데 곧 이것을 말함이다. 이로부터 조선인의 조선이 아니요, 일본의 조선이로구나.

량치차오가 이 글을 쓴 이유는 조선의 사례를 바탕으로 중국인을 경계하고자 한 데 있었다. 그렇기 때문에 그는 "수년 이래 중국의 모든 일이 진보를 멸시하고 오직 경찰에만 힘쓰고, 전국에 경찰의 소리만 널리 퍼졌다. 내가 보니 장래의 결과는 조선 경찰과 같은 유가 될 것이다. 진실로 이와 같이 경찰에만 힘쓰면 족히 망국에 이를 것이다."라고 평하였다.[16] 역술자는 이 평은 번역하지 않았다.

『월남망국사』의 번역 동기는 이 책 서두에 쓰인 '안종화(安種和)의 서문'을 통해 쉽게 확인할 수 있다.

「越南亡國史序」

世界日闢 人文日進 砲烟丸雨 弱肉強食之 報日聞於四方 則治此之. 時有國者 豈不爲之兢懼圖 所以自存哉. 越南亡國史 出於近日 孤臣逋客之手. 而海內並世之有志諸君子 未嘗不開卷獻欷. 若使越之君臣內修如阮福[17] 暎外攘如陳國峻[18] 則佛人要盟奚爲至也. (…中略…) 嗚呼 國必自伐 人自侮. 帝其國聊 以自愓. 昔何傲也. 起居飮食 仰人鼻息 今何憊也. (…中略…) 白堂子繙繹越史之意也. 丙午 重陽 黃花節 漢州 安種和 書

번역　세계가 날로 열리고 인문이 날로 진보하는데 포연 탄환은 비를 이루고 약육강식의 소식이 날로 서방으로부터 들려오니 곧 이에 이르렀다. 시국이 어찌 경쟁의 판도를 두려워하지 않고 자존하고자 하고자 하는가. 월남망국사가 근일 출현하여 고신 은둔자의 손과 해내 뜻있는 여러 사람들이 미상불 책을 펼치지 않을 수 없으니, 만약 월남의 군심이 완복과 같이 내수하고 진국준과 같이 외적을 물리치면 곧 프랑스인이 어찌 맹약을 요구하겠는가. (…중략…) 오호라. 국가는 스스로 무너진 뒤 다른 나라가 그 나라를 무너뜨리고, 스스로 모욕한 뒤 타인이 모욕하니 임금이 그 나라를 의지하여 스스로를 기만하면 옛날을 어찌 비웃을 수 있는가. 기거 음식이 남의 눈치를 살피니 지금 어찌 곤하지 않은가. (…중략…)

---

16) "數年以來 中國百事蔑進步. 而惟辦警察 辦警察之聲. 徧於國中焉. 吾見其將來之結果. 一朝鮮警察類也. 誠如是也. 則辦警察一事. 其己足以亡國也己矣. 『飮氷室文集』上卷. 時局. 日本之朝鮮."

17) 완복(阮福): 『월남망국사』에 등장하는 월남의 신하. 독립운동가.

18) 진국준(陳國峻): 『월남망국사』에 등장하는 원나라 때 월남의 영웅.

백당(현재)가 월남 역사를 번역한 뜻이 이러하다. 병오 중양 황화절 한주 안종화 서.

서문에 등장하는 '인문진보', '약육강식' 등의 논리는 근대 계몽기 진화론적 세계관에서 국가 위기를 인식한 애국 계몽가들의 공통된 철학이다. '국필자벌(國必自伐) 인자모(人自侮), 제기국료(帝其國聊) 이자오(以自惧)'의 논리와 같이, 월남망국사 번역은 월남 망국 과정을 통해 우리 스스로를 반성하게 하는 데 목적이 있음을 확인할 수 있다. 물론 『경향신문』 1908년 4월 10일~7월 31일자 17회에 걸쳐 연재된 '근릭 나는 칙을 평론'의 『월남망국ㅅ』와 같이, 이 작품을 소설로 규정하고, 프랑스가 월남을 가혹하게 대한 것이 아니며 월남의 역사를 거짓말로 기록한 것이므로 경계해야 한다는 논리가 없는 것은 아니다. 이 논리는 이 시기 애국계몽 차원이 아니라 기독교 선교의 논리를 바탕으로 한 것이므로 별도의 논의가 필요하다. 그러나 애국계몽의 차원에서 타국 역사를 통한 자기반성의 논리를 삼고자 한 것은 명확하다. 이 점은 신채호(1908)의 『이태리 건국 삼걸전』의 경우 좀더 확연히 드러난다. 이 역술서에서는 량치차오의 원전 '발단(發端)'과는 달리 신채호(無涯 先生)의 '서론(緒論)'을 수록하고 있다.

「伊太利建國三傑傳」

ㄱ. 發端: 梁啓超曰 天下之盛德大業. 孰有過於愛國者乎. 眞愛國者. 國事以 外 擧無足以介其心. 故舍國事無嗜好. 舍國事無希望. 舍國事無憂患. 舍 國事無忿懥.

번역 발단: 량치차오가 말하기를 천하은 큰 성덕 대업이 어찌 애국 자보다 지나겠는가. 진정 애국이라는 것은 국사 이외에 족히 마음을 두지 않으며 그러므로 국사를 버리면 좋아하는 바가 없고 국

사를 버리면 희망이 없으며 국사를 버리면 우환이 없고 국사가 아니면 분치하지 않는다.

▶『飮氷室文集』

ㄴ. 緒論: 無涯生이 曰 偉哉라 愛國者며 壯哉라 愛國者여. 愛國者가 無호 國은 雖强이나 必弱ᄒ며 雖盛이나 必衰ᄒ며 雖興이나 必亡ᄒ며 雖生이나 必死ᄒ고 愛國者가 有호 國은 雖弱이나 必强ᄒ며 雖衰나 必盛ᄒ며 雖亡이나 必生ᄒᄂ니 至哉라 愛國者며 聖哉라 愛國者여.

번역　서론: 무애생(신채호의 호)이 말하기를, 위대하도다 애국자며, 장쾌하도다 애국자여. 애국자가 없는 나라는 비록 강하나 반드시 약해지며 비록 성대하나 반드시 쇠하고 비록 흥하나 반드시 망하고 비록 살아 있으나 반드시 죽는다. 애국자가 있는 국가는 비록 약하나 반드시 강하고 비록회약하나 반드시 성하며 비록 망하나 반드시 회생하니 지극하도다 애국자며 성스럽도다 애국자여.

▶『伊太利建國三傑傳』

단재 신채호가 '발단'을 '서론'으로 바꾸어 역술한 의도는 '애국(愛國)'이라는 두 자 술어에 명백히 드러난다. 량치차오의 애국론과 신채호의 애국론에서 내용상 차이는 없다. 그럼에도 신채호의 역술 과정에서 애국을 강조한 것은 '서론' 끝에 서술한 '혈원(血願)'이라는 표현에서 명백해진다. 그의 역술 과정에서 '애국'은 피맺힌 부르짖음이자 소망이었던 셈이다.

이와 같이 근대 계몽기 『음빙실문집』의 '애국사상'은 국권 침탈 상황 속에서 애국 계몽운동가들에게 더 없이 중요한 자극제가 되었다. 그렇기 때문에 '통론'의 '변법통의'나 '정치', '시국' 편에 소재한 논설 역술이 활발했고, 이와 함께 교육 계몽 차원에서 '교육정책사의'나 '논유학'과 같이 교육 담론에 대한 역술도 병행되었다.

4. 결론

이 글은 근대 계몽기 량치차오(梁啓超)의 『음빙실문집』에 대한 역술(譯述) 실태와 의미를 밝히기 위한 의도에서 출발하였다. 『음빙실문집』은 1902년 량치차오가 일본에서 저술한 문집으로, 초판 발행이 언제이루어졌는지는 알기 어렵다. 그러나 1904년 시모코베 혼고로(下河辺半五郎) 편역의 『음빙실문집유편(飮氷室文集類篇)』(東京: 下河辺半五郎), 광지서국본 『음빙실문집유편』(1906), 광익서국편 『중정분류 음빙실문집 전편』(1910년 전후 추정) 등 다수의 판본이 등장하고, 이에 따라 한국에서도 다수의 역술 작품이 출현하였다. 이 글에서 논의한 내용을 정리하면다음과 같다.

첫째, 『음빙실문집』의 판권 분석에서는 광지서국본의 상하 2책 연활자본이 국내에 가장 많이 유입된 책이었을 것으로 추정했다. 그 이유는다른 판본의 책보다 많은 편수의 글(285편)이 수록되어 있으며, 량치차오가 쓴 '서문'이나 '삼십자술' 등을 통해 책을 엮은 동기를 충분히 드러내고 있기 때문이다. 『음빙실문집』의 주요 내용은 광지서국본 상하2책 16편의 글의 분포를 중심으로 '통론', '정치', '교육', '학술' 등의내용상 특징을 분석하고자 하였다. 이를 종합할 때 량치차오의 중심사상이 '애국주의'에 있었음을 확인할 수 있었다.

둘째, 근대 계몽기 한국에서의 『음빙실문집』 역술 상황을 조사하고그 의미를 분석하고자 하였다. 현재까지 확인된 바로는 문집 24편의글이 번역되었는데, 대부분 근대 계몽기 학회보에 수록되어 있으나장지연 역(1908)의 『중국혼』, 현채 역(1908)의 『월남망국사』, 신채호 역(1907)의 『이태리건국삼걸전』 등은 단행본으로도 널리 읽혔다.

근대 계몽기 량치차오 저작이 이와 같이 역술된 것은 그의 애국주의뿐만 아니라 '신민주의', '변법사상', '입헌군주제', '서양 학술에 대한 이해' 등과 같은 다수의 요인이 작용했을 것으로 추정된다. 이와 같은 구체적인 사상 분석 및 역술이 미친 영향에 대한 좀 더 체계적인 분석은 앞으로의 연구를 통해 좀 더 밝혀야 할 것이다.

참고문헌

권덕주·한무희(1975), 『대동서·음빙실문집』, 삼성출판사.

김춘남(1995), 「양계초의 정치사상 연구: 국가사상, 자유주의사상, 마르크시 즘을 중심으로」, 동국대학교 박사논문.

김택중(2014), 「청말 양계초의 사상 변천」, 『인문논총』 28, 서울여자대학교 인문과학연구소, 233~256쪽.

김현우(2013), 「박은식의 양계초 수용에 관한 연구: 박은식의 유교구신(儒敎 求新)과 근대성을 중심으로」, 『개념과 소통』 11, 한림과학원, 5~45쪽.

김현우(2013), 「양계초와 박은식의 '신민설'과 '대동사상'에 관한 연구: 개인 국가 문화의 재정립을 중심으로」, 성균관대학교 박사논문.

도상범(1992), 「양계초의 사론에 관한 연구」, 충남대학교 박사논문.

백지운(2003), 「근대성 담론을 통한 양계초 계몽사상 재고찰」, 연세대학교 박사논문.

섭건곤(1980), 「양계초와 구한말 문학」, 고려대학교 박사논문.

신연재(1991), 「동아시아 3국의 사회진화론 수용에 관한 연구: 加藤弘之, 양 계초, 신채호 사상을 중심으로」, 서울대학교 박사논문.

신일철(1975), 「신채호의 역사사상 연구: 양계초를 통한 서구 사상 수용을 중심으로」, 고려대학교 박사논문.

신채호 譯(1907), 『이태리건국삼걸전』, 廣學書舖.

안대옥(2009), 「주비산경(周髀算經)과 서학중원설: 명말 서학 수용 이후 주 비산경 독법의 변화를 중심으로」, 『한국실학연구』 18, 한국실학학회, 691~727쪽.

우명연(2000), 「근대 중국 지식인의 조선인식과 그 영향: 황준헌, 양계초, 황염배를 중심으로」, 성균관대학교 박사논문.

우임걸(2000), 「한국 개화기문학에 끼친 양계초의 영향 연구」, 성균관대학교 박사논문.

육연욱(2016), 「윤치호와 양계초의 교육사상 비교: 사회진화론적 관점에서」, 한국학중앙연구원 박사논문.

이승원(1995), 「양계초의 신민교육사상 연구」, 고려대학교 박사논문.

이원석(2014), 「양주학파 완원(阮元)의 천산학과 서학관」, 『중국사연구』 93, 중국사학회, 299~335쪽.

이은애(2002), 「신채호와 양계초의 '소설개혁론' 비교 연구」, 『한중인문학연구』 9, 중한인문과학연구회, 338~363쪽.

이종민(1998), 「근대 중국의 시대인식과 문학적 사유: 양계초, 왕국유, 노신, 욱달부를 중심으로」, 서울대학교 박사논문.

이춘복(2013), 「청말 梁啓超의 정치사상에 대한 인식 변화: 민주주의에서 국가주의로의 전환을 중심으로」, 『한국사학사학회보』 27, 133~171쪽.

조경란(1998), 「진화론의 중국적 수용과 역사인식의 전환: 엄복, 양계초, 장병린, 노신을 중심으로」, 성균관대학교 박사논문.

조병한(2007), 「양계초의 국민국가론과 민권 민족 관념」, 『서강인문논총』 22, 서강대학교 인문과학연구소, 307~373쪽.

조보로(2013), 「한국 개화기 소설론에 나타난 양계초의 영향 연구」, 배재대학교 박사논문.

지연옥(1998), 「양계초의 정치 개혁론」, 성신여자대학교 박사논문.

최항순(1993), 「梁啓超(1873~1928) 양계초 교육사상의 제1기 및 제2기 교육목적관 비교연구」, 『韓國敎育問題硏究所論文集』 8, 중앙대학교 한국교육문제연구소, 129~146쪽.

최형욱(1996), 「양계초의 문화혁명론 연구」, 연세대학교 박사논문.

최형욱(2015), 『음빙실문집』, 지식을만드는사람들.

허재영(2017), 「근현대 한국에 수용된 중국 학술 사상에 대한 연구」, 『인문과학연구』53, 강원대 인문과학연구소, 55~83쪽.

현채 譯(1908),『월남망국사』, 현공렴 발행, 대동서포 발매(국사편찬위원회 한국사데이터베이스『통감부문서』권1 소재).

현채 譯(1908),『中國魂』, 大邱石室布.

梁啓超(1906),『飮氷室文集類編』, 上海: 廣智書局.

梁啓超(年代未詳),『重訂分類 飮氷室文集全編』, 上海: 廣益書局印刊.

下河辺半五郎 編譯(1904),『飮氷室文集類篇』, 東京: 下河辺半五郎.

제3장 양계초의 유교에 대한 견해가
박은식에게 미친 영향*

황종원

1. 들어가는 말

이 연구는 19세기 말에서 20세기 초로 넘어가는 시기, 중국 지식인 梁啓超(1873~1929)의 유교에 대한 견해가 어떤 특징을 지니고 그 견해들이 한말 박은식(1859~1925)의 유교 근대화 및 종교화 모색에 어떤 영향을 미쳤는지 탐색함을 목적으로 한다.

주지하다시피 양계초는 이 시기에 서구 열강의 제국주의적인 침탈에 맞서 중국의 봉건적인 국가체제와 사회문화를 근대적으로 전환시킴으로써 강한 중국을 재건하려 했던 인물이다. 그런데 그는 이 사회적 실천의 이론적 기반을 동서양 사상의 선택적 종합을 통해 마련했다.

---

* 이 글은 황종원(2018)의 「양계초의 유교에 대한 견해가 박은식에게 미친 영향: 유교의 근대화와 종교화 문제를 중심으로」(『유학연구』 44, 충남대학교 유학연구소, 103~131쪽)를 수정한 것임.

물론 이는 그의 스승, 康有爲(1858~1927)의 막대한 영향 덕분이다. 강유위는 유학의 仁, 민본주의, 대동사회의 이상, 불교의 자비와 중생 제도의 정신, 춘추공양학의 三世說 등을 서구 기독교의 박애와 구세정신, 근대민주정치의 자유와 평등의 이념, 발전적 역사관 등과 결합하여 자신의 사상체계를 정립한 바, 양계초는 이런 스승의 사상을 기본적으로는 고스란히 계승했다. 유학의 종교화 및 정치노선과 관련해 스승과는 달리 번민하고 주저했으며, 이견을 내비치기도 했지만 말이다.

강유위가 양계초의 사상적 전환에 결정적 영향을 미쳤던 것과는 달리, 박은식은 그런 큰 스승을 만나지 못했다. 청년기에 그는 정통 주자학도로서 위정척사론의 입장에 기울어 있다가 40세 무렵부터 개화사상가로 변모하고 일제에 의해 망국이 가시화되는 1905년부터는 애국계몽운동과 유교개신운동의 중심인물로 활동하는데, 이 시기 양계초 논저와의 접촉은 그의 이런 사상적, 실천적 전환에 중요한 계기로 작용한다.

이 연구가 지니는 가장 큰 의의는 전통유학의 근대화와 종교화라는 문제에 대해 양계초와 박은식이 밝힌 견해에서 공통점과 차이점이 무엇인지 밝히는 데 있다. 기존 국내 학계의 연구에 박은식의 양계초 사상 수용에 관한 연구가 없는 것이 아니다.[1] 그러나 기존 연구는 주로 수용 주체의 시각에서 양자의 관계를 파악하고 있다는 점, 그리고 공통점과 차이점 가운데 어느 한 측면만을 부각시키고 있다는 점에서 재고되고 보완될 것들이 적지 않다. 본문의 서술을 통해 필자는 전통유학의 근대화라는 문제에 대해서는 박은식이 양계초의 견해를 상당히 많이 받아들여 대부분 공통되지만, 유교의 종교화 문제에 대해서는 공통점

---

[1] 박은식이 양계초의 유학에 대한 견해를 어떻게 선택적으로 수용했는지를 본격적으로 탐색한 논문으로는 김현우(2013), 「박은식의 양계초 수용에 관한 연구: 박은식의 儒教求新과 근대성을 중심으로」(『개념과 소통』 제11호, 한림과학원)이 있다.

도 있지만 차이점도 적지 않다는 점을 논증할 것이다.

본문에서는 우선 양계초의 유교에 대한 견해, 특히 유교의 근대화 및 종교화에 대한 그의 생각이 갖는 특징을 서술할 것이다. 그다음으로는 그러한 양계초의 유교에 대한 견해가 박은식에게 어떤 영향을 미쳤는지, 둘 사이의 차이점은 무엇인지 몇 가지 중요한 문헌 비교를 통해 규명할 것이다. 마지막으로 결론 부분에서는 전통유교의 근대화와 종교화를 모색한 이들의 노력이 갖는 의의에 대해 간략히 논할 것이다.

본문 서술에 앞서 한 가지 덧붙일 점은 두 인물의 영향 관계를 밝히는 데 대조할 문헌의 범위에 관한 것이다. 양계초의 유교사상에 대한 문헌 검토의 범위는 1898년~1905년으로 제한할 것이다. 주로 이 시기에 쓰인 논저들이 박은식에게 직접적으로 영향을 주었기 때문이다. 따라서 본문에서 검토될 문헌으로는 1898년의 「讀孟子界說」, 1899년의 「論支那宗教改革」, 1901년의 「南海康先生傳」, 1902년 2월의 「保敎非所以尊孔論」과 「論中國學術思想變遷之大勢」, 1902년 10월의 「宗敎家與哲學家之長短得失」, 1905년의 「德育鑑」 등이 포함될 것이다. 박은식의 경우에는 유교의 근대화 및 종교화에 대한 모색이 주로 1901~1910년 사이에 이루어졌으되, 그것에 대한 견해가 1909년의 「儒敎求新論」에 집약적으로 서술되어 있으므로 그 논설을 중심으로 하면서 다른 논저들, 예컨대 1901년의 『謙谷文稿』에 포함된 「宗敎說」, 1909년의 「孔夫子 誕辰 紀念會 講演」, 1910년의 「王陽明實記」 등도 참조할 것이다.

2. 양계초의 유교의 근대화 및 종교화에 대한 견해

양계초의 유교에 대한 생각을 알 수 있는 최초의 본격적인 글은 「讀孟子界說」(1898)과 「論支那宗教改革」(1899)이다. 무술변법 전후에 쓰인

글인지라 강유위의 사상을 벗어나지 않으면서 유교에 대한 나름의 견해를 피력하고 있다.

「讀孟子界說」에서는 모두 16개의 명제로 맹자의 중심사상을 설명했는데, 그 골자는 다음 두 가지로 요약된다. 하나는 공자 사상의 정수를 계승한 자는 맹자이지 순자가 아니라는 것이다. "순자 학문의 공은 經을 전한 데 있고 맹자 학문의 공은 經世에 있다."[2] 유교 경전을 전해한 대에 경학이 성행할 수 있게 한 것은 순자 일파의 중요한 공이지만, 仁義를 중심 이념으로 삼고 保民을 경세의 종지로 삼아 그 실현에 힘쓴 맹자학이 공자사상 가운데 핵심을 이어받았다는 것이다. 다른 하나는 맹자가 주창한 仁政은 小康이 아니라 大同의 정치로서 그것은 미래의 이상이라는 것이다. 그는 "맹자는 육경 가운데 『춘추』에서 힘을 얻었다"[3]고 하여 맹자의 인정사상은 『춘추공양전』에서야 비로소 기록된 공자의 미언대의, 특히 삼세 가운데 太平世, 즉 대동의 이상에 근거한 것이라 주장했다. 강유위가 공자의 이상이라 믿은 대동사상을, 양계초는 그것이 맹자에게 계승되었다고 설명한 것이다. 또 "맹자는 의로운 전쟁은 없다고 했는데, 이는 대동설의 출발점이고", "맹자는 정전제를 논했는데, 이는 대동의 강령이며", "맹자는 요순을 말하고 문왕을 말했는데, 이들은 대동의 대명사이다"[4]라고 하여, 맹자의 평화사상, 정전제의 경제적 평등주의, 성인의 지배 없는 통치 등이 현대 서구에서도 완전히 실현되지 못한 먼 미래의 이상임을 강조했다.

「論支那宗敎改革」에서도 공자의 적통을 맹자로 보고 공자의 사상을 대동의 이상과 일치시키는 시도는 계속된다. 공자의 가르침에는 본래 순자와 맹자의 사상으로 발전할 수 있는 내용이 포함되어 있다. 그런데

---

2) 梁啓超(1959), 『飮氷室文集』 卷3, 「讀孟子界說」, 新興書局, 17쪽.
3) 梁啓超(1959), 위의 책, 같은 곳.
4) 이상 세 구절은 모두 梁啓超, 위의 책, 19~20쪽.

양계초는 전자를 중등 이하의 根器를 지닌 사람을 위한 소강의 가르침이고 후자를 뛰어난 근기를 지닌 사람을 위한 대동의 가르침이라 했다. 전자는 詩書禮樂 등의 경전에, 후자는 오직 『역경』과 『춘추』에 담겨 있다고도 했다. 그러고는 순자의 학문은 군권을 존숭하고 이설을 배격하며, 예의에 신중하고 고증을 중시하는 특징을 지니는데, 이러한 순자의 학문이 지난 2천여 년간 중국 정치와 학술을 지배해 왔다고 하면서 그 원인을 이렇게 진단했다.

역대 군주와 재상이 소강의 가르침은 자신에게 유리하지만 대동의 가르침은 자신에게 불리하다고 여겨 전자를 선양하고 후자를 억눌렀기 때문이다. 또 곡학아세하는 무리들은 그 학문을 변형하여 군주에게 알랑댔다. 한나라 이후로 『춘추』는 비상하고 괴이한 이론이라 하여 감히 그것을 말하지 않았으니, 이것이 대동교파가 어두워져 전해지지 않은 커다란 원인이다.5)

신분의 엄격한 구별을 전제로 조화로운 사회를 이루자는 소강의 가르침이 천하가 공평해지고 유능한 자가 우대를 받으며 사회적 약자가 보살핌을 받는, 참 조화의 대동 사회에 대한 꿈보다 지배계층에게는 유리한 이념이었다는 것이다.

한편 이 글에는 유교를 종교화하는 것에 관한 양계초의 견해도 피력되어 있다. 그는 "서양에 금일의 문명이 존재하는 까닭은 종교혁명으로부터 古學이 부흥했기 때문"6)이라고 했다. 서구의 근대문명은 종교개혁과 르네상스에서 그 정신적 혁명이 시작되었음에 주목한 것이다. 그리하여 중국도 근대화되려면 유학을 종교화하고 선진시대의 학술사

---

5) 梁啓超(1959), 위의 책, 「論支那宗教改革」, 58쪽.
6) 梁啓超(1959), 위의 책, 「論支那宗教改革」, 55쪽.

상을 부흥시켜야 한다고 생각했다.[7] 양계초는 강유위가 孔敎를 세우면서 내세운 공자의 이념적 지향을 다음 6가지로 요약했다.

진화주의이지 보수주의가 아니다. 평등주의이지 전제주의가 아니다. 兼善주의이지 독선주의가 아니다. 强立주의이지 문약주의가 아니다. 博包주의(相容無碍주의라고도 함)이지 單狹주의가 아니다. 重魂주의이지, 愛身주의가 아니다.[8]

첫째 명제는 공자교는 상고시대를 이상적으로 보는 복고적 역사관이 아니라, 『춘추공양전』의 삼세설에 근거해 발전적인 역사관을 갖고 있다는 뜻이다. 둘째는 공자교가 전제정치를 적극 옹호하는 순자의 학통과는 달리 백성을 귀히 여기는 맹자의 학통을 이어받아 평등을 지향한다는 의미이다. 즉 그는 이렇게 말했다. "소강은 전제의 정치이고 대동은 평등의 정치이다. 맹자는 대동의 학을 전했으므로 그 책에서는 모두 민권을 주의로 하였다."[9] 셋째는 "송대 이후 유자들이 자신을 단속해 잘못을 적게 하고 삼가 조심하는 것을 종지로 삼는" 居敬의 수양에 치우쳐 있었던 것과는 달리, 공자교는 사회개혁의 구세정신을 지닌다는 것이다. 넷째는 그렇기 때문에 공자교는 사회문제에 유약하고 무기력한 것이 아니고 그것에 적극 대처하여 해결하려 하는 사회 실천적

---

7) 이런 생각은 당시 중국에서 서학이 기독교 선교사에 의해 소개된 상황과도 무관하지 않다. 예컨대 근대 중국의 대표적인 잡지인 『萬國公報』는 선교사 알렌(Young John Allen, 林樂知)에 의해 1874년부터 1907년까지 지속적으로 발행되었다. 이 잡지의 전신인 『敎會新報』가 처음 발행되었을 때 선교와 교우들의 연결을 목적으로 했던 것과는 달리, 『만국공보』는 "세속적이고 과학적인 내용이 증가되고 종교의 비중은 줄어든"(熊月之, 『西學東漸與晚淸社會』, 上海人民出版社, 1994, 395쪽) 종합적 성격을 띤 간행물이었다. 이런 출판 상황은 근대화된 중국의 학문을 종교화된 유교의 기반 위에 세우려는 생각을 더욱 촉진한 듯하다.

8) 梁啓超(1959), 앞의 책, 「論支那宗敎改革」, 55~56쪽.

9) 梁啓超(1959), 위의 책, 「論支那宗敎改革」, 59쪽.

성격을 강하다는 것이다. 다섯째는 한대 이후 유자들이 편협하게 門戶
의 대립을 일삼았던 것과는 달리 공자교는 다양한 관점과 견해를 포용
하고 사상의 자유를 추구한다는 것이다. 여섯째는 공자교는 육신을
지닌 '나'에 연연하지 않고 세상을 구원하려는 정신을 중시한다는 뜻이
다. 이와 관련해 그는 「南海康先生傳」에서 이렇게 말했다. "공자가 『역』
에 말을 달아 魂學을 밝혀 사람들에게 구구한 육신은 우연히 세간에
환상으로 나타난 데 불과하여 아낄 것도 없고 미련을 둘 것도 없음을
알게 하고, 그로 인해 큰 용맹이 생겨나 자신을 버리고 천하를 구하도록
했다."10)

사실 공자가 발전적 역사관을 지니고 정치적 평등을 지향했으며 정
신과 육체의 분리를 전제로 정신을 중시했을 리는 만무하다. 이는 물론
서구 근대적 관점과 지향이다. 하지만 양계초는 강유위의 사상을 계승
하여 춘추공양학의 삼세설, 맹자의 민본주의, 「계사전」의 遊魂 개념
등에서 상당히 억지스럽더라도 서구 근대적인 것과의 연결점을 찾으
려 했다.

이렇게 양계초는 무술변법 실패 직후까지만 해도 유교의 종교화에
적극 찬동하고 전통유교에 대한 근대적 해석에 힘썼다. 그리고 이러한
노력은 1901년에 쓴 「남해강선생전」에서도 어느 정도는 계속된다. 이
글에서 그는 강유위를 유학, 불교, 기독교 등을 널리 연구하고 종교적
인 구세정신으로 충만해 있으며, 여러 종교의 교설에 개방적이되 중국
에 살아가는 사람으로서 공자교 창건을 우선시한 종교개혁가로 자리
매김한다. 양계초는 강유위를 이렇게 묘사했다.

---

10) 梁啓超(1959), 『飮氷室文集』 卷6, 「南海康先生傳」, 69쪽. 「論支那宗教改革」에는 이 중혼주의가
   무엇인지 자세히 설명되어 있지 않으나, 그 의미는 「南海康先生傳」의 이 대목에서 충분히
   알 수 있다.

선생은 일을 맡음에 크고 작은 것을 가리지 않았다. … 크고 작은 것이 있다고 말하는 것은 허망하게 분별함이 일어나는 것에 불과하다. 그래서 한 가지 일에 맞닥뜨려 不忍人之心을 건드려 움직이는 것이 있으면 곧바로 전력을 다해 행했다.[11)

분별하여 집착함이 없으며 약자의 불행에 측은지심을 느끼면 즉각 구제의 행동으로 옮길 줄 아는 전형적인 종교가의 모습이다. 그러나 그가 이 글에서 이런 종교가의 약점 또한 지적했다는 점은 주목할 만하다. "康南海는 과연 어떤 인물인가? 나는 그를 정치가라고 하느니 교육자라고 부르는 것이 낫고, 그를 실천가라고 하느니 이상가라고 부르는 것이 낫다고 생각한다."[12) 강유위의 종교적, 사회적 이상과 교육자로서의 탁월함은 인정하지만, 정치가로서 그는 이상과 현실의 간극을 알고 정확한 현실 판단의 기초 위에서 올바른 실천을 하지 못했다는 평가이다. 양계초가 보기에 당시는 국가 간 경쟁이 치열하고 그 경쟁에서 생존하기 위해 국가주의가 발호하는 시대였다. 따라서 그는 중국의 현실에서 국가주의가 가장 절실하게 필요하다고 판단했다.

망국의 위기 속에서 구국을 위해서는 중국 국민이 국가주의로 무장해야 한다는 생각을 가지면서 양계초는 이제 스승이 일으키고 자신이 따랐던 공자교 운동을 부정한다. 1902년에 쓰인 「공자교 보전은 공자 존숭이 되지 못함을 논함(保教非所以尊孔論)」에서 그는 공자교 보전은 시급한 문제가 아니라고 주장했다. 국가 보전이 가장 중요하지 공자교의 보전은 중요하지 않다는 것이다. 나아가 그는 기독교, 불교 등 기성 종교를 모방하는 식으로 유교를 종교화하는 것은 불가능하고 불필요하다고도 했다. 공자교 보전이 중요하지 않고 불필요한 이유를 그는

---

11) 梁啓超(1959), 위의 책, 「南海康先生傳」, 88쪽.
12) 梁啓超(1959), 위의 책, 「南海康先生傳」, 87쪽.

다양하게 들었는데, 그 자신이 제시한 몇 가지 측면에서 이를 개괄해보면 다음과 같다.

첫째, 종교 보전의 근본 동력이라는 측면에서 후대 종교가의 인위적 노력은 그 종교가 보전되는 결정적 요인이 아니기 때문에 공자교 보전의 노력은 그다지 중요치 않다. 그런 의미에서 그는 종교가 보전되는 것은 그 가르침이 얼마나 훌륭한가에 달려 있으며, 따라서 "종교는 인력에 의해 보전될 수 있는 것이 아니다"[13]라고 했다.

둘째, 공자의 본래 모습이라는 측면에서 그는 예수나 붓다와 같은 부류의 종교가가 아니므로 유교 또한 기독교나 불교를 닮아가는 그런 식의 종교화는 불가능하다고 했다. 예컨대 기독교 같은 종교에는 미신적 요소가 많고 예배의 종교의례가 있으며 믿음을 강조하고 다른 종교에 대해 배타적 태도를 강조하는 데 반해, 공자의 가르침에는 "미신도 없고 예배도 없으며 회의하는 것도 금하지 않고 外道도 적대시하지 않는다"[14]고 했고, 그 점에서 유교는 기독교, 불교 등의 종교와는 다르다는 점을 강조했다.

셋째, 기독교와 근대문명의 관계라는 측면에서 볼 때 기독교는 근대에 쇠퇴할 운명이므로 유교가 기독교를 닮아가는 방식으로 종교화하는 것은 불필요하다고 했다. "저 종교는 사회진화의 제2기 문명과 서로 용납될 수 없다."[15] 기독교는 유럽에서 근대로 이행하면서 정치권력을 상실하고 학문권력의 주도권 또한 빼앗겼으며, 미래에 기독교는 더욱 쇠퇴할 것이라고 예측했다.

넷째, 신앙과 사상의 자유라는 측면에서 공자교를 국교화하자고 주장하거나 공자를 높이기 위해 공자의 사상에 근대사상마저 있었다고

13) 梁啓超(1959), 위의 책, 「保教非所以尊孔論」, 51쪽.
14) 梁啓超(1959), 위의 책, 「保教非所以尊孔論」, 52쪽.
15) 梁啓超(1959), 위의 책, 「保教非所以尊孔論」, 53쪽.

견강부회하는 것은 위험하다고 했다. 국교를 세우는 것은 근대국가의 법률에 이미 명문화된 신앙의 자유를 침해할 소지가 크며, 역대로 종교적 갈등이 심하지 않았던 중국에 새로운 화근이 될 수 있다고 했다. 예컨대 중국은 기독교와의 갈등으로 이미 서양열강으로부터 외교적으로 막대한 손해를 입었는데, 공자교가 국교화되면 더 큰 손해를 볼 위험이 있다고 했다. 또 공자의 사상 중에 근대사상과 합치되는 것도 물론 적지 않지만, 그렇게 근대사상을 "만약 반드시 하나씩 견강부회하여 받아들인다면 그 새로운 학문과 이론이 내 마음에 합당하여 그것을 따르는 것이 아니고 다만 그것이 우리 공자와 우연히 합치된다고 하여 따르는 것에 불과할 것이니, 이는 사랑하는 것이 공자에게 있는 것이지 진리에 있는 것이 아니다"16)라고 했다. 공자의 사상이 근대에도 어떤 가치를 지니는지 조명하는 것은 의의가 있으나, 공자의 이런저런 사상을 견강부회하여 그것들이 근대사상과 합치된다고 주장한다면 그 주장의 목적은 공자 존숭에 있지 사상의 근대화에 있는 것은 아니라는 것이다. 이는 물론 공자가 발전적 역사관을 지니고 정치적 평등을 지향했다고 주장해 온 스승 강유위와 자기 자신에 대한 비판 또한 포함하는 것이기도 하다.

이 대목에서 유의해야 할 점은 양계초가 비판하고 부정한 것은 유교를 기독교, 불교 식으로 종교화하는 것이었지, 유교의 종교화 그 자체를 전면 부정한 것은 아니었다는 것이다.17) 이 점은 「保教非所以尊孔論

---

16) 梁啓超(1959), 위의 책, 「保教非所以尊孔論」, 56쪽.

17) 이혜경(2002), 『천하관과 근대화론: 양계초를 중심으로』, 문학과지성사, 249~251쪽 참조. 이 글에서 논자는 「保教非所以尊孔論」에 이르러 "근대 서양 문명의 운동력이 종교가 아니라 학술이라는 이해에 의해 종교가 부정되고 회의 정신과 사상의 자유가 문명의 지위로 부상하였다"고 했다. 이에 "강유위가 주창하던 공자교가 부정되었음은 당연한 일"이고 "그 대신 공자는 사상의 자유를 수호한 철학자로 재해석되었으며", 그런 맥락에서 중국의 문명 발전사를 더듬는 작업의 일환으로 「論中國學術思想變遷之大勢」이 『新民叢報』에 1902년 2월부터 연재되기 시작했다고 했다. 이러한 그의 분석은 치밀하고 타당하다. 그러나 이 분석은 한

」의 후반부 내용에 주목하면 분명히 알 수 있다. 그는 이 부분에서 주로 다음 두 가지를 말하고 있다. 하나는 "공자교는 모든 시간에 걸쳐 있고 모든 공간에 가득하여 만고에 소멸될 수 없는 것"[18]이므로 그것이 사라질까 걱정하는 것은 그야말로 기우라는 것이다. 종교의례를 중시하고 미신적 요소가 많은 종교들은 근대문명과 맞지 않아 쇠퇴하겠지만, 공자교는 "사람의 사람다움, 사회의 사회다움, 국가의 국가다움"[19]에 대한 가르침이므로, 거기에는 영원하고 보편적인 가치가 있다는 것이다. 신에 대한 숭배도, 그 숭배의 의례도 없지만 인류의 영원한 이상과 가치에 대한 신념체계라는 점에서 그것은 종교성을 강하게 띤다고 생각했던 듯하다. 다른 하나는 공자교가 "우리 종교라는 경계선을 긋지 말고 그 문을 열어 영역을 넓히고 여러 종교에서 덜어내 받아들임으로써 우리 공자를 자라나게 하고 보위하는 데"[20] 힘써야 한다고 한 점이다. 다른 종교들이 교의에 대한 절대적 믿음을 강조하고 다른 종교적 신념체계에 대해서는 배타적 태도를 취하는 것과는 달리, 공자교는 공자가 늘 특정 시공간적 표준에 적합하도록 판단하고 행동하는 時中의 자세와 타자에 대해 개방적인 태도를 보였던 것처럼 해야 한다고 여겼다. 불교, 기독교의 교의 중에 더 심오한 것, 더 나은 것이 있으면 자신의 것을 버리면서까지 받아들일 수 있어야 한다고 했다. 요즘 말로

가지 놓친 것이 있다. 바로 「保敎非所以尊孔論」에서 양계초가 반대한 것은 유교를 기독교, 불교 식으로 종교화하는 것이었지, 종교화 자체를 반대한 것은 아니었다는 점이다. 이 점을 놓치고 있기 때문에 그는 1902년 10월에 쓰인 「宗敎家與哲學家之長短得失」에서 양계초가 다시 종교를 요청하고 있다고 하여 1년 사이에 양계초의 종교에 대한 생각이 변덕스럽게 바뀐 것처럼 서술하고 있다. 한편 임부연도 양계초가 "교주가 아닌 공자와 종교가 아닌 공교孔敎"를 주장했음을 강조하며 그는 위 일련의 글들에서 유교의 종교화 자체를 반대했던 것처럼 서술하고 있는데, 이 역시 위에서 지적한 점을 놓치고 있다. 임부연, 「중국의 '종교'와 '유교' 논쟁: 캉유웨이와 량치차오를 중심으로」, 『퇴계학보』 137권, 퇴계학연구원, 2015, 316쪽 참조.

18) 梁啓超(1959), 앞의 책, 「保敎非所以尊孔論」, 57쪽.

19) 梁啓超(1959), 위의 책, 같은 곳.

20) 梁啓超(1959), 위의 책, 「保敎非所以尊孔論」, 58쪽.

하면 그는 유교가 종교 다원주의적인 관점에 서서 일종의 평등한 대화를 통해 자신을 변증법적으로 지양해 가야 한다고 주장하였던 것이다.

바로 1902년 2월에 「保教非所以尊孔論」에서 기존의 공자교 운동을 비판하면서도 유교의 종교화가 기성의 종교를 넘어서는 이성적, 개방적, 다원적인 방향으로 이루어지기를 희망했기 때문에, 그는 같은 해 10월에 「종교가와 철학자의 장단득실(宗教家與哲學家之長短得失)」이라는 글을 쓸 수 있었다. 이 글은 제목만 보면 종교가와 철학자의 장점과 단점, 득과 실을 골고루 다룬 것 같지만, 실은 대부분 종교의 장점에 관한 서술에 치중되어 있다. 그는 "窮理는 종교가보다 철학자가 낫고 일을 처리함은 철학자보다 종교가가 낫다"[21]고 주장한 후, 동서양 여러 위인들의 예를 들어 그것이 사실에 부합함을 증명하려 했다. 영국에서 청교도혁명을 일으킨 크롬웰을 비롯해, 프랑스를 구한 잔다르크, 영국 식민지 시대에 미국에 필라델피아를 건설한 윌리엄 펜, 그리고 미국의 워싱턴, 링컨 등이 모두 독실한 기독교 신앙인이었으며, 메이지 유신의 주인공이었던 사이고 다카모리(西郷隆盛), 중국의 강유위, 담사동 등은 모두 불교에서 실천의 동력을 얻은 이들이라고 했다.

이렇게 동서양 모두 종교가 사람들에게 강한 실천적 동력이 될 수 있는 까닭을 양계초는 다음 몇 가지에서 측면에서 설명했다.

첫째로 종교는 사람들의 정신을 통일하는 수단이기 때문이다. 미래에 문화발전이 최고수준에 도달하면 모든 사람이 종교의 도움 없이 자력으로 살아갈 수 있겠지만, 사람들의 근기가 박약하고 미성숙한 사회에서 종교는 사람들을 단결시키는 가장 긴요한 수단이라 주장했다. "종교는 일종의 군대정신이다"[22]라고도 했다. 둘째로 종교는 사람들에게 참된 희망을 심어주기 때문이다. 물론 믿는 종교가 없어도 사람

---

21) 梁啓超(1959), 위의 책, 「宗教家與哲學家之長短得失」, 44~45쪽.

22) 梁啓超(1959), 위의 책, 「宗教家與哲學家之長短得失」, 46쪽.

에게는 희망이 없을 수 없다. 예컨대 물질적으로 더 잘 살 수 있다는 희망, 더 높은 지위에 오를 수 있다는 희망 등이 그것이다. 그러나 양계초는 이런 세속의 희망은 늘 실망을 수반하기 마련인, 그래서 지극히 위험한 것이라 했다. 그에 반해 종교적 희망은 나를 영원히 즐겁게 한다. 종교적인 "이 희망을 얻으면 안심입명할 데가 생겨, 어떤 좌절을 당하고 어떤 번뇌가 생겨나든 의기소침해지지 않으며 그 나아감이 더욱 굳세어진다"[23]고 했다. 셋째로 종교는 사람들을 해방시키기 때문이다. 사람이 재물, 처자식, 명성 등을 최우선의 가치로 생각하면 그것에 얽매여 자신이 마땅히 해야 할 일을 못하게 된다. 하지만 만약 예컨대 불교적 진리를 얻어 '나'와 세계가 모두 空임을 깨닫는다면 "자유롭게 노닐어 걸림이 없게 되고 자신을 버려 세상을 구하며 다만 無事를 행하게 될 것이다"[24]라고 했다. 종교적 진리를 체득함으로써 사람들은 세속의 갖가지 얽매임에서 벗어나 자유롭게, 적극적으로 구세에 나선다는 것이다. 넷째로 종교는 사람들이 도덕적으로 忌憚하는 바가 있게 만들기 때문이다. 기독교에서 말하는 최후의 심판, 불교의 인과응보설, 유교의 극기복례를 통한 仁의 회복 주장 등은 모두 사람들을 도덕적으로 행동하게끔 한다는 것이다. 다섯째로 종교는 사람들을 용맹스럽게 만들기 때문이다. 종교적 진리를 철저히 체득한 사람은 생사를 초월한다. 죽음에 대한 두려움조차 사라진다. 더 이상 두려워할 게 없으므로 용맹스럽게 행동할 줄 안다.

요컨대 "양계초가 종교에서 주목한 것은 어떤 구체적인 종교나 교의가 아니라 종교적 믿음의 감화의 기능이었다".[25] 즉 그는 종교가 사람들을 정신적으로 통일시키고 참된 희망을 심어주며 정신적으로 해방

---

23) 梁啓超(1959), 위의 책, 「宗教家與哲學家之長短得失」, 47쪽.
24) 梁啓超(1959), 위의 책, 같은 곳.
25) 張灝(1995), 『梁啓超與中國思想的過渡(1890~1907)』, 江蘇人民出版社, 164쪽.

시키고 도덕적으로 꺼리는 바가 있게 하며 용감하게 만드는 감화의 기능을 하기 때문에 개인적으로나 사회적으로나 강력한 실천의 동력이 될 수 있다고 보았다.

이상의 서술을 통해 우리는 다음과 같은 사실을 알 수 있었다. 무술변법 직후까지 양계초는 강유위의 강한 영향 속에서 맹자의 민본주의와 인정사상, 그리고 공자가 세웠다고 믿은 대동의 이상을 근대의 민주, 평등, 평화의 이상과 일치시켰고 공자교 운동에 적극 찬동했다. 그러나 그 후에는 구국이 공자교의 보전보다 시급하다고 여기면서 강유위와 자신을 비판했다. 유교가 기독교나 불교 등의 기성 종교를 모방하는 방식으로 종교화하는 것, 공자 사상을 견강부회하여 근대 사상과 합치된다고 주장해온 것을 비판했다. 그렇다고 그가 유교의 근대적 의의 및 종교화 자체를 완전히 부정한 것은 아니었다. 그는 유교의 보편적 가치를 긍정했고 유교가 타 종교와 개방적이고 평등한 대화를 통해 자신을 지양하기를 희망했다. 나아가 종교가 가진 실천적 힘을 높이 평가했다.

3. 양계초의 유교에 대한 견해가 박은식에게 미친 영향

앞 절에서의 논의를 토대로 본 절에서는 박은식의 「儒教求新論」을 중심으로 하되 유교 및 종교 관련 다른 논저들도 검토하면서 양계초의 유교에 대한 견해가 박은식에게 어떤 영향을 끼쳤는지 고찰해보겠다. 이를 통해 유교의 근대화 문제에 대해서는 두 사람의 견해가 대체로 일치하지만 유교의 종교화 문제에 관해서는 두 사람의 생각에 적지 않은 차이가 존재한다는 점을 논증하고자 한다.

널리 알려져 있듯이 박은식은 한말에 애국계몽운동을 주도한 인물이다. 일제에 의해 망국이 가시화된 시점에서 '애국'은 실제로 빼앗긴 국권의 회복을 목표로 했으며 '계몽'은 이를 위해 대중들에게 새로운 근대적 가치관과 사회관을 교육함을 의미했다. 실제로 그는 여러 논설에서 사회진화론에 바탕을 둔 생존경쟁과 우승열패의 이치를 조선인들이 수용해야 할 새로운 사회관이라고 역설했다. "서양인은 각국이 대립하여 서로 경쟁하니, 갖가지 사업에 관하여 일보라도 타인에게 뒤지게 되면 우승열패로 생존할 수 없으니 … 각자 분발하고 각자 勉勵하여 학자의 새로운 발명과 기업가의 새로운 제조가 나날이 산출됨에 끊임이 없어 저와 같이 부강한 문명의 세력이 발전하였으니, 고로 오늘날은 생존경쟁의 시대이다."[26] 또 이런 생존경쟁의 시대에 국권을 회복하고 인민을 구제하는 데 가장 시급히 요청되는 것은 기업가의 배출과 근대산업의 육성이라고도 했다. "금일이라도 우리나라를 구할 자는 기업가며 우리 대중을 살릴 자는 기업가이니 사회적으로 자본가와 뜻이 있는 자는 혹은 주식을 모집하여 제반 영업을 발전시키기로 注意하고 힘을 쓰며, 혹은 청년을 외국에 파견하여 실업학문을 다수 배워 얻게 하여 국가의 부강과 민생의 快活을 힘쓸지어다."[27] "우리 대한의 인민도 일반적인 생존경쟁에 대하여 물품 제조의 개량에 시급히 주목하고 착착 힘을 집중하여 자국의 所産을 풍부하게 하고 발달하게 하는 것이 곧 생명을 보존하는 데 크게 관계된 것이다."[28]

그런데 박은식은 "구국, 자강을 위해서는 교육의 보급과 殖産이 시급히 요구된다고 역설하면서도 전통적 가치인 유교가 근대화된 조선에서 여전히 인민들의 정신적 삶에 중추적인 역할을 해야 한다고 생각했

---

26) 朴殷植(1975), 『朴殷植全書』(下), 「人의 事業은 競爭으로 由ㅎ야 發達홈」, 단국대학교 출판부, 65쪽.

27) 朴殷植(1975), 위의 책, 「孰能救吾國者며 孰能活吾衆者오, 實業學家가 是로다」, 37쪽.

28) 朴殷植(1975), 위의 책, 「物質改良論」, 39쪽.

다."29) 그는 「유교구신론」에서 유교가 기독교나 불교처럼 세계적으로 전파되지 못하고 근대에 이르러 더욱 쇠미해진 까닭을 자문한 뒤에 그 원인을 다음 세 가지로 진단했는데, 그 내용을 보면 양계초에게서 적지 않은 생각을 취한 것을 보인다.

첫 번째로 그는 "유교파의 정신이 오직 제왕 측에 있고 인민사회에 보급할 정신이 부족함"30)을 문제 삼았다. 유가의 정신이 주로 제왕 쪽을 향해 있지 인민을 향해 있지 않다는 것인데, 사실 이 문제점은 양계초의 1902년도 저술 「중국 학술사상 변천의 대세를 논함(論中國學術思想變遷之大勢)」에서 상세히 다루어진 바 있다. 이 글에서 양계초는 우선 중국에서 학문사상이 늘 정치에 의해 좌지우지되어왔다고 하면서 전국시대에 다양했던 제자백가가 유학으로 통일된 까닭은 그것이 다른 어떤 사상보다 통치자들에게 가장 이로운 이데올로기였기 때문이라고 했다. 예컨대 제왕의 입장에서 보면 묵가는 평등을 주장하고 도가는 자유방임을 주장하여 모두 전제통치에 이롭지 않은 데 반해 "오직 유학만이 등급의 차이를 엄히 했고 질서를 귀히 여겼으며 그것을 조치하고 시행하는 것은 군주의 권한으로 귀결시켰다".31) 또 술수와 법을 통한 통제를 말하는 법가와는 달리 "유학은 충효를 말하고 중용을 이야기하며, 백성에게는 복종을 말하고 군주에게는 仁政을 말하는"32) 등 도덕과 윤리로 설득했기 때문에 그 통치가 오래 지속될 수 있었다고 했다. 한편 유자들의 입장 또한 다른 제자백가들과는 달리 군주의 마음을 빌려 자신의 뜻을 펼치려 했다고 양계초는 지적한다. 예컨대 묵가는 약자를 대변하고, 도가는 세상과 왕후장상을 가볍게 취급한 것과는

---

29) 황종원, 「최제우와 박은식의 유교개혁 방향, 평등관, 서구 근대문명에 대한 태도」, 『퇴계학과 유교문화』 제49호, 2011, 333쪽.

30) 朴殷植(1975), 앞의 책, 「儒教求新論」, 44쪽.

31) 梁啓超(1959), 『飮氷室文集』 卷7, 「論中國學術思想變遷之大勢」, 40쪽.

32) 梁啓超(1959), 위의 책, 같은 곳.

달리, "유학은 세상에 쓰임을 목적으로 하고 임금을 바로잡는 것을 수단으로 했으며, 仁政을 행함에 반드시 왕에 의존해 정돈하려 했다. 그렇게 유학이라는 것은 실로 제왕과 서로 달라붙어 분리될 수 없는 것이었다"[33]라고 했다.

박은식의 경우에는 양계초처럼 제자백가와 비교해 볼 때 유학에 제왕학적인 성격이 강하다고 말하지는 않았다. 다만 그는 "공자의 대동의 의리와 맹자의 백성이 중하다는 설로 보면 실로 인민에게 보급하는 정신이 있다"[34]고 하여 공맹유학에는 본래 민중 지향적인 정신이 있었지만, 역사적으로는 순자의 제자 李斯부터 진한 교체기의 유학자들을 거쳐 한 고조의 유학자 등용에 이르기까지 줄곧 군권을 높이는 순자의 사상만이 널리 전파되어 제왕학적 성격을 강하게 띠게 되었다고 했다.

道를 품고 올바름을 지키는 君子儒는 經筵에 올라 강설을 함에 군주의 마음을 바로잡는 것이 가장 중요한 주의였고, 곡학아세하는 小人儒는 경전의 뜻을 견강부회하여 군주의 뜻에 영합하려는 것이 최고의 오묘한 비결이었고, 인민사회에 보급하여 民智를 계발하고 민권을 신장케 할 방침은 없었다.[35]

유가의 이상을 품고 원칙을 지키는 군자든 사욕을 채우기 위해 곡학아세하는 소인이든 제왕 지향적이라는 점은 공통적이라고 하는 걸 보면 박은식의 유교 비판은 양계초만큼이나 포괄적이다. 그리고 앞 절에서 이미 충분히 살펴보았듯이 양계초 역시 대동사상을 공자의 핵심 사상으로 믿었고, 맹자의 민본주의와 순자의 군권 존숭을 대비시켰다.

33) 梁啓超(1959), 위의 책, 「論中國學術思想變遷之大勢」, 41쪽.
34) 朴殷植(1975), 앞의 책, 「儒教求新論」, 44쪽.
35) 朴殷植(1975), 위의 책, 「儒教求新論」, 45쪽.

또 「論中國學術思想變遷之大勢」에서는 공자 사후부터 한나라에 이르기까지 역사적으로 어떻게 순자적인 유가가 점차 독점적 지위를 차지하게 되었는지를 상세히 논하기도 했다.[36] 이렇게 유교의 제왕학적 성격에 대한 박은식의 이론적, 역사적 비판은 양계초의 저술에서 직접 취한 것으로 보인다. 그리고 박은식은 이런 비판에 근거해 앞으로 유교 지식인은 제왕 지향성을 버리고 민중 계몽과 민중의 권리 신장에 진력할 것을 주문했는데, 유교지식인의 사회활동 내지 교육계몽을 통해 민중의 자각을 이끌어낼 것을 강조했다는 점 또한 양계초의 생각과 기본적으로 공통된다.[37]

두 번째로 박은식은 유교가 기독교, 불교와 마찬가지로 구세의 정신은 있으나 사람들에게 그 가르침을 전하는 자세는 상당히 소극적임을 문제 삼았다. "공자가 천하를 바꿀 것을 생각함과 석가모니가 중생을 제도함과 그리스도가 자신을 버려 인민을 위함이 그 구세주의라는 점에서는 똑같다."[38] 공자도 다른 종교의 대표자와 마찬가지로 지극히 조화로운 세상을 만들려는 정신이 있다. 그러나 불교에서 중생의 근기에 따라 다양한 방법으로 설법하고, 기독교의 경우에는 해외에서 선교를 하다가 죽임을 당하더라도 그 노력을 멈추지 않는 것과는 달리 유교는 전도 혹은 교육에 소극적이다. 그는 이렇게 말한다.

---

36) 梁啓超(1959), 앞의 책, 「論中國學術思想變遷之大勢」, 41~46쪽 참조.

37) 김현우(2013), 「박은식의 양계초 수용에 관한 연구」, 『개념과 소통』 제11호, 한림과학원, 26쪽 참조. 이 글에서 논자는 민지의 계발 및 민권의 신장에 대해 박은식과 양계초의 생각에는 차이가 있다고 주장했다. 예컨대 민지의 계발과 관련해 "박은식은 '중등 이하의 사람들에게 직접 보급할 유교'를 강조한 반면, 양계초는 '고등의 사람들을 가르칠 때 사용된 특별한 고급 학문인 대동교'를 강조하였다"고 주장했다. 상대적으로 볼 때 교육계몽의 방식에서 박은식이 민중 지향적이고 양계초는 엘리트 지향적이었다고 말할 수는 있다. 그러나 이는 절대화될 수 없다. 즉 그것이 '계몽'인 한, 박은식 역시 상당한 수준에서 엘리트의 역할을 강조하는 것이고, 양계초의 경우, 이상적인 대동교와 현실적인 소강교 사이에서 어쨌거나 민중들에게 현실적인 소강교를 교육하는 것을 상당히 중시했다는 점이 고려되어야 한다.

38) 朴殷植(1975), 앞의 책, 「儒教求新論」, 46쪽.

우리 유교의 문도는 공자의 열국을 수레로 돌며 천하를 바꿀 생각을 하는 主義를 논하여 행하지 않고 오직 내가 사리에 어두운 아이를 찾을 것이 아니라(惟是匪我求童蒙) 사리에 어두운 아이가 나를 찾을 것(童蒙求我)이라는 주의를 고집한다.[39]

태도가 이렇게 소극적이기 때문에 사회에 도덕적 교화도 제대로 할 수 없을뿐더러, 유자 자신도 사회상황에 무지하다는 것이다. 따라서 앞으로 유자들은 마땅히 정성스러운 마음을 가지고 일반 민중들을 적극 계몽하려는 태도를 보여야 한다고 주장했다. 유교가 대중화, 종교화의 방향으로 나아가야 한다는 생각이다.

유교가 본디 적극적인 구세정신을 지녔다는 점은 양계초 또한 강조하는 바이다. 앞서 송 대 유자들이 內聖에 치우친 점을 비판하며 공자교는 사회를 선한 방향으로 개혁하려는 구세정신을 지닌 '博包주의'라 규정한 대목, 공자교 운동을 벌인 강유위를 종교적 구세정신으로 충만한 이로 묘사한 대목, 강한 사회적 실천력을 종교의 장점으로 들면서 종교적 진리를 체득한 자는 정신적으로 자유로워져 구세에 적극 나선다고 서술한 대목 등이 대표적이다.

세 번째로 박은식은 조선시대에 압도적으로 지배적 지위를 점했던 주자학적 교육방법론의 근대적 적합성을 문제 삼았다. 그는 주자학이 우주자연을 비롯해 인간의 내면, 사회적 윤리규범에 이르기까지 이 세계의 이치를 거의 다 포함하고 있음을 인정한다. 그는 주자학을 비판하지 않고 여전히 존숭하는 태도를 보인다. 그러나 유자들의 궁극적인 목적이 덕성의 함양을 통해 사회를 선한 방향으로 변화시키는 데 있는바, 그 목적 달성을 위해 가장 중요한 것은 그 요체가 되는 것을 파악하

---

39) 朴殷植(1975), 위의 책, 같은 곳.

는 데 있다고 한다. 나아가 그는 이 덕성 함양에 관한 학문을 가장 중요한 근본이 되는 학문, 즉 "본령의 학문"이라 칭하고, 이 학문은 "簡易하고 단도직입적인(直切)"[40] 성격을 띠어야 한다고 주장한다. 그런데 주자학은 格物窮理를 주된 공부 방법으로 삼는다. 이는 직접적인, 즉 단도직입적인 덕성 함양의 방법이 아닐뿐더러, 전혀 간이하지 않은, 즉 支離하고 끝이 없는(汗漫) 성격을 띤다. 게다가 그는 근대에 이런 격물궁리는 더 이상 덕성 함양의 방법이 아니라 각종 과학연구의 방법이 되었다고 하면서 이렇게 말했다. "현 시대의 학문에서는 각종 과학이 곧 격물궁리의 공부이니, 그것은 智育의 일이다. 그에 비해 심리학은 德育의 일이다. 따라서 이 둘은 뒤섞어 하나로 꿰어지는 공부로 삼을 수 없다."[41] 지육과 덕육, 즉 지식교육과 도덕교육을 철저히 분리시켜, 지식교육은 과학적 지식 증대의 교육으로 대체하되 다만 도덕교육만은 유교가 중추적 역할을 할 수 있다는 생각이다.

박은식은 이 역할을 보다 구체적으로 양명학이 담당할 수 있을 것으로 보았다. 그럴 수 있는 이유를 그는 아래와 같이 설명했다.

致良知의 학은 直指本心하여 범인을 넘어서 성인에 들어서는(超凡入聖) 방법이고, 知行合一은 마음을 쓰는 미세한 데에서 성찰하는 방법이 긴요하며, 사물에 응용함에 과감한 힘이 활발하게 생겨난다. 이것이 양명학파에게 기백과 일에서의 특별히 현저한 효과가 실제로 많은 까닭이다.[42]

양명학에서는 사람마다 양지를 본래 지니고 있다고 믿는다. 따라서 도덕교육의 중점은 이 본심인 양지를 자각하게 하고, 일상에서 이 양지

---

40) 朴殷植(1975), 위의 책, 같은 곳.
41) 朴殷植(1975), 위의 책, 「儒教求新論」, 47쪽.
42) 朴殷植(1975), 위의 책, 같은 곳.

가 사욕에 의해 가려지지 않도록 늘 세심하게 성찰하고, 양지를 즉각적인 실제 행동으로 드러낼 것을 요구한다. 이렇게 그는 양명학이야말로 簡易直切한 특징을 지녀 支離汗漫한 각종 과학연구와 병행하기에 좋을 뿐 아니라, 강한 실천성까지 띠고 있으니, 근대화된 유교가 중심 교의로 삼기에 더없이 적합하다고 판단했다.

　양명학이 근대화된 유교의 중추가 되어야 한다는 박은식의 위와 같은 생각은 일반적으로 일본 양명학에서 큰 영향을 받은 것으로 알려져 있다. 일본이 메이지유신을 통해 서구적 근대화를 적극 추진하면서도 도덕윤리의 측면에서만큼은 양명학을 존숭한 점에 주목했다는 것이다. 실제로 박은식은 장지연에게 보내는 서신에서 자신이 『양명학실기』를 지을 때 다카세 다케지로(高瀨武次郎)의 『陽明祥傳』을 참조했다고 했으며[43] 또 일본의 『양명학』 잡지 주간인 히가시 게이지(東敬治)에게 서한을 보내기도 했다.[44] 그리고 박정심이 밝히고 있듯이 히가시 게이지 같은 일본 양명학자가 바로 "당대와 같이 번다한 현실에서는 주자학의 격물치지처럼 방대한 경서연구와 심원한 이치를 강구하기에는 시간이 부족하다고 보고, 양명학의 심학과 같이 바로 심의 본체인 양지에 근거하여 시세의 폐단을 구하는 것이 가장 적절하다고 주장했다".[45] 이것만 보면 박은식의 논리는 기본적으로 일본 양명학자의 그것과 같다고 할 수 있다.

　그러나 다른 한편으로 박은식 스스로가 "오늘날 이 학문이 세계에 크게 성행해 일본이 유신함에 호걸 중 다수가 왕학파이고 중국의 학자들 또한 다수가 왕학을 으뜸으로 삼고 그의 지행합일론을 시의에 적절한 것으로 여기고 있다"[46]고 했듯이, 그는 중국 근대의 양명학, 특히

---

43) 朴殷植(1975), 위의 책, 「與韋庵書」, 246쪽.
44) 朴殷植(1975), 위의 책, 「일본양명학회 주간에게」, 237쪽.
45) 박정심(2016), 『한국근대사상사』, 천년의상상, 276쪽.

양계초의 관련 언설에도 주목했다. 이에 관해서는 많은 연구자들이 간단히 언급하기는 했으나, 상세히 대조, 분석된 것은 없는 듯하다. 이제 그 직접적 영향관계를 알 수 있는 것을 든다면 그것은 『왕양명실기』(1910) 말미의 한 단락이다.

오늘날 이른바 성현의 학문을 완전히 폐기해도 그만이거니와 만약 이 학문을 강구하고 밝혀 자신을 닦고 타인에게 미치는 요체로 삼고자 한다면 오직 양명학의 간이하고 진실하고 절실한(眞切) 것이 시의에 적절할 것이다. 고로 양계초는 이렇게 말했다. "우리가 오늘날의 사회에 살면서 사물이 날로 복잡해지니 각종 과학에는 우리들이 결코 종사하지 않을 수 없는 것들이 있다. 그렇다면 이 유한한 하루의 힘을 취해 도를 배우는 데 쓸 수 있는 것은 옛 사람들에 비해 적게 되었다. 지금 만약 간이하고 진실하고 절실한 법문으로 인도하지 않는다면 배우는 자들일지라도 그 어려움을 싫어하여 종사하려 하지 않을 것이다. 설사 힘써 따른다 할지라도 과학을 지나치게 버리고 세상의 쓰임에 소략하게 되어 오히려 배우지 않는 자들의 변명거리가 될 것이다. 그러므로 생각건대 오직 양명학만이 오늘날 학계의 유일무이한 良藥일 것이다."47)

「유교구신론」에서의 세 번째 문제에 대한 서술과 거의 동일한 내용을 보이는 위 단락에서의 양계초의 말은 1905년에 쓴 『德育鑒』에 나온다.48) 이뿐만이 아니다. 양계초가 위 인용문에 앞서 서술한 여러 내용들 역시 박은식의 견해와 상당히 흡사하다. 우선 양계초는 자신이 "비록 양명학을 服膺하지만 주자를 절대 비난하고 멸시하지 않는다"49)고

46) 朴殷植(1975), 앞의 책, 「與韋庵書」, 246쪽.
47) 朴殷植(1975), 『朴殷植全書』(中), 「王陽明實記」, 단국대학교 동양학연구소, 1975, 183쪽.
48) 梁啓超(1959), 『飮氷室專集』卷26, 「德育鑒」, 24쪽에 박은식이 인용한 위 문장이 등장한다.

선언한다. 박은식이 현재는 양명학을 근대유교의 중추로 여기지만 주자학도 존숭하고 나름의 가치를 긍정하는 태도와 유사하다. 그다음으로는 박은식이 과학과 본령의 학문을 구별하여 유교적인 德育을 보다 근본적인 학문으로 보았듯이, 양계초 역시 주자의 격물치지설을 소개한 후, 그것은 근대의 "과학을 연구하는 한 법문으로 삼아도 괜찮지만 (주자는) 과학 위에 다시 心身의 학이 없을 수 없어 그것을 근원으로 삼았다"[50]고 하여 유교의 덕육을 과학보다 높은 위치에 놓고 있다. 그밖에도 사람들이 주자의 격물궁리를 공부 방법으로 삼는다면 "종신토록 힘을 쓸지라도 그 일을 마칠 기한이 없을 것"[51]이라고 박은식이 말했던 것처럼 양계초도 주자의 "일단 활연관통한다는 말은 비록 반드시 기한이 없는 것은 아니라 해도 힘쓰는 것이 오래된다는 말은 얼마나 오래될지는 모르는 것이다"라고 지적했다.[52]

　이제 마지막으로 유교의 종교화에 대한 박은식의 견해를 살펴보고 그것을 양계초의 견해와 비교해보겠다. 앞에서도 잠깐 언급했듯이 유교의 구신 방향에 대한 박은식의 생각은 기본적으로 그것의 근대화, 대중화를 지향하고 있지만, 그와 동시에 종교화도 꾀하고 있다. 그리고 이런 그의 기획은 1901년의 「宗敎說」에서부터 일찌감치 보인다. 이 글에서 그는 유교를 종교화하는 일이 급하지 않은 일 같지만 실은 시급히 요구된다고 역설한다. 글의 전체 내용으로 추론해보면 이는 아마도 다음 두 가지 이유 때문인 듯하다. 하나는 서구의 기독교 신앙으로부터 받은 자극이다. "최근 서양의 유명한 나라를 보건대 위로는 제왕으로부터 아래로는 백성들에 이르기까지 종교를 숭배하여 믿음이 저와 같이

49) 梁啓超(1959), 위의 책, 같은 곳.

50) 梁啓超(1959), 위의 책, 「德育鑒」, 23쪽.

51) 朴殷植(1975), 『朴殷植全書』(下), 「儒敎求新論」, 47쪽.

52) 梁啓超(1959), 앞의 책, 같은 곳.

지극하다. 반면 우리 동양의 여러 나라는 공자를 숭상해 믿음이 저들에 못 미치는 것이 단지 몇 배 정도에 불과한 것이 아니다."[53] 다른 하나는 조선에서 유자들은 부패한 데 반해 민중은 다수가 기독교나 동학에 귀의하는 데 대한 우려이다. "전국의 인민들이 무지하여 西教에 들어가지 않으면 동학에 들어가, 비록 무섭게 훈계해도 다시 더 성행하며, 거기에 더해 탐욕스러운 관리가 사람들을 적진으로 넘어가게 하니, 장차 전국의 인민들 가운데 그것을 면할 수 있는 자가 하나도 없을 것이다."[54] 타 종교의 성행을 우려하고 이들에 대해 비교적 강한 대결 의식을 내비치는 점 등은 타 종교와의 대화와 소통을 통한 유교의 개신을 주장하는 양계초의 견해와는 확실히 다르다. 이는 아마도 19세기부터 종교 간 충돌이 상대적으로 더욱 극심했던 조선의 사회상황이 한때는 정통 주자학자였던 그에게 남긴 음영인 것으로 이해된다.

초기 저술에 위와 같은 약간의 문제점이 보이기도 하지만, 유교의 관점에서 종교를 나름대로 정의하고 유교가 보편적 가치를 지니고 있음을 주장하며, 유교의 도덕교육이 근대의 실용적 지식교육만큼이나 중요함을 말하는 것 등은 모두 설득력 있게 들린다. 그는 종교의 "敎라는 것은 성인이 하늘을 대신해 立言하여 만민을 깨우치는 것[55]"이라고 정의한다. 그리고 이러한 종교적 계몽이 가능한 까닭을 이렇게 설명한다. "천지만물은 동일하게 하나의 근원에서 나왔으니, 東海든 北海든 마음도 같고(心同) 이치도 같다(理同). 성인은 내 마음의 같은 바를 먼저 얻은 자이다. 그러므로 그 같은 것을 미루어 그들을 위해 가르치는 것이다."[56] 성인의 말씀이 하늘의 뜻을 대신하는 것이라는 말에서 유

---

53) 朴殷植(1975), 『朴殷植全書』(中), 「宗教說」, 414쪽.

54) 朴殷植(1975), 위의 책, 「宗教說」, 417쪽.

55) 朴殷植(1975), 위의 책, 「宗教說」, 414쪽.

56) 朴殷植(1975), 위의 책, 같은 곳.

교를 종교화하려는 의도가 엿보이며, 종교적 가르침이 가능한 까닭이 모든 사람에게 동일한 心 혹은 理가 보편적으로 내재해 있기 때문이라는 설명에서는 육왕심학적으로 종교적 교화의 의미를 설명하는 참신함이 돋보인다. 나아가 그는 유교의 가르침은 "자신의 본성을 다 드러내고 타인의 본성을 다 드러내며 物의 본성을 다 드러내어, 따라가 두루 이루고 하나로 관통하며, 지나감에 교화하고(過化) 신을 보존하며(存神) 위, 아래로 함께 흐르는"57) 것을 지향한다고 말한다. 덕성의 발현과 확충으로 인간과 인간, 인간과 자연의 커다란 조화를 지향하는 것이 유교의 핵심적 가르침이라는 것이다. 그는 이 가르침이 한 나라에 전파되면 치국이 가능하고 온 세상에 전파되면 천지와의 조화가 이루어질 것이라고 자신한다. 다른 종교적 가르침과는 구별되는 유교의 중심 교의가 보편적인 의의를 지님을 강조하는 대목이다. 유교적 가르침이 근대에도 이런 의의를 지닌다고 생각했기 때문에 그는 근대적인 학교의 설치와 근대의 실용적인 기술교육을 해야 하지만, 그와 동시에 유교의 종교화도 시급한 일이라고 생각했다. "종교라는 것은 도덕에 관한 學이고 諸科學校는 경제에 관한 術"58)로서 지식교육은 근대적 물질문명을 일구기 위한 힘이 되지만, 유교적 도덕교육은 그렇게 일구어져가는 근대문화를 비판적으로 성찰하고 넘어서는 정신적 힘이 되기 때문에 양자 모두 필요하다고 여겼다.

박은식이 초기부터 보이는 유교의 종교화에 대한 뚜렷한 지향은 1909년에 이르러 大同敎의 창건이라는 종교조직 결성으로 이어진다. 그리고 대동교라는 명칭이 암시하는 바처럼 적어도 그의 유교사상은 더욱 이상주의적인 성격을 강하게 띠는데, 이 점은 「공부자 탄신 기념회 강연」에서 확인된다. 이 강연에서 박은식은 우선 "대동교는 그 말이

---

57) 朴殷植(1975), 위의 책, 「宗敎說」, 415쪽.
58) 朴殷植(1975), 위의 책, 「宗敎說」, 418쪽.

『禮經』에 실려 있고, 그 뜻이 『춘추』에 깃들어 있으니, 성인의 경세하는 뜻이 대동의 정치에 있으신 것은 해나 별처럼 분명하다"59)라고 하여 그가 말하는 대동의 가르침이 『예기』의 대동사상과 『춘추공양전』의 삼세설에 뿌리를 두고 있음을 분명히 한다. 그의 대동사상 역시 강유위, 양계초에서 영향을 받은 것임을 확인할 수 있는 대목이다.

홍미로운 점은 박은식이 대동교의 중심 교의를 왕양명의 만물일체설로 설명한다는 것이다.

> 대동교의 종지는 무엇인가? 성인의 마음은 천지만물을 한 몸으로 여기니, 이는 상상이나 짐작을 따른 것이 아니요, 바로 仁의 본체가 원래 그와 같다. 무슨 까닭인가? 천지의 氣가 곧 나의 기요, 만물이 받은 기가 곧 내가 받은 기라. 이 一氣를 함께하는 이상, 그것들이 품부 받은 理가 어찌 같은 데가 없겠는가?60)

자연만물을 자신과 일체라고 여기는 것은 상상의 산물이 아니라 실제로 인간과 자연이 한 몸처럼 총체적으로 연결되어 있기 때문이라는 것이다. 그래서 '내' 몸을 이루는 기운에는 천지의 기운이 응축되어 있고, 이 점은 만물이 다 마찬가지이다. 만물이 다 천지의 '통일적 기운(一氣)'을 공유하며, 따라서 만물에 품부된 리(理)에도 공통성이 있어, 인간과 인간, 인간과 자연 사이에 仁의 소통이 가능해진다. 이에 그는 왕양명의 다음과 같은 말을 인용한다. "어린아이가 우물에 들어가는 것을 보면 측은히 여기는 마음이 반드시 있으니 이는 그의 仁이 어린아이와 한 몸이 됨이다. 조수가 슬피 울고 벌벌 떠는 것을 보면 차마 두고 보지 못하는 마음이 반드시 있으니, 이는 그의 인이 조수와 한

---

59) 朴殷植(1975), 『朴殷植全書』(下), 「孔夫子誕辰紀念會講演」, 59쪽.
60) 朴殷植(1975), 위의 책, 같은 곳.

몸이 됨이다. 초목이 꺾이는 것을 보면 긍휼히 여기는 마음이 반드시 있으니, 이는 그의 인이 초목과 한 몸이 됨이다. 기와와 돌이 깨진 것을 보아도 아까워하는 마음이 있으니 이는 그의 인이 또한 기와와 돌과 한 몸이 됨이 아닌가?"[61] 인간에게는 靈明함이 있어 어린아이와 같은 동류뿐만 아니라 다른 동물, 식물, 심지어 무생물까지도 그것들이 상처 입고 파괴되는 것을 보면 측은지심을 발하는데, 그 마음을 발하는 순간 '나'와 타자 사이는 주객의 구별이 없이 일체를 이룬다.[62]

이상의 서술을 통해 적어도 1910년 무렵까지 박은식은 유교의 종교화에 대해 이론적, 실천적인 측면에서 모두 적극적이었으며, 종교가 갖는 이상성으로 인해 도덕종교로서의 유교에서 간추린 중심 교의는 만물일체의 仁이라는 전통적인, 그러나 근대를 뛰어넘는 것이었음을 알 수 있었다. 그리하여 이제 명백해지는 것은 유교의 종교화와 관련하여 박은식과 양계초가 갖는 공통점과 차이점이 무엇인가 하는 점이다.

앞 절에서 살펴보았듯이 양계초 또한 박은식과 같은 수준으로 유교의 종교화에 적극 찬동한 시기가 있었다. 그러나 그 시기조차 그가 종교에서 주목했던 것은 종교개혁이 근대화에 가져올 일종의 촉매제 역할이었다. 공자교의 이념적 지향에 대한 그의 6가지 개괄은 이 점을 잘 보여주고 있다. 또 그 시기를 지나 양계초는 공자교 운동을 비판하기도 했는데 그 비판의 가장 중요한 준거 역시 공자교 운동이 국가 보전에 얼마나 도움이 되느냐에 있었다. 비록 그의 공자교 비판 중에 유교의 종교화가 기성 종교를 모방하는 식이 되어서는 안 된다는 점을 지적한 것, 참된 유교의 종교화는 타 종교에 대한 개방적 태도와 평등한 대화를

---

61) 朴殷植(1975), 위의 책, 「孔夫子誕辰紀念會講演」, 59~60쪽.

62) 김세정(2017), 『돌봄과 공생의 유가생태철학』, 소나무, 270~271쪽 참조. 이 책에서 그는 이와 같이 인간이 "천지만물과의 감응을 통해 그들의 생명 파괴나 손상을 자신의 아픔으로 느낄" 수 있는 "痛覺의 주체로서의 마음"인 양명학적 "양지"를 인간이 우주만물의 중추적 존재가 될 수 있는 근거라고 했다.

통해 이루어질 수 있다는 점을 천명한 것 등은 지극히 타당하지만 말이다. 이렇게 유교의 종교화에 관한 그의 견해는 수시로 변했지만 한가지 일관된 것은 바로 유교의 종교화를 주로 근대국가 건설의 유효한 수단으로 사고했다는 점이다. 그랬기 때문에 종교가가 철학자에 비해 갖는 장점으로 종교적 희망, 해방 등도 거론하고 있지만, 주되게 강조하는 것은 여전히 정치적, 사회적, 실천적 효용성이며, 양명학을 근대 유학의 중추로 삼고 있지만 그것을 주목한 이유 역시 근대사회에서 덕육의 필요성 때문이었다.

박은식 역시 유교의 종교화를 근대화의 과제와 연결시켜 사고했다. 앞서 살펴보았듯이 그는 유교의 근대화를 추구했다. 유교의 민중지향성을 강화하려 했고, 유교에 구세정신을 심으려 했다. 근대 지식교육의 중요성을 강조했으며 이로 인해 주자학보다 양명학을 도덕교육의 중심으로 삼으려 했다. 이렇게 유교의 근대화에 대한 박은식의 견해는 양계초와 거의 대부분 일치한다. 이러한 일치는 박은식이 양계초의 견해를 수용행기 때문에 가능했다. 그러나 유교의 종교화에 대한 박은식의 생각은 양계초와는 사뭇 다르다. 그는 유교를 단지 근대국가 건설에 유효한 수단으로만 간주하지는 않았다. 그래서 공자사상을 근대사상으로 왜곡하지도 않았다. 유교적 이념에 대한 믿음이 굳건하여 타종교에 대해 다소 편협한 태도를 보이는 면도 있지만, 적어도 인간과 인간, 인간과 자연 사이의 협력과 조화라는 이념을 도덕 종교화된 유교의 가장 근본적인 정신으로 고수했다. 이로 인해 박은식에게 근대유교는 양계초의 그것에 비해 훨씬 더 이상주의적 경향을 띠고 있다. 비록 그 유교의 도덕적 이상주의와 그가 수용한 사회진화론 사이에 엄청난 간극이 존재하고 있기는 하지만, 이는 다른 차원의 문제인 것이다.[63]

---

63) 이명한·김나윤(2013), 「한국철학사에서 박은식 선생의 위상 연구」, 『양명학』 36호, 한국양명학회, 269쪽 참조. 이 글에서 논자들은 이 문제와 관련해 박은식이 비록 사회진화론을 수용하

4. 나오는 말

본문의 서술을 통해 명백해진 점을 더욱 간명하게 표시하면 다음과 같다. 유교의 근대화에 대한 양계초의 견해는 박은식에게 대부분 받아들여졌다. 그래서 그 문제에 대한 두 인물의 견해는 거의 다 일치한다. 그러나 유교의 종교화에 관해서는 중요한 견해 차이가 존재한다. 그리고 그 차이가 생겨난 근본원인은 양계초가 주로 근대화에의 유용성을 준거로 종교화의 가치를 판단한 반면, 박은식은 도덕종교로서 유교의 이상이 근대에도 여전히 보편적인 가치를 지닌다고 판단한 데 있다.

끝으로 전통유교의 근대화와 종교화를 모색한 이들의 이와 같은 노력이 갖는 의의를 간략히 서술하는 것으로 결론을 대신하고자 한다.

유교의 도덕이념에는 전 근대사회에서 지배층의 지배를 위한 이데올로기로 기능을 해온 것들이 적지 않다. 양계초와 박은식은 바로 그 도덕이념이 포함하는 거짓된 의식 가운데 유교의 제왕학적인 면모를 비판적으로 성찰했다는 데 그 첫 번째 의의가 있다.

그러나 유교의 도덕이념이라는 것이 전부 다 지배 이데올로기로서의 기능만을 해 온 것도 아니다. 독일의 현대철학자 에른스트 블로흐(Ernst Bloch)가 밝혔듯이 거짓된 의식 "하나만으로는 이데올로기의 아주 중요한 특성들 가운데 하나인 '사회적 모순의 때 이른 조화화'를 창출하지 못한다".[64] 예컨대 유교의 민본주의와 인정사상도 결국은 지배를 위한 이데올로기일 뿐이었다고 주장한다면 이는 날카로운 통찰이기는 하지만, 어째서 백성들이 그런 이념에 설복되었느냐는 물음에 대한 충분한

여 교육과 식산을 강조하기는 했으나 이는 "기존 제국의 대열에 합류하기 위함이 아니었고", 다만 "자주권을 지켜 세계 평화에 이바지해야 한다"고 생각했으며, 이것이 그의 "대동사상의 초석"이 되었다고 설명하고 있다.

64) 에른스트 블로흐, 박설호 옮김(1995), 『희망의 원리』 1, 솔, 297쪽.

답변은 되지 못한다. 백성이 근본이라는 의식, 어진 마음으로 어진 정치를 해야 한다는 생각이 그 자체로는 거짓된 의식이 아니어서 백성들, 그리고 통치자 자신을 충분히 감복시킬 만하다. 뿐만 아니라 그것은 민주정치를 말하는 근대 이후에도 여전히 유의미한 의식이다. 한마디로 말해 이념에는 미래를 先取하는 유토피아적 기능도 있는 것이다. 이 점을 생각할 때 유교의 민본주의, 인정사상 등을 근대의 민주정치와 연결시키려 한 양계초의 시도는 민본과 민주를 등치시키는 억지스러움만 제거된다면 일정한 의의가 있다. 즉 민본과 인정의 이념에서 미래를 선취하는 기능을 발견했다는 데 두 번째 의의가 있는 것이다.

이념에 위와 같은 두 가지 기능이 있다면 우리에게 중요한 것은 이념에서 "이데올로기에 의해 왜곡되지 않은, 인간적 희망의 내용으로 장관을 이루고 있는 전망"[65]을 찾아내는 것일 게다. 이 점을 생각할 때 양계초와 박은식 모두 유교의 이념에서 그런 인간의 더 나은 삶에 관한 전망, 꿈을 발견했다고 할 수 있다. 이를테면 공자의 사상이라 믿은 대동사상이나 양명의 만물일체설 등이 그것이다. 그러나 양계초는 본 논문에서 고찰한 시간적 범위만 놓고 보면 점차 사회진화론과 국가주의라는 근대 이념과 구국의 시급한 현실적 과제에 지나치게 함몰되어 그 원대한 꿈이 크게 약화된다. 유교의 종교화를 주로 구국에 얼마나 실용적인가를 잣대로 생각한 것이 그 분명한 예이다. 이런 그와 비교해 보면 박은식 역시 사회진화론에 기반을 두고 근대 지식교육과 산업의 육성을 역설했으나, 동시에 도덕종교로서 유교의 핵심 이념을 대동사상과 만물 일체설로 설정해 굳건히 고수하고 있다는 점은 특별히 주목된다. 사회진화론과 만물일체설, 근대공업사회와 대동사회 사이에는 커다란 간극이 있음이 분명하다. 하지만 적어도 그는 유교 이념에 담긴

---

65) 에른스트 블로흐, 박설호 옮김(1995), 위의 책, 301쪽.

인간 삶에 관한 원대한 꿈을 적극 이야기하고 있는 것이다. 유교의
종교화와 관련하여 박은식의 견해가 지니는 의의는 여기에 있다고 하
겠다.

참고문헌

김세정(2017), 『돌봄과 공생의 유가생태철학』, 소나무.

김현우(2013), 「박은식의 양계초 수용에 관한 연구: 박은식의 유교구신(儒教求新)과 근대성을 중심으로」, 『개념과 소통』 제11호, 한림과학원, 5~45쪽.

朴殷植(1975), 『朴殷植全書』, 단국대학교 동양학연구소.

박정심(2016), 『한국근대사상사』, 천년의상상.

에른스트 블로흐, 박설호 옮김(1995), 『희망의 원리』 1, 솔.

이명한·김나윤(2013), 「한국철학사에서 박은식 선생의 위상 연구」, 『양명학』 36호, 한국양명학회, 261~297쪽.

이혜경(2002), 『천하관과 근대화론: 양계초를 중심으로』, 문학과지성사.

임부연(2015), 「중국의 '종교'와 '유교' 논쟁: 캉유웨이와 량치차오를 중심으로」, 『퇴계학보』 137권, 퇴계학연구원.

황종원(2011), 「최제우와 박은식의 유교개혁 방향, 평등관, 서구 근대문명에 대한 태도」, 『퇴계학과 유교문화』 제49호, 경북대학교 퇴계연구소, 315~352쪽.

中華書局(1989), 『飮氷室合集』, 中華書局, 1989.

熊月之(1994), 『西學東漸與晩淸社會』, 上海人民出版社.

張灝(1995), 『梁啓超與中國思想的過渡(1890~1907)』, 江蘇人民出版社.

제**4**부 근현대 동아시아 학문 지평의 특징

제1장 양계초 격의 서양철학에 관한 연구*

황종원

1. 들어가는 말

중국에서 근현대철학은 전통철학과 서양철학이 충돌하고 비교되며, 그 과정에서 때로는 일방이 다른 일방을 비판하고 때로는 양자가 융합되기도 하면서 형성되고 발전되어 왔다. 그 지난한 역사적 과정에서 새롭게 주목해 봄직한 것이 양계초(梁啓超, 1873~1929)의 이른바 격의(格義) 서양철학이다. 주지하듯이 격의란 문화적으로 이질적인 개념(義)을 비교(格) 혹은 유비하여 이해하고 설명하는 것으로 좁게는 위진 시대에 노장철학으로 불교의 개념들을 해석하던 것을 가리킨다. 그러다가 현대에 이르러 중국학계에서 그것은 중국 전통학문으로 서양학문의 개념들을 해석하는 것으로 그 의미가 확장되었는데, 그 대표적인 사례가

---

* 이 글은 황종원(2017)의 「양계초의 격의 서양철학에 관한 연구」(『유학연구』 40, 충남대학교 유학연구소, 251~277쪽)를 수정한 것임.

강유위(康有爲, 1858~1927)의 탁고개제(托古改制)를 통한 유신변법(維新變法)의 주장이다. 유신변법 시대에 성행한 이러한 격의의 경향을 풍우란(馮友蘭)은 "중국 전통문화의 관점으로 서양문화를 바라보고, 중국 전통문화의 모델로 서양문화를 덮어씌우는 것"1)이라고 하면서 그것은 20세기 혁명시대의 "주된 경향이 서양문화의 관점으로 중국 전통문화를 바라보고 서양문화의 모델로 중국 전통문화를 덮어씌우는 것"2)과는 상반된다고 했다.

중국의 근현대철학에서 격의 서양철학의 주된 흐름이 위와 같았다는 데 동의하면서도 19세기와 20세기의 그러한 상반된 경향 사이에 놓인 일종의 과도기적 절충의 경향에도 주목할 필요가 있다고 본다. 그리고 양계초가 1900년대 초엽에 했던 사상적 작업이 그러한 경향을 충분히 대표할 만하다고 생각한다. 몇몇 선행 연구에서 밝혔듯이 양계초의 이 작업은 무술변법 실패로 그가 일본에 망명해 있을 때 이루어졌다. 이 시기에 그는 일본이 방대하게 축적해 놓은 서구학문의 성과물에 자극을 받았고, 이에 『청의보(淸議報)』(1898~1901), 『신민총보(新民叢報)』(1902~1907) 등의 잡지 간행을 통해 서구의 사상을 적극 소개하는 작업을 계속해 나갔는데,3) 이 가운데에는 베이컨, 데카르트, 홉스, 아리스토텔레스, 칸트 등 서양철학자들의 사상에 대한 소개 글이 여러 편 포함되어 있다.4) 흥미로운 것은 많은 경우, 양계초가 안어(案語)의 형식으로

1) 馮友蘭(1999), 『中國哲學史新編』(下), 北京: 人民出版社, 474쪽.

2) 馮友蘭(1999), 위의 책, 같은 곳.

3) 이 시기 양계초의 활동에 관해서는 張灝 著, 崔志海 等 譯(1995), 『梁啓超與中國思想的過渡(1890~1907)』, 南京: 江蘇人民出版社, 94~95쪽 참조.

4) 『청의보』 혹은 『신민총보』에 실렸으며 『음빙실합집(飮氷室合集)』에 수록되어 있는 이 글들의 제목은 다음과 같다. 「근세 문명의 시조 두 대가의 학설(近世文明初祖二大家之學說)」(1902, 두 대가는 베이컨과 데카르트를 가리킴), 「홉스 학안(霍布士學案)」(1901), 「아리스토텔레스의 정치학설(亞里士多德之政治学说)」(1902), 「근세 최고의 대철학자 칸트의 학설(近世第一大哲學家康德之學說)」(1904). 보다 더 자세한 서지 사항은 강중기(2013), 「양계초, 「盧梭學案」, 『개념과 소통』 제11호, 한림과학원, 219~220쪽 참조.

위에서 열거한 철학자들의 사상이 유학 혹은 불교와 유사하다고 주장하며, 나아가 중국철학으로 서양철학을 비판하거나 반대로 서양철학으로 중국철학의 결함을 지적하기도 했다는 점이다. 물론 이러한 격의 서양철학적 시도에 대해 포폄 양론이 있을 수 있다. 예컨대 현대신유학자 하린(賀麟)은 양계초가 홉스, 데카르트, 칸트 등 여러 철학자들의 사상을 소개했지만, "그다지 잘 알지 못하는 불교로 그가 더욱 더 잘 알지 못하는 칸트를 설명했다"[5]고 하면서 이는 그 스스로도 인정한 바라고 했다. 반대로 김제란은 양계초의 칸트철학 소개 내용을 집중 분석한 후, 그 글이 "중국 최초의 본격적인 칸트 소개"[6]라는 점, 그리고 칸트의 이해와 소개가 "유식불교와 양명학이라는 동양 전통철학을 매개로 하여 이루어졌다"[7]는 점에서 의의를 지닌다고 했다. 양계초의 서양철학에 대한 소개가 개론 수준에 그치고 있고 그 수준에서 불교와의 비교를 시도하는 것 역시 표피적이라는 하린의 지적은 타당하다. 하지만 필자는 양계초의 작업이 철학사적으로 중요한 의미를 지닌다는 김제란의 평가에 더 마음이 끌린다. 최초의 소개와 비교의 시도는 그것이 유의미한 것인 한, 그 자체만으로도 충분히 긍정될 수 있기 때문이다.

이러한 문제의식 속에서 필자는 본문에서 양계초의 격의 서양철학이 어떻게 이루어졌는지 좀 더 전면적으로 살피고 그것이 갖는 의의는 무엇인지 밝히고자 한다. 이를 위해 본문에서는 첫째, 베이컨, 데카르트의 사상을 어떻게 주자의 격물궁리(格物窮理)설과 연결시켜 설명하는지 살펴보겠다. 둘째, 홉스의 정치사상이 어떤 점에서 각각 순자, 묵자의

---

5) 賀麟(2012), 『五十年來的中國哲學』, 上海: 上海人民出版社, 39쪽.
6) 김제란(2009), 「양계초 사상에 나타난 서학 수용의 일 단면」, 『한국사상과 문화』 제46집, 한국사상문화학회, 114쪽.
7) 김제란(2009), 위의 논문, 같은 곳.

사상과 유사하다고 하는지 살펴보겠다. 셋째, 칸트의 인식론 및 도덕철학을 유식불교, 주자학, 양명학과 비교하여 그 유사점이 어디에 있다고 하는지 이해해보겠다. 마지막으로 이상의 논의를 종합하여 양계초의 격의 서양철학이 지니는 의의는 무엇인지 간단히 정리해보겠다.

2. 주자의 격물궁리설로 설명한 베이컨, 데카르트 사상

정치제도의 근대적 개혁 시도가 수포로 돌아간 뒤, 양계초가 20세기 초엽에 다름 아닌 서양철학, 특히 서양근대철학을 서둘러 소개한 이유는 「근세문명의 시조, 두 대가의 학설」 서언에 분명히 밝혀져 있다. "우리나라의 인민들은 전 지구에서 격류의 소용돌이가 가장 격렬한 장(場)에서 생존경쟁하고 우승열패하고 있으니, 스스로 새로워지지 않으면 어떻게 생존할 수 있겠는가? 새로워지는 데에는 도(道)가 있으니, 반드시 학(學)에서 시작해야 한다."[8] 서구 제국주의 열강의 각축장이 되어버린 자국이 생존할 수 있으려면 반드시 학문을 근대적으로 일신해야 한다는 이러한 주장은 모든 근대문명이 근대 학문의 형성 및 발전에 힘입었다는 생각에 근거를 두고 있다. "새로운 학술이 생겨나야 새로운 도덕, 새로운 정치, 새로운 기예(技藝), 새로운 기물(器物)이 생겨난다. 이러한 여러 가지가 있어야 새 나라와 신세계가 생겨난다. 그렇다면 새로운 학술은 이와 같이 시급한 것이 아니겠는가?"[9] 그는 서구에서 이 새로운 근대적 학술은 베이컨과 데카르트의 철학에 뿌리를 두고 있다고 하면서 자신은 그 정수가 되는 부분을 소개해 중국학계의 근대

---

8) 梁啓超(1959), 『飮氷室文集』 卷1, 「學說類(一)」, 「近世文明初祖二大家之學說」, 臺北: 新興書局, 200쪽.

9) 梁啓超(1959), 위의 논문, 199쪽.

적 전환을 꾀하는 이들에게 도움을 주고자 한다고 했다. 심지어 "마르틴 루터, 베이컨, 데카르트의 제현(諸賢)은 근세의 성인이다"[10]라는 엄복(嚴復)의 말에 깊이 탄복하기까지 했다. 성인이 주로 최고 수준으로 인격이 성숙한 자임을 생각할 때, 베이컨과 데카르트를 성인이라 하는 것은 상당히 무리가 있어 보이나, "수백 년 간 학술계를 위해 새로운 영토를 개척한"[11] 그 공을 생각해 붙인 칭호라는 점에서 일견 이해는 된다.

양계초는 베이컨으로 대표되는 영국 경험론을 실험파(實驗派)라 하는 동시에 격물파(格物派)라고도 칭했다. 베이컨은 "사람이 학문을 하고자 한다면 조화(造化)하는 자연의 자취(跡)에 다가가 실험할 수 있을 뿐이다"[12]라고 하여 자연에 대한 과학적 실험을 중시했는데, 주자 역시 학문의 방법으로 사물에 다가가 거기에 담긴 이치를 끝까지 궁구할 것을 요구하고 그 대상에는 조수나 초목 등의 자연물이 포함되었다는 점에서 경험론을 격물파라고 칭할 수도 있다고 생각했던 것이다.

이런 베이컨의 철학에서 양계초가 주목한 것은 다음 두 가지 내용이다. 첫째는 과학적 실험에 의거하지 않고 "자신의 지혜에 기대어 사리를 억측하면 지혜는 오류의 근거가 된다"[13]고 하면서 오류가 생겨나는 4가지 원인을 지적한 것이다. 이 4가지 원인에 대한 서술 내용은 다소 부정확하지만, 대체로 그것은 베이컨의 우상(idol), 즉 "쓸모 있는 지식을 생산하기 위해서 버리고 고쳐야 할 마음의 병"[14]에 해당된다. 그리고 그 중에서 우리의 논의와 관련해 주목할 만한 것은 극장의 우상(The

---

10) 梁啓超(1959), 위의 논문, 같은 곳.
11) 梁啓超(1959), 위의 논문, 같은 곳.
12) 梁啓超(1959), 위의 논문, 200쪽.
13) 梁啓超(1959), 위의 논문, 같은 곳.
14) 서양근대철학회(2001), 『서양근대철학』, 창작과비평사, 34쪽.

idols of the theatre)이다. 양계초는 이에 관한 내용을 다음과 같이 소개한다. "선대 사람들의 학설에도 종종 잘못된 견해의 싹이 있다. 어떤 선생님의 말씀을 제창하는 자들이 자주 꼭두각시처럼 등장해 여러 가지 수식들을 관찰하는 자가 살피지 않고 결국은 미혹되기 때문이다."[15] 극장의 우상이 "사람들이 갖가지 전통적 철학체계와 잘못된 증명방법을 맹목적으로 숭배하고 그것이 사람들의 마음속에 심어져 생겨난 편견을 가리킴"[16]을 생각할 때 그의 위와 같은 소개는 대체로 정확하다. 그런데 그는 오류가 생겨나는 4가지 원인, 즉 4가지 우상에서 벗어나기 위해서는 마음에 대한 관찰(心觀)이 중요하다고 하면서 그의 우상론을 이렇게 정리한다.

자주적인 정신이 있어야지 남이 하는 대로 따라 해서는 안 되고, 과거 시대의 경전이 전하는 말에 기대어 먼저 주입된 것을 주로 하여 스스로를 가려서는 안 된다.[17]

이 대목에 이르러 우리는 양계초가 4가지 우상론을 거칠게 극장의 우상, 한 가지로 요약해버렸음을 발견하게 되는데, 이는 중국이 근대적인 새 학문의 길을 개척하기 위해서는 무엇보다 전통학문의 내용을 그대로 답습해서는 안 된다는 점을 강조하기 위해서였다. 이 글 말미에 베이컨 철학의 요지를 알았다면 앞으로 중국 지식인들이 더 이상 "중국의 옛 학문의 노예가 되지 말라"고 한 데서 알 수 있듯이, 그는 우선 베이컨의 우상론으로 중국 전통철학의 과거 답습적인 태도를 비판한 것이다.

---

15) 梁啓超(1959), 앞의 논문, 201쪽.
16) 冒從虎 等(1985), 『歐洲哲學通史』, 天津: 南開大學出版社, 330쪽.
17) 梁啓超(1959), 앞의 논문, 202쪽.

베이컨 철학에서 주목한 둘째 내용은 서두에서 잠시 언급했던 과학적 실험의 강조인데, 양계초는 이것을 주자의 격물치지설과 연결해 설명한다. 「대학장구」의 다음과 같은 구절을 직접 인용하면서 말이다. 『대학』에서는 첫 가르침으로 "반드시 배우는 자들이 천하의 사물에 나아가 자신이 이미 알고 있는 리(理)로 더욱 그것을 궁구해 그 지극한 데까지 이르도록 하려 했다. 오랫동안 힘쓰면 어느 순간 확 트여 관통하게 된다(豁然貫通). 그러면 사물의 표면과 심층, 정밀한 것과 거친 것에 이르지 못하는 것이 없고 내 마음의 전체와 큰 작용이 밝혀지지 않는 것이 없을 것이다".[18] 그는 주자의 격물론 자체는 정밀하고 투철하며 원만함에 있어서는 베이컨에 뒤지지 않는다고 평하면서도 양자의 차이를 이렇게 설명했다.

주자는 그 이치를 대략 말했으되 베이컨은 그 방법을 상세하게 말했으며 스스로 그것을 실행하기도 했다. 주자의 경우에는 비록 말은 했으되 공부한 바는 여전히 심성에 대한 공리공담으로 허(虛)한 데 기대었으며 실제에서 검증하지 않았다.[19]

베이컨은 자연을 탐구하는 방법을 상세히 제시했고 직접 과학적 실험을 한 반면에, 주자는 그 방법의 제시가 소략하고 직접적 탐구도 적었으며 주된 관심은 심성에 대한 형이상학적 논의에 있었다는 것이다. 그는 바로 이 점이 중국에서 근대적 의미의 과학이 출현하지 못한 이유라고 진단했다. 이 역시 서구로 중국의 옛 전통을 비판한 것이라

---

18) 『四書章句集注』, 「大學章句」第1章, "是以大學始教, 必使學者即凡天下之物, 莫不因其已知之理, 而益窮之, 以求至乎其极. 至於用力之久, 而一旦豁然貫通焉, 則眾物之表里精粗無不到, 而吾心之全体用無不明矣."

19) 梁啓超(1959), 앞의 논문, 202쪽.

할 수 있다.

그러면서도 다른 한편으로 그는 "베이컨이 개별적인 리(別理)에 치중하고 원리는 가볍게 여긴 것"[20]은 데카르트나 주자보다 못하다고도 했다. 마치 그가 주자의 리일분수(理一分殊) 중에서 리일의 리를 경시했다는 말처럼 들리는데, 여기서 그가 경시한 원리가 무엇인지에 대한 양계초의 설명은 다소 혼란스럽다. 그것은 신, 영혼, 신인관계 등의 형이상학적 원리, 실험에 앞서 세우는 추측적 가설, 수학적 원리 등 여러 가지를 뜻하기 때문이다. 이 중에서 그는 둘째 측면에서 베이컨은 주자보다 못하다고 한다. 사람들은 개별 사물의 법칙을 구하기에 앞서 추측적인 가설을 세우는데 베이컨은 이 점을 분명히 말하지 않은 반면 위 인용문에서 보듯 주자는 궁리란 "이미 알고 있는 리(理)를 가지고 그것을 더욱 궁구하는 것"이라고 하여 개별적 리의 탐구에 앞서 전제된 리가 있음을 분명히 말하였다는 것이다. 주자의 궁리를 지나치게 베이컨의 과학 실험적 의미로 견강부회한 면이 없지 않으나, 어쨌든 이는 위와는 반대로 주자로 베이컨을 비판한 것이라 하겠다.

한편 양계초는 데카르트를 회의파(懷疑派) 혹은 궁리파(窮理派)라고 칭했다. 앞서 베이컨은 격물파라고 한 것과는 달리, 데카르트는 궁리파라고 한 까닭은 전자는 자연과 실험에 관한 다량의 자료를 수집하고 정리하여 귀납하는 방법을 쓰는 데 반해, 후자는 자명한 이성적 직관과 필연적인 연역적 추리를 통해 확실한 지식을 얻으려는 경향을 띠기 때문이었을 것이다. 양계초는 데카르트의 이 연역법을 주자학적 궁리 개념을 차용해 아래와 같이 설명했다.

세계의 만물은 이같이 많지만, 그 사이에는 틀림없이 하나의 '커다란

---

20) 梁啓超(1959), 위의 논문, 같은 곳.

리(大理)'가 관통하고 있으며 무수히 많은 리는 그것으로 귀결된다. 그러므로 학자들은 '수많은 리(衆理)' 중에서 어느 것이 이끄는 것이고 어느 것이 부속적인 것인지 찾아내야 한다. 하나에 통하면 만사가 끝난다는 말이 그런 뜻이다.[21]

데카르트 철학이 기본적으로 "추구하였던 것은 다양하게 분리된 개별적인 진리를 발견하는 것이 아니라, 자명하지 않고 의심의 여지가 있는 것이라고는 아무것도 전제하지 않는 참인 명제들의 체계를 발전시키는 것"[22]임을 생각할 때, 양계초의 위 설명에 등장하는 '수많은 리'란 개별적인 진리를 뜻하고, '커다란 리'란 이 개별적 진리들로 구성되는, 연역적 추리를 가능하게 하는 대전제를 가리킬 것이다. 데카르트는 이 개별적인 진리들은 유기적으로 연결되어 있으며, 그 전체의 구조는 확실한 기초에 의존한다고 생각했으며, 따라서 학문 또한 그 기초에 해당하는 형이상학에서 물리학을 거쳐 모든 개별 분과학문에 이르는 모든 학문을 하나의 체계 안에 포괄해야 한다고 여겼다. 이 점을 양계초는 이렇게 표현한다. "오직 천하의 리가 서로 연계되어 있기 때문에 학자들의 궁리(窮理)는 하나의 분과에 국한되어서는 안 되고, 반드시 여러 학문을 섭렵해 그것들이 서로 합치되는 연유를 궁구해야 한다."[23]

널리 알려져 있다시피 이른바 의심의 여지가 없는, 자명한 지식을 얻기 위해 데카르트는 방법적 회의를 사용하였다. 그리고 이를 통해 모든 것을 다 의심할 수 있어도 의심하는 '나'의 현존을 의심할 수는 없다는 생각에 이르렀다. "왜냐하면 회의라는 바로 그 행위를 통해서 나의 현존이 드러나기 때문이다."[24] 재미있는 점은 양계초는 이 더

---

21) 梁啓超(1959), 위의 논문, 207쪽.
22) F. 코플스톤, 김성호 옮김(1996), 『합리론』, 서광사, 104~105쪽.
23) 梁啓超(1959), 앞의 논문, 207쪽.

이상 의심할 수 없는 '나'를 '나'라고 하지 않고 '아상(我相)'이라는 불교용어로 설명했다는 것이다. "마주치는 모든 사물을 의심하되 그 가운데에 의심할 수 없는 것 하나가 반드시 존재하니, 아상(我相)이 그것이다."[25] 불교의 교의에 따르면 아상의 실상은 가유(假有), 환유(幻有)이다. 이 점을 양계초가 몰랐을 리 없을 터인데, 그렇다면 데카르트가 더 이상 의심할 수 없다고 한 '나'조차도 실은 허망한 것임을 지적하고 싶어서 그런 용어를 썼을지도 모를 일이다.

아무튼 이런 방법적 회의는 데카르트에게서는 인간이라면 누구나 천부적으로 주어졌다고 여겨지는 이성의 힘에 의해 가능하다. 그는 이성이야말로 참과 거짓을 판별할 수 있는 기준이므로 모든 사물과 지식은 이 이성 앞에 놓여 평가되어야 한다고 주장했다. 양계초는 데카르트의 이와 같은 이성에 대한 신뢰 및 이성의 올바른 사용에 대한 강조가 맹자의 다음과 같은 명구(名句)와 같은 의미라고 했다. "귀나 눈 같은 기관은 생각하지 못하여 외물에 가려진다. 물과 물이 만나면 이끌려갈 뿐이다. 마음이라는 기관은 생각을 한다. 생각을 하면 얻고 생각을 하지 않으면 얻지 못한다. 이는 하늘이 나에게 준 것으로 우선 그 큰 것을 세우면 그 작은 것은 빼앗지 못한다."[26] 엄밀히 말해 맹자의 감각기관에 대한 불신과 이성에 대한 신뢰의 의미는 데카르트의 그것과는 다르다. 맹자는 감각기관을 통해 얻은 지식이 불확실해서가 아니라 그것이 외물의 유혹에 쉽게 넘어가기 때문에 그것을 위험시했고, 이성 또한 일반 인식론적 의미에서 자명한 지식을 가져다주기 때문이 아니라 도덕적 반성을 하게 하기 때문에 신뢰한 것이다. 또 이와 유사하

---

24) F. 코플스톤, 김성호 옮김(1996), 앞의 책, 142쪽.

25) 梁啓超(1959), 앞의 논문, 204쪽.

26) 『孟子』, 「告子上」, "耳目之官不思, 而蔽於物. 物交物, 則引之而已矣. 心之官則思, 思則得之, 不思則不得也. 此天之所與我者. 先立乎其大者, 則其小者不能奪也."

게 다른 어떤 외부의 권위에도 기대지 않고 오직 이성의 힘에 기대어 확실한 진리를 추구하는 태도를 "지극히 성실하여 자신을 속임이 없음(至誠無自欺)"이라고 하고, 또 "중도에 서서 치우지지 않으니 대단히 강한 것이 아니겠는가!"[27)]라고 하여 『중용』의 지성(至誠) 혹은 중용(中庸)의 정신이라고 설명하기도 했다. 이 역시 유학의 도덕적 개념을 가지고 데카르트의 학문 태도를 설명하는 것으로서 오해를 불러일으키기 쉬운 설명이다. 그러나 어쨌든 분명한 것은 양계초의 이러한 시도가 당시 중국인에게는 친숙한 주자, 『맹자』, 『중용』 등의 여러 개념과 문장을 통해 그들에게는 매우 생소한 데카르트 철학에 대한 이해를 돕고자 한 데 있었다는 점이다. 바로 그 점에서 이러한 시도는 일정한 의의가 있다고 하겠다.

3. 홉스와 순자, 묵자의 정치사상 사이의 유사성에 대한 설명

베이컨과 데카르트 철학이 당시 중국인들에게 갖는 의의를 논하는 다음 문장은 이 절의 주제, 즉 서구 정치사상에 대한 양계초의 소개가 지니는 특징을 파악하는 데 굉장히 중요한 의미를 지닌다.

베이컨과 데카르트의 학풍을 듣고 일어난 자가 있는가? 첫째로는 중국의 옛 학문의 노예가 되지 말아야 하고 둘째로는 서양인의 신학문의 노예가 되지 말아야 한다. 나에게는 이목(耳目)이 있고, 나의 사물은 내가 격(格)한다. 나에게는 마음이 있으니, 나의 리(理)는 내가 궁구한다.[28)]

---

27) 『中庸』 제10장, "中立而不倚, 强哉矯!"
28) 梁啓超(1959), 앞의 논문, 209쪽.

주목해야 할 대목은 그가 중국의 옛 학문뿐만 아니라 서양 신학문의 노예도 되어서는 안 된다고 한 부분이다. '나'는 근대인이므로 중국의 옛 학문에만 얽매여서는 안 되지만, 동시에 '나'는 중국인이므로 서구의 신학문에만 얽매여서도 안 된다는 뜻이리라. 이에 근대라는 시간과 중국이라는 공간을 균형감 있게 고려한 새로운 학문과 사상의 구축이 지향해야 할 바가 된다. 『신민총보』의 발간 취지를 밝힌 다음 문장에 이 점은 잘 나타나 있다. "중국이 부진한 것은 국민에게 공덕(公德)이 결여되고 지혜(知慧)가 열리지 않았기 때문이다. 그리하여 본보는 오로지 이 병을 치료한다. 중국과 서양의 도덕을 아울러 취해 덕육(德育)의 방침으로 삼고, 정치와 학문의 이론을 널리 망라해서 지육(知育)의 근본으로 삼으려 한다."[29] 그런데 사실 '중국과 서양의 도덕을 아울러 취한다'는 방침은 덕육뿐 아니라, 중국의 근대적 학문과 사상을 확립하는 지육의 과제 수행에서도 똑같이 견지되는 원칙이 된다. 홉스의 정치사상을 순자, 묵자의 그것과 비교하여 양자의 유사성과 장단점을 분석하는 양계초의 시도를 아래에서 살펴봄으로써 우리는 이 점을 충분히 파악할 수 있을 것이다.

양계초는 「홉스학안(學案)」(1901)이라는 글에서 홉스의 정치사상을 소개했다. 글은 인간 본성에 대한 논의에서 시작된다. 그는 홉스가 "우리 인간의 본성은 항상 쾌락을 향하고 고통을 피하려는 감정에 의해 이끌리고",[30] "사람마다 모두 오직 자신을 이롭게 하는 데에만 힘쓸 뿐"[31]이라고 했다고 서술했다. 홉스의 정치철학이 인간의 자기중심성 혹은 이기성을 강조하는 데서 출발함을 알린 것이다. 또 이 본성에 따라 "사람은 본래 서로를 적대시하고 (…중략…) 사람들은 서로를 잡

---

29) 양계초, 이혜경 주해(2014), 『신민설』, 서울대학교 출판문화원, 11~12쪽.
30) 梁啓超(1988), 『飮氷室合集』, 「飮氷室文集」 卷6, 「霍布士學案」, 北京: 中華書局, 1988, 90쪽.
31) 梁啓超(1988), 위의 논문, 90쪽.

아먹기를 호랑이와 이리처럼 하지만"[32] 그로 인해 큰 해로움이 출현하기 때문에 사람들은 "화목하게 싸우지 않는 것이 더 큰 이익이 됨"[33]을 깨닫는다고 했다. 자연상태에서 사람은 '만인에 대한 만인의 투쟁' 상태로 존재할 수밖에 없으나, 그러한 고립이 자기보존의 목적 달성에 오히려 해가 됨을 알아차린다는 것이다.

그리하여 만인의 평화공존을 위해 자신의 "권한을 들어 포기하지 않을 수 없음이 자연스러운 순서이고 불가피한 이치"[34]라고 하되, "나의 전유권(專有權)을 포기하면 뭇 사람들(衆人)도 그에 상당하는 자신의 전유권을 포기하지 않으면 안 된다"[35]고 했다. 자연권의 양도는 자연스럽고 필연적이며 양도는 호혜적이어야 한다는 것이다. 이렇게 해서 사회계약이 성립되는데, 이 계약이 유지되기 위해 필요한 것은 오직 위력(威力)이라고 했다. "사람들은 죄로 죽임을 당하는 것을 두려워하기 때문에 계약이 이에 영원히 보존된다"[36]는 것이다. 여기서 소개하고 있는 것은 양도된 권리가 통치권자로 모아지는 상황이다. 즉 통치권자는 시민들의 양도된 권리에 의해 권위를 갖게 되며, 통치권자에게는 "계약 파기자를 처벌할 수 있는 '정의의 칼'이 주어진다"[37]는 내용이다.

위와 같은 홉스의 사회계약론에 대해 양계초는 그의 인간본성론이 전적으로 참이라면 그의 주장에는 하나도 틀린 것이 없다고 평한다. 그리고 생명의 자기중심성, 이기성을 강조하는 홉스의 본성론은 다윈의 진화론으로도 계승된바, 이는 확실히 인간본성의 중요한 한 측면임을 인정한다. 그러면서도 그는 그런 측면만을 강조하고 "도덕의 관념과

---

32) 梁啓超(1988), 위의 논문, 같은 곳.
33) 梁啓超(1988), 위의 논문, 같은 곳.
34) 梁啓超(1988), 위의 논문, 91쪽.
35) 梁啓超(1988), 위의 논문, 같은 곳.
36) 梁啓超(1988), 위의 논문, 같은 곳.
37) 서양근대철학회(2001), 앞의 책, 206쪽.

자유의 본성"을 경시한 홉스는 "하나만 알고 둘은 모르는 것"이라고 비판했다.[38] 또 홉스는 시민들이 "각자 자신의 권리를 포기해 군주 아무개에게 위임하는"[39] 군주전제를 옹호한 점을 격렬히 비난했다. 이 체제는 "군주가 신하에게 어떤 일이든 요구할 수 없는 것이 없고, 신하는 군주에게 어떤 일이든 요구할 수 있는 것이 없다"[40]는 점, 조상이 맺은 불평등한 "사회계약(民約)이 한 번 확립되면 천만년이 지나도 그것을 변경하는 것은 허용되지 않는다"[41]는 점에서 불합리하다는 것이다. 홉스가 군주정을 지지한 점, 그리고 주권은 오로지 절대군주 한 사람만이 지닌다고 여겼으며, 따라서 주권이 없는 민중의 저항권을 인정하지 않았다는 점에서 이러한 비판은 타당하다. 다만 '군주가 신하에게 어떤 일이든 요구할 수 없는 것이 없다'는 말은 다소 지나치다. 왜냐하면 홉스는 "사회계약에 의해서도 개인의 생명권은 결코 양도한 바가 없으므로, 아무리 절대군주라 해도 개인의 생명에 위해를 가하는 명령은 내릴 수 없다"[42]고 주장했기 때문이다.

홉스의 정치사상을 위와 같이 소개한 뒤, 양계초는 그것이 우선은 순자와 유사하다고 했다. 즉 홉스의 인간본성론과 전제군주제 옹호가 순자의 성악설 및 군주 존숭의 관념과 흡사하다고 하면서 그 근거로 다음 구절을 들었다. "사람은 태어나면 욕망이 있는데, 욕망하지만 얻지 못하면 추구하지 않을 수 없고 추구하는 데 기준과 한계가 없으면 다투지 않을 수 없으며, 다투면 어지러워지고 어지러우면 궁해진다. 선왕(先王)이 그 어지러움을 싫어하여 예의를 제정해 나누어줌으로써

---

38) 梁啓超(1988), 앞의 논문, 92쪽.
39) 梁啓超(1988), 위의 논문, 같은 곳.
40) 梁啓超(1988), 위의 논문, 93쪽.
41) 梁啓超(1988), 위의 논문, 같은 곳.
42) 조긍호·강정인(2012), 『사회계약론 연구』, 서강대학교 출판부, 373쪽.

사람의 욕망을 키워주고 사람들이 원하는 것을 공급해주었다."43) 인간의 자기중심적 욕망 추구를 인간본성으로 강조한 점, 그 자기중심적 욕망이 추구되는 대로 놔두면 사회는 극도의 투쟁과 혼란이 초래되기 때문에 인위적인 노력을 통해서만이 국가의 평화로운 질서가 유지될 수 있다고 주장한 점 등이 홉스의 사상과 흡사한 점이다. 양계초는 그 점들을 지적하는 동시에 양자에는 아래와 같은 차이점 또한 있다고 말한다.

다만 홉스는 나라를 이룬 것은 인민의 계약에 의해서라고 하고 순자는 나라를 이룬 것은 군주가 힘을 다했기 때문이라 하니, 이것이 상이한 점이다. 또 이론적으로 보면 홉스의 설이 더 고상하고, 사실로 검증해보면 순자의 설이 참되다. 또 순자는 나라를 세움이 군주의 뜻에 의해서라고 했으니 군권을 말했지만 그 설은 자기 완결적이다. 반면 홉스는 나라가 민의에 의해 세워졌다고 하면서도 그 귀착점은 군권에 있었으니, 이것은 창을 들고 자기를 찌르는 것과 같다.44)

양자 모두 군권의 절대성을 주장하지만, 홉스는 그러면서도 인민의 역할 또한 중시하는 데 반해 순자는 시종 군권 존숭으로 일관한다는 데 결정적 차이가 있다. 그래서 인용문 말미에 순자는 자기완결적인 데 반해, 홉스는 자기 모순적이라고 한다. 또 국가의 평화로운 질서 유지가 홉스는 인민의 사회계약 때문이라고 하고, 순자는 성인의 예약 제정과 차별적 분배정책의 시행 덕분이라고 한다. 또 홉스의 사회계약 론은 인민을 중시한다는 점에서 더 높은 수준의 정치사상이지만, 사회

---

43) 『荀子』,「禮論」, "人生而有欲, 欲而不得, 則不能無求. 求而無度量分界, 則不能不争, 争則亂, 亂則窮.先王惡其亂也. 故制禮義以分之, 以養人之欲, 給人之求."
44) 梁啓超(1988), 앞의 논문, 94쪽.

계약은 사실 이론적 가정일 뿐, 국가의 형성과 발전의 역사적 진실은 순자의 생각에 더욱 가깝다고 했다. 정치사상이 지닌 이상성 내지 가치라는 측면에서는 홉스를 좀 더 높이 평가하면서도 순자의 사상과 비교할 때 현실 정치사와는 다소 부합하지 않는 면이 있고 군주와 인민 사이에서 배회하고 있다고 비판한 것이다.

또한 양계초는 홉스의 정치사상이 묵자의 상동(尚同)사상과도 유사하다고 했다. 과연 어떤 점이 유사한지 상세히 분석하지 않고 그저 『묵자』「상동」편의 여러 구절을 나열하고 있는데, 위의 홉스에 관한 소개 내용을 바탕으로 그 유사점을 살펴보겠다.

그는 우선 『묵자』에서 국가의 형정(刑政)이 갖추어지지 않았을 때 사람들이 서로 비난하고 쟁투하는 상황을 묘사한 구절을 인용했다. "옛날에 인민이 막 생겨나 형법과 정치가 없었을 때 사람들이 했던 말들은 사람마다 의(義)가 달랐다. 그래서 한 사람에게는 하나의 의가 있고, 두 사람에게는 두 가지 의가 있었으며, 열 사람에게는 열 가지 의가 있었다. 사람이 많을수록 의 또한 많았다. 그리하여 사람들은 자신의 의가 옳다고 하고 타인의 의는 그르다고 하여 서로 비난하게 되었다. 이에 안으로는 부자와 형제가 원망하고 미워하여 흩어져 서로 화합할 수 없게 되었다. 천하의 백성들은 물과 불, 독약으로 서로를 해쳤다."[45] 홉스나 순자처럼 인간본성이 아니라 각기 상이한 의(義)에서 출발하고 있지만, 그 의 또한 자기중심적 의이고, 그로 인해 사람 사이의 쟁투와 사회적 무질서가 초래되었다는 생각은 유사하다는 것이다.

또 이런 투쟁과 무질서에서 벗어나기 위해 군주를 세웠다고 한 점도 같다고 생각하여 다음 구절을 인용했다. "백성에게 행정장관이 없어

---

45) 『墨子』, 「尚同上」, "古者民始生, 未有刑政之時, 蓋其語, 人異義. 是以一人則一義, 二人則二義, 十人則十義. 其人玆衆, 其所謂義者亦玆衆. 是以人是其義, 以非人之義, 故交相非也. 是以內者父子兄弟作怨惡離散, 不能相和合. 天下之百姓, 皆以水火毒藥相虧害."

천하의 의(義)를 통일하지 못하였기 때문에 천하가 어지러워졌음을 알게 되었다. 그리하여 천하의 현명하고 총명하며 언변이 뛰어난 사람을 천자로 세워 천하의 의를 통일하는 일을 하게 했다."[46] 양계초는 이 구절이 인민들이 서로 약속해 군주를 세우는 사회계약의 상황과 흡사하다고 생각했던 것이다.

또 인민 모두가 최고 통치자를 중심으로 통일되고 군주는 막강한 권한을 가져야 한다고 주장한 점도 흡사하다고 여겼다. "이장(里長)은 자기 리(里)의 모든 백성들을 통솔해 위로 향장(鄕長)에게로 통일된다. (…중략…) 향장은 자기 향의 모든 백성을 통솔해 위로 나라의 군주(國君)에게로 통일된다. (…중략…) 나라의 군주는 자기 나라의 모든 백성을 통솔해 위로 천자(天子)에게로 통일된다."[47] 뿐만 아니라 양계초는 이 구절을 시민들이 자신의 권리를 양도하는 것과 유사한 것으로 본 듯하다. 그래서 묵자와 홉스는 "군주를 세운 후에 인민이 각기 자신의 의욕(意欲)을 제거하여 한 사람의 의욕을 따르는 점도 같다"[48]고 했다. 묵가의 상동(尙同)사상에 인민의 권리 양도라는 생각과 유사한 것까지 있다는 주장은 좀 지나친 것 같다. 고대 중국사회에서 정치적 권리 개념이 박약했음은 분명하기 때문이다. 이 점을 의식해서인지 권리를 의욕이라는 말로 대체한 것도 눈에 띤다.

홉스와 묵자의 비교에서 양계초는 묵자가 홉스보다 진일보한 점도 있다고 주장한다. 바로 천하에서 가장 부귀한 천자조차도 반드시 하늘의 뜻(天意)을 따라야 한다는 생각이다. 이와 관련해 양계초는 「상동」편의 "이미 위로 천자에게 통일되었더라도 아직 위로 하늘에 통일되지

---

46) 『墨子』,「尙同中」, "明乎民之無正長以一同天下之義, 而天下亂也. 是故選擇天下賢良聖知辯慧之人, 立爲天子, 使從事乎一同天下之義."

47) 『墨子』,「尙同中」, "里長 (…中略…) 率其里之萬民以尙同乎鄕長. 鄕長 (…中略…) 有率其鄕萬民, 以尙同乎國君. 國君 (…中略…) 有率其國之萬民以尙同乎天子."

48) 梁啓超(1988), 앞의 논문, 94쪽.

못했다면 하늘의 재앙이 그치지 않을 것이다"[49]라는 구절을 인용했다. 천자가 하늘의 뜻에 따라 두루 서로 사랑하고(兼相愛) 서로 이롭게(交相利) 하면 하늘로부터 상을 받지만, 그렇지 않는다면 하늘로부터 벌을 받는다는 것이다. 양계초는 이러한 묵자의 주장이 공허하기는 하지만 적어도 군권이 제한되어야 함을 자각했다는 점에서는 군주에게 절대적 권한의 부여를 주장한 홉스보다 낫다고 했다.

홉스와 순자, 묵자의 정치사상에 대한 비교를 마치며 양계초는 고대 중국사상의 조숙과 근대 중국사상의 낙후를 동시에 지적했다.

> 홉스는 서양철학계와 정치학계에서 아주 유명한 사람으로, 17세기에 태어났으되 그 지론(持論)은 단지 우리 전국시대 제자(諸子)와 같은 수준이었으며 그 정밀함은 더욱 떨어졌으니, 우리 중국사상의 발달이 매우 일렀음을 알 수 있다. 한편 최근 2백 년 동안 서양의 사상적 진보는 저와 같이 빨랐으되, 우리나라는 오늘날에도 여전히 2천 년 이전의 보잘것없는 의견일 뿐이니, 이는 뒤에 태어난 자의 죄이다.[50]

홉스와 근대 중국의 사상을 지나치게 폄하했다는 비판을 받을 소지가 충분한 발언이지만, 적어도 동서사상 가운데 어느 한쪽으로 경도되지 않으면서 중국적 근대사상을 모색했다는 점만큼은 긍정적이라 하겠다.

---

49) 『墨子』, 「尙同中」, "夫既尙同乎天子, 而未上同乎天者, 則天災將猶未止也."
50) 梁啓超(1988), 앞의 논문, 94쪽.

4. 칸트와 유식불교, 주자, 왕양명 사이의 유사성에 대한 설명

양계초의 격의 서양철학 중, 위에서 논한 베이컨, 데카르트, 홉스 등에 관한 것은 국내 학계에서 거의 알려진 바가 없지만, 이 절에서 논할 칸트에 관해서는 그나마 조금 연구된 것이 있다.[51] 따라서 이 절에서는 「근세 최고의 대철학자 칸트의 학설」(1904)을 중심으로 양계초가 칸트의 인식론과 도덕철학을 유식불교, 주자학, 양명학 등과 연결 지어 어떻게 설명하는지 살펴보되, 기존 연구에서 설명이 미진했던 점만을 집중적으로 다루어 중복을 피하고자 한다.

앞선 베이컨, 데카르트 소개 때와 비슷하게 이 글 서두에서 양계초는 칸트를 성인으로 칭하는 것에 대해 언급한다. 일본의 『사성사전(四聖祀典)』에 석가, 공자, 소크라테스와 나란히 칸트가 4대 성인으로 거론되어 있다는 것이다. 그러나 앞의 경우와는 달리, 여기서는 칸트를 석가 등과 똑같이 성인으로 견주는 게 맞는 것인지는 감히 말할 수 없고, 다만 칸트가 학계에서 차지하는 엄청난 위상은 알 수 있다고 한다. 그러면서 그는 칸트의 철학을 내용적인 면에서 동방의 사상가들과 아래와 같이 견준다.

칸트를 동방의 옛 철인에 비한다면 공리(空理)를 말함은 석가와 비슷하고 실행을 말함은 공자와 비슷하며, 공리(空理)를 실행에 관통시킴은 왕양명 선생과도 비슷하다.[52]

---

51) 이는 아마도 양계초의 격의 서양철학이 칸트의 철학을 소개하는 글에서 가장 풍부하게 이루어졌기 때문일 것인바, 앞서 언급한 김제란(2005)의 논문은 양계초의 유식불교를 통한 칸트 재해석 문제를 전문적으로 다룬 것이다.

52) 梁啓超(1959), 『飮氷室文集』 卷2, 「學說類(二)」, 「近世第一大哲學家康德之學說」, 臺北: 新興書局, 1959, 78쪽.

칸트가 불교에서처럼 모든 현상의 실상이 헛된 존재, 즉 공이라고 주장했을 리가 없는데, 공리(空理)를 말했다고 함은 칸트 역시 불교에서처럼 현상은 인간의 마음이 그려낸 것, 즉 인식주관이 자신의 직관형식 및 사유형식을 가지고 구성해낸 것임을 주장했다는 뜻이다. 또 공자처럼 실행을 말했다고 함은 도덕적 행위를 중요한 사상적 탐구의 주제로 삼았다는 뜻이고, 마지막으로 칸트가 공리를 실행에 관통시켰다고 함은 현상은 인식주관이 구성한 것(空理)임을 깨닫는다면 그것은 곧 인간 자신을 현상을 초월한 자유로 자각한 것이며, 이러한 자유를 기반으로 도덕실천을 논한 것은 자율적인 양지를 기반으로 한 도덕실천을 강조하는 왕양명의 치양지설과 유사하다는 뜻이다.

또 양계초는 칸트철학과 불학(佛學)이 유사한 점을 다음과 같이 간략하게 설명한다. "칸트의 철학은 불학에 아주 가깝다. 이 이론은 불교 유식의 교의와 서로를 인증한다. 불학에서는 일체의 이치를 궁구할 때 반드시 먼저 근본식(本識)을 근저로 삼아야 한다고 했는데 바로 이러한 의미이다."[53] 이 말이 칸트철학에도 유식불교의 근본식 비슷한 개념이 있다는 뜻은 아닐 것이다. 칸트철학에 유식불교에서처럼 주객 미분의 아뢰야식 개념이 있을 리는 없기 때문이다. 이 말은 이어지는 다음 구절과 함께 생각해보아야 그 정확한 의미가 비로소 파악된다.

칸트는 지혜의 작용에는 두 가지가 있다고 보았다. 하나는 추리하여 의미를 궁구하는 것으로 그것은 이론을 세우는(立言) 데 쓰인다. 또 다른 하나는 실제 동작으로 행동을 제어하는 데 쓰인다. 이 두 능력은 각기 다르다. 논의를 할 때 몸 밖의 사물에 대해 고찰하는 기능을 하는 것은 지혜이다. 또 실행을 할 때 스스로 동작하여 일체의 업을 지을 수 있는

---

53) 梁啓超(1959), 위의 논문, 79쪽.

것 또한 지혜이다.54)

주지하다시피 칸트는 이론을 세우는 데 쓰이는 지혜, 즉 이론이성의 기능을 비판적으로 검토하여 "인식 대상인 현상 세계는 그것을 인식하는 인간 정신 바깥의 객관적 실재로서의 물자체가 아니라 인간 정신 의존적인 현상임을 밝혔다".55) 이와 유사하게 유식불교에서도 외경(外境)이 내식(內識), 궁극적으로는 아뢰야식의 현현으로서 유식무경(唯識無境)을 주장한다. 또 칸트는 행동을 제어하는 데 쓰이는 지혜, 즉 실천이성의 기능도 비판적으로 검토해 "현상적 제약을 넘어 자유를 실현시키는 인격으로서의 자아"56), 즉 초월적 자아를 정립했는데, 이와 유사하게 유식불교에서도 유식무경(唯識無境)을 철저히 깨달음으로써 진여를 증득할 것을 말한다.

바로 칸트와 유식불교 모두 공통적으로 현상세계는 인간 정신 혹은 마음(識)에 의존한다는 관점에 서 있음을 발견했기 때문에, 양계초는 불교의 용어를 차용하여 칸트의 인식론을 설명할 수 있었다. "칸트는 지혜의 여러 작용을 밝히고자 한다면 마땅히 우선 외물의 상(相)을 둘로 구별해야 한다고 여겼다. 그 하나가 현상이요, 다른 하나는 본상(本相)이다. 현상은 나의 육근(六根)과 접하여 내 앞에 나타난 것으로, 내가 접촉하여 받아들인 색(色), 성(聲), 향(香), 미(味)가 모두 그것이다. 본상(本相)은 내가 접촉하여 받아들이는 것 외에 저 사물에 따로 고유한 성질이 존재하는 것이다. 그러므로 내가 아는 것은 단지 현상일 뿐이다. 만약 본상을 내가 안다고 한다면 이는 틀린 것이다."57) 현상과 본상은

---

54) 梁啓超(1959), 위의 논문, 같은 곳.
55) 한자경(2000), 『유식무경: 유식불교에서의 인식과 존재』, 예문서원, 17쪽.
56) 한자경(2000), 위의 책, 18쪽.
57) 梁啓超(1959), 앞의 논문, 80쪽.

칸트의 현상과 물자체를 가리킨다. 이 중에서 현상은 일차적으로는 '나'의 감각기관이 받아들인 색깔 등이지만 그 색깔 등은 인간의 정신에서 완전히 독립된 것이 아니다. 인간의 정신에서 완전히 독립된 물자체를 인간은 인식할 수 없다. 인간이 알 수 있는 것은 우리 앞에 나타난 현상일 뿐이다.

이러한 인간의 현상 인식을 칸트는 기본적으로 감성적 직관과 오성의 사유의 결합으로 보거니와, 양계초는 이를 "오관과 나의 지혜, 이 둘이 서로 결합한"[58) 것이라 표현한다. 그리고 '불'을 예로 들어 그 결합에 대해 설명한다. "빨간색과 열기라는 이 두 감각에서 하나는 눈(眼)으로 받아들인 것이고 다른 하나는 몸(身)으로 받아들인 것인데, 사실은 하나의 불이 두 현상이 된 것이다. 나의 지혜가 그것들을 연결해 하나의 사유를 이룬 것이다. 두 현상이 하나로 합쳐졌으니 그것을 불이라 칭한다."[59) 유식불교의 개념으로 말하면 눈으로는 색을 받아들이고 몸으로 촉감을 받아들이는 것은 전오식(前五識) 중에서 안식(眼識)과 신식(身識)의 작용이다. 그리고 이 빨간색, 열기 등의 감각자료들은 제6의식에 의해 종합되고 정리되어 하나의 대상의 속성들로 판단된다. 이 점을 양계초는 이렇게 설명한다. "감각은 오로지 외물에 대해 받아들일 수 있는 기능이 있고 저 사유는 다시 나아가 취해 만 가지를 하나로 종합할 수 있다. 사유란 종합일 따름이다."[60) 즉 양계초는 "외물에 대해 수용하는 능력이 전5식이자 칸트의 감성이고, 사념이자 종합하는 작용이 제6의식의 작용이자 칸트의 오성에 해당한다"[61)고 설명한 것이다.

이상의 내용이 양계초가 칸트와 유식불교의 인식론을 비교하거나

---

58) 梁啓超(1959), 위의 논문, 같은 곳.
59) 梁啓超(1959), 위의 논문, 81쪽.
60) 梁啓超(1959), 위의 논문, 같은 곳.
61) 김제란(2009), 앞의 논문, 99쪽.

유식불교의 개념으로 칸트의 인식론을 설명한 것 가운데 비교적 정확하고 의미 있는 것들이다. 그 밖의 몇몇 설명과 비교는 오해를 사기 쉽거나 별 의미가 없는 것들이다. 예컨대 그는 감각내용을 정리하는 직관형식으로서의 시간과 공간을 설명하고는 그런 시공간 개념이 불교에도 있다고 하면서 이렇게 말했다. "공간과 시간은 불전에서 통용되는 번역어이다. 공간은 횡으로 말한 것이고 시간은 종으로 말한 것이다."62) 그러나 이런 말로는 유식불교와 칸트 사이에 시공간 개념에 관한 어떤 공통된 견해가 있다고 보기는 어렵다. 또 시공간이라는 형식이 객관적 사물에 속하는 것이 아니라 인간 자신에게 속한 형식이라는 점을 강조하기 위해 공간과 시간이라는 "이 둘은 모두 진짜 있는 것이 아니고(非眞有) 나에 의해 가정된 것이다"63)라고도 했는데, 이는 시공간을 환유(幻有)로 오인하게 할 소지마저 있다.

이렇게 몇 가지 무리한 비교와 견강부회가 있기는 하지만 양계초가 유식불교를 가지고 칸트의 인식론을 설명한 의도는 칸트가 근대 서양 학계에서 했던 역할을 중국에서는 불교가 하게 하려는 데 있었다. 즉 한편으로는 서양에서 칸트가 인간의 인식능력을 비판적으로 검토하여 경험과학이 어떻게 가능한지 밝혀냈던 것처럼 중국에서는 칸트의 인식론과 흡사한 유식불교가 근대의 과학정신을 뒷받침하는 철학이 될 수 있기를 희망했다. 그러면서도 또 다른 한편으로는 칸트가 과학적 인식의 한계를 지적하며 "과학 밖의 본체론 문제를 부각해서 결국에는 본체론상의 형이상학으로 인도했던"64) 것처럼 불교가 육왕심학과 더불어 근대 이후에도 중국인의 종교관 및 도덕관에 깊숙이 자리하기를

---

62) 梁啓超(1959), 앞의 논문, 82쪽.
63) 梁啓超(1959), 위의 논문, 같은 곳.
64) 陳少明 외, 김영진 옮김(2008), 『근대 중국사상사 약론: 경학, 불학, 서학으로 본 중국인의 사유실험』, 그린비, 199쪽.

바랐다.

바로 이 후자의 의도 하에서 양계초는 칸트의 도덕철학을 소개하며 그것을 불교, 주자학, 양명학 등과 비교했다. 마지막으로 이 내용을 살펴보자.

앞서 칸트는 현상과 물자체를 구별했다고 했는데, 이것에 근거해서 자유와 도덕의 문제가 다루어진다. 즉 현상을 지배하는 것은 자연필연성의 인과법칙이다. 현상 너머에 있는 것은 자연필연성을 벗어난 자유이다. 칸트는 이 자연필연성과 자유가 그 영역을 달리 하므로 이 둘은 충분히 조화를 이룰 수 있다고 했다. 양계초는 칸트의 이 견해를 다음과 같이 소개했다. "사람의 생명에는 두 가지가 있으니 그 한 가지는 오관과 육체의 생명으로 한 구역 한 시대에 획정되어 있어 공간, 시간에 의존한다. 그 동작하는 바가 있으되 한 현상에 불과하고, 갖가지 만물의 현상과 같이 모두 불가피한 이치로서 마음대로 할 수 없다. 그렇지만 우리에게는 이 하등 생명 외에 또 다시 고등 생명도 있다. 고등 생명이 본질이고 참 나이다. 이 참 나는 항상 시간과 공간 밖에 초연히 서 있으며, 자유롭고 활발한 것으로서, 다른 것이 끌어당겨 묶을 수 있는 것이 아니다. 그러므로 자유의 이치는 불가피한 이치와 병존하며 서로 어긋나지 않는다."[65] 인간의 육체적 생명은 '불가피한 이치', 즉 자연필연성에 지배되니, 그것에 자유란 없다. 그러나 인간에게는 고등 생명, 즉 일종의 정신 생명도 있으니, 이것이 바로, 영원불멸하는 '참 나(眞我)', 즉 초월적 자아로서 자신을 자유로운 자아로 자각한다는 것이다.

양계초는 칸트의 위와 같은 자유에 관한 논의를 불교의 해탈에 관한 교의와 비교하여 그것이 불교와 흡사하다고 극찬하면서도, 동시에 불교에 비해 못 미치는 점도 있다고 비판했다.

---

65) 梁啓超(1959), 앞의 논문, 87쪽.

이 논의는 훌륭하고 완벽하다. 거의 불교에 가깝다. 그것이 틈 하나 정도 미치지 못한 점은 불교에서 말하는 참 나(眞我)는 대아(大我)로, 모든 중생이 이 체(體)를 함께하여 분별상이 없는 반면 칸트가 논한 것은 여기에 미치지 못했다는 것이다. 책 전체를 통독해보면 여전히 사람마다 각자 하나의 참 나를 지니고 있되 타인의 참 나와는 서로 연결되지 않는다. (…중략…) 그러나 본상(本相)과 현상의 둘을 분명하게 나누었고 수많은 사물을 살펴 그것을 하나로 꿰뚫었으니 핵심을 뽑아냈으며 최고의 표준을 붙잡았다고 하겠다. 칸트는 자유를 모든 학문과 인도(人道)의 근본으로 여겼다. 이로부터 자유를 말하고 그것과 이른바 자유롭지 않은 것이 병행하며 어긋나지 않음을 알았으니, 실로 화엄 원교(圓敎)의 상승(上乘)이다.[66]

불교에서는 수행자가 '나' 자신도 '너'도 모두 공(空)이라는 이치를 철저히 깨달으면 '나'와 '너'는 아무런 차별상이 없는 것으로 인식되고, 그리하여 '내' 안에 '네'가 있고 '네' 안에 '내'가 있어, 다시 말해 서로가 서로를 무한히 포함하여, '내'가 곧 일체, 우주, 대아로 자각된다고 한다. 물론 양계초가 아쉬워하듯이 칸트의 '참 나'는 '내' 안에 무한한 '네'가 있어, 큰 '우리'를 이루는 대아가 아니다. 그러면서도 양계초는 칸트가 현상과 물자체, 자연필연성의 인과법칙이 지배하는 현상계와 그러한 인과법칙의 지배를 받지 않는 초월적 자아의 자유를 구별한 것만으로도 극찬을 받을 만하다고 말한다. 그리고 자연필연성과 자유의 병존과 조화를 말한 칸트를 화엄 원교에 비한다. 이 비교는 아마도 이사무애법계(理事無礙法界)를 염두에 두고 한 것으로 보이는데, 다소 지나친 것이라는 점은 법장(法藏)의 다음과 같은 구절의 의미를 생각해

---

66) 梁啓超(1959), 위의 논문, 같은 곳.

보면 알 수 있다. "리(理)는 사(事)에 걸림이 없으니, 순수함은 항상 잡다 하다. 사(事)는 항상 리(理)를 온전히 하니, 잡다함은 항상 순수하다. 리(理)와 사(事)가 자재하니, 순수함과 잡다함은 걸림이 없다."67) 본체와 현상의 측면에서 보면, 이는 둘 사이에 아무런 장애가 없어 본체가 곧 현상이고 현상이 곧 본체가 된다는 뜻이다. 또 공리(空理)를 깨달아 해탈한 자와 세계의 관계라는 측면에서 보면, 이는 자유를 얻은 자가 세계에서 아무 장애 없이 존재함을 뜻한다. 그렇다면 이러한 화엄의 가르침이 칸트의 생각과 같지 않다는 점은 쉽게 알 수 있다. 칸트의 경우, 자유와 자연필연성은 이율배반의 긴장관계에 대한 사유를 거쳐 얻은 조화이기 때문이다.

칸트와 불교의 이런 차이에 대해 좀 더 엄밀하게 고찰하지는 못했지만, 그가 양자의 유사성 및 불교의 장점을 발견한 점은 충분히 인정할 만하다. 예를 들어 다음과 같은 설명이 그렇다. "부처님 말씀에 진여(眞如)라는 것이 있다. 진여는 칸트가 말한 참 나(眞我)로서 자유성이 있는 것이다. 무명(無明)이라는 것도 있다. 무명은 칸트가 말한 현상계의 나, 불가피한 리(理)에 의해 속박되어 자유성이 없는 것이다."68) 여기서는 격의 서양철학이 아니라, 거꾸로 서양철학, 즉 칸트로 불교를 설명했다. 즉 불교의 진여(眞如)를 칸트가 말한 초월적 자아의 자유라고 설명하고 무명(無明)으로 인한 번뇌의 세계를 칸트가 말한 자연필연성의 인과법칙에 지배되는 현상계라고 설명하였다.

나아가 그는 이 둘을 주자의 의리지성(義理之性), 기질(氣質) 개념과도 비교했다.

명덕(明德)은 사람이 하늘에서 얻은 것으로 허령불매(虛靈不昧)하여 무

---

67) 法藏, 『華嚴義海百門』, "理不碍事, 純恒雜也. 事恒全理, 雜恒純也. 由理事自在, 純雜無碍也."
68) 梁啓超(1959), 앞의 논문, 88~89쪽.

수한 수많은 리(理)를 갖춤으로써 만사에 응하는 것이다. (내 생각에 이것은 불교에서 말하는 진여요, 칸트가 말하는 참 나이다.) 다만 기품(氣稟)에 의해 구애되고 인욕에 의해 가려져 어떨 때는 어두워진다. (내 생각에 이것은 불교에서 말하는 무명이요, 칸트가 말하는 현상계의 나이다.)[69]

주자의 『대학』 주석을 인용하며 거기에 자신의 의견을 첨가해 주자학의 의리지성은 불교의 진여 및 칸트의 참 나와 대응하고, 기질은 불교의 무명 및 칸트의 현상계의 나와 대응한다고 한 것이다. 이어서 그는 이 셋을 비교해 그 우열을 논했는데, 앞서 언급한 근거로 불교가 칸트보다 낫다고 했다. 그러고는 다시 주자는 불교뿐 아니라 칸트보다 못하다고 주장하며 그 이유를 다음과 같이 제시했다.

주자가 말한 명덕은 그것이 일체(一體)의 상(相)이 됨을 지적할 수 없었으니, 이것이 부처에 미치지 못하는 점이다. 또 이 명덕은 기품에 의해 구애되고 인욕에 의해 가려진다고 하여 자유로운 참 나와 자유롭지 않은 현상계의 나의 경계선을 분명히 하지 못했으니, 이것이 칸트에 미치지 못하는 점이다. 칸트는 참 나는 결코 다른 것에 의해 구애되거나 가려지지 않는다고 여겼으니, 구애되고 가려질 수 있다면 그것은 자유롭지 않은 것이다.[70]

주자의 명덕이 '일체의 상이 됨을 지적할 수 없었다'는 말은 짐작건대, 명덕을 진여와 마찬가지로 모든 사람이 보편적으로 지닌 것이라고 하면서도 불교에서처럼 그것에 근거해 만인이 아무 차별 없이 하나가 되는 모습을 제시하지 못했다는 뜻일 것이다. 이러한 비판은 지나친

---

69) 梁啓超(1959), 위의 논문, 89쪽.
70) 梁啓超(1959), 위의 논문, 같은 곳.

측면도 있고 타당한 측면도 있다. 지나친 측면은 주자 또한 리일(理一)의 관념에 근거해 만물을 널리 사랑할 것을 주장했음을 간과한 데 있고, 타당한 측면은 주자가 분수(分殊)의 관념에 근거해 유가의 차별애를 강조했음이 분명하다는 데 있다.

한편 양계초의 주자와 칸트의 비교 평가 역시 비슷한 맥락에서 이해될 수 있다. 위 인용문에서 양계초는 주자가 때로는 "명덕이 기품에 의해 구애되고 인욕에 의해 가려진다"고 하여 칸트 식으로 말하자면 "자유로운 참 나와 자유롭지 않은 현상계의 나의 경계선을 분명히 하지 못했다"고 비판했는데, 주자학의 관점에서 보면 이는 충분히 반박될 수 있다. 주자가 명덕이 기품이나 인욕에 의해 제대로 발현되지 못하는 경우가 있다고 하기는 했지만, 이 둘은 이기(理氣) 관계처럼 개념적으로는 분명히 구별되는 것이기 때문이다. 하지만 어떤 특정한 기질이나 사욕에 의해 덕성 실현이 쉽게 방해를 받는다면 그러한 덕성은 자유로운 덕성이 아니라는 칸트적인 관점은 주자학이 지닌 약점의 정곡을 찌르는 것일 수도 있다. 바로 그런 이유에서 양계초는 주자의 명덕 대신, 왕양명의 양지(良知)를 칸트의 참 나와 일치시킨다. "너의 그 조그만 양지가 너 자신의 준칙이다. 네 생각이 머무르는 곳이 옳으면 그것이 옳음을 알고 그르면 그것이 그름을 아니 양지는 조금도 속일 수 없다."[71] 『전습록』의 이 명구를 인용한 뒤 이런 설명을 덧붙였다. "이 또한 양지를 명령으로 여기고 양지에 복종하는 것을 도덕적 책임으로 여기는 것이다. 양명의 양지는 곧 칸트의 참 나이니, 그 학설의 기초는 완전히 같다."[72] 양계초는 양명학이 주자학보다 훨씬 칸트의 자율도덕에 가까운 것이라는 점을 예리하게 간파했던 것이다.

---

71) 『陽明全書』卷3, 「傳習錄(下)」, "爾那一點良知, 是爾自家底準則. 爾意念着處, 他是便知是, 非便知非, 更瞞他一些不得."
72) 梁啓超(1959), 앞의 논문, 91쪽.

5. 나오는 말

이상으로 20세기 초엽에 양계초가 베이컨, 데카르트, 홉스, 칸트 등의 철학을 소개하면서 썼던 격의의 방법이 어떤 것이었는지 살펴보았다. 이제 그러한 비교의 방법이 어떤 의의를 지닌 것으로 생각될 수 있는지 간략히 밝히는 것으로 결론을 대신하고자 한다.

우선 양계초의 격의 서양철학이 지닌 문제점 혹은 난점부터 이야기해보겠다. 첫째, 가장 큰 문제는 그의 서양철학에 대한 이해의 수준이 그리 깊지 않다는 것이다. 이 점은 들어가는 말에서 이미 언급한 바 있거니와, 본문 군데군데에서 이 점은 확인된다. 대표적으로 베이컨의 4가지 우상을 부정확하게 서술한 점, 이성, 오성, 정신 등 상이한 개념들을 지혜라는 번역어 하나로 뭉뚱그린 점 등이 그렇다. 둘째, 가장 큰 난점은 비교 분석이 전면적이지 못하다는 점이다. 이는 물론 베이컨, 데카르트 등에 대한 이해가 깊지 않으므로 그 사상들을 다시 중국의 전통사상들과 비교하여 그 유사성 및 차이점을 전면적으로 섬세하게 살피는 것 자체가 역부족이기 때문이니, 이는 난점이라 할 만하다.

그러나 양계초의 격의 서양철학은 그것이 지닌 문제점이나 난점으로 인해 간단히 무시해버리기에는 어려운 더 커다란 의의가 있다고 판단된다. 첫째는 중국의 서양철학 수용사라는 측면에서 서양의 대표적 철학자들의 중심 사상이 거의 최초로 그리고 본격적으로 소개되는 시기에 중국 전통철학의 개념과 사상들이 적극적으로 활용되어 이해를 돕고 있다는 점이다. 마치 불교 이해 초기에 위진 현학의 무(無) 개념으로 불교의 공(空)이 이해되었듯이, 그 이해의 수준에 다소 문제가 있었을지라도 그 철학사적 의의는 분명하다. 둘째는 동서철학 비교라는 측면에서 여러 사상들의 유사성이 과감하게 논해지고 중요한 차이점이 예리하게 분석되고 있다는 점이다. 베이컨의 과학적 실험과 주자의 격물궁리 비교, 홉스와 순자의 인성론 및 정치사상에 대한 비교, 칸트와 유식불교의 인식론 비교, 칸트와 주자, 왕양명의 도덕철학에 대한 비교 등은 현대 중국철학사에서 끊임없이 다루어져 왔고, 오늘날의 시각에서 보아도 유의미한 주제들이다. 셋째는 동서양 학문 혹은 철학을 접근하는 태도의 측면에서 양계초가 이 시기에 의외로 상당히 균형 잡힌 시각을 보이고 있다는 점이다. 서양과 중국의 학문 어느 한쪽에 경도되어 다른 한쪽을 무시하지 않고 근대화라는 시대적 과제와 중국이라는 공간적 특수성을 두루 고려하여 때로는 서양 학문으로 중국 전통학문을 비판하고 때로는 중국 전통학문으로 서양 학문을 비판함으로써 근대 중국 학술의 새로운 출구를 모색하고 있다. 오늘날 우리에게도 귀감이 될 만한 자세인 것으로 생각된다.

참고문헌

강중기(2013), 「梁啓超 盧梭學案」, 『개념과 소통』 제11호, 한림과학원, 219~
    238쪽.

김제란(2009), 「양계초 사상에 나타난 서학 수용의 일 단면」, 『한국사상과
    문화』 제46집, 한국사상문화학회, 89~118쪽.

서양근대철학회(2001), 『서양근대철학』, 창작과비평사.

양계초, 이혜경 주해(2014), 『신민설』, 서울대학교 출판문화원.

조긍호·강정인(2012), 『사회계약론 연구』, 서강대학교 출판부.

진소명(陳少明) 외, 김영진 옮김(2008), 『근대 중국사상사 약론: 경학, 불학,
    서학으로 본 중국인의 사유실험』, 그린비.

한자경(2000), 『유식무경: 유식불교에서의 인식과 존재』, 예문서원.

F. 코플스톤, 김성호 옮김(1996), 『합리론』, 서광사.

梁啓超(1959), 『飮氷室文集』, 臺北: 新興書局.

梁啓超(1988), 『飮氷室合集』, 北京: 中華書局.

商務印書館(1968), 『朱熹 四書章句集注』, 北京: 商務印書館.

馮友蘭(1999), 『中國哲學史新編』(下), 北京: 人民出版社.

賀麟(2012), 『五十年來的中國哲學』, 上海: 上海人民出版社.

冒從虎 等(1985), 『歐洲哲學通史』, 天津: 南開大學出版社.

張灝 著, 崔志海 等 譯(1995), 『梁啓超與中國思想的過渡(1890~1907)』, 南京:
    江蘇人民出版社.

荀子, 『荀子』

墨子, 『墨子』

法藏, 『華嚴義海百門』

제2장 환유지구 계몽 담론과 국문 기행문*

김경남

1. 서론

한국 문학사 연구에서 근대 문학에 대한 관심이 고조된 것은 1970년 대 전후의 일이다. 한국 근대 문학 형성 과정론 연구사를 집필한 조동일 외(1983)에서는 신문학 또는 근대 문학 연구 경향을 정리하면서 "단행 본이나 정기 간행물을 통해 전달되는 서정시·소설·희곡이 문학이라고 하면서, 거기 나타난 시민 정신·사실주의·내면 심리 같은 것들을 평가" 하는 과정이 근대 문학 형성 과정 연구의 핵심 키워드였음을 밝힌 바 있다. 이 논문은 한국 근대 문학 형성 과정 연구는 일제 강점기인 1922 년부터 1945년까지를 제1기로 설정하고, 1945년부터 1950년까지를 제 2기, 1950년부터 1960년까지를 제3기, 1960년부터 1970년까지를 제4

---

* 이 글은 김경남(2018)의 「근대의 환유지구 계몽 담론과 국문 기행문 연구: 1910년대 이전의 기행문으로 대상으로」(『독서연구』 46, 한국독서학회, 37~66쪽)를 수정한 것임.

기로 설정하였으나, 본격적인 연구는 역사학회(1973), 김용섭(1975)의 농업사 연구, 신용하(1976)의 독립협회 연구가 이루어진 1970년대 이후에 이 주제에 관한 연구가 본격화되었다고 정리하였다.

사실 이 시기는 문학사뿐만 아니라 역사학에서도 '근대'에 대한 관심이 높았는데, 이는 식민사학을 극복해야 하는 현실적인 과제가 있었기 때문이다. 특히 1960년대 후반, 경제사 분야에서 '아시아적 생산양식론'이나 '봉건제 결여론'과 같은 식민 역사학의 중심 논리를 극복하기 위한 방편으로 시대 구분론이 제기되었고, 그 연장선에서 문학사에서의 근대에 관한 논의가 활성화되기 시작했음은 주지의 사실이다.

일반적으로 문학사에서의 근대성은 조동일 외(1983)의 논문에서 밝힌 바와 같이, '시민 정신', '사실주의', '내면 심리' 등과 밀접한 관련이 있다. 이러한 근대정신은 지식의 발달과 개인의 자각, 절대정신으로부터의 해방, 자유로운 표현 양식의 발달 등을 내포한다. 이와 같은 의식은 근본적으로 자국어의 발견이나 언문일치체의 발달, 그것을 뒷받침하는 매체의 발달에 큰 영향을 받는다. 그렇기 때문에 문학사뿐만 아니라 국어사 또는 국어 교육사에서도 '국문의식'과 '언문일치'는 근대성을 논하는 데 필수불가결한 주제가 된다.

이와 같은 근대성은 추상적 지식보다 구체적 체험을 통해 구현되는 경우가 많다. '환유지구(環游地球)'는 전근대의 폐쇄적 공간의식을 세계적 공간으로 재구성하는 구체적이고 사실적인 경험을 제공한다. 이 점은 1883년 『한성순보』 창간호에서 '지구도해(地球圖解)'를 수록하고, '지구론(地球論)'과 '논주양(論洲洋)' 등의 근대 지식을 연재한 것에서도 증명된다. 물론 이 신문에서 세계 지리와 관련한 자료를 수록하기까지 위원(魏源)의 『해국도지(海國圖志)』나 서계여(徐繼畬)의 『영환지략(瀛寰志略)』 등이 유입되어 세계 지리에 관한 지식이 전파되고 있었음은 이광린(1969) 등에서도 비교적 자세히 고증된 바 있다. 그러나 세계 지리서

나 역사서 등의 지식과는 달리 '환유지구'나 '견문록'은 개인의 체험을 바탕으로 한 자의식 성장 과정을 보여준다는 의미에서 근대의식의 성장 과정을 살피기에 적절하다. 그러나 최초의 근대 신문으로 평가받는 『한성순보』나 『한성주보』에는 개인 체험의 기행문이 등장하지 않는다. 여행과 관련하여 『한성주보』제69호(1887.6.27) 집록(集錄)에 '총심의정 출양유력장정(總審擬定出洋遊歷章程)'이 등장하나, 이것은 해외여행 관련 규정일 뿐이다. 김경남(2013)에서 밝힌 것처럼 근대 매체가 등장한 이래 다양한 출양(出洋) 담론이 형성되지만, 신문·잡지 매체에서 기행문을 찾는 일은 쉽지 않다. 이 점은 근대 기행문에 관한 곽승미(2011), 김진량 (2004) 등의 선행 연구에서 『소년』 소재 기행문이나 일본 유학생들의 기행 담론에 주목한 것도 1900년대 이전의 기행문이 많지 않기 때문에 나타난 현상으로 볼 수 있다.

그럼에도 근대 매체가 발달하면서 '환유지구'를 비롯한 다수의 기행 문이 출현하기 시작한다. 유길준의 『서유견문(西遊見聞)』도 그 중 하나 이다. 이 견문록은 유길준이 조사시찰단 수행원으로 파견된 1881년부터 계획된 것으로, 1895년 일본 교순사(交詢社)에서 발행되었다. 흥미로운 것은 20편으로 이루어진 이 견문록이 1900년대 초까지 각 학교의 교과서로 널리 쓰였다는 사실이다. 이는 『서유견문』에 들어 있는 각종 견문 지식이 개인 차원의 자의식보다 보편지식으로 인정되었음을 의미한다. 이 단행본 이외에 1900년까지 저작된 개인 차원의 기행문은 많지 않으나 신문·잡지에 소재하는 기행문으로 『한성신보』 1895년 9월 10일부터 9월 29일까지 10회에 걸쳐 연재된 '일유기람(日遊記覽)', 『대조선독립협회회보』 제17호(1897.7.31)의 '환유지구잡기(環游地球雜記)', 『죠션크리스도인회보』 제2권 제19호(1897.5.27)부터 제28호(1897.7. 27)에 연재된 최병헌의 '일본에 열남흔 일', 제2권 제38호(1898.9.21)부터 제41호(1898.10.20)까지 연재된 '교우 노병선 씨의 열남흔 일', 제2권 제

43호(1898.10.26)~제44호(1898.11.2)에 연재된 김기범의 '시골 다녀온 일' 등이 있다.

이 연구는 1900년대 이전의 출양 담론을 보여주는 '환유지구잡기'와 『죠션크리스도인회보』에 수록된 최병헌, 노병선, 김기범의 기행문을 주요 연구 대상으로 하여, 이 시기 기행문의 근대성을 살피는 데 목적을 둔다. '환유지구잡기'는 1889년 태서 각국을 유람한 한문체 기행문으로 외국인의 저작을 전재한 것으로 추정되나 현재까지 확인된 출양역람(出洋歷覽)의 기행문 가운데 유일한 것으로 평가된다. 또한 최병헌, 노병선, 김기범의 기행문은 '열람한' 또는 '다녀온'이라는 표현이 들어있지만 전형적인 국문 기행문으로 자의식의 발견, 사실적 재현, 언문일치 차원에서 중요한 자료이다.

2. 환유지구·출양견문 담론의 계몽성과 문체상의 한계

2.1. 환유지구 담론과 세계관의 변화

'환유지구잡기'는 이 시기 국내 문헌에 소재한 한문체 근대 기행문 가운데 거의 유일한 작품이다. 출양(出洋)하여 태서 각국을 견문하고 학문 발달 상황이나 이국 풍속을 접하는 일은 근대적 공간 확대의 차원에서 중요한 의미를 갖게 된다. 이 시기 한국인 가운데 출양 견문록을 남긴 사람은 유길준, 윤치호 등 극히 일부였다. 유길준은 1881년 조사 시찰단 수행원으로 일본에 갔다가 돌아와 박문국에서 신문 발행과 관련된 일을 맡고, 1883년에는 보빙사의 일원으로 1년 3개월 가량 미국을 견문하고 유럽을 거쳐 귀국했으므로, 출양과 관련한 직접 체험을 경험한 사람이었다. 그렇기 때문에 『서유견문』에는 서양의 학술과 문물,

제도, 풍속에 관한 다양한 기록이 남아 있다.1) 윤치호도 조사시찰단의 일원으로 일본에 파견된 뒤 일본 유학 중 영어를 배우고, 갑신정변 이후 상해에 유학하여 중서서원에서 3년 6개월을 공부하였다.2) 윤치호의 출양 경력은 『윤치호 일기』를 참고할 수 있는데, 현재 남아 있는 그의 일기는 1883년 11월 22일부터 1887년 10월 초8일까지의 한문 일기, 1887년 10월 초9일부터 1889년 12월 15일까지의 국문 일기, 1889년 12월 17일 이후의 영문 일기 등이다.

'환유지구잡기'는 『필자를 알 수 없으나 글 속에 두 번에 걸쳐 『격치휘편』이 언급된 것으로 보아, 중국인이 쓴 기행문을 전재(轉載)한 것임을 알 수 있다.3) 이는 다음 두 구절을 통해 추론할 수 있다.

「'환유지구잡기' 속의 『격치휘편』」

ㄱ. 曾於格致彙編載有記聲機器. 今余回國時屢見斯器. 蓋有奇妙絕倫者 倚其人將語言記此器中.

> **번역** 일찍이 격치휘편에서 소리를 기록하는 기기를 게재한 바 있는데, 내가 회국할 때 다시 이 기계를 보았는데, 모두 기묘한 것이, 사람이 장차 말하는 것을 이 기계에 기록할 수 있다.)

ㄴ. 夫書法一事 無論何國皆不可少 而古昔之時 西國則有以鐵筆蠟版作書者. 淸國則有以竹簡漆書爲字者 皆古樸遲滯後 以紙筆代之 靈便甚矣. 而今又有機器名台波來脫耳者 卽印寫紙之意於前號之格致彙編已載 及斯器矣.

> **번역** (대저 서법은 어느 나라든지 적지 않으며 옛날 서양국도 철필과 납판으로 글씨를 쓰는 것이 있었다. 청국은 죽간과 칠서로

---

1) 서훈(1978), 「서유견문 해제」, 『서유견문』, 대양서적.
2) 유영열(1985), 『개화기의 윤치호 연구』, 한길사.
3) 『대조선독립협회회보』는 그 당시 중국이나 일본에서 발행된 신문·잡지 등을 전재한 경우가 많은데, 특히 상해에서 발행된 『격치휘편』을 참고한 경우가 많다.

글자를 썼는데 뒤늦게 지필이 그것을 대신하여 편리하게 되었다. 지금 태파래탈이(台波來脫耳, 타이프라이터로 추정)라 부르는 기계가 있어 종이에 그 뜻을 베끼니 격치휘편 전호에 게재한 것이 그 기계이다.)

『격치휘편』은 1876년 존 프라이어(중국명 傅蘭雅)가 상해에서 발행한 중국어판 신문으로, 현재 서울대학교 규장각에 1876년부터 1882년 사이의 『격치휘편』이 소장되어 있다. 'ㄱ'에 나오는 '기성기기(記聲機器)'와 '태파래탈이(台波來脫耳)'에 대한 기록은 찾을 수 없으나, 이 신문은 각종 서양 기기를 지속적으로 소개하였는데 인서법(印書法)과 관련한 기사도 다수 찾을 수 있다. 예를 들어 1876년 1월의 '인서기기도설(印書機器圖說)'이나 8월호의 '사자기기(寫字機器)', 1877년 3월호의 '논대필신기(論代筆新機)', 12월호의 '석판인도법(石版印圖法)' 등은 지식 보급의 주요 수단인 신문·서적의 인쇄법을 소개한 글이다. '환유지구잡기'의 필자는 영국 견문을 통해 오늘날의 '축음기'나 '타자기'를 직접 보고, 이에 대한 견해를 밝힌 셈이다.

'환유지구잡기'는 중국인의 관점에서 이루어진 출양 견문 기록이지만, 이러한 기행문이 『대조선독립협회회보』에 전재된 것은, 중국의 경우 '환유지구' 기행문이 우리보다 선행했으며 우리도 그 경험이 현실적으로 필요했음을 의미한다. 이 점에서 1890년대 국내에 보급된 중국에서 저작된 기행문을 좀 더 살펴볼 필요가 있다. 이 시기 식자층이 접했던 또 하나의 기행문으로 『공보초략(公報抄略)』을 살펴볼 필요가 있다. 이 책은 말 그대로 '공보(公報)'에서 주요 기사를 발췌하여 편찬한 책이다. 송만오(1995)에 따르면 『공보초략』은 현재 4개의 필사본이 존재하는데 1879년 역관 김경수(金景遂)가 편찬한 것으로 알려져 있다. 이는 『승정원일기』 고종 19년 임오 8월 23일조 '유학 지석영 상소(幼學 池錫永 上疏)'의 "전 현령 김경수가 기록한 공보초략"이라는 구절을 근거로 한 추론으로4), 이 책의 대상이 되었던 '공보'는『만국공보(萬國公報)』였다. 그러나 여러 이본이 모두 김경수가 편찬한 것을 필사한 것인지는 좀 더 고찰해 볼 필요가 있다. 왜냐하면 송만오(1995)에서는『공보초략』의 기사 가운데 가장 늦은 것은 광서 2년(1876) 11월 9일자 소개된 논설이라고 하였으나, 국립중앙도서관본의 '해외문견약술(海外聞見略述)'은『만국공보』1889년부터 1890년에 걸쳐 연재되었던 기행문이기 때문이다. 이 점에서『공보초략』은 김경수 이후에도 공보를 몇 차례 더 초략(抄略)하여 이본을 만들었을 가능성이 있다. 이처럼 중국 신문을 초략한 까닭은 시무(時務)나 기기(機器)와 관련하여 신지식을 수용하고 보급해야 할 필요성이 커졌기 때문이다.

국립중앙도서관본『공보초략』에 등장하는 출양 견문기는 '해외견문약술', '교유서국천요설(交遊西國淺要說)', '객우설(客寓說)', '서인대객설(西人待客說)' 등 4편이다. '해외견문약술'은『만국공보』1889년 10월호부터 첫 연재가 시작되는데 필자는 '득일용인(得一庸人)'이라고 하였다. 여기서 '용인(庸人)'은 평범한 사람을 뜻하는 말로, '해외견문약술'은 필자가 1888년 봄에 태평양을 건너 미국 캘리포니아를 거쳐 뉴욕 등지를 유람하고 견문한 내용을 간략히 기술한다는 뜻이다.『공보초략』에 수록된 내용은 1890년 8월~10월의 '기기(機器)'와 관련한 견문이나,『만국공보』에 연재된 기행문에는 미국의 정치, 풍속, 사회 전반적인 모습이 소개되어 있다. '교유서국천유설'은 말 그대로 서국과 교류하기 위해 꼭 필요한 지식을 간추려 소개한 글이다. 이에 따르면 필자는 태서 10여 개국을 돌아다니면서 서양인을 만나 그들의 정치를 견문하고 의사소통하는 방식이나 책을 읽는 태도, 심지어는 목욕하는 풍속 등을 목격하였다. '객우설'은 서양인의 여관 풍속을 소개한 글이며, '서인대

---

4) 이에 대해서는 이광린(1969)의 46쪽과 송만호(1995) 제3장 '공보초략의 편찬'을 참고할 수 있다.

객설'은 서양인의 손님맞이 풍속을 정리한 글이다. 이처럼 '환유지구'
의 견문 체험은 전근대적 시공간 의식과 인간관계를 전면적으로 해체
한다. 이는 자기중심적 사고에서 타자를 발견하는 과정인 셈이다. '서
인대객설'의 한 장면은 이를 잘 보여준다.

「西人待客說」

　　左氏云 賓至如歸 是主人之待客一語 若己無美弗具. 又云敎其不知恤其不
足則 更不僅如歸而已矣. 然而西人待客則更有 進於是者圭玆環球以遊也. 歷
程逾八萬里 而遙東道主人誠不勝一一數然 其情意直摯顧慮周祥一種懃懃悲
懇處 幾如骨肉之無間何西人之待客 乃有如是是非 身親歷嘗者 或固有不盡
信也. 大抵吾華人遊彼者 多見所未見聞所未聞 彼必旁引曲導事事物物 靡不
明晳 告語是其坦中無隱 惟恐客 或有毫末之未盡悉也. 若乃居處飲食 惟適之
宜洵亦可矣. 特猶爲寄寓而言耳. 孰知多有素昧 平生每尋聲跡影必求覯一面
交數言以爲幸能從 而遊覽居處則尤惟忻. (…中略…) 擧家出見 偕與遊覽方
之 昔人所稱 不知誰爲主客者似又過之或問子 所遊歷 皆若是歟. 曰然. 然猶
過之者 美國是也. 聞美人言 德國亦是也. 今而西人之足 以相與也. 竊自以爲
非偏論. 然而揆其用心 要必有所主. 蓋國家旣務敦好篤誼 廣識見勵材能則吾
儕 豈敢岐視是其待客之盡美盡善 正以仰體 國家欲贊助攸久無疆之慶原非
市交遊廣聲譽者所可比 並而左氏所稱 亦是交隣國之道 以今衡之誠更有進
於當時者 故爲說以告中外之相與者.

번역 (좌씨에 이르기를 '빈지여귀(손님 접대를 잘해서 손님들로 하여금
자기 집에 돌아온 느낌을 갖게 한다는 말)'는 주인이 손님을 접대
하는 한 마디의 말로 자기에게 좋지 않음에도 갖추어야 함을 말한다. 또
이르기를 가르쳐도 알지 못하고 구휼해도 부족하면 곧 겨우 돌아갈 뿐이
라고 하였다. 그러나 서양인들의 손님 접대는, 지구를 유력하여 역정 8만
리가 넘고 동도의 주인이 진실로 하나같지 않다. 그 실정을 진지하게 살

펴 일종 은근하고 간절하게 하니 서양인의 손님 접대에 어찌 골육의 사이가 없겠는가. 이에 마치 시비가 있고 친히 겪은 것은 혹 믿기 어려운 것도 있다. 대저 우리 중국인들은 여행할 때 저들이 많이 본 것과 들어보지 못한 것은 반드시 사물을 방증하고 명석하지 않은 것은 그것을 알려 손님이 조금이라도 미진하지 않도록 하는 데 최선을 다한다. 거처와 음식은 오직 적당하고 평안해야 마땅하다. 특히 머무는 곳에 유의할 따름이다. 누가 소박한 맛을 알 것이며 평생 자취를 찾아 그 일면을 보고자 하며 사귐에 따를 만한 말로 유람하고 거처하면 곧 더욱 기쁜 일이 된다. (…중략…) 집을 나와 유람하는 지방과 더불어 옛 사람들이 일컫기를 누가 주객이 되어 지나거나 혹 그대에게 유력한 곳을 물으면 모두 그러할 것이다. 오히려 지나는 것은 미국이 그러할 것이며 미국 사람이 듣고 말하면 독일이 또한 그러할 것이다. 지금 서양인이 능히 더불어 하는 것이 그러하다. 감히 치우쳐 말함으로써 그 마음 씀을 바라보면 반드시 그 주인이 되는 바가 필요하다. 대개 국가는 돈독과 호의에 힘쓰고 재능 있는 사람에게 식견을 넓히는 데 힘쓰니 우리가 어찌 감히 손님맞이의 진선과 진미를 말하고 그것을 바른 것으로 숭앙하겠는가. 국가는 오랫동안 경계 없이 교유하고 명예를 높이는 데 힘쓰고자 하니 가히 비교할 것이 없다. 아울러 좌씨가 말한 것도 또한 교린국의 도리와 지금의 형편이 진실로 진보하는 데 있는 것이다. 그러므로 이상을 말하여 중외가 함께 하는 바를 알리고자 하는 것이다.

서양인의 손님맞이와 관련하여 필자는 자기중심의 절대적 가치를 인정하지 않는다. 지구를 유력하여 8만리에 이르면 모든 사람이 동일하지 않음을 깨닫게 되며, 오직 유의할 것은 '돈독', '호의'와 '주인이 되는 마음'일 뿐이다. 이러한 타자의 발견은 '환유지구잡기'에서도 마찬가지이다.

「環游地球雜記」

　　蓋聞諺云秀才不出門 能知天下事無 他惟能於書中所見知之耳. 然書中所見終不如目觀之尤爲親切也. 於是人每喜出門游歷遍觀各處之敎化風俗人情土物 必欲飽其知識以爲快 但世之欲游而不克遠游者居多 所以曾經游歷之大 將所見者誌之筆墨俾未經目觀之人 亦得卽其所誌者以擴其見聞可使局於一國之人 周知列邦之政敎風俗以博宏通之譽 而銷鄙陋之懷庶幾異同之見胥融 彼我之分悉化 而道一風同有天下一家之氣象也.

번역　(대개 들은 바 속언에 이르기를, 수재는 문을 나서지 않고도 능히 천하의 일을 안다 했으니 이것은 다름이 아니라 능히 책 가운데의 소견으로 그것을 아는 것일 따름이다. 그러므로 서중소견은 직접 보고 더욱이 친히 행한 것만 같지 못하다. 이에 사람은 매번 문을 나서기를 기뻐하며 각처의 교화·풍속·인정·토물(土物)을 유람하여 그 지식을 넓힘으로써 즐거움을 삼고자 해야 한다. 다만 세상에 유람하고자 하나 가능하지 않고, 멀리 유람하는 자가 유람의 경험을 이해하여, 장차 본 바를 필묵으로 적어 두는 까닭은 목도하지 못한 사람이 또한 그 적어 놓은 바[誌]로 그 견문을 넓힘으로써 가히 한 나라에만 사는 사람에게 열방의 정교풍속(政敎風俗)을 두루 알게 하고자 하는 것이다. 이로써 그 빛나는 것을 넓혀 다소 견문한 바 같고 다름으로 비루함을 녹여내고 피아의 구분을 서로 융합하여 도리가 하나가 될 수 있도록 다함으로써 천하가 하나되는 기상이 있게 하고자 함이다.)

여행 체험을 통한 '타자의 발견'은 인간관계의 차원에서 자아와 타자의 관계를 새롭게 인식함을 의미한다. '도일풍동(道一風同)', '천하일가(天下一家)'는 타자를 무시하는 것이 아니라 타자를 승인하고, 자아를 반성하는 태도를 일컫는 말이다. '환유지구' 담론에서는 '세계역람(世界歷覽)'이 이러한 인식의 변화를 가져오는 계기가 된다. 이 점에서 유길준의 『서유견문』 제15편의 '붕우 상교(朋友相交)하는 도리', '여자 대접(待接)하는 예모(禮貌)' 등도 마찬가지이다. "태서의 여자 대접하는 예모(禮貌)를 보건대 우리들의 규식과는 매우 다른 데가 있다. 듣는 사람의 마음은 어떨지 몰라도 나는 내가 본 대로 적을 따름이요, 좋고 나쁨의 비평은 허락하지 않으니"라고 기술한 '여자 대접하는 예모'에서 "제왕부터 서인까지 남녀유별의 풍속이 없음"에 놀라지 않고, 문화의 일부로서 인정하는 태도는 예법상의 문제일 뿐만 아니라 타자에 대한 새로운 인식을 의미하는 것이다.

2.2. 출양견문의 계몽성과 문체적 한계

『공보초략』의 '해외견문약술'이나 『대조선독립협회회보』의 '환유지구잡기'는 그 자체로서 완결된 기행문이라는 점에서 주제별 견문 기록인 『서유견문』과 연월별 사건 기록인 『윤치호 일기』 등과는 차이가 있다. '환유지구잡기'는 다음과 같이 견문기를 남기는 이유를 밝히고 있다.

「環游地球雜記」

夫近數年來出門游歷者不乏 其人在泰西諸國爲尤多 商賈家欲尋訪新地 以興其貿易之利 各國有欽使領事諸大員駐箚各口 非特保護本國人民 亦講信修睦令 彼此不相猜忌才智之士 專事游覽 以廣見博聞 幷詳究各邦之學業如何 卽以裨益. 夫格致之學有志者 且週行天下 以搜探商務幾無地不到矣. 亦有好游之客親歷險遠藉以見珍奇之物罕覯之景 以擴其胸襟 且有因痼疾難瘳遠涉重洋遍訪佳地 或取海濱澹蕩之風 或取山巓淸明之氣調攝 以養其病體者 凡此諸多游歷之人于新文紙上 見有著爲論說者 有傳諸信箚者 且 有著述書籍者 各國文字悉備 有之所以 因見獵而知者不啻以千萬計云.

번역 (대저 수년 이래 문을 나서 유력한 사람들이 적지 않으나, 그 사람들이 태서 제국에서는 상고가 많고, 새로운 지방에 탐방하고자 하는 자는 무역의 이익을 홍하게 하고자 하여 각국에 사신과 인원을 보내 각국에 주차하며 특히 자국의 인민을 보호하고자 하는 것이 아니라 또한 조약과 화목을 강구하여 피차 재지를 시기하지 않고자 하는 것이니, 선비가 오직 유람에 전념하는 것은 이로서 견문한 바를 넓히고 아울러 각 나라의 학업 여하를 상세히 고찰하여 보익하게 하는 것이다. 대저 격치학에 뜻을 둔 자는 또한 천하를 주유하여 상무를 탐색함에 가지 못할 지방이 없는 것이다. 또한 여행을 좋아하는 객이 친히 멀리 유력하여 진기한 사물을 보고 경치를 구경함으로써 흥금을 넓히고 또한 멀리 여러 대륙을 다니고 아름다운 지역을 방문함으로써 고질병을 치료하고, 혹은 해빈의 담탕(澹蕩)한 바람을 취하고, 혹은 산령(山嶺)의 청명한 기운을 취하여 조섭(調攝)함으로써 그 육체를 건강하게 할 수 있는 것이다. 무릇 새로 지상(紙上)에서 여러 지역을 유력한 사람이 많으니, 이를 논하고 설명하는 것을 볼 수 있으며, 여러 곳 머문 지역을 전하는 것을 볼 수 있다. 또한 본 바와 아는 바로써 각국 문자로 서적을 저술하여 읽게 하는 것은 천만금을 계산하지 않는다고 이른다.)

필자는 태서의 상고(商賈)·무역(貿易)을 '조약'과 '화목', '상구 보익(詳究補益)'이라는 차원으로 긍정하고, 여행 체험이 흥금을 넓히고 고질을 치료하며 청명한 기운을 조섭하여 건강하게 하는 데 있음을 강조한다. 견문록은 글로써 이를 전달하는 효과적인 수단이다. 이러한 차원에서 필자는 1889년 겨울부터 지구를 환유하면서 격물치지의 효용성, 기기 제조법과 산학, 항해법 등 목격한 바를 계몽적인 어조로 서술한다. "대저 사람이 지구를 알고 일주를 하는 것은 격치학 연구에서 말미암지 않는 것이 없으며 이미 그 공효가 정밀하다. 또한 기기를 제조하고 산학과 항해법을 밝힌다. 그러므로 능히 배를 움직이고 가히 대양의 험로를 넘을 수 있고 전선(電線)으로 통하며 각종 서적으로써 각지의 사정을 안다. 그러므로 무릇 해외에 나가는 공효는 위축을 두려워하지 않고 격치를 향하지 않음이 어찌 이에 이르겠는가. 지금 서국이 이를 배워 날로 새롭고 달로 성하며, 모든 것이 궁극을 연구하고 본원을 탐색하여 신법을 얻음이 매우 많다. 해가 깊어 일 년이면 가히 기묘한 기기를 사용하는 데 정통하며, 서양인이 진실로 온 힘을 다해 사려하는 까닭을 묻고 새로운 법을 사색하는 것은 또한 이로움을 꾀하는 것일 따름이다."5)라는 진술은 '환유지구'의 목적이 근대의 실용 지식 탐구와 밀접한 관련을 맺고 있음을 나타내는 것이다.

이 기행문에 등장하는 대표적인 견문 내용으로는 '전기등(電氣燈)', '전화기(德律風, telephone의 차자)' 등과 같은 전기의 힘과 관련된 것들이다. 특히 전화기는 전선을 사용하여 화자와 청자를 매개하는 새로운 통신 기계라는 점에서 신비로운 기계에 해당한다. 기계의 납관으로 먼 곳 친구에게 말을 전하고 기계 내에 음을 두어 방출하면 천리에 떨어져 있을지라도 직접 얼굴을 대할 필요가 없는 '기성기기(記聲機器)'나 수십 쪽의 신문지를 36만 장이나 발행할 수 있는 '인서법(印書法)' 등은 전통적인 시간과 공간, 지식 전파의 범위 등에 대한 의식을 뒤집어놓는다. 한문체 기행문에 등장하는 타자 인식과 근대적 격물학은 점차 보편적 지식으로 변화해 갈 가능성을 갖는다. 『대조선독립협회회보』에서 '환유지구잡기'를 전재(轉載)한 것도 이러한 시대적 분위기를 반영

---

5) '環游地球雜記'. "余於一千八百八十九年冬 起程環遊地球週轉所見諸多格物攷效用 敢述諸筆墨庶或裨益於格致學之一二云. 因思四百年前泰西諸國 亦以地形屬方部位居中 而日月星辰旋轉四圍 與淸國天圓地方之說相似. 惟邇來各國人士多有環繞地球 而行者 或向西逕行 而仍至原處 亦 或向東直達而盤歸舊所者 則地球明係圓形. 故能旋繞如屬方形則動多窒礙矣. 夫人之所以得環繞而行者 無非因格物之學研究 旣精功效 亦廣能製造機器 且明算學 與航海法. 故能駕馭輪舟 可越大洋之險 竝 有電線以通 有各種書籍以知各地之情形. 故凡占出門有功者 不致畏縮 而不前向非格致烏能至是 今西國 是學日新月盛 每因研窮玩索 而得新法多端. 年深一年 可以成愈精愈妙之器用 試問西人之所以殫誠竭慮 而思索新法者 亦不過爲謀利計耳."

하는 셈이다.

그럼에도 한문체 기행문은 타국인의 유력담을 옮긴 것이라는 점, 지식의 대중화에 적합하지 않은 한문체로 역술(譯述)한 점 등에서 근본적인 한계를 갖는다. 1894년 갑오개혁 직후 칙령 제1호에서 '국문위본(國文爲本)'이 천명되고 『독립신문』, 『협셩회회보』, 『미일신문』 등의 순국문 신문이 발행되는 상황에서 계몽 논설투의 한문체 기행문의 생명력을 기대하기는 어렵다. 다만 한문체 기행문일지라도 '해외견문약술'이나 '환유지구잡기'와 같은 구체적인 여행 체험은, 사실을 재현하고 근대적 자아를 발견하는 데 적지 않은 영향을 주었을 것으로 추론된다.

3. 순국문 기행문과 지식 계몽 담론

3.1. 순국문 기행문의 출현

『대조선독립협회회보』에 소재한 '환유지구'의 한문체 기행 담론은 그 자체로서 국문 기행문과 직접적인 관련을 맺는 것으로 보이지는 않는다. 그럼에도 1890년대 후반의 기행 담론이 주유천하(周遊天下)를 통하여 근대 지식 수용의 필요성을 부각했다는 점, 그러한 지식은 '천지 만물의 이치와 형상'뿐만 아니라 '타국 정치상', '타국 백성의 사는 풍속', '모든 물건을 만드는 법' 등을 아는 것6) 등의 지식 계몽 담론과 이어진다는 점에서 이 시기 국문 기행 담론과 유사성을 갖는다. 흥미로

---

6) 『그리스도신문』, 1897.4.1, 논설 '지식이라'. 이 논설에서는 "지식을 말ᄒ려 ᄒ면 다른 거시 아니라 텬디만물의 리치와 형상과 법을 아는 거시오, 타국 정치상을 아는 거시오, 타국 빅셩의 사는 풍쇽을 아는 거시오, 모든 물건을 믄ᄃ는 법을 아는 거시니라. 아모 싱업이라도 각 학문을 빈혼 거시 유익지 아님이 업스니 지식이라 ᄒᄂᆞᆫ 거슨 각 사름의게 진물노 유익게 홈이니 나라헤도 유익홈이 되ᄂᆞ니라."라고 하여 근대 지식의 성격에 대한 논의를 펼친 바 있다.

운 점은 문체 발달 차원에서 이 시기 신문 잡지 매체에는 여정과 감상을 아울러 형상화한 순국문 기행문을 찾기 어렵다는 점이다. 1896년『독립신문』이 발행된 이래 순국문 신문에는 기행문을 찾기 어렵다. 김경남 (2013)에서 밝힌 바와 같이,『독립신문』에는 1897년 1월 26일자 미국 유학 관련 논설과 1899년 6월 30일자 각국 유람의 필요성과 관련한 논설 등이 등장하는데, 이는 엄밀한 의미에서 기행문은 아니다. 이는 『제국신문』도 마찬가지이다. 1899년 2월 28일자 논설에서 '세계 각국의 풍습'을 소개한 사례가 있고, 1902년 10월 20일 '삼국 인종의 성질'이 실려 있으나 이 또한 논설의 일종이다.『제국신문』의 경우 1902년 11월 18일부터 27일까지 8회 연재된 '대한 근일 정형'은 유람기 형식의 본격적인 기행문 가운데 하나이나, 이 또한 미국 학사 아서 브라운의 한국 체류담을 바탕으로 한 계몽 담론에 해당한다.[7] 외국인의 눈으로 본 당시 한국의 정형을 국문으로 번역하여 게재한 이 글은 그 자체로 계몽적 논설의 하나로 간주할 수 있다.

이러한 차원에서 1900년 이전의 근대적 국문 기행문으로『한성신보』 1895년 9월 10일부터 9월 29일까지 10회에 걸쳐 연재된 '일유기람(日遊記覽)'을 살펴볼 필요가 있다.『한성신보』는 1895년 2월 17일 구마모토 (熊本)현 사람들이 일본 외무성의 자금 지원을 받아 창간한 일본인 경영 신문이다.[8] '일유기람'은 1895년 4월 일본 박람회를 견문한 기행문이다. 당시 농상공부에서는 이 박람회에 9명의 박람원을 파견했는데, 기행문 집필자는 밝혀져 있지 않다.[9] 이 기행문은 국한문으로 발표된

---

7) '대한 근일 정형'은 '우리나라 사정을 일본에서 더 잘 아는 현상', '정치와 교화의 문제점', '러시아와 일본의 한국 내 철도 분쟁과 국권 침탈에 무능 무감각한 정부 비판', '화폐와 주거의 문제점', '프랑스의 이권 침탈 과정에서 천주교의 역할 비판', '제주 민란과 천주교' 등을 주요 내용으로 하였다.

8) 김영민(2014), 「발간 경위와 서사문학 자료」, 연세대학교 학술정보원·연세대학교 근대한국학연구소 엮음,『한성신보』1~4, 소명출판.

9)『한성신보』, 1895.9.10. "今年 四月에 農商工部에서 左의 記ᄒ 九氏를 選ᄒ여 日本 博覽會를

최초의 기행문으로 볼 수 있으나, 일본인의 주관 아래 이루어진 농상공
부 박람원의 시찰기의 일종이라는 점에서 근대의식의 성장이나 문체
의 발전 차원에서 큰 의미를 갖는 것은 아니다. 이 기행문은 4월 29일
농상공부의 점고를 받고 5월 1일 발정(發程)하여 부산항을 거쳐 시모노
세키(下關), 히로시마(廣島), 오사카(大阪), 고베(神戶) 등을 거쳐 박람회를
견학하는 과정으로 이루어져 있다.

기행의 목적이 박람회 견문에 있었으므로, 내용면에서 일본의 근대
화에 대한 감탄이 중심을 이루며, 견문에 대한 사실 묘사가 등장할지라
도 그 자체가 언문일치의 문체 발달을 의미하는 것은 아니다. 다음
장면을 살펴보자.

「日遊記覽」

초닷시 날 을히 진시에 부순항에 到泊ㅎ니 인쳔서 수로로 삼쳔니라. 여
러 사름이 부두에 나리고져 ㅎ니 우리나라 순검 이 명이 빈를 타고 드러
와서 힝졍을 수험ㅎ고 셩명을 뭇는지라, 이에 하륙ㅎ여 물싁을 두루 구경
ㅎ니 쏘흔 우리나라 승디라. 佇立ㅎ여 멀니 보니 쳐쳐에 奇樓華館과 疊榭
層楹이 서로 딘ㅎ여 이러낫스니 흡연히 인쳔 항구와 頡頑(힐완)할너라.
諸員이 감니서에 드러가니 모든 官僚들이 명ㅎ여 딘수셩찬을 나오니 珍
果仙菜(진과선채)가 豊潔(풍결)ㅎ여 닙에 맛즈미 浮海(부해)흔 주린 손
이오 飢火에 나어지라 이른바 주린 범의게 고기 더짐이라 치사ㅎ고 이러
서서 日本신보사로 會坐ㅎ여 家信 一角을 닥글세 船夫가 지쵹ㅎ미 할말
도 다 못ㅎ고 끗쳐는지라.

遊覽케 ㅎ여 그 眞景을 보는 디로 左갓치 記함이라. 博覽員인즉 日本人에 佐藤潤象 氏와 農商
工部 主事에 孫永吉 氏와 仁港書記에 金彰漢 氏와 農商工部 主事에 李允景 氏와 成均進士에
丁克慶 氏와 前員外部에 劉堂 氏, 農商工部 主事에 鄭悳煥 氏와 前參奉 蔡亨黙 氏와 前司男에
李奉中 氏와 士人에 金祥演 氏라."

초닷새 부산항에 도착하여 순검으로부터 행장을 점검받고, 승지를 구경하며 적은 이 글은 장황한 한 문장이 한 문단을 이루고 있으며 잘 사용하지 않는 한자를 나열하고, 바라본 것도 기루화관(奇樓華館)과 첩사층영(疊榭層楹)이다. 이는 1895년 당시 민중들이 경험하는 부산 출양의 현실적인 모습과는 전혀 이질적이다. 더욱이 일본에 도착한 뒤, 박람회 견학 전날 밤 구경을 떠나면서 일인 순사들의 질서정연한 모습에 감탄하는 장면이나 박람회장의 각종 관(館)을 견문하면서 느끼는 감탄, 청일전쟁 기념관의 장엄한 모습에 대한 경이로움 등은 국권 침탈의 위기에 놓인 시대상황과는 어울리지 않는다. 그렇기 때문에 이 기행문은 1905년 이후 본격적으로 출현하는 식민지적 관광 담론의 전신에 해당하는 것으로 간주할 수 있다.10)

이에 비해 1897년 2월 2일 창간된 『죠선크리스도인회보』에 산재하는 기행문은 종교계 신문일지라도 주목할 필요가 있다. 이 신문은 창간호의 취지에서 다음과 같이 선언한다.

「죠션회보라 ᄒᆞᆫ 뜻슬 발명ᄒᆞᆷ이라」

이럼으로 셔국 교ᄉᆞ들과 죠션 교우들이 류쥬 셰계를 동포로 보고 전국 인민을 일실노 녁여 진리대도의 근원과 당시 소문의 긔이ᄒᆞᆫ 것슬 긔록ᄒᆞ여 일홈을 죠션 크리스도인회보라 ᄒᆞᄂᆞ니, 이 뜻슨 죠션에 잇ᄂᆞᆫ 교회에서 긴요ᄒᆞᆫ ᄉᆞ젹과 특이ᄒᆞᆫ 소문을 각인의게 젼ᄒᆞᆫ다ᄂᆞᆫ 말이라. 이 회보를 칠일 동안에 ᄒᆞᆫ 번식 츌판ᄒᆞ여 보ᄂᆞᆫ 쟈로 ᄒᆞ여곰 지식과 학문을 너르게 ᄒᆞᄂᆞ니, 슬푸다 우리 동포 형뎨들아 동양 ᄉᆞ젹만 됴타 ᄒᆞ지 말고 션듸의 ᄒᆞ시던 일만 올타 ᄒᆞ지 마오. 동양 ᄉᆞ긔를 볼지라도 하나라ᄂᆞᆫ 츙셩을 슝샹ᄒᆞ고 은나라ᄂᆞᆫ 공경을 슝샹ᄒᆞ고 쥬나라ᄂᆞᆫ 문치를 슝샹ᄒᆞ엿ᄉᆞ니 ᄎᆞᄎᆞ 변ᄒᆞ

---

10) 이에 대해서는 조성운 외(2011)의 『시선의 탄생: 식민지 조선의 근대 관광』(선인)을 참고할 수 있다.

는 것슨 하느님씌셔 ㅎ시는 일이오 사름의 힙으로는 능히 못홀 배라. 지금 만국이 교제ㅎ는 째룰 당ㅎ여 동양 사름은 동양 글만 닑고 동양 도만 존슝ㅎ고 동양 소문만 듯고져 ㅎ지 말고 우리 회보룰 보시면 세계샹에 유익혼 소문과 각국에 즈미 잇는 수젹을 즈연이 통달홀 거시니

회보의 취지대로 '육주 세계를 동포로 보는 것', '전국 인민을 일실로 여기는 것', '동양과 서양을 같은 입장으로 보는 것' 등은 종교의 교리를 바탕으로 할지라도 자아와 타자의 관계를 새롭게 설정하고, 세계관을 변혁하는 일과 다르지 않다.[11] 이러한 차원에서 기행 체험은 회보 독자의 세계관 변혁에 적지 않은 영향을 미칠 수 있는데, 이 회보에서는 '기행(紀行)'이라는 표현 대신 '열남(閱覽)혼 일'이라는 표현을 사용한 경우도 있다. 이 회보에 등장하는 대표적인 기행문은 다음과 같은 것들이 있다.

『죠선크리스도회보』 소재 기행문 목록

호수	연월일	제목	여행자	비고
제1권 제7호	1897.3.17.	아라스에 열남혼 일	윤치호	러시아 황제 대관식 참여기
제2권 제5호	1898.2.3.	아프리까 유람	법국사람	아프리카 풍속
제2권 제19호	1898.5.11.	화류를 구경홈	배재학교	배재학교 소풍기
제2권 제21호~제30호	1898.5.25~7.27.	일본에 열남혼 일	최병헌	최병헌의 일본 기행문
제2권 제38호~제42호	1898.9.21~10.20.	교우 노병선 씨 열남혼 일	노병선	노병선의 서북 지방 기행문
제2권 제43호~제44호	1898.10.26~11.2.	시골 드녀온 일	김기범	김기범의 원산 기행

11) 이러한 기행 담론은 '환유지구' 담론과 크게 다르지 않다. 이 점에서 『대조선독립협회회보』에서 한문체 기행문을 전재(轉載)한 사회적 분위기가 지식 계몽과 밀접한 관련을 맺고 있음을 짐작할 수 있다.

이 기행문 가운데 '아라ᄉ에 열남흔 일'은 윤치호가 배재학당 학생들에게 러시아 황제의 대관식에 참석했던 경험을 토대로 연설한 내용을 기록한 것이며, '아프리까 유람'은 여행자를 알 수 없는 계몽 담론에 불과하므로 본격적인 기행문이라고 할 수 없다. 이에 비해 '화류를 구경홈'은 배재학교 학생들의 소풍을 기록한 기행문으로 진관사에 놀러가는 장면과 소풍 중의 글짓기를 자세히 묘사하고 있다. 이 기행문은 기사문 형식의 짧은 소풍기로, 행장을 수습하여 떠나는 장면, 진관사로 가기까지의 자연 경관, 노승의 영접을 받은 뒤 학생들의 모습 등을 생동감 있게 그려내고 있다. 시축(詩軸)을 펴 놓고 한시를 짓는 것은 전근대적 유람의 모습으로 비칠 수 있으나, 학생들이 지은 시를 순한글로 적은 뒤 우리말로 번역한 점 등은 순국문 신문의 특징이자 국문이 대중의 언어로 자리 잡는 과정을 나타내준 것이다.12)

최병헌의 '일본에 열남흔 일'은 회보사에서 필자에게 부탁하여 기록하게 한 기행문으로, 그 당시 최병헌은 배재학당 교사였던 벙커(D. H. Bunker)의 부탁으로 일본에 가 성경 번역을 위한 국문 주자 제조를 도왔다. 당시 상황에 대해 이 기행문에서는 다음과 같이 설명하고 있다.

「일본 간 교우가 회환홈」

쎙커 교ᄉ 닉외분과 교우 최병헌 씨가 교회 중 일노 일본국에 가셧다ᄂ 말은 전에도 긔지ᄒ엿거니와 둘발 동안을 별 연고업시 ᄉ무를 잘 보고 세 분이 다 평안이도라왓시니 미우 감샤흔 일이라. 우리가 최형뎨의게 부탁ᄒ야 이번에 열남흔 풍경과 ᄉ실을 몃 번 회보에 긔록홀 터이니 응당 이샹흔 소문과 ᄌ미잇ᄂ 말슴이 만흘지라. 우리 회보를 보시ᄂ 형뎨와 ᄌ민들은 집에 안져셔 일본 산천과 풍속을 구경들 ᄒ시오.

---

12) 창간 취지에 맞게 이 회보에서는 한자를 전혀 사용하지 않았다.

이 기행문에서 최병헌은 제물포를 출발하여 부산, 쓰시마, 나가사키, 시모노세키, 고베, 도쿄 등을 거쳐 일본의 문물을 견학하고 국문 주자 새기는 일을 마친 뒤 귀국하기까지의 과정을 사실적으로 그려내고 있다. 제물포에서 일본배 안래환을 타고 부산에 가서 비후환(히쿠마루)로 갈아타는 과정, 일본에서 이창직을 만나기까지의 모습, 유학생친목회의 초청을 받아 특별회에 참석한 일 등이 비교적 상세히 나타난다. 이러한 여정을 거쳐 부산항에 돌아와 대한 백성이 사는 모습과 소년의 노래를 듣고 비감에 젖는다.

잇흔날 빅 쥬인이 교역홀 물건이 만흠으로 흐로를 지체흐여 계물포로 온다 흐는딕 나의 친구 리종직 씨가 뭇춤 동릭 부윤으로 부산항 감리스를 겸흐여 항구에 잇다 흐기로 리씨도 보고 항구 물졍을 구경코져 흐여 젹은 빅를 트고 륙디에 나려 감리영을 차자갈식 대한 빅셩의 사는 모양을 보니 일본 물졍과 대단이 굿지 못흐여 사름으로 조연히 눈물이 나게 흐는지라. (…중략…) 반가이 맛나 깃부게 인스흐고 슈작홀 즈음에 몸이 곤로흐야 잠깐 조으더니 엇더흔 쇼년이 삼쳑 쟝검을 손에 들고 란간을 치며 흔 곡됴 노래를 챵흐거늘 내가 조셰히 드른즉, 삼쳔리 대한국에 산쳔은 됴타마는, 구습에 물이 들어 긔화가 창망흐다. 츙신과 의스들은 어딕로 도망흐고 탐관과 오리들은 쥬식에 혼망흐며, 쳥쵹흐는 잡류들은 상하로 분망흐고, 도탄의 빅셩들은 스방으로 산망흐네. 란간치는 쇼래에 홀연이 써다르니 쇼년은 간딕업고 피곤흔 나의 몸이 의구히 학당에 누엇는지라.

여행 체험을 '백성', '개화', '충신·의사' 등과 연계하여 서술한 이 장면은 근대 계몽기 지식 계몽 담론의 전형적인 모습을 보여준다. 이러한 모습은 노병선의 기행문도 유사하다. 그의 기행문은 선교 목적으로 평양과 진남포 등지를 여행한 기록이다. 제물포에서 해룡환이라는 배를 타고 평양을 거쳐 박천, 정주, 진남포 등지를 견문하면서, 각 지역민의 생활 모습을 있는 그대로 그려낸 점이 특징이며, 각 지역의 선교 상황, 국문 성경책 보급 상황 등을 사실적으로 그려냈다. 특히 의주에서 교우와 이별하는 과정에서는 이별시를 지어 삽입했는데, 이 또한 기행문의 문학성을 높이는 데 중요한 역할을 한 것으로 볼 수 있다. 김기범의 '시골 ᄃᆞ녀온 일'은 2회에 걸쳐 연재된 짧은 기행문이지만, 제물포에서 원산으로 가는 길에 일본 나가사키를 들리지 않으면 안되는 교통 상황을 잘 그려내고 있다. 이 기행문에 따르면 그 당시 원산으로 가는 배는 제물포를 출발하여 나가사키를 들린 뒤 다시 부산을 거쳐 원산에 도착하도록 되어 있었으며, 그렇기 때문에 부산에 도착할 때는 외국에 갔다 온 사람처럼 검색을 받아야 했다.

이와 같이 『죠선크리스도인회보』에 수록된 세 편의 기행문은 필자가 뚜렷할 뿐만 아니라 순국문 기행문으로 당시 시대상과 사회상을 사실적으로 재현했다는 점에서 기행문의 발달 과정에서 주목할 만한 작품이다.

3.2. 국문 기행문의 재현의식과 한계

최병헌, 노병선, 김기범의 기행문은 여행 체험을 통한 자의식의 성장 과정과 시대상의 사실적 재현, 언문일치체에 근접한 국문사용 차원에서 근대성이 뚜렷한 작품들이다.

먼저 최병헌의 '일본에 열남흔 일'은 단순한 '열람'이 아니라 '국문 주자를 새로 만들고 글자 모양을 좋게 하여 성경을 번역하여 보급하기 위한 목적'을 갖고 떠난 여행이라는 점을 주목할 필요가 있다. 그렇기 때문에 그는 여행 과정에서도 수시로 성경에 있는 국문 글자를 유취(類聚)하여 자전을 만들고, 인쇄기(책 박히는 기계)에 관심을 가지며, 종이를 파는 가게에 들린다. 교우 이창직의 도움으로 친목회 특별회에 참가하여 의연금을 내고, 회보를 받는 일 등도 애국계몽운동가로서의 필자의 면모를 잘 나타낸다.13) 그런데 이 기행문에서 좀 더 주목할 사실은 장면의 사실적 재현이다.

「일본 열남혼 일」

ㄱ. 수월 팔일 아츰 다숫시에 교수와 흠씌 인력거를 트고 뎡거쟝에 나아가 긔챠를 트고 홍빈(일본말노는 요구하마)으로 갈식 즁등 셰견 칠원 륙십젼을 주고 빙표를 밧은 후에 흔곳에 니르니 목칙으로 막은듸 좁은문이 잇셔 흔 사름식 나오게 ᄒ고 그 문에 뎔로 수원이 셔셔 각 사름의 가진 빙표를 격간ᄒ되 가우로 표지의 엽흘 베인 후에 도로 그 사름을 주어가지고 긔챠를 트게 ᄒ매 각 사름이 빙표듸로 샹즁하 삼등간을 차져 드러가니 이 긔챠는 크기가 수십여 간인듸 힝인이 거의 쳔여 명이라. 엿숫시에 홀연이 웅쟝흔 소리가 나며 박휘가 우뢰굿치 진동ᄒ니 십즈로 통흔 길에는 수원이 긔를 두르며 문을 닷아 힝인을 멈치게 ᄒ고 긔챠가 지나간 후에 다시 문을 열어 주더라.

ㄴ. 잇흔날 빅 쥬인이 교역흘 물건이 만흠으로 ᄒ로를 지체ᄒ여 제물포로 온다 ᄒ는듸 나의 친구 리죵직 씨가 뭇춤 동릭 부윤으로 부산항 감리ᄉ를 겸ᄒ여 항구에 잇다 ᄒ기로 리씨도 보고 항구 물졍을 구경코져 ᄒ여 젹은 빅를 트고 륙디에 나려 감리영을 차자갈식 대한 빅셩의 사는 모양을 보니 일본 물졍과 대단이 굿지 못ᄒ여 사름으로 즈연히 눈물이 나게 ᄒ는지라. 싸헤 붓흔 초가집은 동으로 업더지며 셔으로 잡바지고 더러운 기쳔가에 술샹을 버려노코 막걸니를 먹으면셔 담쇼가

---

13) 최병헌은 1888년 서양 선교사 G. H. 죤스에게 우리말을 가르치면서 선교사와 교류하기 시작하였으며, 성서 번역에 주력하면서 독립협회에도 가담했다. 1902년에는 목사가 되어 정동교회 담임목사로 일했으며, 기독교청년회 운동에도 가담했다. 이 기행문에 나타난 국문 주자와 성경 번역도 그가 행했던 대표적인 계몽운동의 하나였다.

조약호니 문명혼 이 세상에 엇지 가련혼 인성이 아니리오.

이 두 장면은 일본에서 기차를 탈 때 검표하는 과정과 부산항에 돌아와 백성 사는 모습을 보고 감상에 젖는 장면이다. 3등으로 구분된 기차표를 검표하는 과정이나 기차가 떠날 때의 모습이 생동감 있게 묘사되었음을 확인할 수 있으며, 부산항에서 바라보는 민가의 모습을 뚜렷이 그려낼 수 있다.

이러한 맥락에서 노병선의 열람기는 좀 더 사실적이다. "내가 셔관으로 가랴고 졔물포에 수삼일을 두류호면셔 방방곡곡이 구경호니 스년 젼보담 외국인 거류디에는 가호도 번셩호고 샹무도 더 흥왕호여 시로 변혁된 일이 만하 사룸의 이목을 번화케 호나 본국인 거류디에 드러가 본즉 달픽의 집에 문젼이 루추호여 거리거리 인분이요 골목골목 거름이라. 보이느니 슐집이요 그 외에 소위 가가라 호는 거슨 빅목 자토뤽이 쓸되박 푸셩귀 찬빗 낫 노코 바픈디 그 중에도 난쟝판 싸호는 빗치요 써드는 소릭쑨이라. 호도 흔심호여 놉흔 디경에 올나셔 바라보니 화려 혼 집들은 회당이 아니면 셔양인의 층집이라."라고 묘사한 여정기는 그 시대 한국인의 삶의 모습을 그대로 그려낸 셈이다. 당시 서양인과 일본인의 세력이 점증하면서 토지와 가옥을 매매하는 일이 빈번해졌고, 이에 따라 번성한 외국인 거류지와 빈곤한 내국인 거류지가 대비되는 일이 많아졌다. 이는 8월 3일자 평양 기행에서 좀 더 뚜렷이 나타나는데 그는 "부두에 나려 살펴본즉 강변 이층집들에 간혹 일본인이 살고 강상에 쓴 목션들은 우리나라 사룸들의 빅가 만코 기외는 일본인의 빅와 쳥국 빅들이 릭왕호며 대동문 안으로는 드러가본즉 거리에 큰 가가집은 반아니 일본인에 젼이요, 릭인 거릭이 번화호고 샹무가 흥왕호는 모양이나 평양도 셔울과 인쳔과 증남포와 굿치 샹리를 외국인의게 쌔아긴 듯호여 무음에 스스로 탄식호다가"라고 서술한다. 이러한

244

시의 삽입은 그 자체로서 개인의 자의식 성장을 반영하는 양식의 변화라고 할 수 있다.

양식 변화와는 달리, 애국계몽운동가로서의 최병헌이나 노병선14)의 기행문에 등장하는 청일전쟁 관련 견문은 반일의식이 드러나지 않는 점도 특징이다. 최병헌의 '일청전쟁 기념관' 견학기나 노병선이 박천에서 들은 '일청전쟁 일화' 가운데 일부를 살펴보자.

「청일전쟁 관련 견문」

ㄱ. 최병헌의 '일본 열남흔 일': 거긔셔 나아와 쳔쵸라 ᄒᆞᄂᆞᆫ 곳에 니르니 놉흔 두리집이 잇ᄂᆞᆫ디 ᄉᆞ면으로 판장을 ᄒᆞ엿시며 큰 글ᄶᅩ로 써 글ᄋ디 일청젼징(일본과 청국의 싸홈)이라 ᄒᆞ엿거늘 ᄯᅩᄒᆞᆫ 돈을 주고 드러가ᄉᆞᆯ 캄캄ᄒᆞᆫ 어두운 길노 ᄎᆞᄎᆞ 도라 올나가니 데일 샹층에ᄂᆞᆫ 희미ᄒᆞᆫ 빗시 잇고 ᄉᆞ방에 란간을 믄ᄃᆞ러 구경ᄒᆞᄂᆞᆫ 사름으로 ᄶᅥ러짐이 업게 ᄒᆞ엿ᄂᆞᆫ디 ᄇᆞ라보니 녀순항 바닷물에 병션이 리왕흠과 대포를 놋ᄂᆞᆫ 곳에 화광이 츙텬ᄒᆞ고, 청국 군ᄉᆞ들이 긔와 북을 ᄇᆞ리고 좌우에 업더지며 잡바져 류혈이 랑ᄌᆞᄒᆞ고 일본 군ᄉᆞ들은 믈을 치질ᄒᆞ며 춍을 견진ᄒᆞ여 좌우로 돌격ᄒᆞ며 산우에 포ᄃᆡ를 덤령ᄒᆞ니 화약 연긔가 운무ᄀᆞᆺ치 ᄌᆞ옥ᄒᆞ지라. 력력히 구경ᄒᆞᆫ 후에 도로 공관으로 와 공ᄉᆞ를 작별ᄒᆞ고 홍빈으로 도라온지라. 동경의 크긔ᄂᆞᆫ 대한 황셩보다 갑졀이 더 크고 호수가 이십여 만이오 인구가 일빅 삼십륙만 팔쳔 칠십인이더라.

ㄴ. 노병선의 '열남흔 일': 잇튼날 안쥬군에 드러간즉 셩즁이 닝낙ᄒᆞ고 가옥이 반이나 할녀스며 경치 됴흔 빅셩류가 쇽졀업시 시소리만 들니

---

14) 노병선은 1896년 11월 30일 배재학당 협성회를 조직하고 부회장으로 일했다. 1897년 5월 5일에는 한국기독교 최초 청년회인 엡윗청년회 창립위원을 맡았으며, 1898년 배재학당을 졸업한 뒤 1901년부터 영어교사를 겸직했다. 1902년 정동교회에 파송되어 아펜셀러 사후 실질적인 정동교회 목회자로 일했으며, 일제 강점기 창씨개명을 거부할 정도로 강한 신념을 갖고 있었던 애국계몽가였다.

니 심샹흔 ᄆ음이 공연이 비챵ᄒ여 흔 로인의게 무른즉 디답ᄒ기를 이 고을이 이굿치 폐읍이 된 거슨 년젼 일쳔교젼에 쳥군이 와샤 둔취ᄒ여 집은 헐어 화목으로 쓰고 부쟈의 직물과 샹민의 물건을 모도 도적질ᄒ여 간 고로, 읍즁에 부쟈가 업스며 샹민이 모도 결단나고 가옥이 업스니 ᄌ연이 닝낙홀 밧긔 잇소 ᄒ며, 일본 난리가 흔번 또 나기를 기ᄃ리ᄂᆫ 사름이 만타 ᄒ기에 놀나 다시 무른즉 그 토인의 디답이 일쳥교젼시에 쳥군이 모도 도적놈인 고로 뉵의 륙츅을 강도질ᄒ여 먹고 사름은 보ᄂᆫ디로 위협으로 길짐지우기와 역ᄉ를 식키되 먹이지도 안코 공젼 흔 푼도 주지 아니ᄒ엿시나, 일본 군ᄉ가 지나ᄂᆫ 곳은 그러치 아니ᄒ야 사름을 부리되 즁가를 주고 도로혀 우리를 보호ᄒ여 주엇시며 심지어 이곳 사름은 ᄒ나히 니웃 뷘집에 가셔 화목ᄒ랴고 연목을 쏩다가 일변의게 붓들녀 가 뉵의 집을 헌 죄로 군법시ᄒᆼ을 밧앗스며 대뎌 거리에 안져셔 버러먹든 사름이 다 살게 되엿ᄂᆫ 고로, 항다반ᄒᄂᆫ 말이 난리가 날 터이면 일본 난리가 나라 흔다 ᄒ니, 일쳥 량국에 군졔 현수흠이 가히 알겟고 빅셩이 난리 기ᄃ리ᄂᆫ 거슨 무숨 연고인지 모로겟도다.

최병헌의 기행문에 등장하는 기념관의 모습은 『한성신보』의 '일유기람'에도 등장한다.15) 이는 청일전쟁 직후 일본이 승전을 기념하기 위해 박람회에 기념관을 건립했기 때문이다. 최병헌의 기행문 또한

---

15) 『한성신보』, 1895.9.16. "하오 륙졈에 문밧게 나오니 일쳥이 여순규에셔 젼징ᄒᄂᆫ 幻燈場이 잇셔 쥬인이 보기를 쳥ᄒ거늘 드르간즉 陰室이 空中에 니러낫ᄂᆫ디 長寨이 삼십 쟝이나 되고 놉히ᄂᆫ 삼층인데 비록 다 ㅣ 낫지나 吟諷이 凄悲ᄒ고 昏迷함이 밤과 갓혼지라. 바라본즉 蒼山이 鬱씌ᄒ고 煙氣이 蔽空ᄒ야 가위 지쳑이 쳔리라 좌우에 면긔등 놉히 들어야 식은 챵망ᄒ고 산슈ᄂᆫ 험조ᄒ디 淸兵이 디곤ᄒ야 갑옷슬 더지고 챵을 바리고 다라나ᄂᆫ 쟈가 불가승수요 쳐져 포디에 연화가 챵텬ᄒ고 죽엄이 산갓치 쓰히며 피가 흘너 긔쳔이 되니 쳥병이 엇지 이갓치 곤ᄒ엿ᄂᆫ고 삼강의 슈젼과 젹벽의 오병인들이 어셔 더흘가 일쟝 디쇼ᄒ고 려관으로 도라오니라."

방문 기록을 사실적으로 묘사한 데 불과하다. 노병선의 견문은 청일전쟁 당시 청국 군사의 만행과 대조되는 일본군의 행위를 들은 대로 적어놓은 셈이다. 이러한 장면은 이인직의 '혈의누'에서도 찾아볼 수 있는데, 청일전쟁 당시 부모와 헤어진 옥련이 일본군에 의해 구출되고 구완서의 도움으로 미국에 유학을 간다는 모티프를 연상하게 한다. 결국 최병헌과 노병선의 청일전쟁 관련 기록은 그 당시 견문할 수 있는 사실적 양태에 불과한 것이며, 일본 세력의 확장에 따른 국권 침탈의 위기까지 자각한 것은 아니었다. 이처럼 일제의 국권 침탈이 시작된 시기 반일의식이 전혀 드러나지 않는 것은, 이 시기 기독교인들의 시대의식을 반영한 것으로, 제국주의의 침략 의도를 직시하지 못한 한계에서 비롯된 것으로 볼 수 있다. 이러한 차원에서『죠선크리스도인회보』의 기행문은 사실적 재현에 충실한 것으로 볼 수 있다. 김기범이 잠깐 들린 일본에서 해상 어선의 많은 여인을 보고 '일본은 생애에 남녀 구별이 없다'는 교훈을 얻는 장면 또한 복잡하고 논리적인 이론보다 눈앞의 현실에서 얻은 체험의 결과일 뿐이었다. 그 또한 성경책을 전파하고자 하는 목적으로 원산에 파견된 사람이었다. 그 과정에서 산출된 기행문은 사실 재현의 기록일 뿐 아니라 순국문 회보의 특징에 맞게 언문일치체에 근접한 국문 기행문이었던 셈이다.

4. 결론

이 글은 1900년 이전의 기행문을 대상으로 기행문의 근대성을 살피는 데 목표를 두었다. 이 글에서 대상으로 삼은 작품은『대조선독립협회회보』제17호에 수록된 '환유지구잡기'와『죠선크리스도인회보』에 수록된 다수의 기행문이다. 1883년『한성순보』가 창간된 이해 다수의 신문·잡지 매체가 등장했으나 여행 체험을 바탕으로 한 기행문이 근대 매체에 수록된 것은 1895년 이후의 일이다. 이 과정에서 유길준의 『서유견문』과 같은 단행본이 출현하기도 했지만, 이 책은 견문 기록의 주제별 편제라는 점, 근대 지식과 제도에 대한 체계적인 설명이 많다는 점 등에서 신문·잡지 매체의 기행문과는 다소 차이가 있다. 그렇기 때문에 '자의식 발달' 과정이나 '사실적 재현', 언문일치체를 지향하는 국문의식의 성장 과정 등의 근대의식 성장 과정을 살피는 데는 신문·잡지 매체의 기행문이 좀 더 적절한 자료가 될 수 있다. 이 글에서 논의한 바를 정리하면 다음과 같다.

첫째, '환유지구잡기'는 기행문에 등장하는 격치휘편 관련 내용으로 볼 때, 필자 미상의 중국인 견문기임을 확인할 수 있다. 1900년대 이전 이러한 한문 기행문이 국내에 유입된 것은 상해에서 발행된 『격치휘편』, 『만국공보』의 '환유지구 담론'의 영향으로 볼 수 있는데, 이를 증명하는 또 다른 자료가 『공보초략』이다. '환유지구' 기행문은 그 이전의 논설류와는 달리 실증적인 여행 체험을 바탕으로 한 사실 재현 의식이 반영된다는 점, 환유지구를 통해 타자를 인식하고 이를 바탕으로 세계관의 변화를 유도한다는 점에서 근대성을 찾아볼 수 있다. 그러나 이러한 기행문은 한문체 기행문이라는 점에서 근대의식의 성장에는 일정한 한계를 지닐 수밖에 없었다.

둘째, 기행문에 등장하는 근대 지식 담론은 순국문 기행문에도 반영된다. 특히 그동안 주목받지 못했던 『죠선크리스도인회보』에 여행 체험은 선교 활동과 밀접한 관련을 맺고 있지만, 언문일치체에 근접한 순국문 기행문이라는 점, 기행 과정에 대한 사실적 묘사와 시대상황을 재현해 낸 점 등에서 주목할 만한 작품이라고 할 수 있다. 특히 여행 과정에서 개인이 지은 절구를 삽입하거나 소년이 들려준 곡조를 기록한 점, 이별시를 창작하여 부가한 점 등은 문학성을 높이는 차원뿐만 아니라 개인의 자의식 성장 과정과도 밀접한 관련을 맺는 양식의 변화라고 할 수 있다. 다만 최병헌이나 노병선이 견문한 청일전쟁 일화는 사실을 단순히 기록한 것일 뿐, 상황에 내재한 시대의식을 간파하는 데 이른 것은 아니다.

근대 기행문의 지식 계몽 담론은 시대상황과 밀접한 관련이 있다. '환유지구잡기'의 '잡기'나 '열람한 일'의 '열람'은 한문체와 국문체, 필자의 소통 상황, 매체상의 연관성 등을 규명하기는 어렵지만, 근대적 기행 담론의 변화상과 기행문의 발달 과정에서 함께 살펴보아야 할 자료임에 틀림없다. '환유지구'의 시대상황을 좀 더 규명하기 위해, 이 시기 국내에 유통된 중국과 일본의 기행 담론을 좀 더 체계적으로 조사할 경우, '잡기' 형식의 한문체 기행문이 근대 한국 사회의 지식 계몽 담론 형성에 기여한 성과를 객관화할 수 있을 것으로 판단한다.

참고문헌

곽승미(2011), 「소년 소재 기행문 연구: 글쓰기와 근대 문명 수용 양상을 중심으로」, 『현대문학이론연구』 46, 현대문학이론학회, 5~27쪽.

관훈클럽 신영연구기금(1983), 『한성순보·한성주보』, 관훈클럽신영연구기금.

김경남(2013), 「근대적 기행담론 형성과 기행문 연구」, 『한국민족문화』 47, 부산대학교 한국민족문화연구소, 93~117쪽.

김기범(1898), 「시골 드녀온 일」, 『죠션크리스도인회보』 제2권 제43호~제44호, 한국감리교회사학회.

김영민(2014), 「한성신보 발간 경위와 서사문학 자료」, 『한성신보』 1~4, 소명출판.

김용섭(1975), 『한국 근대 농업사 연구』, 일조각.

김진량(2004), 「근대 일본 유학생 기행문의 전개 양상과 의미」, 『한국언어문화』 26, 한국언어문화학회, 14~32쪽.

노병선(1898), 「교우 노병선 씨의 열남흔 일」, 『죠션크리스도인회보』 제2권 제38호~제41호, 한국감리교회사학회.

서훈(1978), 「서유견문 해제」, 『서유견문』, 대양서적.

송만오(1995), 「김경수의 공보초략에 대하여」, 『전남사학』 9, 전남사학회, 111~153쪽.

역사학회(1973), 『실학 연구 입문』, 일조각.

유길준(1895), 『서유견문』, 東京: 交詢社.

유영열(1985), 『개화기의 윤치호 연구』, 한길사.

이광린(1969), 『한국개화사연구』, 일조각.

조동일·조병기·서연희(1983), 「한국 근대 문학 형성 과정론 연구사」, 『근대문학의 형성 과정』, 문학과지성사.

조성운 외(2011), 『시선의 탄생: 식민지 조선의 근대 관광』, 선인.

최병헌(1897), 「일본에 열남흔 일」, 『죠션크리스도인회보』 제2권 제19호~제 28호, 한국감리교회사학회.

필자 미상(1895), 「日遊記覽」, 『한성신보』, 1895.9.10~9.29.

필자 미상(1899), 「環游地球雜記」, 『대죠션독립협회회보』 17, 독립협회, 1~8면.

萬國公報社, 『萬國公報』(1876~1883), 中國: 上海書店出版部.

傅蘭雅, 『格致彙編』(1876~1882), 上海格致書院(서울대학교 규장각 소장본).

徐繼畬, 『瀛寰志略』, 筆寫本(국립중앙도서관 디지털라이브러리).

袁祖志 編, 『公報抄略』, 刊寫者 未詳(국립중앙도서관 디지털라이브러리).

魏源 撰, 『海國圖志』, 中國木版本(국립중앙도서관 디지털라이브러리).

부록

강남제조총국 번역국 역서사략(譯書事略)

허재영·김경남

[해제]

　　1868년 강남제초총국 번역관(혹은 광방언관)에서 진행한 서양서 번역 사업의 개략을 소개한 글로, 『격치휘편』 1880년 6월호부터 9월호까지 연재되었다. 저자는 존 프라이어(傅蘭雅)로, '서문(序文)', '논역서지법(論譯書之法)', '논역서지익(論譯書之益)', '논역서각수목여목록(論譯書各數目與目錄)'으로 구성되었으며, 현재 서울대학교 규장각 소장본이 있다. 표지에는 광서 6년 구월간(光緒六年 九月刊), 매본가전이백문(每本價錢二百文), 격치휘편관발수(格致彙編館發售), 부란아찬(傅蘭雅撰)이라고 쓰여 있으며, 간지(刊地)는 미상, 고활자본(古活字本) 1책 12장으로 구성되어 있다. 본 연구서에서는 『격치휘편』 1880년 6월~10월 연재본과 부란아 찬 『격치휘편』을 비교하여 번역하고자 하였으나, 두 자료 모두 필름 상태가 좋지 않아 판독할 수 없는 부분이 있다. 이 부분은 ●●로 표시하였다.

江南製造總局飜譯西書事略

○ 격치휘편, 1880년 6월호

序

江南製造總局內 設繙繹館十餘年 遠近諸君幾若共聞. 然其中本末補益
尙有未詳知者 屢承顧聞 且常有西人書緘頻寄訊 此館之源流 問譯書之理
法 究察所用各物之名 訪求所譯西書之目 然一人事繁難盡酬應 故將譯書
大略 撰成西書一冊. 所有各事 共分要件四章 而局中書名 依賴附入並錄
以撰書人名 譯書人名 筆述人名 刊書年歲 及 每書本數 每書價錢 另有局
外所譯之書 亦登其目錄 以便西人有所檢閱 不必另向他書搜求 因自備資
斧印成 此書分送西國朋友 並樂傳格致西人 然書爲西文華友不便披覽 若
僅補益西人 而不公諸華友殊屬憾事 故不憚勞悴燈下 譯成附於彙編 公諸
同好 余居華夏已二十年 心所悅者 惟冀中國能廣興格致 至中西一轍耳.
故平生專習此業 而不他及閱此篇者幸勿視爲河漢也可

光緖六年 端陽月 傅蘭雅 敍

강남제조총국 번역 서서 사략

서문

강남 제조국 내에 번역관을 설치한 지 10여 년 원근의 여러 친구들이
그 일을 들은 바 있으나 그 일의 본말과 이로움을 아직 알지 못하는
사람이 있어 여러 차례 들은 바 있다. 또한 일찍이 서양 사람의 서적을
찾아 살피고자 하면 이 서적관이 원류가 된다. 역서의 이법을 묻고,

필요한 각 사물의 이름을 살피며, 서양서를 번역한 목록을 찾아 구하면
된다. 그러나 이 일은 한 사람의 일로는 번잡하고 어려우며 그에 따르기
쉽지 않다. 그러므로 장차 서양서를 번역한 대략의 일을 편찬하여 하나
의 책을 만드니, 각각의 사안을 4장으로 구성하니, 번역국 내의 서명(書
名)과 편찬자 이름, 역서한 사람 이름, 필술한 사람 이름, 간행 연도
및 각각의 책의 권수, 책값 등을 덧붙여 기록한다. 번역국 이외의 번역
서는 별도로 그 목록을 기록하여 서양인이 찾아보는 데 편리하게 하며,
별도로 다른 책을 찾지 않아도 되도록 한다. 이로써 스스로 자금을
마련하여 인쇄하며 서국 친구들에게 이 책을 보내고, 아울러 서양인의
격치를 즐겁게 전하며 서양 문자로 된 책을 중국인 친구들이 보는 데
불편하지 않게 하며 다소 서양인에게 도움이 되게 하고자 한다. 그러나
여러 중국인 친구들이 특별이 이 일에 참여하지 않음은 유감스러운
일이다. 그러므로 등불 아래 수고로움을 꺼리지 않고 번역하여 휘편을
완성하여 동호(同好)들에게 내놓고자 한다. 내가 중국에 거주한 지 20년
마음 깊이 기쁜 일은 오직 중국이 능히 격치를 흥성하고 서양과 같은
길을 걷기를 바라는 것뿐이다. 그러므로 평생 이 업에 종사하여 다른
일에 눈을 돌리지 않았다. 이 책을 보는 일이 하한(河漢, 강물)이 되지
않기를 바란다. 광서6년 단양 월 프라이어 씀.

第一章 論源流

溯江南製造總局設館飜譯西書之事 起於西歷一千八百六十七年冬 成
此一擧藉無錫 徐華 二君之力爲多. 蓋當時二君在局內 爲幇辦之員 志尙
博通欲明西學. 故欲知此擧起緣可陳述二君顚末.

無錫爲江蘇常州府縣之一縣也. 兩濱太湖城池雄壯 所有人民大都 巧於

工藝 且認置作事志在必成 又有往來日本國者 而士人多. 以爲詩書經史
幾若難果其腹心 必將究察物理推考 格致始覺 慊心如是者 凡聖人而徐華
二君好之尤甚.

此數人者每相往來屢次會集所 察得格致新事新理共相傾談 有不明者
彼此印證 凡明時天主敎師所著 天文學諸書 及 中國已有同類之書 無不推
詳討論後 二君遊覽上海 至墨海書館 見合筒氏 在一千八百五十五年所著
博物新編 一書 甚爲欣美 有慊襟懷. 蓋利瑪竇諸人著 格致書後 越有二百
餘年 此時內泰西格致大興 新理迭出而中國尚未之知也. 故一獲此書猶之
忽過二百年而與此新理相觀 遂在家中自製格致器 以試其書中理法 且能
觸類引仲旁通其所未見者 一有所得卽筆之於書 將所記者後此事觀 有不
明者互相答問 而徐君手下所存記錄器具等尤多 故徐君譽邦家有光西諺
云 曠漠淵源特出周遊賣草滋榮 其徐君之謂歟. 惜乎當時髮賊作亂侵據無
錫 而得其城民人逃避山中多經艱苦 惟徐君願已知格致有益之法 能減其
苦 且可輔助他人.

同治元年 三月 時 有諭旨下命 兩江總督稽察兩省才能之士 能通曉製造
與格致之事者 擧爲國用 故曾文正公[1] 選擧八人 奏明皇朝. 此八人中 有
徐華二君在焉. 蓋二君之名久聞中外. 總督遂召至安慶府 令巧究泰西製造

---

1) 증문정공: 증국번(1811~1872). 청대 말기의 정치가이자 학자. 자인 척생, 후난성 성상현
   출생. 1838년 진사 합격. 1851년 태평천국의 난 당시 상군을 조직하여 난의 진압에 주동적인
   역할을 수행함. 동치3년(1864) 태평천국의 난을 진압하고 중앙연구원 원사, 중앙연구원 근대
   사연구소 창설. 〈중국근대사강〉 저술. 동치 7년(1868) 직예총독. 1870년 '천진교안(天津敎
   案)' 처리. 동치 9년(1870) 양강총독. [위키백과] 初名子城, 谱名传豫, 字伯涵, 号涤生, 清朝湖南
   长沙府湘乡白杨坪(现属湖南省娄底市双峰县荷叶镇天子坪)人, 宗圣曾子七十世孙 (系出曾氏南
   宗)[1], 中國近代政治家、军事家、理学家、文學家, 與胡林翼並稱曾胡。曾國藩與李鴻章、左宗棠、
   張之洞并稱「晚淸四大名臣」, 官至武英殿大學士、兩江总督, 同治年間封一等毅勇侯, 又授世襲罔
   替, 谥文正。同治七年(1868年), 曾國藩改任直隶总督。同治九年(1870年), 朝廷命其處理"天津敎
   案"。曾國藩十分驚恐, 甚至出發前立下遺囑, 他深知当时中國遠非西方列强對手, 因此主張對外讓
   步。曾國藩發布《諭天津士民》的告示, 對天津人民多方指責, 誡其勿再起事端, 隨後釋放犯法教
   民和涉案拐犯, 引起天津紳民的不滿。處理"天津敎案", 不少人罵他是賣國賊, 全國輿論大嘩, "自
   京師及各省皆斥為謬論, 堅不肯信", 朝廷官吏及民眾輿論均甚為不滿, 「詬詈之聲大作, 賣國賊之
   徽號竟加於國藩。京師湖南同鄉尤引為鄉人之大恥」, 甚至直接稱其為'曾國賊'。〈위키백과〉

258

與格致 所有益國之事. 當時髮賊 據南京而四周之地 兵荒頻有 故巧究西學甚覺不便 惟華君集聚中國當時格致諸書 欲再翻刻 則在南京書局刊成數種 即利瑪竇與偉烈亞力所譯 幾何原本 及 偉烈亞力之代微積 並 艾約瑟之重學 後另刊他書數種. 惟此時 總督派徐君之事 與此不同 乃令卅造輪船 以試實效 遂依博物新編 中 略圖製成小樣 因甚得法則 豫備造一大者 所用之器料 即取諸本國 嘗在安慶時 見過一小輪船 心中已得梗概 即自繪圖而興工. 雖無西人助理 此事甚難 而徐君父子樂爲不倦 總督亦常慰藉之至 船成時以西法量之二十五噸之船 於一千八百六十五年 初行大江中 七時內 可逆水行二百五十里 及 回而順水不過四時已到. 曾侯爺 甚喜此船因錫名黃鵠. 後在大江中屢次來往 華人之能 自造輪船者可 惟徐君爲首焉.

徐君父子 已有此能 則於製造與格致之學 可謂精明而無出乎其右看者矣. 然其必猶未足以爲見聞尚淺 故屢至上海 搜求西國新理新法 時當李壬叔與偉烈亞力 及韋廉臣在墨海書館 譯談天 與植物等書. 故常與李君並各西士相談 又遇艾約瑟 慕維廉 楊格非 諸西士 亦能略增廣新理於心.

以後徐君決意久居上海 以便與西士攷證西學. 故請曾文正公派於江南新設製造局內略於一千八百六十七年到局旋 請馮沈二總辨設 一便攷西學之法 至能中西藝術 共相頡頏 因想一法●西國要書●出不獨 自增識見並可刊印 播傳以便國人盡知 又寄信至英國購泰西大類編書 便於繙譯者又想書成後 可在各省設院講習 使人明此書 必於國家大有補益.

(4행 판독 불능) ●●聞此●書之. 故●●●允●小● 又在上海●●●
●●●●之西士●●●●●行作上海 ●●●●●

●●●●●●●●●●●●●●●●●●●●●●●●●
●●一●又●●●●●●●●●●●●●●一書又●●●高●●
●●●●●●●●●●●●●●●●●●●一書此三●爲在上海
●●●●●●●●在局中●●●●●●●●●●局與租界相●●

●●●●人不●每日往復. 故●傅蘭雅在局內所●之●●● 專辦譯書之事. 卽於一千八百六十八年 六月中 屬館所有初譯之書 均呈總督賞●爲許可卽出示多添●書西人. 故又請金楷理辯譯書 後上海城中 廣方言館移 至局內● 又請林樂知 每半日教習 半日譯書 金楷理譯書數年 卽辭職而爲駐上海兵備都通事. 仍兼辦繙譯時 有學士舒鳳已在美國多年肆業考取醫學回至上海 因請之譯醫學諸書. 蓋在美國時已 精練此藝. 故譯此書甚宜.

譯書華士屢有更換 迄今略有五人與西人繙譯 或將譯者討論潤色 以備刊板. 惟徐雪村一人 自開舘以來 尚未辭職. 今雖年高 然攷究格致之心 未嘗少減. 再有華士趙靜函原通曉中國方書. 因欲探索西書與格致卽改. 故業而來譯書開館後三年. 卽進館至今所譯成之醫學 格致等書不少. 又有華士蔡寵九 通知時事 鄭熙壹 明曉洋務 俱勝繙譯之任. 另有數君 譯書之時暫久不定 或因嫌譯書爲終於一事者 或因升官而辭職者 但此常換人之事自必有礙於譯書. 蓋常有要書譯至半途 而他人不便續譯 或譯成之原稿 則去者委人收存 至屢去屢委 則稿多散失. 所有前譯書而爲官者 有駐德國星使 李丹崖 並 前爲山東製造局總辦 今爲德國參贊 徐仲虎 又 前爲天津機器局提調. 今爲格致書院 教習華若汀 又天津行營製造局總辦 王芳雲又在倫敦爲供事者 黃玉屏 另有 嚴子猷 等 諸君 今俱當要職 亦前在館譯書者. 此諸君在舘時 每日與西人譯書講論 故俱曉西學可見. 此譯書外 另有大益於國 因譯書而爲官者 皆通曉西事 能知中西交涉所有益國之處.

繙繹華士之外 有賈君步緯在館數年 與譯書事相連屬 其源流與徐華二君 相同幼時嗜好算學 原在上海城內 以生理爲業當 日夜思維天文算學等事 能自推日月虧蝕 又著諸曜通書刊售 惟通書爲國家所專出 平人不得擅造 故髮賊難後有人呈訟 諷其爲謀國而助叛者 因而囚監 幾遭不測迨年 餘有友求官釋放 總辦馮公知其才延至館內 近來每年作行海通書 以上海經度爲主 又作算學表等書 因其精於此藝 故宜於此事.

又有中國著名算學家李壬叔 暫時在館譯書後至北京同文館 爲算學總

教習 李君係浙江甯人 幼有算學才能 於一千八百四十五年初 印其新著算書 一日到上海墨海書館禮拜堂 將其書于麥先生辰閱 問泰西有此學否 其時有在於墨海書館之西士偉烈亞力 見之甚悅 因請之譯西國深奧算學 並天文等書 又與艾約瑟譯事學 與韋廉臣譯植物學 以至格致等學無不通曉 又與偉烈亞力譯奈端數理數十頁 後在總譯館內 與傅蘭雅譯成第一卷. 此書雖爲西國甚深算學 而李君亦無不洞明 且甚心悅 又常稱讚奈端之才 此書外另設西國最深算題 請敎李君 亦無不冰解想 中國有李君之才者 極稀 或有能畧與頡頑者 必中西廣行交涉後 則似李君者庶乎. 其有或云蕉山人顧尚之與李君不分高下 但未知然否.

　　局內刊板印書之處 原爲小屋 然刊書一事漸大. 故其屋亦增廣內有三十餘人 或刊板 或刷印 或裝訂而一人董理 又一人董理售書之事 另有三四人抄爲各書.

　　局內書館所存西字格致書有數百部　　約爲中國所有西字格致書最多之處. 近來西國所出新格致書 總再縮購存儲.

　　在館西人俱有保擧國家欽賜廣衘 而傅蘭雅得三品 金楷理得四品 林樂知得五品.

　　中國大憲已數次出諭令特譯緊要之書 如李中堂數次諭特譯某書等　又名憲深悅 此館譯書之事 如丁雨先生中丞閱局時云 此譯書爲局內所作各要事之一 又曾襲俟來局數日云 由設館以來 甚欣悅此功 因以扇親楷一詩贈傅蘭雅爲獎譽譯書之意.

제1장 원류를 논하다

　강남 제조총국이 기관을 설치하여 서양 서적을 번역한 일을 되돌아보면, 서기 1867년 겨울, 이 일은 무석의 서화 두 사람의 힘이 컸다.

대개 당시 두 사람은 제조총국 내에 다른 사람들을 도와 서양 학문에
널리 통하고자 하는 뜻을 가졌는데, 그러므로 그 근원을 알고자 하여였
으니 가히 두 사람이 해 온 일의 전말이다. (서, 화) — 서수(徐壽)[2],
화형방(華蘅芳)[3]

　무석은 강소성 상주부의 한 현이다. 태호 두 강의 연못이 웅장하고
인민이 많으며 대도(大都)의 공예가 뛰어나며 또한 그 뜻한 바를 알아
이루고자 하며, 또한 일본에 왕래하는 인사가 많았는데, 시서 경사로만
(교류)하는 것이 다소 어려우므로 장차 물리를 고찰하고 격치를 깨우쳐
야 할 필요가 있었는데, 이러한 생각을 가진 사람이 몇 있었으나 서군과
화군 두 사람이 더욱 심했다.

　이 몇 사람이 매번 서로 일정한 장소에 모여 격치와 새로운 일, 새로
운 이치를 살피고 담화하였으며, 명확하지 않은 것은 무릇 천주교 선교
사가 지은 천문학 제서 및 중국에 있던 이와 유사한 책을 살펴 증명하고

---

2) 서수(徐寿, 1818年2月26日~1884年9月24日), 字生元, 号雪村, 江苏无锡人, 清末科学家, 中国近代
化学的启蒙者。徐寿幼时丧父, 道光、咸丰年间放弃科考而研究科学。咸丰十一年为安庆军械所工
程技术人员, 参与製造中国第一台蒸汽机和第一艘轮船。此船长五十余尺, 速度为每小时四十余
里, 命名为黄鹄; 后在上海江南制造总局创办翻译馆并参与主持翻译西方科技书籍工作, 其译著有
≪化学鉴原≫、≪化学考质≫、≪西艺知新≫、≪化学求数≫、≪法律医学≫等; 主要介绍西方近
代化学, 并创造汉字命名化学元素; 在上海参与创办了中国近代第一所教授科技的学校——格致
书院, 同时出版了中国第一份科技方面的期刊≪格致汇编≫。子: 徐建寅、徐华封 曾孙女徐萱嫁给
居正次子居浩然。徐寿逝世后, 葬于现今无锡市梅园公墓。著作[编辑] 徐寿译著≪化学鉴原≫插图
≪化学鉴原≫、≪化学鉴原续编≫、≪化学鉴原补编≫、≪化学考质≫、≪化学求数≫、≪西艺知
新≫、≪法律医学≫

3) 화형방(华蘅芳, 1833年~1902年), 又作华衡芳, 字若汀, 江蘇金匱縣(今屬江蘇無錫)人, 清末數學家。
少年喜歡數學, 十四歲讀通程大位≪算法統宗≫, 咸豐十一年十一月(1861年12月)江蘇巡撫薛煥
介紹徐壽、華衡芳入曾國藩幕, 至安慶大營, 官直隸州知府, 精研算理。同治元年(1862年), 與徐壽
製成中國第一台蒸氣機。曾國藩於日記中寫道:"竊喜洋人之智巧我國亦能為之, 彼不能傲我以其
所不知矣!"1865年研制出中國第一艘輪船「黃鵠号」。1873年與傅蘭雅(J·Fryer)合譯≪代數學≫二
十五卷、≪微積溯源≫八卷、≪三角數理≫十二卷、≪代数难题≫十六卷、≪決疑数学≫十卷、≪数
术≫十一卷。著作包括≪数根术解≫一卷、≪开方古议≫二卷、≪积较演术≫三卷、≪学算笔谈≫
十二卷、≪算草从存≫四卷、≪行素轩算稿≫一卷、≪答数界限≫一卷、≪连分数学≫一卷、≪算
草从存≫八卷、≪算学须知≫一卷、≪西算初阶≫一卷。光绪十五年(1889年)在天津武备学堂试
制氢气球。光绪二十八年(1902年), 去世。弟: 华世芳, 字若溪, 也擅长数学, 著有≪恒河沙算草≫
二种、≪专术举偶≫、≪今有术≫、≪双套句股≫、≪三角新理≫等稿。

자 하였으며, 살피지 않고 토론하지 않은 것이 없었다. 두 사람은 상해에 유람하여 묵해서관(墨海書館)에서 통(筒?) 씨를 만나 1855년에 지은 〈박물신편〉 일권을 보았는데, 매우 정묘하여 크게 기뻐했다. 이는 마테로리치(利瑪竇)가 지은 〈격치서〉 이후 200여 년이 지난 뒤 태서의 격치가 크게 흥하여 새로운 이치가 발달했으나 중국은 아직 그것을 알지 못한 것이다. 그러므로 이 책을 얻어 보니 문득 200년이 지나 이 새로운 이치를 보게 되었으나, 드디어 자기 집에서 스스로 격치 기구를 제작하고, 이로써 책에 있는 이법을 실험해 보았다. 또한 능히 접촉하는 것 가운데 보지 못한 것은 책에서 끌어와 기록하니 장차 기록한 후에 밝히지 못한 것은 서로 문답하니 서군 수하에 기록 기구 등이 많았다. 그러므로 서군은 우리나라에 빛을 준 사람이니, 서양 속담에 광막한 곳에서 특출한 것은 모든 풀을 번성하게 한다는 말이 있으니, 이것은 서군을 일컬음이 아니겠는가. 안타깝게도 그 당시 도적(태평천국의 난)이 난을 일으켜 무석에 침입하니 성의 사람들이 산중에 도피한 사람이 많아 고초가 심했다. 오직 서군만이 격치의 이법을 알아 그 고통을 줄였으며, 또한 다른 사람을 도울 수 있었다.

동치 원년(1862) 3월 유지를 받들어 양강 총독이 두 성의 재능 있는 인사를 살펴 능히 제조와 격치에 능통한 사람을 천거하여 국가가 쓰게 했으니, 그러므로 증문정공(증국번)이 8명의 인사를 선발하여 조정에 주청했다. 이 8인 가운데 서수 화형방 두 사람이 있었다. 이 두 사람의 이름은 널리 중외에 알려져 있었으며 총독이 불러 안경부에 이르러 태서의 제조가 국가에 이익이 되는 일을 정밀히 연구하도록 하였다.

당시 도적들이 남경을 근거로 사방에 퍼져 있어 병화로 황폐하니 서학을 연구하는 것이 심히 불편했는데, 오직 화형방이 중국의 당시 격치 관련 여러 서적을 모아 번각하고자 하니, 곧 남경서국(南京書局)에서 간행한 것이 수 종인데 마테오리치(利瑪竇)와 알렉산더 와일리(偉烈

亞力, 1815~1887)이 번역한 〈기하원본(幾何原本)〉, 〈알렉산더 와일리의 대미적(代微積)〉, 요셉 에드킨스(艾約瑟, 1823~1905)의 〈중학(重學)〉 등이며, 후에 별도로 다른 책 수 종을 간행했다. 이때 총독이 서수를 파견한 일은 이와 같지 않아서 윤선을 만들도록 했는데, 〈박물신편(博物新編)〉 중 약도(略圖)에 따라 작은 모양을 만들어 실험하니 곧 그 법칙을 이해하여 큰 배를 만드는 준비로 삼으니 이에 필요한 기기와 재료는 곧 본국에서 가져오도록 하였다. 일찍이 안경(安慶)에 재임할 때 작은 윤선을 보고 마음속에 그 대강을 파악하여 그림을 그려 만들고자 했으나 모름지기 이 이치에 대한 서양인의 도움이 없었고, 이 일이 매우 어려웠으나 서수 부자는 이를 즐겨 게으르지 않으니 총독이 이를 위로하여 배가 완성될 때에는 서양 계량법으로 25톤의 배가 완성되었으니 1865년 처음으로 대강(大江)에 띄워, 7시간 내 물길을 거슬러 25리를 가며 돌아올 때 물길에 순응하면 불과 4시간에 도착할 수 있었다. 중국번이 매우 기뻐하여 이 배에 '황곡(黃鵠)'이라는 이름을 내려 주었다. 후에 대강(大江)에 누차 왕래하며 중국인이 능히 스스로 윤선을 만든 것은 오직 서군이 가장 처음이라고 하였다.

서군 부자는 이이 그 능력을 갖고 있었는데 제조학과 격치학은 가히 정통하여 그에 따라갈 사람을 찾아볼 수 없다고 하였다. 그러나 견문이 아직 얕으므로 여러 차례 상해(上海)에 가서 서국의 새로운 이치와 신법을 탐구하였다. 그때 이임숙(李壬叔, 본명은 李善蘭: 청대의 수학자. 알렉산더 와일리 등과 함께『기하원본』,『대수학』,『대미적습급』등을 번역하고,『담천』을 번역하여 코페르니쿠스의 학술을 소개함.『중학(重學)』,『식물학』등의 번역서가 있음), 알렉산더 와일리(偉烈亞力), 윌리엄슨(韋廉臣) 등을 만났는데, 그들은 묵해서관(墨海書館)에서『담천(談天, 천문학서적)』과『식물』등의 서적을 번역했다. 그러므로 일찍이 이선란과 각국 서양 학사들과 담화를 나누었고, 조셉 에드킨스(艾約瑟), 윌리엄 뮤헤드(William Muirhead,

慕維廉), 그리피드 존(Griffith John, 楊格非) 등 서양 학사들도 또한 진심으로 새로운 이법을 널리 펼치는 데 힘을 기울였다.

이후 서군은 상해에서 오래 거주하면서 서양 학사와 더불어 서학을 고증하고자 결심하였다. 그러므로 증 문정공(증국번)에게 강남에 신설한 제조국에 파견해 줄 것을 청했는데, 대략 1867년에 제조국에 들어갔다. 풍·심 두 총변을 둘 것을 청하고 한편으로 서학을 고증하여 중서의 예술에 능통하게 하고, 서국(이하 미판독 글자 포함)에서 필요로 하는 책을 구하여 스스로 식견을 높이고 아울러 간행하여 국인이 모두 알게 전파하며 또한 영국 통신에 따라 태서의 각 책을 구입하여 번역하기 편하도록 한 뒤, 책을 완성하면 가히 각 성에 학교를 설립하여 강습함으로써 사람들로 하여금 이 책을 알게 하면 반드시 국가에 보탬이 될 것이라고 하였다.

(4행 판독 불능) 즉 1868년 6월 중 번역관에 속한 초역서를 총독에게 드려 서양인의 해설을 첨부하여(?) 인출 허가를 받은 것이 많았다. 그러므로 또한 크레이어(Kreyer C. T., 金楷理, 1869~1878에 제조총국에 근무함)를 청하여 번역 해설을 맡기고, 후에 상해 성중에 있는 광방언관(廣方言館)으로 보내었다. 국내에 또한 알렌(Allen Y. J., 林樂知)을 청하여 매일 반 일은 교습하고 반 일은 번역하도록 하였다. 크레이어는 역서를 담당한 지 수년이 되어 사직하고, 상해 주둔 병비 도통사가 되었다. 이에 번역 해설을 겸할 때 학사 서봉(舒鳳, 판독 잘 안 됨)은 미국에서 다년간 사업을 하고 의학을 연구하여 상해로 돌아오니, 그를 청하여 의학서를 번역하도록 하였다. 미국에 있을 때 이미 이 분야에 정통했기 때문에 이 책들을 번역하는 것이 적절했다.

역서에서 중국 학자가 여러 번 바뀌었다. 지금은 대략 5명 정도가 서양인과 더불어 번역하고 혹은 장차 번역할 것을 토론하고 윤색하며 간행을 준비한다. 오직 서 설촌(서수) 한 사람이 개관 이래 지금까지 사직하지 않고 있다. 지금 비록 나이는 많으나 격치를 연구하는 마음을 조금도 감소되지 않았다. 다시 중국 학자 조정함(趙靜函: 본명은 趙元益, 1840~1902, 의학에 정통함)은 원래 중국 방언에 정통했다. 이로 인해 서양 서적과 격치를 탐색하여 고치고자 했는데, 개관한 지 3년 후 역서에 참여하였으며, 번역관에 들어와 지금은 의학서를 번역하고 있으나 격치서 등도 적지 않다. 또한 중국 학자 채총구(蔡寵九, 미상, 蔡錫齡일 듯)는 시사에 달통하고, 정희대(鄭熙臺, 미상)는 양무(洋務)에 밝아 모두 번역의 책임을 맡고 있다. 이밖에 몇 사람이 잠깐 동안 일정하지 않지만 역서를 맡았고, 혹은 역서를 싫어하여 마침내 다른 일을 하는 사람, 혹은 승관 하여 사직한 사람이 있다. 다만 이처럼 항상 사람이 바뀌는 일은 역서에 장애가 된다. 대개 역서를 하다가 중단하면 다른 사람이 이어 번역하기 힘들거나 혹은 원고를 완성하여 떠난 사람이 다른 사람에게 위임하더 라도 여러 차례 떠나고 위임하고를 반복하면 원고에서 산실(散失)되는 것이 많다. 이전에 번역자였으나 관리가 된 사람으로 주 독일 외교관 이단애(李丹崖, 미상)가 있고, 예전 산동 제조총국 총판이 되었으나 지금 은 독일 참찬이 된 서중호(徐仲虎, 徐建實), 또 천진 기기국 제조로 지금 격치서원 교습원인 화약정(華若汀, 華蘅芳, 1833~1902), 또 천진 행영 제조 국 총판 왕방운(王芳雲, 미상), 또 윤돈 공사가 된 황옥병(黃玉屛, 미상), 이외에도 엄자유(嚴子猷, 미상) 등 여러 사람이 지금 요직을 맡고 있으나 예전에 번역관에 근무했던 사람들이다. 이들이 번역관에 재임할 때에 는 매일 서양인과 역서를 강론하고 서학을 깨치고자 하여 볼 만한 것이 있었다. 이 역서 이외에 별도로 국가에 큰 이익이 되므로, 역서로 인해 관리가 되는 것은 모두 서양 사정에 통달하니 능히 중서의 교섭이 국익 에 도움이 되는 것을 알 수 있다.

　중국인 번역사 외에 가보위(賈步緯)[4]가 관내에서 수년간 번역 일을 하였는데, 그 근원이 서군과 화군 두 사람과 같이 어렸을 때부터 산학을 좋아하였다. 본래 상해 성내에 살며 생리(生理)를 업으로 삼았으며 당시 밤낮으로 천문 산학 등을 사유하여 능히 해와 달이 이지러지는 일식과 월식을 추측할 수 있었다. 또한 제요통서(諸曜通書)를 저술하여 판매하였는데, 통서는 국가가 전유하는 출판물이므로 평민은 마음대로 만들 수 없었다. 그렇기 때문에 난적으로 몰려 소송을 당하니 국가의 행위를 풍자하고 반적을 도왔다는 이유로 감옥에 갇혔다. 얼마 후 몇 년이 지나지 않아 관에 석방을 요구하는 벗이 있었는데, 총판 풍군(總辦 馮君)이 그 재주가 관내에 널리 미침을 알았다. 근래에는 매년 『행해통서(行海通書)』를 저술하고 있는데, 상해 경도를 위주로 하였으며, 또한 산학 표 등의 서적을 지었다. 이는 이 분야에 정묘한 것으로 이 업무에 마땅하다.

또 중국 저명한 산학가 이임숙(李壬叔)[5]이 잠시 관내에서 역서를 하다가 후에 북경 동문관에 가서 산학 총교습이 되었는데, 이군은 절강성 영인(浙江省寧人)이다. 어렸을 때 산학에 재능이 있어 1845년 초 산학 신서를 출간하였다. 하루는 상해 묵해서관 예배당에 가서 장차 맥 선생의 책을 보고 태서에 이 학문이 있는지 물었다. 이때 묵해서관에는 서양 학사 위열아력(알렉산더 와일리)이 있었는데, 그를 보고 매우 기뻐하였다. 이로 인해 서국의 심오한 산학과 천문학 등의 책을 번역할

---

4) 가보위(賈步緯, 1840~1903). 청대 저명한 산학가. 어렸을 때부터 영어를 공부하여 많은 책을 번역하였음.

5) 이임숙(李壬叔). 李善蘭(1810~1882)의 별호. 청나라 수학자. 자는 임숙, 호는 추인. 35세에 ≪방원천유(方圓闡幽)≫, ≪호시계비(弧矢啓秘)≫ 및 ≪대수탐원(對數探源)≫ 이렇게 3가지 수학 저작을 남겼다. 그 밖에 ≪칙고석재산학십삼종(則古昔齋算學十三種)≫ 및 ≪고수근법(考數根法)≫ 등을 남겼다. 1852년~1866년에는 와일리와 함께 에우클레이데스의 ≪원론(기하원본, 幾何原本)≫의 후반부 9권을 번역하였고, 명나라의 마테오 리치, 서광계 등의 업적을 이어 완성시켰다. 또 와일리·에드킨스 등과 ≪담천(談天)≫, ≪대수학(代數學)≫, ≪대미적습급(代微積拾級)≫(미국 엘리야스 로미스의 저작), ≪원추곡선설(圓錐曲線說)≫, ≪나서수리(奈瑞數理)≫, ≪중학(重學)≫, ≪식물학(植物學)≫ 등의 책을 번역하였다. 묵해서관(墨海書館)의 조판 간행으로, 중국 지식인층에 매우 큰 영향을 끼쳤다.

것을 청하였다. 애약슬(조셉 애드킨스)과 더불어 역서를 하였으며, 위렴신(윌리엄슨)과 식물학을 번역했다. 이로써 격치 등의 학문에 통하지 않은 것이 없었다. 또한 위열아력과 함께 『내단수리(뉴턴 수리학)』[6] 수십 쪽을 번역했으며 후에 관내에서 총역이 되었다. 부란아(존 프라이어)와 함께 한 권의 책을 번역했는데, 이 책은 비록 서국의 심오한 산학이나 이군은 통하지 않는 것이 없어 심히 마음으로 기뻐했다. 또한 일상 내단(뉴턴)의 재능을 찬양했다. 이 책 이외에 별도로 서국의 심오한 산제(算題)를 설정하고 이군에게 가르쳐 줄 것을 청했는데 또한 풀이하지 못하는 것이 없었으니, 중국에 이군의 재능이 있는 것은 극히 드문 일이며 완고한 자일지라도 중서가 널리 교섭을 행한 후 이군의 능력이 반드시 퍼질 것이다. 그는 혹 초산인이라고 하나 돌아보건대 이군의 고하는 불분명하다. 단지 그런지 아닌지 알 수 없다.

번역국 내 판을 짜거나 책을 인쇄하는 곳은 원래 작은 집이었는데, 간서 작업이 점차 확대되어 집을 늘려 30인이 혹은 판을 짜고, 혹은 인쇄하며 혹은 장정(裝訂)하는데 한 사람의 동리(董理, 감독관)와 또한 책을 판매하는 별도의 동리, 각 서적을 베끼는 삼사인이 별도로 있다.

번역국내 서관에는 서양 활자로 된 격치서가 수백 부가 있는데, 중국에 존재하는 서양 활자본 격치서가 가장 많은 곳이다. 근래에는 서양국에서 새로 나온 격치서를 모두 모아 사서 보관한다.

번역관내 서양인은 모두 국가를 보호하는 데 기여하여 작품을 하사받았는데, 부란아(프라이어)는 3품, 금해리(크레이어)[7]는 4품, 임낙지(알

---

6) 내단수리(奈端數理): 아이작 뉴턴의 자연 철학의 수학 원리에 대한 19세기 중국어 번역물. 뉴턴의 『자연철학의 수학 원리』는 라틴어로 쓰였으며, 중국에서는 1858년 이선란, 존 프라이어, 알렉산더 와일리 등이 14개 장을 번역했다.

7) 금해리(金楷理, Carl Traugott Kreyer, 칼 트루곳 크레이어). 1839년 독일 크로에델 출생 1863년 미국 로처스터 대학 졸업. 1869년 상해 제조총국 번역관 근무. 『회지법원』, 『해전지요』, 『서국근사회편』 등 저술.

렌)는 5품을 받았다.

중국에서는 수차 긴요한 책을 번역할 것을 명했는데, 예를 들어 이중당(李鴻章)이 특히 일부 책을 번역하도록 한 것과 같은 것이다. 또한 이 역서관의 사업은 정우 선생(미상)이 중승으로 번역국을 열람할 때 말하기를, 이 국에서 각각 필요한 것을 역서한다고 하였고, 또한 국에 몇 날 머물면서 이르기를 이 관을 설치한 이후 이처럼 큰 공을 세웠으니 기쁘다고 하며, 친히 부채에 시를 적어 부란아(프라이어)에게 주어 역서의 공을 장려하는 뜻을 삼았다.

第二章 論譯書之法

西人嘗云 中國語言文字最難爲西人所通 卽通之亦難 將西書之精奧譯至中國 蓋中國文字最古最生而最硬. 若以之譯泰西格致與製造等事 幾成笑談. 然中國自古以來最講求教門與國政. 若譯泰西教門或泰諸國政則不甚難. 況近來西國所有格致門類甚多名目尤繁 而中國前無其學與其名焉能譯妥誠屬不能 越之難也等語. 然推論此說實有不然.

蓋明時利瑪竇諸人 及今各譯書之人 並前未遇有甚大之難以致中止 譯西書第一要事爲名目. 若所用名目 必爲華字典內之字義 不可另有解釋則譯書事本不能成. 然中國語言文字與他國 略同俱爲隨時逐漸生新實非一旦 而忽然俱有. 故前時能生新者則後日亦可生新者 以至無窮. 近來中國交涉事件多 一年則新名目 亦必每年增廣 如中國聖諱每行禁用則能定寫以何法代 以何字而仝境內 每年所改所添之字 則難爲國家定奪 如貿易 或交涉事內 有新意新物 必設華字 新名始能明顯 然所設新名間 有文雅者間有粗拙者 如前西人與華人所定各名常有蠢 而不能久行者 蓋各國所設名目. 若甚不當自不久 必更以當者 而中國亦然. 如西國久用之名 後知不合

則更新者 雖多有不便亦不得已也. 二三百年前 英國多藉希臘與羅馬等國文字 以作格致與製造 內之新名後則漸餘不用 或換以更妥者而中國亦難免此舉 凡自他國藉用之名則不能一時定準 必歷年用之始能妥洽.

然而西人在華初譯格致書時 若留意於名目 互相同意則所用者 初時能穩妥後 亦不必大夏改. 如譯化學書應使初學 此書之華人與未見. 此書之西人閱之同明其名義 凡初次用新名處則註釋之後 不必再釋. 若不從頭觀看 而●意●閱則自難明 與西人以此法 看西化學書同理 然竟有華友及西人 曾將局內所譯之書於半中披覽 遇新名處則不識間 諸師友亦莫之知因曰此書無用 或云所譯不清 孰穩明之 又曰是繙繹西書實爲枉費工力而已殊不知所不明者爲己之粗心耳.

此館譯書之 先中國諸士皆知名目爲難 欲殿法以定之議多時後則略定要事有三

一. 華文已有之名. 設疑一名目爲華文已有者 而字典內無處可察則有二法.
　　一. 可察中國已有之格致 或工藝 等書 並 前在中國之天主教師 及 近來耶蘇教師 諸人所著 格致 工藝 等書. 二. 可訪中國客商 或 製造 或工藝 等 應知此名目之人.

二. 設立新名. 若華文果無此名 必須另設新者 則有三法. 一. 以平當字外加偏旁而爲新名 仍讀其本音如 鐃鈡布矽 等 或 以字典內不常用之字釋以新義 而新名 如鉑鉀鈷鉨 等 是也. 二 用數字解釋其物 卽以此解釋爲新名 而字數以少爲妙如 養氣 輕氣 火氣 輪船 風雨表 等 是也. 三 用華字寫其西名 以官音爲主而西字各音 亦代以常用同之華字 凡首譯書人已用慣者則襲之華人可一見 而知爲西明所已設之新名不過暫爲試用 若後能察得中國已有古名 或見所設者不妥則家更易.

三. 作中西名字彙: 凡譯書時所設新名 無論爲事物人地等名 皆宜隨時錄於華英小簿 後刊書時可附書末 以便閱者核察西書 或關諸西人而各書內所有之名 宜彙總書製成大部 則以後譯書者有所核察可免混名之弊

270

以上三法在譯書事內惜未全用 故各人所譯西書 常有混名之弊. 將來甚難更正. 若繙繹時配準各名則 費功小而獲益大. 惟望此館內譯書之中. 西人以此義爲要務用相國之名則所譯之書益尤大焉.

譯書混名之事 不獨此館爲然卽 各義師所譯西書 亦嘗有之. 如合信氏博物新編之名目不甚差貳 而譯書者可仍其舊因不但其名妥冷 且其書已通行中國. 夫人而知然譯書 西士以爲定名 幾若爲被一人所主 而前人所定者 皆置於本論. 故有以博物新編內之 淡氣當爲輕氣之用. 若華人閱此二人著作 則淡氣輕氣之義 幾難分辨矣. 察各門教師 稱造化萬物之主 有曰天主者 有曰上帝者 有曰眞神者 此爲傳教第一要名稱. 未能同心合意通用一名 而彼輕氣淡氣郁混者 亦不爲奇焉. 然若能彼此同心 以發格致名目卽有大益. 凡前人已用者 若無不合則可仍之德之西格致家. 凡察得新動植等物 而命以名則各國格致家 亦仍其名而無想更改者有云. 北京有數教師共擬義字一則 以譯西國 人地各名 但其所證者用以譯新名則可 若不仍前人所用者 亦不能有甚大益.

以上所言爲譯書用名之事 至於所譯各書 若何分類 若何選擇 試略言之初 譯書時本 欲作大類編書 而英國所已有者 雖印八次 然內數卷大略 且近古所有新理新法 多列入 故必察更新者 始可繙繹後經 中國大憲諭下 欲館內 特譯緊用之書 故作類編之意漸應 而所譯者多零新書 不以西國門類分列平當 選書法爲西人與華士 擇其合 己所緊用者 不論其書與他書與否. 故有數書 如植物學 動物學 名人傳等 尙未譯出 另有他書 雖不甚繙格致然 於水陸兵勇武備 等事 有關 故較他書先爲講求. 此 ●●●●●.

○ 格致彙編, 1880년 7월호

已譯成之書 大半深奧 能通曉之者少 而不明之者多 故數年前 設有格致彙編 將格致要端 以簡法譯成 凡初學者可藉爲階進 然此彙編 非局中所刊

而費用爲輯者自備也. 又有格致啓蒙書數種 爲林樂知所譯 亦有益於初學. 近來設有益智書會 欲刊之書 尤合於初學之用 此會爲一千八百七十七年耶蘇教大公會所設者 亦請傅蘭雅 林樂知爲幇辦董事. 此會之書成後大能輔助局中所譯者 且其定刊書之板 與局中同式此法甚善

至於館內譯書之法 必將所欲譯者 西人先熟覽胸中 而書理已明 則與華士同譯 乃以西書之義 逐句讀成華語. 華士以筆述之. 若有難言處 則與華士斟酌何法可明. 若華士有不明處 則講明之譯後 華士將初稿改正潤色 令合於中國文法. 有數種要書臨刊時 華士與西人 核對而平常書多 不必對皆賴華士改正 因華士詳愼郢斵 其訛則少 而文法甚淸 旣脫稿則 付梓刻板中國刻板法將書以宋字寫於薄紙 反糊於木板 則用刀剞劂 書中所有圖畫則有畫工摹成 同糊板上鐫之. 至於偉烈亞力所譯天書內之圖 則爲英國以銅板所印者 而地圖與海道 各圖 乃局內所刻陰板紋銅板所印者.

近來上海多用鉛字活版 印中國書籍甚便 局內亦有一副鉛字 並印書架等 然所譯格致書仍用古制 而刊木板 以手工刷印. 此法爲歐洲初有印書法之先 多年而中國已用者 較鉛字活版 更省更便. 其板各頁等 大略寬八寸長十二寸 厚半寸 每板兩面刻字 每面當西書兩面之用可見. 一書全板占地無幾有云 刻一木板較排活版所貴有限 且木板已成 則每次刷印隨意多寡卽祇印一部 亦可此法之便已可見矣.

若照西法 以活板印書 則一次必多印之始可折板 設所印者年深變舊 惑文字錯訛 則成廢紙而歸無用 惟中國法則不然 不須鉅多印存儲. 若板有差字 亦易更改 而西法已印成書 則無法能更改也 有云. 最能印書者 一日可印五千頁 不用印架 不需機器 俱以手工 手器印之 而工價亦廉 每四工 約得洋一圓 印書之紙 爲上等連史紙 另一種 次者爲賽連紙 較連史紙價扣八折書用 白絲 線裝訂 較平常書籍 格外精緻 甚合於學士文人之用.

제2장 역서의 방법을 논하다

서양인이 일찍이 말하기를 중국의 언어와 문자는 서양인이 소통하기 가장 어렵다고 하였으니, 곧 소통 또한 어려워 장차 서양 서적을 정밀히 번역하여 중국에 유통하는 것이 어렵다. 대개 중국의 문자는 가장 오래되었으며 가장 어렵다. 만약 이로써 태서의 격치와 제조 등과 관련된 것들을 번역하면 다소 우스운 말이 될 수 있다. 그러나 중국은 자고로 교문(敎門, 종교)과 국정을 가장 많이 연구하여 왔다. 만약 태서의 교문(종교)이나 국정을 번역하는 일은 어렵지 않다. 하물며 근래 서양의 격치 학문이 매우 다양하며 명목이 번잡하나 중국은 이전에 그 학문과 명목이 없었으니 능히 이를 번역하는 것은 진실로 가능하지 않아 어려움을 극복하기 쉽지 않고 그 이론을 추론할 수는 있으나 실제로는 그렇지 않다.

명나라 때 마테오리치 등 여러 사람과 지금 역서를 하는 사람이 모두 이전에 경험하지 못한 심각한 어려움이 있는데, 이 때문에 역서를 중단한다. 서양서 번역에서 제일 요건은 명목을 정하는 것이다(번역어 창출 과정). 만약 필요한 명목(명사)이 있다면 반드시 중국 자전 내의 자의(字義)로 해야 하는데, 해석이 불가능하면 번역이 불가능해진다. 그러나 중국의 언어와 문자는 타국에 비해 대략 비슷하며 수시로 새로운 것이 생겨나는 일이 적지 않아 갑작스럽게 생겨날 수 있다. 그러므로 이전에 생겨난 것이 후일 또한 새롭게 탄생할 수 있으며 이로 인해 무궁해진다. 근래 중국의 교섭 사건이 많아 일 년이면 곧 새로운 명목이 또한 매년 증가하니, 중국의 성휘(聖諱, 성인의 이름)로 모든 행위를 금지하면 어느 법으로 대신하며, 어느 글자로 전모를 대신하겠는가. 매년 고쳐 첨가하는 글자는 곧 국가가 정하고 금지하기 어려우니, 무역이나 교섭 사건 내의 새로운 사물의 새로운 뜻을 반드시 중국 문자로 하고, 신명(新名,

신명사, 신어)을 드러내어 쓰기 시작하면, 설정된 신명사 간의 우아한 것이 있고, 조졸(粗拙)한 것이 있는 것과 같으며, 이전 서양인과 중국인이 각각 정한 신명사에도 맞지 않는 것이 있어 오래가지 못하는 것은 대개 각국이 명목(신명사, 신어 등)을 정하는 것과 같다. 만약 심히 부당하고 오래지 않으면 반드시 마땅한 것으로 고치게 되는데 중국 또한 그러하니, 서양에서 오래 사용한 명목이 후에 맞지 않으면 새로운 것으로 고치는 일이 비록 불편함이 많으나 이 또한 부득이한 일이다. 2~3백년 전 영국은 희랍과 로마 등의 여러 문자가 있어 이로써 격치와 제조의 신명을 정했으나 점차 그것을 사용하지 않게 되었고, 혹 마땅한 것으로 고쳤으니, 중국 또한 이러한 일을 피하기 어렵다. 무릇 자국과 타국이 모두 사용하는 명목을 일시에 정하는 일은 불가능하며 반드시 여러 해를 거쳐야 그에 합당하게 된다.

그러므로 서양인이 중국에서 처음 격치서를 번역할 때, 그 명목에 유의하여 서로 뜻이 같은 것을 사용한 연후에야 가하 타당하고 다시 고칠 필요가 없다. 화학서를 번역하여 초학자에게 사용하는 것과 같이 이 책은 중국인이 이전에 보지 못하던 책이다. 이 책이 서양인이 보는 것과 같이 그 명의를 같게 하고자 하면, 무릇 처음 새로운 명사가 나타나면 곧 주석을 한 뒤 다시 나타나면 주석하지 않는다. 만약 앞 부분을 보지 않으면 스스로 그 뜻을 명확히 하기 어렵다. 서양인이 이 방법으로 화학서를 보는 것과 같은 이치이다. 결국 중국인과 서양인이 장차 제조국 내의 번역서 가운데 반은 신명사를 여러 사우(師友)들도 알지 못하며 또한 이로 인해 이 책이 무용이라고 혹은 번역이 깔끔하지 못하여 누구든 알지 못하며, 또 말하기를 이 서양서 번역은 실로 힘을 들였지만 잘못된 것일 뿐이라고 하니 불명확한 것을 알지 못하는 것은 거친 심리만 만들 뿐이다.

이 서관에서 책을 번역하는 것은 먼저 중국의 여러 선비들의 명목을 아는 것이 어려워, 법을 정해 의논한 연후 대략 세 가지 사항을 정했다.

일. 중국에 이미 존재하는 명사: 한 명목이 중국 문자에 이미 존재하는 것으로 자전에 없는 것은 두 가지 방법이 있다. 하나는 중국에 이미 존재하는 격치 혹 공예 서적 등과 이전 중국 천주교사 및 근래 야소 교사 여러 사람이 지은 격치 공예 등의 서적을 살피는 일이다. 둘은 중국을 찾는 상인, 제조 혹 공예 등에서 이들 명목을 알고 있는 사람들을 응용하는 것이다.

이. 새로운 명사를 만드는 일: 만약 중국에서 이들 명사가 없다면 반드시 새로운 것을 만들어야 하는데, 세 가지 방법이 있다. 하나는 요신 (鐃鉮), 포자(布矽) 등과 같이 신명사 곁에 평상시 쓰는 글자를 부가하여 그 본음을 읽도록 하거나 박갑(鉑鉀, 氯鉑酸鉀, 화학 용어의 하나임) 고모(鈷鉧)와 같이 자전에 상용하지 않는 글자로 새로운 뜻을 해석하여 신명사로 쓰는 방법이 있다. 둘은 수자로 그 물질을 해석하는 것으로, 이 해석이 신명사가 되며 글자 수가 적어 적절하다. 양기(養氣), 경기(輕氣, 수소), 화기(火氣, 중국 의학 용어), 윤선(輪船), 풍우표(風雨表) 등이 그것이다. 셋은 관음(官音)을 위주하여 서양 각음을 중국 문자로 베끼는 것으로, 또한 같은 중국 문자를 상용하여 대신하며, 무릇 번역하는 사람이 이미 습관적으로 사용하여 중국인이 볼 수 있고 서양에서 밝혀 새로운 명사가 된 것은 잠시 시험적으로 사용하도록 하고, 만약 후에 능히 중국의 옛날 이름에서 찾을 수 있거나 만든 것이 타당하지 않으면 다시 쉽게 고치도록 한다.

삼. 중국과 서양의 자휘(字彙)를 만듦: 무릇 번역할 때 사물이나 인지명 등과 같이 새로운 명사를 만들면 마땅히 중국어와 영어에서 채록한 작은 장부에 따라 대조하고 후에 간행할 때 책 말미에 부가하여 보는 사람이 서양서의 핵심을 편히 보도록 하고, 혹은 책 속의 서양 인과 관련된 명사가 있으면 총서를 제작하여 후에 번역하는 자가 살펴 혼란스러운 명칭이 생기는 폐단을 면하도록 한다.

이상 세 가지 방법이 역서하는 일에 완전히 적용된 바 없다. 그러므로 서양서를 번역하는 사람마다 혼란스러운 명칭을 사용하는 폐단이 있어, 장래 바르게 교정하기가 심히 어렵다. 만약 번역할 때 준거가 되는 이름을 배열하면 노력은 적고 이익은 클 것이다. 오직 이 번역관 내 번역 중에 바라는 것으로 서양인이 상대국의 명칭을 밝히는 것을 중요 업무로 삼으니 역서의 이익이 크다. 역서의 혼란스러운 명칭은 단지 이 관에서만 그런 것은 아니다. 서양서를 번역하는 각 선비들이 또한 그러했다. 합신(合信, 벤자민 홉슨, 1816~1873) 씨의 〈박물신편〉의 명목은 그 차이가 심하지 않은 것과 같다. 이에 역서는 옛날에 만들어진 명사를 온당하게 쓰는 데 그치지 않고 중국에 통행하는 것이어야 한다. 대저 사람이 안 연후에 역서를 한다. 서양 학자는 명사를 정하는 데 만약 저 한 사람이 중심이 되어 이전 사람이 정한 것은 대개 본론에 둔다. 그러므로 〈박물신편〉 내 담기(淡氣)는 경기(輕氣)로 썼다. 만약 중국인이 이 두 사람의 저작을 보면 담기와 경기를 구분하기 어렵다. 각문의 교사가 만물을 만든 주인을 '천주'라고 말하고, '상제'라고 말하며, '진신'이라고 말하는 것은 전교 제일의 명칭으로 같은 마음으로 합의하여 하나의 명사를 사용하지 못하기 때문이다. 이에 저 경기, 담기의 혼란이 더욱 심하니 또한 이상한 일이 아니다. 그러나 만약 피차 동심이 가능하고 격치 명목을 정하면 그 이익이 클 것이다. 무릇 이전 사람이 이미 사용한 것을 합치하지 못하면 이에 서양 격치를 살피기 어려울 것이다. 무릇 새로운 동식물 등을 살펴 명명하면 각국 격치가들이 또한 기 명창을 다시 고치기 어려울 것이라고 한다. 북경에 여러 교사가 함께 글자의 뜻을 하나로 하여 서국 인지명을 번역하니 단지 증명하는 것으로써 새로운 명사를 삼도록 하니, 만약 이전 사람이 사용한 것으로 하지 않으면 큰 이로움을 얻기 어려울 것이다.

이상 말한 바는 역서에 사용하는 명목에 관한 것으로 각 서적 번역에 이르러 어떻게 분류하며, 어떻게 선택하는가를 간략히 말하면 역서를 할 때, 본래 분류하여 편서하고자 하는 일은 이미 영국에서 있었던 것으로 8차에 걸쳐 간행하였다. 그러나 그 속의 대략적인 몇 권과 근고 (近古)의 새로운 이법에 따라 몇 가지를 첨입하였다. 그러므로 갱신한 것을 살피고자 하면 가히 번역 이후 중국의 학자들의 가르침을 받아야 하므로 관내에 번역에 긴요한 사항을 특설하여 이에 응하도록 한다. 역자가 많아 신서가 서국의 학문으로 분류하여 배열하지 않음으로써, 서양인과 중국인 학자가 책을 선별하여 합당한 것을 택하며, 긴요한 것은 그 책과 다른 책의 비교 여부를 논하지 않는다. 그러므로 식물학, 동물학, 명인전 등과 같은 몇 종의 책은 아직 역출하지 않고 다른 책으로 낸다. 비록 격치를 번역하는 심하지 않으나 수류, 병용, 무비 등의 일이 유관하니 다른 서적을 비교하여 먼저 강구해야 한다. 이하 ●●●
(이 부분은 글자가 먼저 판독이 잘못되었을 가능성도 있음)

○『격치휘편』, 1880.7.

이미 번역된 책들은 대부분 심오한데 능통하여 밝힌 것은 드물고 불명한 것은 많다. 그러므로 수년전 〈격치휘편〉을 설립하여 장차 격치 의 시작을 간결한 방법으로 번역하였으니, 무릇 초학자가 차츰 진보하 게 될 것이다. 이 휘편은 번역국에서 간행한 것이 아니며 비용이 편집자 스스로 준비한 것이다. 또한 〈격치 계몽〉 몇 종은 알렌(林樂知, 1836~ 1907)가 번역한 것으로 초학자에게 유익하다. 근래 '익지서회(益智書會)' 를 설립하여 역서를 간행하고자 하니 더욱 초학자들에게 필요한데, 이 회는 1877년 야소교 대공회(耶蘇教大公會)에서 설립한 것으로 또한 프라이어(傅蘭雅, 1839~1928), 알렌 등이 요청하여 판출 감독하고자 한 것이다. 이 회의 서적이 완성된 후 번역국의 번역자들에게 큰 도움이 되었으며 또한 정기적으로 간행하는 서적의 판형과 번역국의 동일한 형식이 이 법으로 매우 좋아졌다.

관내의 역서 방법에 이르러서는 반드시 번역하고자 하는 것을 서양인이 먼저 마음 깊이 살펴 익히고 그 책의 이법을 명확히 한 뒤, 중국인 학자와 더불어 함께 번역하여 서양 서적의 의의를 구두(句讀)를 따라 중국어로 번역하며, 중국인 학자가 그것을 필술(筆述)하도록 한다. 만약 옮기기 어려운 부분이 있으면 중국인 학사와 함께 어떤 방법으로 밝혀야 할지 헤아리며, 만약 중국인 학사가 명확히 밝히지 못하는 곳은 곧 연구하여 번역한 뒤 중국인 학자가 중국어 문장과 문법에 맞게 초고를 개정(改正)하고 윤색(潤色)하게 한다. 수종의 주요 서적 간행이 임박했을 때 중국인 학사와 서양인이 대면하여 살핀 것이 많으며, 그렇지 않은 것은 대개 중국인 학사의 개정에 따랐다. 이로 인해 중국인 학사는 상세하고 신중하게 영착(郢斲, 다듬어 깎음을 표시한 말)하였으며 그 잘못된 것이 적고 문법이 매우 정결했다. 완성된 원고는 각판(刻板)을 붙였는데 중국식 각판법은 만들고자 하는 책을 박지(薄紙)에 송자(宋字)로 베껴 뒤집어 목판에 풀을 붙이고 새김칼로 새기는데, 책 가운데 도화가 있을 경우 도공이 맨 손으로 그리며, 판 위에 풀을 붙인다. 알렉산더 와일리(偉烈亞力)이 번역한 천문서 내의 지도는 영국의 동판으로 인쇄한 것으로 지도와 해도(海道, 바닷길) 등 각 그림은 번역국 내에서 새긴 음판문(陰板紋) 동판으로 인쇄한 것이다.

근래 상해에는 연활자 활판을 많이 사용하여 중국 서적을 인쇄하는 것이 매우 편하다. 번역국 내에도 또한 일부의 연활자와 인서가(印書架) 등이 있다. 그러나 격치서 번역은 옛날 방식을 사용하여 목판으로 간행하고 수공으로 인쇄한다. 이 방법은 구주에서 처음 있었던 인쇄법의 선구로, 다년 중국에서 사용한 것으로 연활자 활판에 비해 간결하고 편리하다. 그 판의 각 쪽수 등은 대략 폭 8촌, 길이 12촌, 두께 반 촌으로 매 판을 양면으로 새기고, 매 면은 서양서 양면을 사용하는 것을 볼 수 있다. 한 책의 전체 판형은 정해진 것이 없다고 한다. 하나의 목판을 새겨 활판과 견주는 것이 드물고 한계가 있으며 또한 목판이 완성되면 곧 매번 많고 적음에 따라 마음대로 인쇄하는데 곧 한 부를 인쇄하더라도 이 법에 따라 편리하게 하는 것을 가히 볼 수 있다.

서양법과 비교하면 활판 인서는 곧 일차에 많은 양을 인쇄하기 시작하여 절판하니 인쇄한 것이 해가 지나고 변화하면 구식이 되고 문자의 착오나 잘못이 있으면 곧 폐지하여 무용하게 된다. 중국의 방법은 그렇지 않아 인쇄에 많은 자금이 필요하지 않고, 만약 잘못된 글자가 있으면 쉽게 바꿀 수 있다. 그러나 서양법은 이미 인쇄된 책은 고칠 방법이 없다고 한다. 가장 능숙한 인서자는 하루에 오천 쪽을 인쇄하며 인서가 (印書架)를 필요로 하지 않으며 기기가 필요하지 않다. 수공(手工)만 갖추고 손으로 다루는 기기만 있으면 인쇄할 수 있으며, 인쇄공의 가격 또한 저렴하여 4명의 공인에게 서양돈 약 1원이면 충분하다. 인서의 종이는 상등 연사지(連史紙, 중국 복건성 강서성에서 나는 대나무를 원료로 한 중국 특산 종이)를 일등으로 하며, 다음으로 연지(連紙, 편지나 공문서 등에 쓰이는 반질반질한 종이)가 있는데 연사지 가격과 비교하여 8에 해당하며, 절서용 백사 선장정은 일반적인 서적과 비교하여 외면이 정치하므로 학사나 문인이 사용하기에 적합하다.

第三章 論譯書之益

西人多以爲華文不能顯明 泰西近來之格致 非用西文 則甚難傳至中國. 此等人 看局內譯書之事 不過枉費工力而已. 有人以爲西學 雖可勉强譯以

華文. 然不久英語必爲萬國公言 可以不必譯書畫有人云. 迨西歷一千九百年時 英語必爲萬國公言 此等人看 此譯書之事 僅可予中國數年之益 不久則改以英文 何必設此一擧 其殆亦不知譯書之益耳.

聞有欲作善事之西人或會 因心中有此意見 則以爲欲俾華人得益 必先教以西文 如中國皇家 每年費格送生童 至歐羅巴與北阿美利加 等處 學習西學 殊不知中國欲通曉西文 雖暫時有理 而所得之益不能甚. 大蓋送生童出洋之意 原以爲回國時 必將所得者傳教華人. 但見出洋各人所得才能甚大幾同於西人 至回國時 則不想傳受同邦 惟以所學者 爲資本賴以致富 此爲平常回國者之意見 然有數人於回國後 則盡心力欲引本國人 全得其藝以致西學 廣行於中國也. 惟如此者 惜未多有.

藉令回國生童 能熱心傳受華人 亦難比譯書 更有益於華人. 蓋已在西國學多年者 其西學愈深 則華文必愈疎 則全得西學 而爲西國已取中者 然欲教華人 必仍用華語所用之書 亦須華文否 則必令中國全棄經史 而盡通西語 豈易事哉. 況中國書文流 傳自古數千年來未有或替不特 國人視之甚重 卽國家亦賴以治國焉. 有自主之大國 棄書文而盡用他邦語言文字者耶. 若中國爲他邦所屬 或能勉强行以西文 惟此事乃斷不能有者 故不必慮及焉.

從以上之說 可見中國多年舊習 必賴譯書 等法 始漸生新 今在十八省中所有新法 新事已見流通 且顯沛 然莫禦之勢要之西國所有 有益中國之學中國必欲得之 蓋華人已有飲泉思渴之心焉.

此繙譯館已設數年 所有費用 資國帑 可見此擧 必有益於中國者也. 中國雖已有書文 最多視爲珍重 以雖待來辦公事 與傳教之西人若何 然明知學術一道 不在一國一邦 故雖視西人爲夷狄之邦 亦樂學其有益爲中國之事 惟必依本國之法以學 否則棄以不取 如與西國和約許 西人傳教似 爲不得已之事 然考究西學 毫無牽强 皆爲請教西人者也 凡見西國有益學術則不惜工費 而譯成書 以便傳通全國 可見中國不獨甘心願學 且肯出資求得交涉事內 此爲勝擧泰西 無人不宜稱頌者也.

局內 譯書之事 雖經十有餘年 亦僅爲開創之初 所已成者 可爲後世基趾 而畫棟雕梁 必興於其上 故宜麗年續作 而與中國同時盛興察所息 售書籍 已數萬餘 可見中國 皆好此書 蓋華人 凡不珍重不喜歡之物 未嘗有費用財 購取者也 而此各書 爲西人多年察考 始經著成 若在中國 無甚補益 則爲 奇事 華人得此各書 則格致之學 不減泰西 而考察之苦已 無煩備嘗矣.

局內已刊之書 有數種在北京同文館用之 在耶蘇教中大書館內 亦有用 之者 如三角數理一書 在登州狄先生書館 用以教課 今狄先生回國 以惠先 生代理 亦爲西國著名算家 其寄函云 本年有一半生徒 學貴館所譯三角數 理 余看此書 甚善 有數字刊訛 余已更正想 此書除在書館 教課則難識此 訛 余見此訛字少者則甚稱奇 蓋將深算書譯出 而華人能洞識者 甚爲難事 也 等語 惜乎. 所有教門中 學舘能與狄先生處用局中之書者 甚少焉.

數年前 南京有美國 魏丁先生多購局內書籍 專售於好算學家. 說者云 南京有大憲設館 教算學等事 學者不少 故有多人購買局中算書 而館爲國 家所設 惟望此館至今猶存.

局內有數書館已設 多年教習造船 惑 造船汽機 惑 兵戎 等法 惟不用局 中所刊之書 盖教習者 不通華文 必以西文教授 雖生徒初時難諳西文 久習 亦易若乍想 局內書館不用其書 似爲奇異足顯 所譯之書無用 然此亦有故 焉. 因他西人不審此意見 生徒讀西文已得法 雖通曉頗難 而教習者總能因 此 而得大功焉.

局內之書爲官紳文士購存者多 又上海廈門煙臺之公書院中 亦各購存 如上海公書院 在格致書院內 有華君若汀 居院教習 凡來客咨諏者則爲之 講釋 而華君在局內時 與西人譯書 有十餘種. 故在院內甚能講明格致 夫 格致書院 爲英國領事起手勸各埠. 西人捐設者 迄今書院大興 皆賴徐君雪 村之力辦成. 惟望不久院內有生徒肄業能用 局內之書 則不勝欣然矣. 徐 華二君 一生用力 不獨欲益智於己 並欲公好於人. 故在院內 若能多得學 者 讀所譯之格致書 用備之格致器 將見中國人文蔚起 才智迭興四海之內

孰不景頌二君之盛德也哉.

此局以外 另有西人譯格致書數種 亦爲善事. 如設繙譯館後則 有丁韙良 在北京 著格物入門 萬國公法 講書 與其同事者 亦著格致書 與公法書數種. 皆爲華人所悅服者 亦大有益於國. 其書文雅淸順. 故官紳學士 皆欲先覩. 惟同文館多年所譯之書 尙未見其細目 故不能詳述 外有西敎師譯格致書不少 約五六人 將來必爲華人推崇仰爲師表也.

今中國於和約各大國內均有星使 又在英國倫敦 與俄克斯弗得 法國巴黎 美國哈法得 大書院內 亦有敎習華文者可見 西人學華文年重一年 恐不數年後 不獨在華有譯書 西人卽在西國 亦可多得有其人也. 夫中國地廣人稠 則格致書以此法搜求可 與土地同廣 而與人民並稠也已.

近來設益智書會 其意與局中略同. 今欲共著書四十餘種 大半爲合於敎門中書舘之用 亦合於初習格致者所用.

惟今設此譯書之事 其益不能全顯 將來後學必得大益. 蓋中西久無交涉 所有西學不能一旦全收 將必年代迭更 盛行格致則國中之實藏 與格致之儲才始能煥 然全顯巧中國古今來之人性 與格致不侔 若欲通變全國人性 其事甚難. 如近來考取人才 乃以經史詞章爲要 格致等學置 若今西人能詳愼譯書 而傳格致於中國 亦必能親覩華人其大益 雖不敢期中國專以西學考取人才 然猶願親覩 場中起首考取格致等學 吾拭目望之矣.

西人常居局內專理譯書 故人遠處無暇往來 以且水土爲災不勝異鄕之感 終朝一事難禁閩懣之懷 然而多年敏愼 風雨無慮者何也. 蓋以爲吾人於此分所當耳. 況上天之意 必以此法裨益 中國安可任意因循違乎天耶. 是故朝斯夕斯忍耐自甘所以順天心耳.

제3장 역서의 이익을 논하다

서양인 가운데 많은 사람은 중국문으로 자기 의사를 드러내기에 충분하지 않으므로 태서의 근래 격치는 서양문을 사용하지 않고 중국에 전하는 것이 매우 어렵다. 이러한 사람들은 번역국 내의 역서 사항이 비용 낭비에 불과하다고 말한다. 서학을 하고자 하는 사람은 가히 중국 문으로 번역하는 데 힘써야 한다. 그렇지 않고 <u>오래지 않아 영어가 만국의 공용어가 될 것이므로 가히 역서가 불필요하다고 말하는 사람</u>이 있다. 서력 1900년에 이르러 영어는 만국 공용어가 될 것이다. 이런 사람이 본다면 이 역서의 사정이 겨우 중국의 몇 년의 이익에 불과하고 오래지 않아 영문으로 개정할 것인데, 하필 이를 설치하는가 하겠지만, 이는 또한 역서의 이익을 알지 못하는 것일 따름이다.

들으니 서양인이 좋은 일을 하고자 하거나 회를 만들고자 하면 심중에 이러한 의견이 있어, 곧 중국인이 이득을 좇게 하면, 중국 황실에서 매년 돈을 들여 학동(생동, 生童)을 구라파나 북아메리카 등지에 보내 서학을 공부하게 하는데, 특히 중국이 서양 문자를 통효하고자 하나 알지 못하며, 잠간 이치를 이해하더라도 얻는 바가 심하지 않음과 같이 반드시 서양문을 먼저 가르쳐야 한다. 대개 학동(생동)을 서양에 보내는 뜻은 원래 회국할 때 얻은 것으로 중국인을 가르치게 하고자 함이다. 단 외국에 간 사람이 얻은 재능이 서양인과 동등하도록 심대하면 회국할 때 전수할 것을 생각하지 않으니, 생각건대 배우는 것을 자본으로 삼아 치부하고자 하니 이것은 늘 회국하는 사람의 생각이다. 그러나 몇 사람이 회국한 뒤 진력하여 본국인을 이끌고자 하니 그 기예를 이해함으로써 서학에 이르도록 하며 중국에 널리 행해지도록 하였다. 이와 같은 일은 아쉽게도 많지가 않았다.

학동에게 회국령을 내려 능히 중국인에게 열심히 전수하게 하는 일도 또한 역서하여 중국인에게 이익을 주는 일에 비해 어려운 일이다. 이미 서국에서 다년간 공부한 사람은 그 서양 학문이 깊어갈수록 중국문이 점점 얕아진다. 그런즉 서학을 모두 배우더라도 서국에서 얻는 것으로 중국인을 가르치고자 하나 반드시 중국어가 필요한 책이 또한 중국문으로 이루어지지 않으니 곧 중국이 경사(經史)를 모두 버리고 서양어로 모두 통용하고자 하면 어찌 쉬운 일이 되겠는가. 하물며 중국의 서문(書文)은 수천 년 이래 전해온 것으로 바뀐 적이 없어 국민이 이를 중시하니 국가 또한 이로 치국을 한 것이다. 자주(自主)의 대국으로 그 서문을 포기하고 다른 나라의 언어와 문자를 쓸 수 있겠는가. 만약 중국이 다른 나라에 소속되거나 혹 서양문에 힘쓰고자 하는 일은 결단코 불가능하며, 생각할 필요도 없는 일이다.

이상의 말을 따르면 가히 중국이 다년간 구습에 젖어 있음을 볼 수 있는데, 반드시 역서(譯書) 등의 방법에 의해 점차 새로운 것이 만들어지니, 지금 18개 성에 새로운 법과 새로운 사물이 출현하여 유통되고 있으며, 또한 서국의 중요한 것으로 중국에 이익이 되는 학문을 막지 못할 추세이며, 중국이 그것을 얻고자 한다면 중국인이 목마른 사람의 마음을 가져야 할 것이다.

이 번역관이 이미 설립된 지 수년에 필요한 비용은 국고로 하니 가히 이 일이 반드시 중국에 유익할 것이다. 중국이 비록 서문이 가장 많고 진중하나 모름지기 공사를 주관하며 서양인이 전교하는 일을 어찌할 것인가. 그러나 학술 하나의 도리를 아는 것은 한 국가나 한 나라에만 존재하지 않는다. 그러므로 서양인을 오랑캐의 나라로 간주하더라도 또한 중국에 유익한 일을 즐겨 배워야 한다. 생각건대 본국의 법으로서 배워야 하며, 그렇지 않으면 버리고 취하지 않아야 한다. 서국과 조약을 허락하고 서양인이 전교하는 일과 같은 것은 부득이한 일이다. 그러나 서학을 연구하고 조금도 이를 따르지 않는 일은 서양인을 모두 교화하는 일이 된다. 무릇 서국에 유익한 학술을 보면 그 비용을 조금도 아까워하지 않고 번역하여 책을 만들어 이로서 전국에 유통하게 하면 가히 중국이 배우는 일을 홀로 즐기는 것이 아님을 알게 될 것이며,

또한 자본을 만들어 교섭하는 일을 수긍하면 이는 태서인보다 나아지는 일이며, 마땅히 칭송하지 않을 자가 없을 것이다.

번역국 내 역서한 일이 비록 십년 이상이 지났으나 또한 처음 열당시 이미 이루어진 것들은 가히 후세의 기틀이 될 만하며, 국가의 동량을 만드는 데 반드시 그 위에 둘 일이다. 그러므로 마땅히 여러해 이 일이 이어지며 더불어 중국이 동시에 흥성하는 것을 살필 수 있다. 판매하는 서적이 이미 수만 권이니 가히 중국이 모두 이 책을 좋아하며, 중국인이 무릇 기뻐하지 아니하여 귀하게 여기지 않음이 없으니 미상불 비용이 들고 재화를 써서 구매할 만하다. 이들 각 서적이 서양인이 다년간 고찰하여 책을 만든 것으로 중국에 이로움이 없다면 그것은 기이한 일이다. 중국인이 이들 각 서적에서 곧 격치의 학문을 배우면, 태서에서 고찰한 수고로움보다 덜할 수 있으며 번거로움이 없을 것이다.

번역국 내 이미 간행한 서적으로 북경 동문관에서 사용하는 것이 몇 종 있으며 야소교의 대서관(학교)에서 또한 사용하는 것으로 〈삼각수리〉 같은 것이 있는데, 등주의 적고문(狄考文, 칼빈 윌슨 매티어, Calvin Wilson Matteer, 1836~1908, 등주학당: 산동 제노대학—기독교 공화대학 창설) 선생 서관에서 이를 이용하여 과업을 부과하였다. 지금 적고문 선생이 회국하고 혜 선생(惠先生, 惠頓?)이 대신하고 있는데 그 또한 서양의 유명한 수학자이다. 그가 기고한 글에서 "본년 일반 생도가 귀 학관에서 번역한 〈삼각수리〉로 공부하는데, 내가 보니 이 책은 매우 좋으나 숫자가 잘못된 곳이 있어, 이 책으로 서관(학당)에서 과업을 부과하면 그 그릇된 것을 알기 어려워 내가 다시 고치고자 한다. 내가 보니 이 잘못된 글자는 적으나 심히 이상한 일이나 장차 〈산서〉를 역출하여 중국인이 능히 통찰하여 알게 하는 것은 매우 어려운 일이다." 등과 같은 말들이 있으니 안타깝다. 기독교에서 학관을 세워 적 선생과 더불어 번역국의 책을 사용하는 경우가 극히 적다고 한다.

수년 전 남경의 미국 위정 선생이 번역국 내의 서적을 다수 구매하여 좋아하는 수학자들에게 팔았는데, 말하기를 남경에 큰 서관을 설립하여 산학 등을 가르치고자 하나 배우는 자가 많지 않았다고 한다. 그러므로 번역국의 산술서를 구매하는 자가 많으나 국가가 서관을 설립했으니 바라건대 이 학관이 지금도 존재한다.

국내 몇 종의 학관이 설립되어 다년간 조선 혹은 조선 기기 혹은 병용 등법을 교습하는데 번역국에서 간행한 책을 사용하지 않는 것은 대개 교습자가 중국어에 능통하지 못하여 서양문으로 가르치기 때문이다. 비록 생도가 처음에는 서양문을 익히기 어려우나 오래 배우면 잠깐 쉬워질 수 있어 국내 학관에서도 그 책을 사용하지 않으니 이상한 일이 아니다. 번역한 책이 소용이 없는데, 이에는 또한 이유가 있다. 그것은 다름 아니라 서양인이 그 의미를 깊이 고찰하지 않고 생도가 서양문을 이미 익혀 읽기 때문이다. 비록 이해하기는 어려우나 교습자가 오직 이로 말미암아 행하여 효과를 거둔 것이다.

번역국 내의 서적은 관료나 신사가 구매하는 자가 많았다. 또한 상해 하문 연대 등의 공공 학교(서원)에서 또한 구매하였고, 상해의 공공 학교인 격치서원 내 화약정(華若汀: 화형방. 약정은 화형방의 호임) 군이 있어 원에서 교습하였는데, 내객에게 자문하고 스스로 공부하여 강의하고 해석했으니 곧 화형방이 원내에 있을 때 서양인과 더불어 역서한 것이 10여 종에 이른다. 그러므로 원내에서 격치를 연구하고 밝힌 것이 많았는데, 대저 격치서원은 영국 영사가 각 항구에 권하여 설립한 것으로 서양인이 출연하여 설립하여 지금은 서원이 크게 흥하였는데, 그것은 모두 설촌 서수의 공이 컸다. 생각건대 원내에 생도가 이 업에 능히 종사하는 데 번역국 내의 서적이 흔연하지 않았다. 서군과 화군 두 사람이 일생 동안 혼자만 지식을 쌓고자 하지 않고 공적으로 사람들에게 유익하게 하기 위해 힘썼다. 그러므로 격치서원 내에서 배우고자 하는 사람은 번역한 격치서를 읽고 격치 기기를 준비하였으니, 장차 중국의 인문이 흥기하고 재능과 지식이 사해에 널리 퍼질 것이니 누가 두 사람의 성덕을 칭송하지 않겠는가.

이 번역국 이외에 서양인이 격서서 몇 종을 번역했는데 이 또한 좋은 일이다. 번역관 설치 이후 정위량(丁韙良, 윌리엄 마틴, 1827~1916)이 북경에서 〈격물입문〉, 〈만국공법〉을 저술하고, 강서하였으며 그와 더불어 또한 격치서와 공법서 몇 종을 저술하였으니, 모두 중국인이 기뻐하는 것이며 또한 국가에 큰 이익이 된다. 그 책의 문장은 우아하고 청순하여 관료와 신사 학자가 모두 다투어 보기를 원했다. 생각건대 동문관에서도 다년간 번역서를 냈는데 그 세목을 볼 수 없어 상세하게 기술하기 어렵다. 그 외에 서양 선교사들이 격치서를 번역한 것이 적지 않은데, 약 5~6인은 장래 중국인이 숭앙할 사표가 될 것이다.

지금 중국이 각 대국과 조약을 맺어 사신을 파견하고 또 영국 윤돈(런던), 러시아 극사불득(페테르부르크), 법국 파려(파리), 미국 합법득(하버드) 대학 내에 또한 중국어를 배우는 사람들을 볼 수 있으니 서양인이 중국어를 배워 일 년이 지나면 수년이 지나지 않아 단지 중국에서만 역서하는 것이 아니라 서양인이 서양 국가에서 또한 그러한 사람(번역하는 사람)을 보게 될 것이다. 대저 중국은 땅이 넓고 인구가 조밀하여 격치서로 그 방법을 찾아야 하는데, 토지가 넓고 인민이 아울러 조밀하기 때문이다.

근래 익지서회를 설립했는데 그 의미가 번역관 설립과 대략 비슷하다. 지금 저서 40여 종이 있는데 대부분 교문(종교계)의 학교(서관)에서 사용하는 데 부합하나 또한 격치의 초습자에게 필요한 것들이다.

생각건대 지금 역서 관련 사실은 그 이익을 모두 나타내기 어려우나, 장래 후학자들에게 반드시 큰 이익이 될 것이다. 대개 중국이 오랫동안 교섭이 없어 서학을 배우기 어려우나 장래에는 반드시 해가 지나면서 격치가 성행하는 것이 중국의 실익을 쌓은 것이며 더불어 격치에 능한 인재를 기르는 것이다. 그러나 중국의 고금 이래의 인성을 모두 드러내고 더불어 격치를 도모하지 않고, 전국 인민의 성품을 통변(通變)하는 것은 심히 어려운 일이다. 근래 인재를 선발할 때 경사(經史)와 사장(詞章)으로써 하나 격치 등 학문을 둘 필요가 있다. 만약 지금 서양인이 능히 역서에 힘을 기울여 격치를 중국에 전하고자 하니 또한 중국인에게 큰 이익이 될 것이다. 모름지기 오래지 않아 중국에서 오로지 서학으로써 인재를 등용하지 않을 수 없을 것이니 친히 과장(科場)에서 으뜸가는 사람을 격치 등 학문으로 선발하기를 내 스스로 눈 씻고 바랄 뿐이다.

일찍이 서양인이 번역국 내에서 역서에 전념하여 먼 곳에 갈 겨를이 없고 또한 수토의 재앙이 타향이라는 느낌을 이길 수 없어 종내 하나의 일로 한가히 번민하지 못하고 다년간 부지런히 삼가고 비바람을 걱정하지 않는 까닭은 무엇인가. 대개 이러한 일로 우리가 이 일을 나누어 담당하고 있을 따름이다. 하물며 상천(하느님)의 뜻이 반드시 이 법을 돕게 하는 데 있으니, 중국이 어찌 가히 임의로 하늘의 뜻을 어길 수 있겠는가. 그러므로 아침에도 이것이며 저녁에도 이것으로 인내하고 스스로 달게 여겨 하늘의 뜻에 순응하고자 할 따름이다.

第四章 論譯書各數目與目錄

此繙譯館起於西歷一千八百六十八年 以初印之書爲一千八百七十一年 始成者有運規約指 與開煤要法 二書. 由此至今連譯本不息 今將其要分成 三類矑棟於後.

第一類 爲已旣刊成出售之書名 與撰書人名 及中西譯書人名 並刊書年

度 與每書本數 及每書價錢 由此●中可見已刊成書 有九十八種 共計二百三十五本 每本書頁數 爲至一百頁 不定每書一頁 與英國平常一頁文義略同. 惟譯時 或有鬆緊 故此數僅爲大略而已.

於去年 西六月終計算所已消售 有三萬一千一百十一部 共計 八萬三千四百五十四本 又已刻成地理圖 與海道 共二十七張 海道圖 大半英國者譯出後 俱在局中鐫銅版印之已消售者 共四千七百七十四張.

閱以上所售之書 其數雖多 然中國人數尤多 若以書數 與人數相較 奚啻天壤 惟中國郵遞之法 尙無定章 而國家尙未安設信局 又未佈置鐵路 則遠處不便購買 且未出示聲明又未分傳 寄售則內地無由聞知 故所售之書尙爲甚少 若有以上各法 則消售者必多數十倍也.

以上售出各數 尙未計 及新聞紙 與近事彙編 等 隨時所印之書 此二種書每若十時 則印三百至五百本分呈於上海 及 各省官員.

第二類 爲已譯成 而未刊之書 共有四十五種 約共成一百二十四本內有將待刊者 亦有僅爲初稿者

第三類 爲未譯全之書 共十三種內 略有三十四本已譯成.

以上三類可依各門之學而列一表如下[8].

各門等書	旣刊成者	尙未刊者	未譯全書	已譯出者
算學測量等書	22部	計52本	2部 計8本	3部 計5本
汽機等書	7부 17본	3부 6본	1부	계 2본
化學等書	5부 19본	1부 1본	1부	계 4본
地理等書	8부 12본	0	2부	계 9본
地學等書	5부 12본	0	0	0
天文 行船 等書	9부 27본	3부 4본	0	0
博物學 等書	6부 14본	4부 5본	1부	1본
醫學等書	2부 8본	1부 6본	2부	10본

---

8) 표는 옮긴이가 만든 것이며, 수목(數目) 이외의 원문은 번역문 아래에 두었음.

各門等書	既刊成者		尚未刊者	未譯全書	已譯出者
工藝等書	13부 15본		9부 26본	0	0
水陸兵法等書	15부 41본		9부 26본	2부	2본
年代表 新聞紙 等	6부 10본		1부 1본	0	0
造船等書	0		3부 13본	1부	1본
國史等書	0		5부 16본	0	0
交涉公法等書	0		2부 26본	0	0
呑件等書	0	2부 2본	0		0

總共 已刊成者 98部 計 225本

　　　尚未刊者 45部 計 142本

　　　未譯全書 13部 已譯 43本

局中書目 外 另有目錄二章 玆 並錄入一爲益智書會 擬將譯而刊之書 共四十二種 一爲寓華飜譯人所自譯各書 今已刊行間世者也.

以上所術爲十二年 在局内譯書事之大略 乃自撰成西書一冊 並華官錄作 蓋屢有西人視中國考究●學甚爲要事 故頻關訊顚末 又有西士欲自譯書 因未深悉 局内已成譯書 恐有重覆是故 撰成此書 以使●士 有所核察 別無他意.

제4장 역서 각 수목 및 목록을 논하다

이 번역관은 1868년 발기하여 1871년 처음 책을 펴냈으며, 가장 먼저 낸 책은 〈운규약지〉과 〈개매요법〉 두 책이다. 이로부터 지금가지 계속하여 역본을 그치지 않았으며, 이제 장차 이것을 세 종류로 나누어 설명하고자 한다.

제1류는 이미 간행하여 판매하는 서명과 찬서인명, 중서 역서 인명 및 간서 연도와 각 책의 서본 수, 각 서적의 정가 등이다. 이로 말미암아 이미 간행이 된 책은 98종으로 총 235본이며 매 본의 쪽수는 1백 쪽에 이르고, 각 서적의 1쪽은 영국에서 평상으로 쓰는 1쪽과 동일한 의미를 갖는다. 생각건대 번역 당시 혹은 거칠게 읽었는데 그 숫자를 겨우 셀 뿐이다.

작년 서력으로 4월에 계산한 이미 판매하는 서적은 3만 1111부로 총 8만 3454본이다. 또 이미 간행한 지리도와 해도는 모두 27장으로 해도도는 대부분 영국의 것을 역출하여 번역국에서 동판으로 새겨 이미 판매하는 것까지 모두 4774장이다.

이상 판매되는 책을 보면 그 수가 많으나 중국인 수가 매우 많아 만약 이 책수로 사람 수와 비교하면 큰 차이가 있다. 생각건대 중국의 우체법이 아직 정해지지 않았고, 국가가 신국(전신국)을 설립하지 않았으며 철로를 건설하지 않아 먼 곳에서 구매하기가 어렵다. 또한 출시된 것이 알려지지 않아 전달되지 않으며 내륙 지방에서 판매하는 것을 듣지 못했다. 그러므로 판매하는 책이 아직은 극히 적다. 만약 이상 여러 가지 방법으로 판매한다면 그 수가 수십 배는 될 것이다.

이상 판매하는 각 숫자를 이작 계산하지 못했으며 신문지와 근사휘편 등을 수시로 인쇄하는데, 이 두 종은 매번 약 10시에 3백에서 5백 본을 인쇄하여 상해 및 각 성의 관원들에게 나누어 보낸다.

제2류는 이미 번역했으나 간행하지 않은 책으로 54종 대략 124본이며 장차 간행을 기다리는 것으로 또한 겨우 초고 상태이다.

제3류는 전체를 번역하지 못한 것으로 13종 이내이며 대략 34본이 이미 번역되었다. 이상 세 유형을 각 학문 부류에 따라 정리하면 아래의 표와 같다.

번역국 서목 이외에 별도의 두 개 목록을 두었는데 하나는 익지서회에서 번역하여 간행한 책으로 42종이며 하나는 중국에 거주하며 스스로 번역한 각 서적으로 이미 간행하여 세상에 알려진 것이다.

이상이 12년(1880년까지) 번역국 내의 번역 관련 사항의 대략이다.

이에 스스로 서양서 1책을 편성하여 중국 관리들의 기록과 함께 (이하
판독이 안 되는 글자가 다수 포함되어 번역하기 어려움)

○ 격치휘편, 1880년 8월

번호	책명	필자	역자/필술인	연대	本	文(책값)
1	운규약지(運規約指)	英國 白起德	傅蘭雅/徐建寶	1871	1	240
2	대수술(代數術)	英國 華里司	傅蘭雅/華蘅芳	1872	6	1280
3	행군측회(行軍測繪)	英國 連 提	傅蘭雅/趙元益	1873	2	480
4	미적소원(微積溯原)	英國 華里司	傅蘭雅/華蘅芳	1875	6	1200
5	측지회도(測地繪圖)	英國 富路瑪	傅蘭雅/徐壽	1876	4	100
6	명판인도(銘板印圖)	英國 浙蜜斯	傅蘭雅/江衛	1876		
7	산식집요(算式集要)	英國 哈司章	傅蘭雅/江衛	1877	2	480
8	삼각수리(三角數理)	英國 海麻士	傅蘭雅/華蘅芳	1878	6	1400
9	수리학(數學理)	英國 株麾甘	傅蘭雅/趙元益9)	1879	4	760
10	대수난제해법 (代數難題解法)	英國 倫德	傅蘭雅/華蘅芳	1879	4	
11	수근개방술 (數根開方術)	行素軒算稿	華蘅芳	1872	1	100
12	개방표(開方表)		賈步緯	1874	1	100
13	양법대산(量法代算)	則梅山房	賈步緯	1875	1	70
14	구고육술(句股六術)	錢塘項名 達梅侶稿		1874	1	180
15	산학계몽(算學啓蒙)	朱氏		1874	2	480
16	산법통종(算法統宗)	程大位汝思		1876	4	700
17	구수외록(九數外錄)	金山顧觀光尙之 著		1876		180
18	현체대수표 (弦切對數表)	數理精蘊	賈步緯	1873	1	500
19	대수표(對數表)	數理精蘊	賈步緯	1873	1	210
20	팔선간표(八線簡表)	數理精蘊	賈步緯	1877	1	300
21	팔선대수간표 (八線對數簡表)	數理精蘊	賈步緯	1877	1	300
22	팔선대수전표 (八線對數全表)	數理精蘊	賈步緯	1879	2	600
23	기기발동(汽機發動)	英國 美以納·白勞那	偉烈亞力10)·徐壽	1871	4	1060
24	기기필이(汽機必以)	英國 蕃而捺	傅蘭雅·徐建寶	1872	6	1400

번호	책명	필자	역자/필술인	연대	本	文(책값)
25	기기필이부권 (汽機必以附卷)	英國 爾而捺	傅蘭雅·徐建實	1872		
26	기기신제(器機新制)	英國 白爾格	傅蘭雅·徐建實	1873	2	480
27	기상현진(器象顯眞)	英國 白力蓋	傅蘭雅·徐建實	1872	2	480
28	기상현진도 (器象顯眞圖)	英國 白力蓋	傅蘭雅·徐建實	1879	1	400
29	예기기주(藝器記珠)	英國 暮司活德	傅蘭雅·徐建實	1879	2	
30	화학감원(化學鑑源)	英國 韋而司	傅蘭雅·徐壽	1871	4	1000
31	화학분원(化學分原)	英國 蒲陸山	傅蘭雅·徐建實	1871	2	560
32	화학감원속편 (化學鑑原續編)	英國 蒲陸山	傅蘭雅·徐壽	1875	6	1200
33	화학보편(化學補編)	英國 蒲陸山	傅蘭雅·徐壽		6	
34	격치계몽화학 (格致啓蒙化學)	英國 羅斯古	林樂知·鄭昌棪		1	300
35	대강도(大江圖)	英國 兵船部	傅蘭雅·王德均	1874	5장	
36	해도분도(海道分圖)	英國 兵船部	金楷理·王德均	1874	17장	3600
37	대강도설(大江圖說)	英國 兵船部	傅蘭雅·王德均	1874	6	
38	해도도설(海道圖說)	英國 兵船部	金楷理·王德均	1874	9	2280
39	해도총도(海道總圖)	英國 兵船部	金楷理·王德均	1874	1장	800
40	회지법원(繪地法原)	英國 原書	金楷理·王德均	1875	1	300
41	평원지구도 (平圓地球圖)		李鳳苞	1876	4장	1200
42	격치계몽지리 (格致啓蒙地理)	英國 祁覯(기구)	林樂知·鄭昌棪		1	300
43	개매요법(開煤要法)	英國 士密德	傅蘭雅·王德均	1871	2	400
44	정광공정(井礦工程)	英國 白爾捺	傅蘭雅·趙元益	1879	2	400
45	해당집요(海塘輯要)	英國 韋更斯	傅蘭雅·趙元益	1873	2	420
46	지학천석(地學淺釋)	英國 雷俠兒	瑪高溫[11]·華蘅芳	1871	8	2560
47	금석식별(金石識別)	美國 代那	瑪高溫·華蘅芳	1871	6	1460
48	항해제법(航海諸法)	英國 那麗	金楷理[12]·王德均	1871	2	520
49	어풍요술(御風要術)	英國 白爾特	金楷理·華蘅芳	1871	2	420
50	측후총담(測候叢談)		金楷理·華蘅芳	1877	2	480
51	행해전법(行海全法)		金楷理·李鳳苞[13]	1871	4	
52	행해통서해설 (行海通書解說)		金楷理	1871	9	
53	상해행해통서 (上海 行海通書)		賈步緯	1871~ 79		
54	항성표(恒星表)		賈步緯	1874	1	360

번호	책명	필자	역자/필술인	연대	本	文(책값)
55	담천(談天)	英國 候失勒	偉烈亞力·李善蘭·徐建寅	1879	6	
56	격치계몽천문 (格致啓蒙 天文)	英國 駱克優	林樂知[14]·鄭昌棪	1880	1	300
57	성학(聲學)	英國 田大里	傅蘭雅·徐建寅	1874	2	480
58~59	광학 부 시학제기설 (光學 附 視學諸器說)	英國 田大里·英國 西里門	金楷理·趙元益	1876	3	520
60	삼재기요(三才紀要)			1871	1	300
61	전학(電學)	英國 奴搭	傅蘭雅·徐建寅	1879	8	
62	격치계몽 격물 (格致啓蒙 格物)	英國 司都霍(사도곽)	林樂知·鄭昌棪(정창염)	1880	1	300
63	유문의학(儒門醫學)	英國 海得蘭	傅蘭雅·趙元益	1876	4	800
64	서약대성 금석부 (西藥大成 金石部)	英國 奈拉 海得蘭	傅蘭雅·趙元益	1879	4	
65	제화약법(製火藥法)	英國 利家孫 華得斯	傅蘭雅·丁樹棠(정수당)	1871	1	280
66	야금록(冶金錄)	美國 阿發滿	傅蘭雅·趙元益	1873	2	400
67	역람기략(歷覽記略)	英國 傅蘭雅	傅蘭雅·徐壽	1874	1	150
68	장회여규(匠誨與規)	英國 諾格德	傅蘭雅·徐壽	1877	2	
69	회특활덕강포 (回特活德 鋼礮)	英國 回特活德	傅蘭雅·徐壽	1877		
70	조답지법(造答之法)	英國 由耳	傅蘭雅·徐壽	1877		
71	회연로법(回燃爐法)	英國 各爾曼	傅蘭雅·徐壽	1877	1	이 각각의 서적명은 〈서예지신(西藝知新)〉 1200
72	유강수법(硫强水法)	英國 士密德	傅蘭雅·徐壽	1877		
73	색상유진(色相留眞)		傅蘭雅·徐壽	1877		
74	주멱지재(周幕知裁)	美國 布倫	傅蘭雅·徐壽	1877	1	
75	욕목의전편 (欲木衣全論)	美國 大斐斯(대비사)	傅蘭雅·徐壽	1877		
76	조철전법(造鐵全法)	英國 非而奔	傅蘭雅·徐建寅	1880	4	
77	폭약기요(爆藥記要)	美國 水雷局	舒萬第·趙元益	1880	1	
78	방해신론(防海新論)	布國 希理哈	傅蘭雅·華蘅芳	1871	6	1200
79	수사조련(水師操鍊)	英國 戰船部	傅蘭雅·徐建寅	1872	3	720
80	윤선포진(輪船布陣)	英國 賈密倫	傅蘭雅·徐建寅	1873	2	420
81	윤선포진	英國 斐路(비로)	傅蘭雅·徐建寅	1873		
82	영성게요(營城揭要)	英國 儲意比	金楷理·李鳳苞	1876	2	360

---

9) 趙元益(1840年~1902年) 字靜涵, 江蘇新陽人。光緒擧人, 精通醫學, 曾為丁福保醫治肺疾。清同治八年(1869年)入江南製造局翻譯館任職, 翻譯≪儒門醫學≫, ≪內科理法前後編≫, ≪光學≫ 等。

번호	책명	필자	역자/필술인	연대	本	文(책값)
83	극로백포설 (克虜伯礮說)	布國 軍政局	金楷理·李鳳苞	1872		
84	극로백포조법 (克虜伯礮操法)	布國 軍政局	金楷理·李鳳苞	1872	2	480
85	극로백포표 (克虜伯礮表)	布國 軍政局	金楷理·李鳳苞	1872		
86	극로백철탄 (克虜伯鐵彈)	布國 軍政局	金楷理·李鳳苞	1872	3	520
87	극로백포병약법 (克虜伯礮餠藥法)	法國 軍政局	金楷理·李鳳苞	1872		
88	공수포법(攻守礮法)	布國 軍政局	金楷理·李鳳苞	1875	1	340
89	포준심법(礮準心法)	布國 軍政局	金楷理·李鳳苞	1875	2	320
90	영루도설(營壘圖說)	比利時國 伯利牙芒	金楷理·李鳳苞	1876	1	180
91	장선포법(長船礮法)	美國 水師書院	金楷理·朱恩錫 ·李鳳苞	1876	3	580
92	수사장정(水師章程)	水師兵部	林樂知·鄭昌棪	1879	16	3200
93	서예편년표 (四裔編年表)	英國 博那	林樂知·嚴良勳 ·李鳳苞	1874	4	1750
94	열국세계정요 (列國歲計政要)	英國 麥丁富得力	林樂知·鄭昌棪	1878	6	1400
95	서국근사휘편 (西國近事彙編)		金楷理·蔡錫齡	1873 ~77	3	1700
96	서국근사휘편 (西國近事彙編)		林樂知·蔡錫齡 ·鄭昌棪	1878 ~79		
97	신문지(新聞紙)		金楷理	1878 ~79		
98	서사촬요(西事撮要)		金楷理	1878 ~79		

光緒十五年出使英、法。

10) 伟烈亚力(英語: Alexander Wylie, 1815年4月6日~1887年2月10日), 英国汉学家, 伦敦传道会传教士。1846年来华。偉烈亞力在中国近30年, 致力传道、传播西学, 並向西方介绍中国文化, 在这几个方面都有重要贡献。1877年偉烈亞力因年迈体弱, 视力衰退, 返回伦敦定居, 1887年2月10日逝世。

11) 모건(玛高温, Daniel Jerome Magowan, 1814~1893), 美北浸礼会派遣来华的医疗传教士。1843年2月抵达香港, 九月尾抵达宁波, 11月开办医疗所。1844年春, 玛高温暂时关闭医疗所, 前往孟加拉与 Osborne 小姐结婚, 年底到达香港, 1845年2月, 携夫人离开香港北上宁波。他在宁波从开医疗所, 同时被选为医疗传道会的代理人。在宁波期间, 他常对中国人传教。1854年因妻子健康原因, 移居厦门、香港、澳门。1859年访问日本。后因健康欠佳, 携带家眷返回伦敦。这时期他在英国各地开设讲座, 讲述中国和日本的状况。1862年回到美国, 此后在美军中任职。1893年7月19日, 七十

以上 各書在上海 製造局 與 格致書院 及 美華書館 並 精一閣 等處俱有
出售

(상해 제조국, 격치서원, 미화서관, 정일각 등에서 판매하는 서적)

◇ 이미 번역하였으나 간행하지 않은 서적 목록(旣譯成未刻書 目錄)

번호	各書 目錄	譯書人名	筆述人名	約成本數	연대	약성본수
99	결의수술(決疑數術)	傅蘭雅	華蘅芳	4		100
100	대수총법(代數總法)	傅蘭雅	華蘅芳	4		
101	기기척촌(汽機尺寸)	傅蘭雅	徐建實	2		102
102	화약기기설 (火藥器機說)	傅蘭雅	徐壽	1		
103	조철로서(造鐵路書)	舒高第	鄭昌棪	3		104

　　九岁的玛高温病逝于上海虹口文监师路(今塘沽路)寓所。≪纽约时报≫报道他的去世时, 称其为上
海最老的居民之一。

12) 金楷理(Carl Traugott Kreyer), 1839年出生于德国萨克森州一个小镇Groedel, 肄业于鲍特琛(Bautzen)
的中学。年轻时随家人移居美国。考入罗切斯特大学(University of Rochester), 1863年毕业。1866
年5月被美国浸信传教差会派到中國, 携夫人赴任宁波。同治八年(1863)广方言馆并入江南制造局。
次年, 广方言馆出英文外, 增设法文、布文(德文)两馆。金楷理被聘任布文教习。金楷理在江南制
造局工作期间, 前後与李凤苞、赵元益、王德均、华蘅芳、蔡锡龄、朱恩锡、徐华封等七人, 先後合
译了二十三种书。≪兵船炮法≫为其中之一。光绪九年(1880)三月, 金楷理就任驻德中国使馆二等
翻译官。1890至1896年间, 他随同许景澄驻在圣彼得堡。光绪十年(1884)至十三年(1887), 许景澄
接替李凤苞任驻俄大臣。之後三年驻俄大臣洪钧兼任德使。光绪十六年(1890)至廿二年(1897)驻
俄大臣许景澄重新兼任德使, 廿二年十一月起专任德使, 次年吕海寰接替许景澄。许景澄驻德大臣
时期, 金楷理深受许景澄的信任而能夠充分发挥其能力。金楷理收集的各国战舰资料, 在德国同事
参赞刘孚翊的协助下完成译稿, 後来提供给许景澄出版。≪外国师船图表总序≫有所提及。另许
景澄有≪留赠金楷理≫诗两首: "海客谈瀛易见猜, 亲来绝域识根荄, 南怀利玛风流歇, 喜见铿铿折
角才。圣化招徕万国钦, 楚材杞梓久成阴, 三年求绸缪意, 试向新枝报好音。"金楷理, 民国三年
九月死于法兰克福。

13) 李凤苞(1834年~1887年8月7日), 字丹崖, 原籍江苏句容, 生于江苏崇明(今属上海市), 清末外交家,
曾出任驻外公使。光绪七年(1881年)出任清朝首任驻奥国公使。著作、译作有: ≪陆战新义≫, ≪海
战新义≫, ≪布国兵船操练≫, ≪铁甲船程式≫, ≪使德日记≫, ≪闻政汇编≫

14) 林乐知(Young John Allen, 1836年~1907年5月31日)是一位19世纪基督教美南监理会来华传教士,
在华居留时间长达47年, 以办报、办学、译书著称, 对晚清时期的维新运动影响很大。

번호	各書 目錄	譯書人名	筆述人名	約成本數	연대	약성본수
104	성학적도경위표 (星學赤道經緯表)	傅蘭雅	賈步緯	1		
105	측후제기설 (測候諸器說)	傅蘭雅	江衡	2		106
106	조측표설(燥測表說)	傅蘭雅	徐壽	1		
107	조선전법(造船全法)	傅蘭雅	徐建寅	10		108
108	조선지남침법 (造船指南針法)	傅蘭雅	徐壽	1		
109	회화선선(繪畵船線)	傅蘭雅	徐建寅	1		110
110	풍우표설(風雨表說)	傅蘭雅	華蘅芳	1		
111	섭철기설(攝鐵器說)	傅蘭雅	徐建寅	1		112
112	물질운열개체 (物質運熱改體)	傅蘭雅	徐壽	1		
113	열학(熱學)	金楷理	江衡	2		114
114	안과서(眼科書)	舒高弟	趙元益	6		
115	시험철매법 (試驗鐵煤法)	傅蘭雅	徐壽	1		116
116	조상피법(造象皮法)	傅蘭雅	徐壽	1		
117	석판인법(石板印法)	傅蘭雅	徐建寅	1		118
118	석판인법략 (石板印法略)	傅蘭雅	王德均	1		
119	보장흥언(寶藏興焉)	傅蘭雅	徐壽	16		120
120	전기도금약법 (電氣鍍金略法)	傅蘭雅	周郇雨(주구우)	1		
121	전기도금총법 (電氣鍍金總法)	金楷理	江衡	2		122
122	제비급유촉법 (製肥皀油燭法)	金楷理	徐建寅	2		
123	주동서(鑄銅書)	舒高弟	朱格仁	1		124
124	조류강수(造流强水法)	金楷理	徐建寅	1		
125	해용수뢰법 (海用水雷法)	傅蘭雅	華蘅芳	1		126
126	조격림포법 (造格林砲法)	傅蘭雅	徐建寅	1		
127	포여철갑론 (砲與鐵甲論)	傅蘭雅	徐建寅	10		128
128	영성요설(營城要說)	傅蘭雅	徐建寅	4		
129	포국병선조련 (布國兵船操鍊)	金楷理	李鳳苞	1		130

번호	各書 目錄	譯書人名	筆述人名	約成本數	연대	약성본수
130	미국병선쟁법 (美國兵船鎗法)	金楷理	李鳳苞	1		
131	행군지요(行軍指要)	金楷理	趙元益			132
132	포오교전론 (布奧交戰論)	金楷理	趙元益			
133	포법교전론 (布法交戰論)	金楷理	趙元益	약8본		134
134	공사지남(公使指南)	金楷理	蔡錫齡	6		
135	연대표(年代表)	傅蘭雅	徐建寅	1		136
136	인도국사(印度國史)	林樂知		2		
137	아라사국사 (俄羅使國史)	林樂知	嚴良勳	2		138
138	덕국사(德國史)	林樂知	嚴良勳	2		
139	구라파사(歐羅巴史)	林樂知	嚴良勳	6		140
140	만국사(萬國史)	林樂知	嚴良勳	6		
141	각국교섭공법 (各國交涉公法)	傅蘭雅	李鳳苞	20		142
142	영국예모서 (英國禮貌書)	傅蘭雅	程●甫	1		
143	영어입문(英語入門)	舒高弟	朱格仁	1		

○ 격치휘편, 1880년 9월, 역서사략 제7부

◇ 현재 전문을 번역하지 않은 서적 목록(尙未譯全 各書目錄)

번호	各書 目錄	譯書人名	筆述人名	원본	역본	분량
144	내단수리(奈端數理)	傅蘭雅	李善蘭	8본	3본	
145	조기기등수공 (造汽機等手工)	傅蘭雅	徐壽	6본	2본	
146	질수증명(質數證明)	傅蘭雅	徐壽	20본	4	
147	해면측회(海面測繪)	傅蘭雅	黃宗憲	1	1	
148	서약대성동식부 (西藥大成動植部)	傅蘭雅	趙元益	8	4	
149	지설(地說)	金楷理	李鳳苞	16	8	
150	측량의기설 (測量儀器說)	金楷理	趙元益	2	1	

번호	各書 目錄	譯書人名	筆述人名	원본	역본	분량
151	병선포법(兵船礮法)	金楷理	朱格仁	4	1	
152	나팔법(喇叭法)	金楷理	朱格仁	1		
153	지학계몽(地學啓蒙)	林樂知		1		
154	의학총설(醫學總說)	舒高弟	趙元益	8	6	
155	조선장승종서 (製船檣繩宗書)	舒高弟	鄭昌棪	1		
156	분광구원(分光求原)	偉烈亞力		4	1	

◇ 익지서회에서 모방 저술한 각종 서적 목록(益智書會 擬著 各種 書目錄)

[此各書名 有已定者 有未定者 玆惟 按書原義 配成各名 以便閱者 悉其梗槪]

번호	書名	地域	著者
1	필산수학(筆算數學)	登州	狄考文[15]
2	대수초기(代數初基)	登州	狄考文
3	기하초기(幾何初基)	登州	狄考文
4	삼각측산(三角測算)	登州	哈師娜(사랑: 선생님)
5	심산수학(心算數學)	登州	哈師娜
6	천문약론(天文略論)	北京	同文館
7	측후이지(測候易知)	北京	費理飭
8	지구약설(地球略說)	漢口	沙先生
9	지구약론(地球略論)	杭州	貝先生
10	만국지리(萬國地理)	天津	江載德
11	지리대도(地理大圖)	天津	江載德
12	격치천설(格致淺說)	上海	范約翰[16]
13	격치승당(格致升堂)	登州	狄考文
14	격치측산(格致測算)	北京	丁韙良[17]
15	지학입문(地學入門)	北京	文先生
16	금석약변(金石略辨)	上海	傅蘭雅
17	화학이지(化學易知)	上海	傅蘭雅
18	식물이용(植物利用)	上海	傅蘭雅
19	식물대도(植物大圖)	煙台	韋廉臣[18]
20	식물형성(植物形性)	煙台	韋廉臣
21	전체천미(全體闡微)	福州	柯爲良[19]

번호	書名	地域	著者
22	인신이론(人身理論)	北京	德貞
23	인신천설(人身淺說)	天津	博醫生
24	동물형성(動物形性)	煙台	韋姑娘
25	동물대도(動物大圖)	煙台	韋姑娘
26	인형분류(人形分類)	福州	俄倫哈
27	중국사략(中國史略)	香港	歐先生
28	만국사략(萬國史略)	通州	石先生
29	만국근사(萬國近史)	北京	來因先生
30	대영국사(大英國史)	上海	慕維廉20)
31	화기국사(花旗國21)史)	天津	施先生
32	태서공예(泰西工藝)	上海	傅蘭雅
33	태서악법(西國樂法)	登州 煙台	秋師娘 韋師娘(위렴신일 듯)
34	도화약법(圖畫略法)	上海	傅蘭雅
35	교육지법(敎育之法)	廣州	駱先生
36	질체형성(質體形性)	上海	范約翰
37	언어상비(言語相比)	北京	艾約瑟22)
38	구리지학(求理之學)	北京	艾約瑟
39	부국책(富國策)	北京	丁韙良
40	습리지학(習理之學)	北京	丁韙良
41	준심지학(準心之學)	漢口	楊格非23)
42	문교신민(文敎新民)	煙台	韋廉臣

15) 狄考文(Calvin Wilson Matteer, 1836~1908年), 美北长老会来华传教士。1864年到山东登州(蓬莱), 传教40多年。又创办中国境内第一所现代高等教育机构文会馆, 传播西方的科学和文化, 以后规模不断扩大, 是著名的齐鲁大学的前身。狄考文的中文水平很好, 曾为传教士编官话教材, 即 A Course of Mandarin Lessons, Based on Idiom。狄考文也是译经委员会主席, 主持翻译了今天广为流传的圣经中文译本"和合本", 但他在新约译完之后、旧约刚开始不久就去世了。1908年在青岛去世

16) 존 마샬 윌러프비 판햄 范約翰(John Marshall Willoughby Farnham, 1829年~1917年), 美北长老会派往中国的传教士。1860年3月, 范约翰和妻子范玛利到达上海, 在大南门外陆家浜创办清心男塾(Lowrie Institute, 今上海市市南中学), 次年又创办清心女塾(the Mary Farnham Girls' School, 今上海市第八中学), 学生多是太平天国战乱避难来沪的难民儿童。上海第一长老会的教堂长期在清心书院内, 信徒也大多是清心书院的师生。直到1919年礼拜堂才从学校迁出, 另在附近的大佛厂街(今大昌街30号)建造清心堂, 至今仍在使用。1888年, 范约翰在虹口靶子路(今武进路)住宅中开设布道礼拜, 1890年他在虹口中虹桥元芳路(今商丘路)源芳里租两间厢房, 供商务印书馆职工礼拜(此處有疑。商務印書館成立於1897年。或為美華書館職工), 成立虹口长老会堂, 1892年迁址汉壁礼路(今汉阳路)永祥里。1894年范约翰休假回国, 聘浙江新市长老会俞国桢牧师负责。俞国桢提倡中国教会自立, 组建闸北自立长老会堂, 先后迁址海宁路、克能海路(今康乐路)口, 以及商务印书

此四十二種書 今有數種已刊 將成擬成後 分寄各埠出售書 皆淸淺易明
價 亦十分公道 最合於初習格致 及幼學童蒙所用已 議定在美華書館爲總
售之所復 分寄各埠鎭託西人代售也.

이 42종의 책은 지금 이미 간행한 것이 몇 종 있으며 장차 간행한
후 각 항구에서 팔도록 보낼 것이며 모두 저렴한 가격으로 쉽게 구하도
록 하며 또한 공도(公道)가 격치를 처음 배우는 데 적합하며 또한 어린

馆附近的宝通路340号。后来宝通路闸北堂又回到长老会，至今仍在使用。19世纪70、80年代，范
约翰还在上海陆续创办≪圣书新报≫(Bible News, 1871年)、≪小孩月报≫(Child's Paper, 1875
年)、≪画图新报≫等刊物。他还在≪格致汇编≫上发表过科学文章。1912年2月，他在上海给孙中
山写信，建议他借外债、发行国债来筹得款项

17) 윌리엄 알렉산더 파슨스 마틴: 威廉·亞歷山大·巴尔森·馬丁(英语: William Alexander Parsons
Martin, 1827年4月10日~1916年12月17日), 漢名丁韙良, 字冠西, 美北长老会派至中國的传教士。
在中国生活了62年(1850年~1916年, 期间有4年时间不在中国), 曾长期担任中国著名教育机构北
京同文馆的负责人, 是当时的"中国通"。1898年起任被清朝皇帝任命为京师大学堂首任总教习, 也
就是北京大学第一任校长。

18) 알렉산더 윌리엄슨: 韦廉臣(Alexander Williamson, 1829年12月5日~1890年8月28日)是一名苏
格兰来华传教士, 最初由伦敦会派遣来华, 以学术研究、翻译工作和创建同文书会著称。他是李提
摩太的前任。

19) 오스굿: 柯爲良(Dauphin Wikkiam Osgood), 〈wjscpcjsal〉(6rnjs, 1988). 이에 대해서는 박준형·
박형우(2011), 「제중원에서 역물학 상권(무기질)의 번역과 그 의미」, 『의사학』20(2)(통권
39호), 대한의사학회, 327~354쪽 참고.

20) 윌리엄 뮈르헤드: 慕维廉(William Muirhead, 1822年~1900年), 英国基督教伦敦会传教士。1847
年8月26日抵达上海[1]。上海墨海书馆创办人之一。著有≪大英国志≫、≪地理全志≫。在向中国
介绍现代历史学、地理学、地质学方面, 富有贡献。也是1848年青浦教案的当事人之一。在1876年
至1879年间, 华北地区由于干旱发生大规模饥荒。慕惟廉在上海地区组织成立"中国赈灾委员会",
联合在华的传教士、商人、外交官员等积极参与灾荒的赈济。在此期间, 慕惟廉实际负责了当时委
员会的运作。1900年, 慕惟廉于上海去世。

21) 화기국: 미국 국기의 일본식 명칭. 花旗, 是美国國旗(星条旗)的旧称。因旗上有很多星星、多道条
纹、红蓝白三種颜色, 看起來較为花俏, 故中国人以前称之为花旗, 並称美国为「花旗」或「花旗国」。

22) 요셉 에드킨스: 艾约瑟(Joseph Edkins, 1823年~1905年)。字迪瑾, 英国传教士和著名汉学家。

23) 그리피스 존: 杨格非(格里菲斯·约翰, Griffith John, 1831年~1912年)又译杨约翰、杨笃信, 英国
伦敦会著名的来华传教士之一, 中国华中地区基督教事业的开创者。1831年12月14日, 杨格非出
生于英国威尔士斯温西一个公理会基督徒的家庭, 家境比较贫穷。在8岁时被公理会教堂接纳为正
式成员, 14岁时在一次祷告聚会中进行了第一次讲道, 16岁就开始正式在教堂里定期讲道。随后进
入威尔士和英格兰学习神学。

학동을 가르치는 데 필요한 것으로, 미화서관에서 총괄하여 판매하도록 정하고 있으며, 각 부두와 진(鎭)에서 서양인을 대신하여 판매한다.

◇ 중국에 거주하는 서양인이 스스로 번역한 책 목록(寓華 西人自譯 各書目錄)

번호	서명	저자	가격
1	담천(談天)	偉烈亞力(알렉산더 와이리)	매부 가 洋1원 반
2	천문천설(天文淺說)	薛承恩	
3	기하원본(幾何原本)	偉烈亞力	
4	대수학(代數學)	偉烈亞力	
5	대수계몽(數學啓蒙)	偉烈亞力	
6	대수적십급(代數積拾級)	偉烈亞力	
7	심산계몽(心算啓蒙)	奴愛士	
8	필산수학(筆算數學)	狄考文	
9	격물측산(格物測算)	丁韙良	
10	중학(重學)	艾約瑟	
11	중학천설(重學淺說)	偉烈亞力	
12	서국산법(西國算法)		
13	지구약설(地球略說)	褘理哲[24]	
14	지리문답(地理問答)	甘弟德	
15	지리전지(地理全志)	慕維廉	
16	신석지리비고(新釋地理備攷)	瑪先生	
17	격물입문(格物入門)	丁韙良	
18	탈영기관(脫影奇觀)	德貞	
19	화학초계(化學初階)	嘉約翰[25]	
20	화학지남(化學指南)	畢利干	
21	화학천원(化學闡原)	畢利干	
22	격물탐원(格物探原)	韋廉臣	
23	식물학(植物學)	艾約瑟·韋廉臣	
24	박물신편(博物新編)	合信[26]	
25	전체신편(全體新編)	合信	
26	내외과신략(內外科新略)	合信	
27	서의약론(西醫略論)	合信	
28	부요신설(婦要新說)	合信	
29	구익신법(救溺新法)	瑪高溫[27]	

번호	서명	저자	가격
30	서약약석(西藥略釋)	嘉約翰	
31	내과천미(內科闡微)	嘉約翰	
32	피부신편(皮膚新編)	嘉約翰	
33	이찰신법(裏札新法)	嘉約翰	
34	화류지미(花柳指迷)	嘉約翰	
35	체질고략(體質考略)	德貞	
36	체질노략도(體質老略圖)	德貞	
37	대영국지(大英國志)	慕維廉	
38	연방지략(聯邦志略)	裨治文[28]	
39	아국약사(俄國略史)	同文館	
40	각국약사(各國略史)	同文館	
41	서국학교(西國學校)	花之安[29]	
42	교화의(敎化議)	花之安	
43	서국악법계몽(西國樂法啓蒙)	狄就烈[30]	
44	조양반서(造洋飯書)	高夫人	
45	중서관계약론(中西關係略論)	林樂知	
46	부국책(富國策)	丁韙良	
47	법국율례(法國律例)	畢利于 (?)	
48	만국공법(萬國公法)	丁韙良	
49	성초지장(星軺指掌)	丁韙良	
50	공법편람(公法便覽)	丁韙良	
51	공법천장(公法千章)	丁韙良	
52	견문선록신편(聞見選錄新編)	丁韙良	
53	육합총담(六合叢談)	偉烈亞力	
54	하이세진(遐邇貫珍)	理雅各[31]	
55	격성휘편(格聲彙編)	傅蘭雅	
56	중서견문록(中西見聞錄)	北京書院	
57	만국공보(萬國公報)	林樂知	
58	소해월보(小孩月報)	范約翰	
59	민성회보(閩省會報)	福州 美華書局	
60	익지신록(益智新錄)	艾 慕 臨 三君	
61	익문록(益聞錄)	徐家匯書院	
62	중서통서(中西通書)	艾約瑟	

---

24) 리처드 콰터만 웨이: Richard Quarterman Way(1819~1895). 미국 조지아주 출신의 선교사.

25) 嘉约翰(John Glasgow Kerr, 1824年~1901年), 美国人, 美北长老会教徒, 最早至中国的著名传教士兼医生之一。1853年首度抵达中国，1854年在广州开始以行医传教。1856年由于第二次鸦片战争，他的诊所遭到破坏，被迫返回美国。1859年重返广州，接手美国公理会伯驾医生1835年创办的博济医院。1866年该医院又开办博济医学堂，招收学生，培养医学人才，他也亲自编译教材。1898年在广州建立了第一间精神病医院——惠爱医癫院。1901年，在广州去世。孙中山先生曾在1886年就读于博济医学堂.

26) 벤자민 홉슨: 合信(Benjamin Hobson, 1816年~1873年)，英国传教士、医生；1816年1月2日生于英国北安普敦郡威尔佛特村，1835年伦敦大学医学院毕业。1839年被伦敦会派往中国澳门为驻澳门教会医院的传教医师。1843年被派往广州，在广州西关外金利埠创办惠爱医馆，施医舍药。1855年在广州用中文著作≪博物新编≫介绍西方自然科学知识，又著≪全体新論≫介绍人体生理学和人体解剖学。1856年10月，第二次鸦片战争爆发，合信的惠爱医馆被民众焚毁，合信避难上海。合信在上海与艾约瑟合作翻译英文科学技术书，先后著≪西医略论≫、≪妇婴新说≫、≪内科新说≫等医学书籍，由上海墨海书馆出版。合信用中文著的医学书，在中国广泛流传，并被翻译为日文、韩文。合信在1847年与马礼逊的女儿结婚。合信来华行医学二十餘年，"活人无算"(王韬语)。1859年回国，两袖清风，"家居况味肃然，门可罗雀"(同上)。1873年2月16日，合信病逝于英国伦敦西顿哈姆区。

27) 모건: 玛高温(Daniel Jerome Magowan, 1814~1893)，美北浸礼会派遣来华的医疗传教士。1843年2月抵达香港，九月尾抵达宁波，11月开办医疗所。1844年春，玛高温暂时关闭医疗所，前往孟加拉与 Osborne 小姐结婚，年底到达香港，1845年2月，携夫人离开香港北上宁波。他在宁波从开医疗所，同时被选为医疗传道会的代理人。在宁波期间，他常对中国人传教。1854年因妻子健康原因，移居厦门、香港、澳门。1859年访问日本。后因健康欠佳，携带家眷返回伦敦。这时期他在英国各地开设讲座，讲述中国和日本的状况。1862年回到美国，此后在美军中任职。1893年7月19日，七十九岁的玛高温病逝于上海虹口文监师路(今塘沽路)寓所。≪纽约时报≫报道他的去世时，称其为上海最老的居民之一.

28) 에리야 콜만 브리지만: 禆治文(Elijah Coleman Bridgman、又名高理文, 1801~1861年)，美部会传教士，响应新教第一位来华传教士英国人马礼逊(R.Morrison)的呼吁，而来华的第一位美国传教士。1830年2月25日，他从波士顿来到广州。当时中国尚不可能公开传教，他主要是向马礼逊学习汉语，以及进行其他一些准备工作。担任英文≪中国丛报≫的编辑，向西方介绍中国的文化、历史、语言、风俗，丰富了美国人对中国的认识，奠定了美国汉学的根基。并利用其所長參與1844年≪望廈條約≫、1858年≪天津條約≫的工作。在華最著名作品為介紹美國的≪大美聯邦志略≫。禆治文是最早关注中国鸦片贸易问题的西方传教士之一，对鸦片的流弊表示了极大的愤慨。1832年3月，他在≪传教士先驱≫发表文章抨击鸦片贸易对中国的危害，将鸦片描述为"折磨中国社会最大的罪恶之源"，并对中国毒品严重泛滥进行了深度描写。这是美国传教士首次公开地在西方杂志上评论在华鸦片贸易问题，也是第一次使美国公众震惊地了解西方商人在中国的鸦片走私活动。1841年获纽约大学的神学博士的学位。1847年以后，他移居上海，参加≪圣经≫的翻译工作。直到1861年在上海去世。完成的禆治文文理译本(Bridgman Version)将"God"翻译为"神"而不是"上帝"。一般认为，这个译本比以前的其他译本译笔忠实，切近原文。1854年5月，随美国驻华公使麦莲从上海进入太平天国辖区考察，回上海后发表≪调查报告≫，否定太平天国。在上海期间，在翻译圣经之余，他和妻子还创办了上海第一所女校禆文女塾(1850年，在老西门外，后来的禆文女中)。

29) 에른스트 파버: 花之安(Hua Zhi'an , Ernst Faber) 1839~1899 19世纪德国基督教礼贤会传教士、汉学家、植物学家。在华35载，先后在香港、广东、上海和青岛等地从事宣教与著述，著作等身，被誉为"19世纪最高深的汉学家"。

各書 今在局內俱有出售 惟遠處諸君常有欲觀不得 欲購不能者 是以格致
各書 消尙未廣好學之士志有莫遂 今欲代人成美裏助同好 一則可以消場
見● 一則可以格致大興 區區之心 別無他意. 凡上海工部書信館所能郵遞
之埠鎭 如北京 天津 牛庄 煙台 漢口 武昌 九江 南京 鎭江 安慶 宜昌
重慶 蘇州 杭州 甯波 溫州 福州 廈門 香港 汕頭 廣州 等處 欲購書者
本館皆可代買送上 不取水脚. 惟須先將書價 寄來庶不致誤 將錢先交於該
處 代售格致彙編 西人託其寄函來 亦可至於各書價目本數已 詳前卷彙編

---

30) 줄리아 브라운: 狄就烈 또는 狄邦就烈. 本名邦就烈(Julia Brown), 美国俄亥俄州特拉华(Delaware,
Ohio)人, 1838年(清道光十八年)生。八岁失母, 十五岁丧父, 十八岁开始做教师谋生。二十五 岁与
狄考文结婚, 婚后从夫姓, 故名邦就烈、狄就烈。结婚不久, 狄邦就烈即追随狄考文申请、筹备海
外布道, 1864年1月(清同治 二年十二月), 历经五个多月水、陆奔波, 来到登州。同年秋, 在尚不通
汉语的情况下, 即与丈夫共同创办了登州蒙学学堂。此后主要精力用于办学, 从收留六名贫苦 流
浪少年创办登州蒙养学堂开始, 经过数十年艰难备尝的不懈追求和努力, 在海滨 一隅的小城里, 建
成了近代中国第一所现代大学——登州文会馆。1898年2月18日(清光绪二十四年正月二十八), 由
于长期积劳成疾, 死于神经衰竭, 享年60岁。1873年(清同治十二年)以前, 狄考文四出布道, 蒙养学
堂主要靠狄邦就烈照管。她不仅教授孩子们宗教知识、地理、历史、西洋音乐, 还无微不至地照料
孩子们的生活起居, 钉纽扣、叠被子、整洁卫生、消灭虱子, 培养学生诚实做人、关爱贫苦, 深受学
生们的爱戴。她一生未育, 把全部精力和爱都给了她所教授的孩子们。近代山东多灾多难, 捻军两
次北上, 甲午战争日军多次炮轰登州, 数次大灾荒, 都给山东和登州人民造成巨大灾难和恐慌。每
次天灾人祸期间, 狄邦就 烈都不顾个人安危, 不眠不休, 昼夜看护学生、救危扶困。她救助了别人,
却 累垮了自己, 早在 1860年代, 就留下了终身不治的疾病。当时的人们也以各 种方式表达了对她
的感激之情: 60岁生日那年, 迎来了她"一生中最引以为荣 的时刻": 新老学生们精心缝制了一件
丝织品装饰的披风, 绣上了每个人的名 字, 并请人特制了一幅烫金匾额, 上书"育英寿母"字样, 表
示对辛勤教养培 育他们的这位异国女教师由衷的感激和谢意。在远赴鲁西北的一次赈灾结束时,
当地村民送她一把绣着她救助的 220个村庄名字的"万民伞", 并设法弄到一顶官轿, 前呼后拥抬着
她经县衙门前的大街, 一直送出驻地六里多路。这种惊世骇俗的举动, 充分说明人类的感情是相通
的。狄邦就烈年轻时家境贫寒, 未读过大学, 但她抓紧一切时间学习, 弥补不足。教学之余, 收集胶
东民歌民谣, 编写谱曲现代歌曲"数百首", 其根据教学积累所著≪圣诗谱·附乐法启蒙≫是中国近
代史上最早系统介绍现代音乐理论的教科书。≪文会馆誌≫收录的十首校歌, 清楚展现了当时邦
就烈教授音乐的真实水平。狄邦就烈, 这位追随丈夫远渡重洋实现人生价值和理想的西方现代女
子, 早丈夫 10年践行了在中国工作一生、死在中国、葬在中国的夙愿。狄考文在其 70岁生日时给
别人的一封信中深情地说: "在我早年的生活中, 上帝对我最大的祝福是邦就烈。她与我共同承载
每天的负担和心事, 文会馆的成功大部分应归功于她。她的去世是我一生的最大损失。"纵观狄邦
就烈的一生, 挚爱她的丈夫所言极是, 假如没有狄邦就烈, 很难想象会有中国第一所大学——登州
文会馆所取得的成功。〈등주문회관〉중국 제일 현대대학.

31) 제임스 레거: 理雅各(英语: James Legge, 1815年12月20日~1897年11月29日), 原名詹姆斯·莱格,
英國苏格兰汉学家, 牛津大學教授, 曾在香港主持英华书院, 法國漢學儒蓮獎得主.

玆不另贅其各書 紙幅厥分 兩類一爲上等連史紙者 一爲賽連紙者 較史紙者 價扣八折. 凡欲託購諸君 務希言明由某處交付不誤始可.

제조국 내 번역하여 간행한 것은 98종으로 앞의 휘편에서 열거하였다. 이로써 이를 보고자 하는 사람들에게 각 서적을 번역국 내에 갖추어 판매하고 있다. 먼 곳에 있는 사람들이 보고 싶으나 볼 수 없고 사고 싶으나 살 수 없으므로 격치 각 서적이 학문을 좋아하는 사람들에게 널리 퍼지지 못한 점이 있으나 지금 이를 대신하고자 하니 아름다운 일이며, 하나는 가히 널리 펼치고자 하는 뜻이며 다른 하나는 가히 격치를 왕성하게 하고자 하는 것이니 구구한 마음이 다른 뜻이 있는 것은 아니다. 무릇 상해 공부의 서신관이 능히 각 항구와 진의 우체국 역할을 할 수 있으니 북경, 천진, 우장, 연태, 한구, 무창, 구강, 남경, 진강, 안경, 의창, 중경, 소주, 항주, 영파, 온주, 복주, 하문, 향항(홍콩), 산두, 광주 등지에서 구매하고자 하는 사람은 본관이 모두 이를 대신하여 사서 보내드릴 수 있으나 배삯을 들일 필요가 없다. 먼저 책값을 보내고 도착하지 않으면 장차 돈을 그곳으로 보낼 것이며, 대신 격치휘편을 사서 서양인에게 부탁하여 보낼 것이다. 또한 가히 각 서적 가격과 목록 본수는 이미 전권 휘편에 상세히 기록했으니 다시 별도로 각 서적을 발췌하여 실지 않는다. 지면이 없는 관계로 둘로 나누어 상등은 연사지로 하며, 하나는 새련지, 교사지로 만든 것은 가격을 8할로 낮춘다. 무릇 구매하고 싶은 분들은 모처로 교부하라는 말을 명확히 밝혀 그릇됨이 없게 해야 한다.

양계초의 『음빙실문집』 중 서양철학 소개 자료*

황종원

1. 근세 문명의 시조, 두 대가의 학설(1902년)

『飮氷室文集』 卷13, 「近世文明初祖二大家之學說」

서언

　서양 역사가들은 수천 년의 역사를 고대, 중세, 근세의 세 시기로 나누는데, 이른바 근세사라는 것은 대략 15세기 하반기(서력은 예수 탄생 후의 100년을 1세기로 한다)에서 오늘날에 이르기까지이다. 근세의 역사가 고대 및 중세와 특별히 다른 점은 한두 가지가 아니나, 학술의 혁신이 가장 뚜렷하다. 새로운 학술이 생겨나야 새로운 도덕, 정치,

---

*『음빙실문집』(北京: 中華書局, 1988)

기술, 기물이 생겨난다. 이러한 여러 가지가 생겨나야 새로운 나라와 세계가 생겨난다. 이와 같다면 새로운 학술은 그렇게 시급한 것이 아니겠는가? 근세 역사에서의 학술 또한 많아, 날마다 출현하고 날마다 자세해지고 논할수록 엄밀해지니 그 진보하는 속도는 불가사의하다. 선대의 똑똑한 이들이 후대의 사람들을 두려워하니, 어찌 그러지 않겠는가? 그렇지만 예전 수천 년의 진화는 어떻게 그렇게 느렸으며, 이 수백 년 간의 진화는 어떻게 이렇게 빠를까? 그 가운데에 어떤 핵심이 있을 것이다. 벗 엄복(嚴復)은 자주 이렇게 말했다. "마르틴 루터, 베이컨, 데카르트 등의 여러 현자들은 실로 근세의 성인이다. 다만 후대 사람들의 생각이 박약하여 성인은 고대의 전유물인 줄 알고 감히 이 명칭으로 받들지 못했을 따름이다." 나는 이 말에 깊이 탄복한다. 무릇 수백 년 동안 종교계에서 새로운 영역을 개척한 자는 실로 마르틴 루터요, 수백 년 동안 학술계에 새로운 영역을 개척한 자는 실로 베이컨과 데카르트이다. 오늘날 종교는 이미 말법(末法)의 시대에 해당되는 데 반해, 학술은 욱일승천하고 이제 바야흐로 싹이 트려는 때임을 감안하면 베이컨과 데카르트의 공은 세계에서 아직 극한에 이르지 않았다는 점을 알겠다. 우리나라는 세계의 동쪽에서 우뚝 서, 문을 걸어 잠그고 통일되어, 예전에는 세계가 나아가는 대세에 대해 알지 못하고 궁구하지 않다가, 오늘날에 이르러서는 멀리 떨어져서도 이웃처럼 지내고 있다. 우리 국민은 전 지구에서 가장 격렬하게 소용돌이치는 지역에서 생존경쟁과 우승열패에 처해 있으니, 스스로 새로워지지 않으면 어떻게 생존할 수 있겠는가? 새로워지는 데에는 방법이 있으니, 반드시 배움에서 시작해야 한다. 저 16세기 서양 학계가 전환된 일대 원천이 오늘날 중국에서 시행한다 하더라도 그것이 우리가 활용하기에 적합함을 발견할 수 있을 것이다. 그래서 그 학설의 가장 정수가 되는 부분을 기록하여 참고하도록 하려 하니, 그 전모는 원서에 담겨 있다.

상편 베이컨(Bacon), 실험파의 학설(격물파라고도 함)

베이컨은 영국인이다. 1561년(명 가정(嘉靖) 40년)에 태어나서 1626년 (명 천계(天啓) 6년)에 사망했다. 그때는 15세기를 이어받아 문예부흥(古學復興, Renaissance) 및 개신교(Protestant)가 확립되어 학풍이 점차 변했으나, 학자들은 희랍의 아리스토텔레스와 플라톤의 상투에 빠져, 스스로 길을 개척하지 못했고, 결국은 궤변으로 흐르거나 공상에 빠졌다. 베이컨이 출현함에 이르러서야 학문은 실제적인 데로 돌아가기 시작했다. 영국인들이 수백 년 동안 그 흐름을 좇아 지금에 이르기까지 쇠하지 않고 있다. 그러므로 영국의 학문은 실험을 우선시하고 이론은 그다음이다. 베이컨은 실로 영국 학계의 선구자요, 영국 학계의 대표자이다.

베이컨은 사람이 학문을 하고자 한다면 조화(造化)가 일어나는 자연의 흔적으로 나아가 검사해볼 수 있을 뿐이지, 근거 없이 창조해서는 안 된다고 했다. 만약 자신의 지혜에 기대어 사리를 억측하면 지혜는 오류의 근원이 된다. 예컨대 파란색 안경을 쓴 자가 보는 사물은 모두 파란색이고, 노란색 안경을 쓴 자가 보는 사물은 모두 노란색일 것이나, 모든 사물이 과연 파란색이고 노란색이겠는가? 보통사람들은 거짓되게 생각하여 오관이 감촉하는 외부사물이 그 사물의 원형과 서로 부합한다고 하여, 그 서로 부합하는 것은 나의 정신일 뿐 사물의 본질은 아니라는 점을 알지 못한다. 이러한 망상은 인성에 고유한 것으로서 갖가지 오류가 여기에서 생겨난다.

베이컨은 이렇게 말했다. "우리의 정신은 오목-볼록 렌즈와 같다. 외부사물이 와서 비출 때, 볼록한 곳에 비추는 경우도 있고 오목한 곳에 비추는 경우도 있어, 비록 동일한 사물이지만 비추는 것이 달라 나의 관찰에 오류가 없을 수 없다. 이것이 오류를 야기하는 첫 번째 원인이다. 또한 오관이 접촉하는 것은 사물의 본색이 아니라 사물의 가상이니, 이것이 오류를 야기하는 두 번째 원인이다. 또 사람의 체질이 각기 달라 동일한 사물에 대해 사람들이 본 것이 각기 상이하니, 이것이 오류를 야기하는 세 번째 원인이다. 또한 사람들 사이의 관계에서도 오류는 조건에 따라 일어난다. 예컨대 농부에게는 농부의 잘못된 견해가 있고, 노동자와 상인에게도 노동자와 상인의 잘못된 견해가 있으며, 사대부에게도 사대부의 잘못된 견해가 있다. 또한 이전 시대 사람들의 학설에도 종종 잘못된 견해의 싹이 있다. 어떤 선생의 말씀을 제창하는 자는 자주 꼭두각시처럼 등장하는데, 여러 가지 꾸밈을 관찰하는 자가 살피지 않으면 결국은 미혹되니, 이것이 오류를 야기하는 네 번째 원인이다."

베이컨은 이러한 미혹의 원인을 제거하는 유일한 방법이 아리스토텔레스 논리학의 삼단논법 같은 것은 아니라고 생각했다. (영어의 Logic을 일본에서는 논리학이라 번역한다. 중국에서는 과거에 변학(辨學)이라 번역했으며, 엄복은 그것이 전국시대 견백(堅白) 동이(同異)의 언설에 가깝다고 여겨 명학(名學)이라 번역했다. 그러나 이 학문은 실제로 전국시대 궤변학파의 언설과는 다르다. 그래서 일본의 번역을 따른다.) 무릇 삼단논법은 언어 문자의 법칙일 따름이다. 진리를 얻어 서술할 때 크게 활용되지만, 이것으로 진리가 존재하는 바를 살펴도 그 마땅한 것을 발견하지 못하게 된다. 그렇다면 베이컨이 말한 훌륭한 방법이란 무엇일까? 실제의 일에 나아가 경험을 쌓는 것일 따름이다.

이른바 실험의 방법이란 무엇인가? 모든 사물의 현상 안에서 항상 드러나는 상과 우연히 드러나는 상을 분별하여 그것이 그러한 까닭을 구하는 것, 이것이 첫 번째 출발점이다. 그러므로 사람이 한 가지 진리를 얻고자 한다면 마땅히 우선은 한 사물에 나아가 빈번하게 관찰하고 반복적으로 실험하여 유무와 정도의 표를 만들어 기록한다. 처음에 그런 일이 생기고, 그다음에 그런 일이 없으며, 처음에 갑의 정도에 이르고, 그 다음에 을의 정도에 이르는 것을 모두 일일이 살피고 실험하고 기록하여 빠뜨리는 것이 없게 하여 오랫동안 누적하면 일정한 이치가 나오게 된다.

학자가 만약 갑이라는 사항을 연구하여 실험을 했는데 그 일이 생겨나지 않고 다른 현상이 이어서 생겨났다면 이 현상이 어떤 원인으로 생겨났는지 자세히 생각해야 한다. 혹은 을이라는 현상을 연구해 결론을 이미 얻었는데, 애초에 예측했던 현상이 후에 일어나지 않는다면 그 현상이 어떤 원인으로 소멸되었는지를 자세히 생각해야 한다. 혹은 측정하는 현상이 생겨날 때 다른 여러 현상이 따라서 생겨나는데, 증가할 때도 있고 감소할 때도 있다면, 그 여러 현상이 어떤 원인으로 증가하고 어떤 원인으로 감소하는지 자세히 생각해야 한다. 그렇게 여러 차례 끊임없이 실험하고 뒤섞어 이것을 버리고 저것을 취하며, 갑으로 인해 을을 알면, 틀림없이 어떤 하나의 현상과 다른 현상이 서로 수반되어 분리될 수 없음을 알게 된다.

둘 이상의 현상이 늘 서로 의존하여 분리될 수 없는 것이 곧 법칙이라는 것이다. 그러므로 만약 갑이라는 현상이 없다면 을이라는 현상 또한 자연히 생겨날 수 없다. 예컨대 공기가 진동하는 것은 소리의 원인이 되는데, 만약 움직이는 힘이 없다면 소리는 끝내 전해지지 못한다. 또 공중의 산소는 불의 원인이 되는데, 만약 산소가 없다면 불빛은 끝내 열을 얻지 못한다. 그와 같은 것을 사물의 법칙이라 한다. 사람이 사물의 법칙을 알 수 있다면 어찌 다시 오관에 의해 가려져 미혹된 견해에 빠지는 일이 있겠는가?

어떤 현상의 법칙을 일단 구해 얻었다면 그것을 두루 밀고 나아가 같은 종류의 현상에 대해서는 틀림이 없어야 한다. 틀림이 있는 것은 법칙이 아니다. 왜 그런가? 사물의 이치는 만고에 걸쳐 변함이 없는 것이다. 이와 같은 관찰과 실험의 효과는 비단 외부사물의 현상을 연구할 수 있는 데 그치는 것이 아니다. 우리 인간의 정신현상을 탐구하는 것도 여기에서 벗어나지 않는다.

베이컨의 '이치를 궁구하는(窮理)' 방법을 정리해 말하자면 그것은 두 가지 경로를 벗어나지 않는다. 첫째는 사물에 대한 관찰(物觀)이다. 격물(格物)을 모든 지혜의 근원으로 삼는 것이다. 자연계의 지극히 평범하고 조잡한 사물조차도 소홀히 여기지 않는 것이다. 둘째는 마음에 대한 관찰(心觀)이다. 자주적인 정신이 있어야지 남이 하는 대로 따라 해서는 안 되고, 과거 시대의 경전이 전하는 말에 기대어 먼저 주입된 것을 주로 하여 스스로를 가려서는 안 된다. 그런 후에야 심기를 평온하게 하여 사물을 관찰할 수 있다. 이것이 베이컨 실험과 학설의 개요이다. 이 학설에서 출발해 과거의 공상과 억측의 구습을 씻어내었고 격치(格致)의 실학이 급속히 흥성하게 되었다. 예컨대 뉴턴은 사과열매가 떨어진다는 사실에서 인력의 이치를 깨달았고, 와트는 끓는 물이 비등한다는 사실에서 증기기관의 이치를 깨달았다. 이와 같은 것들은 이루 헤아릴 수 없이 많거니와, 모두 다 베이컨의 방법으로 고요히 관찰하고 깊이 생각하여 기물(器物)을 만들고 민중들을 인도하였으며, 만물을 부려 그 쓰임을 다하게 함으로써 오늘날의 찬란한 문명세계를 이루었다. 그러니 베이컨의 공이 어찌 크다 하지 않으리오. 주자가 『대학』을 해석할 때 이렇게 말했다. "반드시 배우는 자로 하여금 천하의 만물에 나아가 자신이 이미 알고 있는 이치로 더욱 그것을 궁구해 그 극한에 이르기를 구한다. 힘씀이 오래됨에 이르러 일단 활연관통하면 수많은 사물의 겉과 속, 정밀한 것과 거친 것에 이르지 않음이 없고 내 마음 전체의 큰 작용이 밝혀지지 않음이 없다." 그 논함의 정밀하고 투철하며 원만함은 베이컨에 뒤지지 않는다. 다만 주자는 그 이치를 대략 말했으되 베이컨은 그 방법을 상세하게 말했으며, 스스로 그것을 실행하기도 했다. 주자의 경우에는 비록 말은 했지만, 공부한 것은 여전히 심성(心

性)에 대한 공리공담으로, 공허한 데에 기대었으며 실제에서 징험하지 않았다. 이것이 격치(格致)의 신학문이 중국에서 흥성하지 않고 서구에서 흥성한 까닭이다.

베이컨은 추측을 가장 좋아하지 않은 학자였다. 그는 이렇게 말했다. "내가 말하는 격물학이라는 것은 수많은 현상의 법칙을 구해 얻는 데 있을 따름이다. 그 현상들의 커다란 근본은 만물의 원리에 관한 학문에 해당하는 것으로, 그것은 내가 알 바 아니다. 만물의 원리에 관한 학문으로 조물주, 영혼의 유무, 조물주와 인간, 영혼과 신체의 관계를 탐구하는 것은 너무도 높고 오묘하여 믿을 수 없고 인간사의 실제에 보탬이 되지 않으니, 그냥 놔두면 된다." 베이컨이 개별적인 이치(別理)에 치중하고 원리를 가볍게 여긴 것은 칸트나 스펜서보다 못한 점이다. 그렇다고 하더라도 "로마는 하루아침에 이루어진 것이 아니었다." 처음 시작한 자의 노고가 가장 크고 그 일이 가장 어려우니, 베이컨이 없었다면 그 뒤의 칸트나 스펜서가 어찌 있을 수 있었겠는가?

데카르트는 사람들에게 이렇게 말한 적이 있다. "실험의 방법은 베이컨이 남김없이 설명했다. 비록 그렇지만 한 가지 난점이 있다. 실험하기 전에 한 가지 법칙을 대략 간파하여, 그것을 과녁으로 걸어놓지 않는다면 아무리 많이 실험을 한들 아마도 노이무공(勞而無功)일 것이다." 이 말은 참으로 합당하다. 사람이 어떤 현상의 원인을 구하고자 한다면 우선 한 가지 가설을 마음속에 세우고 스스로 살펴서 그렇게 말해야 한다. 이 원인이 과연 내가 추측했던 것과 같다면 반드시 어떤 현상이 일어날 것이고, 그 현상이 과연 여러 차례 틀림없이 일어난다면 내가 추측했던 것은 옳을 것이다. 만약 그것이 서로 상응하지 않으면 다시 다른 가설을 세워 구하니, 그것은 주자가 말한 이미 알고 있는 이치를 가지고 더욱 궁구하는 것이다. 그러므로 실험과 추측은 서로 수반되며, 하나를 버리고 다른 하나를 취하는 것은 옳지 않다. 나는 베이컨이 실험을 했을 때 가설을 걸어놓는 일을 벗어날 수 없었다는 점을 안다. 그가 그것을 사람들에게 가르치지 않은 것은 논리적 결함이다. 그러므로 수학에 근본을 두어 물리의 학설을 정하는 것은 데카르트가 출현하기를 기다려야 했다.

데카르트(Descartes), 회의주의파의 학설(궁리학파라고도 부름)

데카르트는 프랑스 사람으로, 1596년(명 만력(萬曆) 24년)에 태어났다. 어려서 교회에서 세운 학교에서 수업을 받았으나 오래되자 그 수업에 불만을 품고 개탄하며 말했다. "내가 이 진부한 책들에 골몰하느니 조화(造化)를 다룬 전적들을 스스로 탐구하는 것이 더 낫겠다." 학교를 그만두고 의용군으로 몇 년 있다가 다시 그것을 그만두고 유럽 여러 나라를 여행하고는 이렇게 말했다. "천하의 일은 연극무대와 같아 나는 꼭두각시로 등장을 하니, 몸을 무대 밖에 두어 고요히 바라보고 자득함이 어떨까?" 이에 네덜란드에 20여 년 간 은거했는데, 종교와 정치의 자유가 이 나라에서 가장 잘 실현되고 있다고 여겼다. 1650년(순치(順治) 7년)에 사망했다.

데카르트 이전에는 종교의 불꽃이 엄청나게 타올랐다. 종교는 믿음을 일으키는 것을 기반으로 하는 것으로, 루터는 신교(新敎)를 세워 구교(舊敎)의 공덕을 쌓으라는 설을 타파하고, 오직 믿음으로 구원을 얻는다고 생각했다. 이에 이 교리가 갈수록 사람들의 마음에 깊이 들어갔다. 한편 문예부흥 이후 학자들은 희랍 선현들의 말을 금과옥조처럼 여겨 그 테두리를 벗어나지 못하였는데, 그것이 사상의 자유를 속박하는 원인이 되었다. 그러자 데카르트가 일어나 이렇게 말했다. "무릇 학문이란 회의를 우선으로 하여, 이전의 옛 이론을 일소하고 난 후에 그 소견을 따로 내놓는 것이다." 이는 의심하는 가운데에서 믿을 만한 것을 구하는 것이니, 그 믿을 만한 것은 참되다. 이는 실로 수천 년 학계에 대한 일갈로서, 일대 광명을 비추어 후대의 철인들을 대하는 것이다.

데카르트는 이렇게 생각했다. "예부터 지금까지 사람마다 본 바가 상이한 것이 이렇게 심하고, 오관이 감촉하여 받아들이고 지혜로 관찰하는 것이 참을 잃는 것이 이렇게 빈번하다. 우리 인간의 삶은 늘 어두워 취한 듯 꿈속에 있는 듯하다. 정신 가운데 어떤 망상을 낳는 원인이 있어 그것을 뽑아내지 못하는 것은 아닐까? 혹은 세계에 있는 한두 요괴가 우리 사람의 머리를 유혹해 혜안에 장애가 되는 것은 아닐까? 그러니 사람의 지혜는 신뢰할 만한 것이 못 되고, 반드시 믿을 말한 도(道)를 따로 구해 스스로를 살펴야 한다." 데카르트는 이렇게 생각했다. "사리를 판단하는 것은 이성의 일이고, 사리를 발견하는 것은 (경험적) 지식의 일이요, 이성은 무한하고 지식은 유한하다. 지식이라는 것은 거울과 같아, 거울이 물상을 받아들일 때 그 앞에 밝게 나타나는 것은 물론 받아들일 수 있고 비출 수 있지만, 앞에 나타나지 않거나 불분명하게 나타나면 거울의 작용이 궁해진다. 그렇다면 지식의 영역은 본래 매우 협소하고 제한된 점이 있지만, 그것이 오류에 이르는 경우 또한 적다. 한편 이성의 경우에는 영역이 아주 넓고 자유로우며 무한하다. 그래서 지식의 거울이 비추지 못하거나 불분명하게 비춘 것에 대해 나의 이성은 늘 급하게 나아가 바로 판단해 옳은 것은 옳고 그른 것은 그르다고 한다. 그렇게 하는 것을 이성의 권한이 지식의 영역 밖으로 흘러넘치는 것이라 하니, 모든 오류가 이로부터 생겨난다.

이로부터 벗어나는 방법은 한 가지, 즉 지식에 기대지 않고 이성을 남용하지 않는 것일 따름이다. 어떤 사물이 나의 지식의 거울에 비추면 늘 그렇게 스스로 살핀다. 나의 지식이 받아들이는 것이 과연 외부사물의 진상(眞相)과 부합하는가? 내가 오류가 없다고 여기지만 다시 어떤 오류가 되는 점이 그 사이에 있는 것은 아닌가? 데카르트는 학자가 늘 이것으로 스스로를 의심한다면 이 의심 덩어리 가운데에 자연히 의심을 깨뜨릴 만한 종자가 포함된다고 여겼다. 대개 사람이 자신의 지혜가 미망을 쉽게 낳는다는 점을 안다면 이 스스로를 아는 공부는 망상을 치유하는 좋은 약이 될 수 있다. 왜 그런가? 스스로를 알고 스스로를 의심하면 어떤 사물을 만나든 바로 판단을 감히 내리지 않아 큰 오류가 생겨나지 않을 수 있기 때문이다.

이를 통해 보건대 우리의 지식이 외부사물과 접촉할 때 나의 정신 가운데 자유로운 것이 따로 존재하니, 그것이 판단하는 일이다. 판단하는 일은 물론 내가 멋대로 함이고 내가 스스로 제정한 것이다. 만일 판단하지 않는다면 오류에 이를 가능성도 없다. 대개 오류라는 두 글자를 훈고하자면 그것은 판단이 이치에 부합되지 않음을 가리킨다.

이 스스로를 살피고 스스로를 의심하여 급작스럽게 판단을 내리지 않는 것은 지식의 일이 아니요 이성의 일이다. 그런 까닭에 나는 자유로움을 유지하면서 외부사물이 끊임없이 감촉하는 가운데에 서서 그 오는 것에 따라 순응할 수 있으니, 이는 우리 인간의 정신이 비록 미약하지만 그 가운데에 강성한 힘이 있기 때문이다. 사람이 만물과 달리 천하의 리(理)를 궁구할 수 있는 까닭은 이것에 기대기 때문이다. 만약 그 힘을 선용하여 외물의 침입과 견인을 막을 수 있다면 저 미망의 망상이 어떻게 나를 오류로 들어가게 하겠는가? 이는 실로 사유세계의 호신부(護身符)이다.

비판하는 자가 말했다. "외물을 만나 판단을 하지 않으면 오류가 생기는 근심을 방비할 수 있을 것이다. 하지만 진리 또한 발견할 수 없을 것이다." 데카르트가 말했다. "물론 그렇다. 그러나 이른바 판단을 하지 않는다는 것은 급작스럽게 하지 않음을 뜻할 따름이다. 오래도록 그렇게 하다가 끝을 맺는 것이 아니다. 전투를 예로 들면 교전에 앞서 진지를 두텁게 하고 진영을 견고하게 하되, 우선은 이길 수 없다는 자세로 이길 수 있는 적을 대해야 한다. '장군은 기교로 사람을 이기니, 말과 활을 쓰지 않는다.'는 말이 그것이다." 이것이 데카르트 궁리학(窮理學)의 첫걸음이다. 그러므로 세상 사람들은 데카르트의 회의를 '고의적인 회의' 혹은 '방법적인 회의'라고 한다.

그렇다면 어떤 것에 의거해 의심을 깨뜨리는가? 이렇게 말한다. 마주치는 모든 사물을 의심하되 그 가운데에 의심할 수 없는 것 하나가 반드시 존재한다. 아상(我相)이 그것이다. 회의를 할 때 마음속으로 이렇게 말할 것이다. "내가 의심한다."고 할 때 그 의심하는 자는 누구인가? 나이다. 내가 의심한다는 것을 아는 자는 누구인가? 그 또한 나이다. 의심은 생각의 한 자락일 뿐이다. 나는 내가 생각한다는 것을 안다. 내가 생각할 때가 곧 내가 생각함을 스스로 알 때이다. 나와 생각은 일체이다. 이것이 천하에서 가장 믿을 만하고 모든 이치의 정곡이 되는 것이다. 이에 데카르트는 하나의 명제를 세웠다. "나는 생각한다. 고로 존재한다."(Cogito ergo Sum.) 이것을 모든 진리를 기초라고 여겼다. 이 일은 나의 정신 가운데에 존재하는 것으로서 외부사물과는 전혀 관계가 없다. 내가 자신이 생각한다는 것을 의심할수록 나는 더욱 생각을 하는 것, 즉 나는 내가 생각한다는 것을 더욱 아는 것이다. 내가 이 일을 판단해 믿는 것이 실로 나의 자유가 된다. 내가 자신이 있음을 스스로 알아 감히 나를 속일 수 없으니, 어찌 다시 오류가 생길 근심이 있겠는가? (이 단락의 이치는 이해하기 어렵다. 이는 역자가 잘 서술하지 못한 탓이다. 아래 글에서 그 의미를 해설할 것이다.) 데카르트의 생각은 이렇다. 우리가 사물과 마주침에 마땅히 우리 지혜의 능력을 스스로 살펴야 한다. 그 정도가 어떠한지 우리의 정신을 운용해 스스로 취하고 버려서 말이다. 오직 그렇기 때문에 받아들이는 물상(物相)에 대해 하나하나 점검하여 그 분명히 아는 것은 취하고 그렇지 않은 것은 버린다. 의심할 만한 것은 의심하고 모르는 것은 놔둔다. 이와 같은 것은 모두 내가 지닌 권한이지 외물이 강제할 수 있는 것이 아니다. 일에는 본디 어려운 것과 쉬운 것, 간단한 것과 복잡한 것이 있고, 시의적절함에 차이가 있을 때도 있고, 타인에 의해 잘못 주입되는 것도 있다. 저 오관의 지식을 하나하나 받아들이되, 그것은 뒤섞여 어지러워, 다 이치에 부합되지는 못하는 경우가 물론 있으나, 그것은 지식의 죄가 아니다. 이성의 경우에는 자주적일 수 있는 것으로서, 이성이 일삼는 것이 전혀 없이 지식이 받아들이는 것을 따라 옮겨 다닌다면 이는 내가 나다운 것으로서 갖추고 있는 것을 버리는 일이다. 이는 내가 스스로 자신의 존엄함을 떨어뜨리고 외물을 좇는 것이다. 데카르트의 이 논의는 넓고 심오하며 피부에 와 닿고 분명하다고 하겠다. 맹자는 "귀나 눈 같은 기관은 생각하지 못하여 외물에 가려진다. 물과 물이 만나면 이끌려갈 뿐이다. 마음이라는 기관은 생각을 한다. 생각을 하면 얻고 생각을 하지 않으면 얻지 못한다. 이는 하늘이 나에게 준 것으로 우선 그 큰 것을 세우면 그 작은 것이 빼앗지 못한다."고 했으니, 바로 이러한 의미이다.

데카르트는 또 이렇게 말했다. "사물과 맞닥뜨려 거짓되게 판단을 내리는 자는 비단 자신을 속이는 것만이 아니라 타인을 속이는 것이기도 하다. 이는 학자가 마땅히 크게 경계해야 할 바이다. 내가 아직 이 일을 알지 못하면 판단해서는 안 되니, 그것은 나의 잘못이 아니다. 그 일을 알지 못하면서 거짓되게 안다고 하고 타인을 오도하는 것은 나의 잘못이다. 그렇다면 지성(至誠)의 거짓 없는 마음으로 나의 자유를 행하면, 자신도 믿을 만하고 천하도 믿을 만하게 된다."

만약 이 방법을 사용한다면 그것은 진리를 구해 얻는 도구가 되는데 그치는 것이 아니다. 그것은 우리의 지혜가 독립하여 의존하지 않고 그 자유로움을 유지하도록 하는 것이기도 하다. 어째서 그렇게 말하는가? 만약 이 이치가 내 마음에 분명하다면 외부 경계가 아무리 나를 거스른다 해도 나는 반드시 그것을 취할 것이요, 반대로 이 이치가 걱정스럽게도 내 마음에 흡족하지 않다면 비록 외부의 경계가 아무리 나를 부채질한다고 해도 나는 반드시 그것을 버릴 것이다. 그러므로 비록 아리스토텔레스가 전하는 말이고, 예수그리스도의 교훈이며, 동서고금의 현철(賢哲)들이 함께 말하는 한 시대의 사람들이 믿고 근거하는 이치라고 하더라도, 만약 내 마음에 반하고 편안하지 못한 바가 있다면 헌신짝 버리듯 버려도 괜찮다. 내가 자신(自信)하는 것으로 동서고금의 현철들에게 도전하고 결투를 해도 괜찮다. 내가 의존하는 것은 오직 '나' 하나일 뿐이다. 하하. 이것이 어찌 "중도(中道)에 서서 치우지지 않으니 대단히 강한 것이 아니겠는가!"

데카르트는 이렇게 생각했다. 학자들이 각기 자신이 믿는 진리가 있어 그것을 견지해 일가의 학설을 이루되, 그 상이함이 서로 용납할 수 없는 것이라면, 진을 치고 서로 공격하여 서로 왕래하고 변호하고 비판하다가 오래되면 완전한 진리가 그 사이에서 나온다. 어째서 그런가? 지혜에는 높고 낮음, 크고 작은 차이가 있지만, 그 본성은 서로 같고, 진리라는 것 또한 순일하여 잡스럽지 않기 때문이다. 동일한 본성의 지혜로 순일하고 잡스러움이 없는 진리를 구하니, 힘써 행한다면 어찌 길은 달라도 같은 목적지에 도달하는 일이 없겠는가? 그러므로 시초에는 사람마다 견해가 달라도 틀림없이 서로 바라보며 웃고 마음에 어긋남이 없는 날이 있을 것이니, 그 가장 요체가 되는 것을 말하면 "지극히 진실(至誠)하여 자신을 속임이 없을 따름이다." 그리하여 데카르트의 책에서는 자주 이렇게 말한다. "공들은 진심으로 구하고 진심으로 구하게. 극히 분명하게 아는 것이 아니라면 단언하지 말게. 이와 같다면 공들은 진리에 거의 가까워진 것이네."

데카르트가 사망한 지도 200년이 되었다. 그의 "극히 분명하게 아는 것이 아니라면 단언하지 말게"라는 말은 지금 보면 진부하여 말할 것이 못 되는 것 같다. 하지만 근 200여 년의 새로운 학계를 열어젖힐 수 있었던 것은 실로 그 한마디에서 나온 것이다. 중세에 학자들은 앞선 시대 사람들에게 의존할 뿐, 스스로 틀을 내오지는 못했다. 앞선 철학자가 긍정한 것은 긍정하고 부정한 것은 부정하여 부화뇌동할 뿐, 사리가 어떠한지 다시 묻지 않았으니 학계의 노예라 하겠다. 그러다가 데카르트가 흥기함에 이르러 노예근성을 씻어내고 사람들로 하여금 안으로 본심에 돌이켜 그 고유한 자유를 회복하게 했으니, 데카르트의 공은 우임금보다 낮지 않다.

근세의 학풍을 종합적으로 보면 더욱 사람들을 데카르트의 말에 탄복하게 하고 속일 수 없는 것이 있음을 알게 된다. 200년 동안 학자들은 자신의 견해를 높여 큰 소리로 외치며 앞뒤를 돌아보지 않고 차이가 있으면 서로 공격하고 비판함에 여력을 남기지 않아, 분분한 것이 마치 원수를 바라보듯이 하였다. 그렇지만 진리를 다투는 것을 목표점으로 하는 자들이라. 그러므로 진실로 하나의 진리가 출현하면 서로 이끌고 거기로 돌아가는 것이 마치 물이 아래로 흐르는 것과 같아, 그 옛 것에 미혹되어 자신을 속이지 않았다. 진실하다! 서로 달라 서로 다투는 것은 바로 서로 합일되고 서로 복종하는 것의 전제이다. 왜 그런가? 사상의 자유는 진리가 나오는 출처이기 때문이다. 한 가지 증거를 들겠다. 고금의 학술 가운데 가장 빠르게 발전하는 것은 반드시 생각과 논변이 넓고 자유의 여지가 있는 것들이다. 그래서 수학의 진보가 가장 빠르고 가장 완벽하다. 격치학(格致學)은 그 다음이다. 왜 그런가? 저 학자들은 우연히 발견한 것이 있으면 자유롭게 설명하고 힐난함에 거리낌이 없고 속박됨이 없기 때문이다. 반면 정치학, 종교학, 윤리학의 경우에는 그 발전이 가장 느려 오늘날에도 불완전하다. 그것은 대체로 옛 성현의 경전에 속박되고 오늘날 정치와 풍속에 이끌리거나, 옛 사람을 믿어 의심할 줄 모르거나, 발견한 것이 있어도 감히 전하지 못하기 때문이다. 이는 데카르트가 말하는 스스로를 속이는 것을 면치 못하고 이성의 자유도 그 기능을 다하지 못하는 것이다. 이것을 보면 데카르트의 탁월함에 더욱 감탄하게 된다.

이상에서 말한 자유의 본성과 스스로를 속이지 않는 마음은 데카르트 궁리지학의 최고의 교의이다. 그것을 활용한 방법은 세 단계로 나뉜다. 첫째는 분석이고 둘째는 종합이며 셋째는 계산이다. 분석이란 어떤 사물을 마주할 때 마음을 다해 그것을 분석해, 그 안에 어떤 것이 포함되는지를 살피는 것이다. 종합이라는 것은 여러 가지 생각과 사물을 마주해, 차례로 하나씩 종합해 앞뒤를 가지런하게 하는 것이다. 계산이라는 것은 관찰하고 생각한 사물을 하나하나 계산해내고 잊지 않도록 하는 것이다. 그 방법은 매우 간이하면서도 매우 상세하다. 이 중에 논의가 더욱 훌륭한 것은 종합의 방법이다.

데카르트는 이렇게 생각했다. 세계에 있는 사물들은 저와 같이 많으나, 그 사이에는 반드시 하나의 커다란 리(理)가 관통하고 있으며 무수히 많은 리(理)는 그것으로 귀결된다. 그러므로 학자들은 무수한 리(理) 중에서 어느 것이 이끄는 것이고 어느 것이 부속적인 것인지 찾아내야 한다. 하나에 통하면 만사가 끝난다는 말이 그것이다. 그렇다면 그 길은 무엇을 따르는가? 말했다. 마땅히 어떤 사물을 탐구할 때 각 부위가 연결되는 지점에서 그것이 그러한 까닭을 알지 못하면 마땅히 먼저 하나의 리(理)를 추측해 목표로 삼은 후에 실험의 방법으로 그 결과가 부합하는지 여부를 살핀다. 만약 부합하지 않는다면 다시 다른 목표를 걸어 구한다. 이렇게 그침이 없이 구하면 반드시 각 사물이 서로 연계되는 까닭을 알게 되고 커다란 리(理)가 충분히 드러나게 된다. 그러므로 데카르트는 일찍이 다음과 같은 비유를 들었다. "지혜는 태양과 같다. 그것이 비추는 사물은 비록 많지만 태양은 하나이다. 또 지혜가 구하는 학문은 많지만 그것들이 지혜를 사용한다는 점은 언제나 같다." 그러므로 우리가 하나의 리(理)를 투철하게 보았다면 다른 리를 구할 때에는 일은 절반만 하고도 공은 두 배가 될 것이다. 어째서인가? 모든 이치는 서로 연계되어 있기 때문이다. 그러므로 이렇게도 말했다. "오직 천하의 리가 서로 연계되어 있기 때문에 학자들의 궁리는 하나의 분과에 국한 되어서는 안 되고, 반드시 여러 학문을 섭렵해 그것들이 서로 합치되는 연유를 궁구해야 한다." 이것이 데카르트의 종합적 방법의 개략이다.

이밖에 데카르트가 말한 양지의 설, 영혼의 설, 조화의 설, 세계만물에 관한 설은 모두 자세하고 깊고 넓고 커서 일가의 말을 이루었으며 시작과 끝이 상응하고 견해가 치밀하다. 그 의미가 깊지만 우리나라의 오늘날 연구에는 적합하지 않으므로 잠시 놔두고 이는 후대 사람들의 연구에 맡긴다. 요컨대 데카르트 학파는 실로 중세의 속박된 학풍을 일소하고 근세의 광명이라는 서막을 열었다. 구미에서는 삼척동자도 흠모하고 노래하지 않는 이 없으니 우리나라 사람들은 마땅히 그 까닭을 깊이 탐구해야 할 것이다.

종합적 논의

베이컨과 데카르트, 이 두 파는 그 겉모습을 논할진대 실로 반대되는 두 파이다. 전자가 사물에 의존한다면 후자는 마음에 의존한다. 전자가 지식을 외부세계에 대한 경험에서 얻은 것이라 여긴다면 후자는 지식을 정신이 본래 지니고 있는 것으로 여긴다. 전자가 학문을 감각에서 생겨난 것으로 여긴다면, 후자는 학문을 사유로부터 이루어진 것으로 여긴다. 두 파의 대치와 다툼이 거의 백여 년이 다 되었다. 그 사이에 그것을 조술(祖述)한 자 중에 거물들이 있으니, 그 중요한 인물을 대략 거론하면 다음과 같다.

격물파 (잉글랜드)	궁리파 (대륙)
베이컨	데카르트
홉스 Hobbes 1588~1675	스피노자 Spinoza 1632~1677
로크 Locke 1632~1704	라이프니츠 Leibniz 1646~1716
흄 Hume 1711~1776	울프 Wolf 1679~1754

이상의 여러 사상가들은 각기 하나의 이치를 밝혔는데, 논의가 분석될수록 정밀해졌고, 진리는 분별될수록 밝아졌다. 그러다 18세기 말에 독일의 대유(大儒) 칸트(Kant, 1724~1804)가 출현해 두 파를 화합시켜 하나의 순수하고 완비된 철학을 이루었다. 그리고 근세에 다윈(Darwin)과 스펜서(Spencer) 등 여러 현자가 출현해 만물의 원리에 관한 학문이 더욱 빛나게 되었다. 요컨대 으뜸이 되는 공의 근원을 미루어보면 200년 동안 무수히 많은 지식인 가운데 베이컨과 데카르트를 숭배하지 않을 수 없다는 점은 영원히 속일 수 없다. 이 두 사람은 근세의 위대한 인물이다.

베이컨과 데카르트의 학파가 비록 다르지만 그들이 세계에 큰 공이 있는 점은 "학계의 노예근성을 타파했다."고 하는 오직 그것 하나일 따름이다. 학자의 근심으로 스스로의 눈과 귀가 없이 옛 사람의 눈과 귀를 자신의 눈과 귀로 삼는 것이 가장 크다. 스스로 생각하는 것이 없이 옛 사람의 생각을 자신의 생각으로 삼는 것보다 심한 것이 없다. 진실로 그와 같다면 나는 세계에서 군더더기가 아니겠는가? 참으로 그와 같다면 하늘은 단지 옛 사람만을 낳으면 될 뿐이지 이 수많은 귀와 눈이 없고 생각이 없는 사람을 다시 낳아서 벌레처럼 이 세계를 좀먹게 하는 것은 장차 무엇을 하려는 것인가? 베이컨은 위대한 성인이든 철학자든 아니면 그 누구의 말이든 실물에서 실험되어 징험됨이 없는 것이라면 따를 가치가 없다고 했다. 반면 데카르트는 위대한 성인이든 철학자든 아니면 그 누구의 말이든 본심에 돌이켜 다 편안해지지 않으면 믿을 수 없다고 했다. 그 기백의 굳셈이 저와 같고 그 주의(主義)가 피부에 와 닿음이 이와 같으니, 이것이 천고의 미몽을 깨뜨리고 우뚝 일대의 종사가 될 수 있었던 까닭이다. 근세의 문명이 이 두 현자의 정신에 의해 관통되고 창조되었다고 해도 과언이 아니다. 우리 중국은 수천 년 이래로 학술이 가장 흥성했던 때는 전국시대로 그때에는 다른 학계의 노예근성이 아직 생겨나지 않았다. 그러다 한 무제가 제자백가를 내침에 이르러 사상의 자유라는 대의가 점차 질식되었고, 송원(宋元) 이후로는 정학과 이단의 변별이 더욱 엄하여 학풍의 쇠함이 더욱 심해졌다. 본 왕조의 경우에는 고증학자들이 자구의 같고 다름에 대해 설전을 벌이고 연월의 비교에 마음을 다하니 더욱 비천하여 말하기에 부족하다. 그러니 미래의 사대부들 또한 이 학문의 무용함을 알아 그것을 바꿀 것을 생각하나, 중국의 학풍이 무너지는 것이 단지 형식에서만 그런 것이 아니라 정신에서도 그러함을 알지 못한다. 만약 그 정신이 있도록 해도 오늘날 서양인들이 고대의 금석문이나 고문자를 좋아하지 않은 적이 있었겠는가? 어찌 심성을 논하지 않고 유무를 논하지 않은 적이 있었겠는가? 그러나 그것은 우리의 한학 송학과는 자연히 다르다. 만약 그 정신이 없도록 한다면 날마다 손에는 서학서를 들고 입으로는 서양언어를 말해도 그 노예근성은 여전할 것이다. 이른바 정신이란 무엇인가? 늘 자유롭고 독립적이어서 문호에 기대지 않고 남의 말이나 견해를 그대로 따라 쓰지 않는 기개를 말하는 것일 따름이다. 오늘날 사대부가 서양인의 정치와 학술이 빠르게 진보하는 것을 두려워하면서도 그들이 진보하는 하나의 커다란 원인이 저기에 있음을 알지 못한다. 저들이 빠르게 내달린 것도 2백여 년일 따름이다. 우리가 만약 그 큰 근원을 얻어 선용하면 양보할 것이 무엇이겠는가? 만약 그러지 못한다면 날마다 연못에 다가가 그것을 부러워할 뿐, 끝내 아무 쓸모가 없을 것이다. 아! 베이컨과 데카르트의 학풍을 들고 일어난 자가 있는가? 첫째로는 중국 옛 학문의 노예가 되지 말아야 하고 둘째로는 서양인 신학문의 노예가 되지 말아야 한다. 나에게는 눈과 귀가 있으니, 나의 사물은 내가 격(格)한다. 나에게는 마음이 있으니, 나의 리(理)는 내가 궁구한다.

2. 진화론의 시조, 다윈의 학설 및 그 약전(1902)

『飮氷室文集』 卷1, 「天演學初祖達爾文之學說及其傳略」

최근 40년 동안 정치계, 학술계, 종교계, 사상계, 그리고 인간 세상에 모두 엄청난 변화가 생겨나, 이 이전의 수천 년에 비해 별천지가 생겨난 것 같다. 경쟁이요, 진화니, 우월한 자, 강자가 되기에 힘쓸 것이요, 열등한 자, 약자가 되지 말라는 것이다. 이 여러 이론이 아래로는 초등학교의 학생에서 위로는 각국 대정치가에 이르기까지 입에 붙이고 마음으로 생각하지 않는 이가 없다. 그 영향이 미치는 것으로, 국제관계에서는 제국의 정책이 나왔으며, 학문과 학문의 관계에서는 종합적 철학이 나왔다. 향후 20세기의 세계는 이 정책과 이 철학으로 가득차게 되고 인류의 진보는 불가사의하게 될 것이니, 이 풍조와 이 소식은 어디에서 비롯된 것일까? 1859년(즉 함풍(咸豊) 9년)에 시작되었다. 어째서인가? 다윈의 종의 기원(Origin of Species)이 이 해에 출간된 까닭이다.

다윈의 이름은 찰스 로버트(Charles Robert Darwin)로 영국인이다. 1809년(가정 14년)에 태어났다. 미국의 전 대통령 링컨 및 영국의 전 수상 글래드스턴과 같은 해에 태어났다. 그래서 논자는 그 해를 인도(人道)의 복성(福星)이라 한다. 그의 조부인 에라스무스(Erasmus Darwin)은 의학 및 박물학으로 당시에 유명했으며 식물 변천의 자취에 대한 연구를 남겼다. 아버지의 이름은 로버트로 의학으로 업을 이었다. 다윈은 9살에 어머니를 잃었다. 어려서 초등학교에 다닐 때 재능은 다른 이보다 뛰어나지 못했다. 학교에서의 공부는 늘 여동생보다 못했다. 오직 곤충, 초목, 금석, 물고기 등을 수집하는 것을 즐거움으로 삼았으니, 박물학의 대가가 될 자격은 하늘이 준 것이었다. 16세에 스코틀랜드의 에딘버러 대학에 입학했고, 후에 다시 캠브리지 대학에 입학해 헨슬로 선생님의 총애를 받아 그로부터 가르침을 받고, 학계에 큰 공을 세울 뜻을 지니게 되었다. 1831년에 대학을 졸업했다. 그때 영국정부는 학술을 장려하여 탐험선을 해외로 보내 세계를 두루 항해하여 실험에 도움을 주고자 했다. 다윈은 헨슬로의 추천으로 비글호에 동선할 수 있게 되었다. 당시 나이는 겨우 22세였다. 그 해 12월 11일에 배는 플리머스항을 출발해 남아메리카로 직항했고, 다시 오스트레일리아와 아시아 등지를 지나는 등, 5년에 걸쳐 지구를 돌았다. 이 5년이 그의 일생의 기반이 되었다. 모든 실험 지식은 여기에서 얻은 것이다. 귀국 후에는 첫 작품 『비글 항해일기』를 세상에 선보였는데, 인기가 높았다. 몇 개월 지나지 않아 여러 나라에서 두루 번역되었다. 또 『비글 항해 지질학』, 『산호초의 구조 및 분포』 등 책을 저술했으며, 이에 박물학 분야에서 명성이 자자해 국학회원 명예회원이 되었다. 1842년에 런던을 떠나 교외의 한 촌락에 기거하여 세속과 단절하고 마음을 다하여 항해 5년 동안 모았던 자료와 깨달은 새로운 학설을 정리하고 다듬었다. 이는 정성을 다하는 마음과 굳센 의지로 진리의 극한을 추구하고 자기를 속이지 않고, 공명을 급히 구하거나 가까이 해, 세상에 명예를 얻으려 하지도 않은 것이다. 대략 20~30년의 정력을 쌓아 자신감 가득한 대작을 이루거나 혹은 죽은 후에 내놓으려 했으니, 그 위대한 혜안이 이와 같았다.

일이 뜻대로 되지 않았다. 1858년에 다윈의 지기(知己)였던 월리스가 남아메리카에서 갑자기 다윈에게 원고 하나를 보내왔는데, 선배 석학인 라이엘과 상의해 간행하기를 청했다. 다윈이 그 글을 일독해보니 자신이 10년 간 고심해 찾아내 축적했으나 그때까지 발표하지 않았던 새로운 학설과 하나하나 합치됨을 알게 되었다. 만약 속이 좁은 부류였다면 이름을 다투고 질투심을 일으켜 그것을 누르거나 없애도 아무도 모를 것이라고 생각했을 것이다. 다윈은 가을 달빛처럼 밝게 아무런 의심도 없이 그 원고를 들고 라이엘, 후커, 이 두 선배에게 보여주었다. 두 사람은 다윈과 친한 친구로 그가 평생 연구하고 품어온 생각이 무엇인지 아는 이들이었다. 이에 다윈에게 그의 새로운 저서를 빨리 완성해 함께 발간할 것을 권했다. 다윈은 자신의 새로운 이론의 대강을 모아 월리스의 책과 함께 런던 린네학회 총회에서 발표했다. 그때가 1858년 7월 1일이었다. 그 두 이론이 나오자마자 전국 학자들의 이목이 집중되었다. 참신하다고 감탄하기도 하고 터무니없다고 배척되기도 했다. 평론이 들끓어 올라 멈출 줄을 몰랐다. 이에 다윈은 자료를 더 수집하여 이론으로 엮고, 차례를 배열해 글을 이루니,『종의 기원』이라는 책은 1859년 11월에 세상에 나오게 되었다.

이 책이 나오기 전에 사람들은 종(種)이란 한 번 형성되면 변치 않는 것이라고 생각했다. 각각의 사물은 하나님이 특별히 창조한 것으로서 만들어진 후에 오늘날에 이르기까지 변한 적이 없다고 여겼다. 오늘날의 개가 곧 태고의 개이고, 오늘날의 원숭이가 곧 태고의 원숭이이다. 오늘날의 순서로 진화하여 오늘날의 고등 인류로 변하는 것과 같은 터무니없는 학설은 아무도 착상한 자가 없었음은 물론이다. 다윈 이전에 한두 명의 박물학자가 사물의 종류가 무성하게 변하는 현상을 발견하기는 했다. 예를 들어 라마르크는 1801년에 저술한 책에서 그 싹을 약간 보이기도 했고, 다윈의 조부인 에라스무스는 저서『Zoonomia』에서 그러한 학설을 크게 주창하였다. 그렇지만 비록 그들이 변천과 진화의 자취에 대해서는 알았으나, 변천과 진화가 일어나는 까닭에 대해서는 알지 못했다. 『종의 기원』이 나오고 다년간의 실험이 축적되어, 마치 『대학』의 강령처럼 관통시킨 후에, 사람과 만물의 '낳고 낳는 이치(生生之理)'가 세계에 드러나게 되었다. 이제 그 요점을 아래에 서술하겠다.

다윈은 생물이 변천하는 원인은 생존경쟁과 우승열패의 통칙(通則)에 있다고 여겼다. 그리고 승패의 기제로는, 자연적인 것에 의한 것도 있고 인위적인 것에 의한 것도 있다고 했다. 자연적인 것에 의함이란 자연도태를 말하고 인위적인 것에 의함이란 인간사에서의 도태이다. 도태가 끊이지 않음으로써 종은 날로 진화한다. 무엇을 인간사에서의 도태라고 하는가? 동물을 사육하고 식물을 재배할 때, 그것을 사육하고 재배하는 경우가 달라 무수한 변종이 일어나는 것이다. 예를 들어 집토끼에게 어떤 음식을 먹였는데 그 털이 변색될 수 있다. 어떤 방법으로 사육하는데 귀가 더 길어질 수도 있다. 이와 같은 것을 수십, 수백 종으로 만드는 것은 어렵지 않다. 사실은 모두 동종의 산토끼에서 온 것일 따름이다. 이러한 예에서 출발해 비둘기를 기르는 데까지 이르렀다. (다윈이 가장 마음을 기울여 살핀 것은 비둘기의 변종으로 당시 영국에서는 비둘기를 기르는 풍습이 아주 유행했고 다윈은 비둘기 협회 회원이었다. 세심하게 살펴보면 수백 종의 변종을 만드는 법이 있다고 한다.) 금붕어를 기르고 국화나 난을 재배하는 것 등, 어느 것 하나 그렇지 않은 이치는 없다. 모두 단순히 동종에서 비롯되었으나 인공적으로 그것을 수십 수백으로 그침 없이 변화시킬 수 있다.

이와 같은 변종의 생성은 돌연히 일어나는 것이 아니다. 극히 작고 극히 미미한 지점에서부터 점차 변천하는 것이다. 그 시작은 극히 미세하지만 그 끝은 아주 창대한 것이다. 생각해보건대 개에는 사냥개가 있고 투견이 있으며 양떼를 지키는 개도 있고 집을 지키는 개도 있으며, 수레를 끄는 개도 있다. 각기 특별한 지능과 성질을 지녀 사람의 기호에 적응하고 사람의 지휘를 따른다. 조상의 종자가 생겨남에 곧 그런 것이 아니다. 인간이 다년간의 힘을 축적해 그것들을 훈련시켜 그 기능의 일부분을 발휘하게 하여 그러한 상태에 이른 것이다.

이는 단지 사물에서만 그런 것이 아니다. 인간에게도 그런 것이 있다. 고대 희랍의 스파르타 사람들은 이 방법으로 자신의 백성들을 도태시켰다. 자녀가 막 태어나면 그 체격을 검사해 허약하거나 장애가 있으면 버리거나 죽여 종이 전해지지 못하게 했다. 오직 건장한 자만 남겨 자손으로 자라게 했다. 그런 이유로 스파르타의 사람들은 강력함으로 당시에 이름났으며 오늘날의 역사에 이르기까지 그 자취를 찾을 수 있다. 이것들이 모두 인간사에서 일어난 도태의 일이다.

다윈이 이 학설을 제창한 이후 각국의 교육 사업에 커다란 영향을 끼쳤다. 오늘날 문명세계에서 스파르타의 야만적이고 잔혹한 수단이 쓰일 리는 결코 없지만, 사람의 정신과 육체가 모두 익히는 것에 따라 상당한 변화를 일으킬 수 있음을 알기 때문에, 최근 학교에서는 덕의 육성과 체력의 배양이라는 두 가지 길에 더욱 주의를 기울인다. 옛적에 중시해 가르치던 것을 오늘날에는 더욱 중시해 훈련시켜 '지극히 선한(至善)' 하나의 목적을 걸어놓고 한 나라의 사람들과 세계의 사람들이 함께 그것을 향해 나아가게 할 수 있다. 날마다 축적해 점차 오래되면 반드시 이를 수 있으니, 이것이 다윈 학설의 강점이다.

자연도태란 무엇인가? 이것에 대해 다윈은 처음에는 감히 단정하지 않았는데, 후에 열심히 사색하고 두루 징험하고 비교한 후에 '생존경쟁과 자연선택(物競天擇)'이라는 법칙을 얻어냈다. 이 사물과 저 사물이 한 곳에 있으나 죽고 사는 차이가 있는 것은 반드시 그 힘에 특별한 점이 있어 자연계의 환경에 적응하면 생존할 수 있고 종을 전할 수 있다는 것이다. 예를 들어 사막에서는 갖가지 색을 지닌 벌레가 자라는데, 그것들이 생명을 얻음은 본디 다 똑같다. 그러나 파랑색, 빨간색, 자주색, 흑색 등 여러 색은 쉽게 변별되어, 날짐승이나 도마뱀 등이

잽싸게 잡아먹으니 갈수록 줄어들어 그 종은 결국 멸망하고 만다. 생존하는 것은 사막과 같은 색깔로, 변별하기 어려운 것이다. 날짐승이나 도마뱀의 경우에도 마찬가지이다. 파랑색, 빨간색, 자주색, 흑색 등을 지닌 것들은 쉽게 눈에 띄어 벌레 류가 그것을 보면 적인 줄 알아 그것들이 있는 곳을 피하므로 늘 음식을 얻지 못해 죽는다. 날마다 줄어 그 종 또한 멸종으로 귀결되니, 생존하는 것은 사막과 같은 색깔로 눈에 띄기 어려운 것들이다. 그런 까닭에 사막에서는 황색과 백색의 벌레와 황색과 회색의 새만 있고 다른 것이 없는 것은 그것들만이 그것들이 있는 환경에 가장 잘 적응했기 때문이다.

다윈은 생존경쟁의 기원을 밀고 나아가 지상에서 산출되는 사물의 수가 그것이 영양분으로 삼는 사물과 서로 들어맞지 않으면, 그것이 불어나는 비율은 거의 불가사의해진다고 생각했다. 만일 생만 있고 멸함이 없다고 한다면 암수 한 쌍이 낳은 자손은 눈 깜짝할 사이에 전 지구의 면적을 다 차지하고도 남음이 있을 것이다. 예컨대 인간은 생식이 가장 더딘 종류로 25년에 배로 증가하는데, 이 비율대로라면 부부 한 쌍의 자손이 천 년 후면 전 지구상에 발을 딛고 서게 된다. 하물며 인류와 비교가 안 되는 동식물의 생식 속도야 더 말해 무엇하겠는가? 동물 가운데 생식이 가장 더딘 것으로 코끼리만한 것이 없다. 30세에서 90세 사이에 자식을 낳을 수 있는데 가장 적은수로 계산하면 암수 한 쌍이 6마리를 낳는다면, 750년 후에 코끼리 1900만 마리를 얻게 된다. 그 밖의 무수한 사물들도 유추해 알 수 있다. 이러한 까닭에 유한한 면적에 무한한 종류를 포용하면 반드시 경쟁을 하지 않을 수 없다. 경쟁의 결과는 어떠한가? 앞 절에 서술한 것처럼 적자생존의 통칙이 그것이다.

다윈은 이 자연도태는 끊어지는 일도 없고 그칠 때도 없다고 여겼다. 인간사에서의 도태의 힘과 비교해 보아도 그 웅대함은 훨씬 더하다고 했다. 마치 하늘이 낳은 물과 인공적으로 만든 물 사이의 비율처럼 말이다. 게다가 그 영향은 단지 동종 사이에만 있지 않다고도 했다. 각 자연물 사이에도 종종 상호 연관이 되어서, 그 번식은 불가사의할 정도에 이른다고 했다. 예를 들어보자. 일찍이 영국산 난초를 뉴질랜드의 들판에 옮겨 심으려 한 이가 있었다. 여러 차례 옮겨 심었지만 번성하지 못했고, 오직 촌락 부근에서만 무성해졌다. 그 까닭을 살펴보니 난초의 번식은 꿀벌에 의존해 암수 사이에 화분을 전하고 성관계를 맺어 종을 전한다. 그런데 뉴질랜드에서는 들쥐가 많고, 들쥐는 꿀벌을 좋아하니, 꿀벌이 생존하지 못하여 난초도 자라나지 못한다. 한편 촌락 부근에서는 이에 반하는 일이 일어났는데, 그 까닭은 무엇인가? 거기에는 고양이가 있었기 때문이다. 고양이가 있으므로 들쥐가 없고, 들쥐가 없으므로 꿀벌이 있고, 꿀벌이 있으므로 난초가 있다. 난초의 생산과 전혀 관계가 없는 고양이가 그렇게 커다란 관계가 있는지 누가 알았겠는가? 다윈이 이렇게 드는 증거는 매우 많다. 이는 사물과 사물이 서로 관련을 맺는 그 원인이 매우 복잡하다는 사실을 알려준다. 다윈의 혜안은 무척 위대하다 하겠다.

만물이 똑같이 경쟁하는데, 이종 간의 경쟁보다는 동종 간의 경쟁이 더욱 격렬하다. 대개 각기 먹을 것을 구하는데, 이종 간에는 각기 적합한 먹거리가 있어서 서로 방해하지 않는다. 호랑이의 소에 대한 관계, 늑대의 양에 대한 관계, 새의 뱀에 대한 관계에서 그 경쟁은 호랑이끼리의, 늑대끼리의, 뱀끼리의 그것만 못하다. 대체로 가까울수록 그 다툼은 더욱 극렬해진다. 사람과 어류나 새의 다툼보다는 짐승들끼리의 다툼이 더 심하다. 유럽인은 다른 주의 오랑캐와 다투는 것보다 유럽 각국과 다투는 것이 더욱 극심하다. 그리고 그 다툼이 격렬할수록 가장 적합한 자가 나오게 된다.

적자생존이라는 것은 단지 그 자체의 생존만을 말하는 것은 아니다.

그는 반드시 자신의 우월한 점, 우월한 지능을 그 자식에게 전한다. 그 자식은 다시 그것을 손주에게 전한다. 그렇게 오래 지속되면 그것이 특별히 지니고 있는 그 기이한 재능은 더욱 다른 사물은 미칠 수 없는 것이 된다. 이에 당초에 우연히 얻은 능력이 마침내 일정한 재능으로 변하고, 하나의 다른 종족에 이르게 된 후에 그친다. 이것이 종의 변화가 일어나는 까닭이다.

이 이치를 깨닫는다면 오늘날 만물이 무성하게 섞여 있으나, 그에 앞서 반드시 그것들은 모두 이어받은 것이 있어 나온 것임을 알게 된다. 만약 그 본질을 깊이 궁구한다면 이것과 저것의 서로 같은 흔적을 찾을 수 있을 것이며, 최초의 것은 틀림없이 똑같이 일원에 뿌리를 둔 것일 게다. 오늘날의 생물계는 과거 수십만 년간 이루어진 자연도태의 거대한 사례를 따라 단순한 것에서 복잡한 것으로 나아가는 것일 따름이다. 즉 우리 인류 또한 생물의 일종으로 이 통칙 밖으로 벗어날 수 없다. 그래서 다윈은 지질학자들이 고찰한 지하 석층 안의 고생물에 근거하여 그 변화와 진화의 순서를 살핀 『인간의 유래(The Descent of man)』를 1871년에 출간해 인간 또한 하등동물에서 점차 진화되어 나왔음을 밝혔다. 다윈은 『종의 기원』을 출간한 후에도 매일 수집하고 연구하기를 늙을 때까지 계속했다. 그 후에 연속해서 저술하여 간행한 책이 20여 종이다. 1882년(광서(光緒) 8년)에 사망하니 74세였다. 부음은 신문에 실렸고, 그를 알든 모르든 애도하지 않는 이가 없었다. 마침내 국회에서 국장을 치르기로 결정했고 그의 유해는 명유(名儒)인 뉴턴 옆에 묻었다. 러시아, 미국, 독일, 프랑스, 이탈리아, 스페인 각국에서 모두 사람을 보내 장례식에 참석했다. 여러 나라의 대학, 여러 학회의 대표 중에 참석한 이도 천여 명이었다고 한다.

다윈의 저술은 27종으로 그 말은 수백만 마디 이상이고, 그 학문이론의 심오함, 증거의 풍부함은 오늘날 무수한 지식인과 석학이 필생의 힘을 다해 연구해도 그 실마리에도 미치지 못하고 있다. 하물며 나의 새로운 학문은 조그마하게 생겨나 보잘것없는 논문들로 그 강령을 밝히는 것이니 어찌 감당할 수 있겠는가? 다만 지금 이 글을 쓰는 의미는 우리 국민들로 하여금 근세사상의 변천의 뿌리를 알게 하고, 또 이 학문이 단지 박물학이라는 한 분과 학문에 불과한 것으로 보아서는 안 됨을 알게 하고자 함이다. 이른바 자연도태와 우승열패의 이치는 실로 모든 나라, 종족, 종교, 학술, 인간사 가운데에 널리 통용되는 것으로 큰 것이든 작은 것이든 모두 이 진화의 통칙에 포함된다. 우월하지 않으면 열등하고 생존하지 못하면 멸망한다. 그 기틀은 털끝만큼도 틀림이 없다. 생명을 머금고 기운을 지고 있는 자라면 전전긍긍해하고 경계하며 오늘날에 적응하여 생존할 방도를 구하지 않을 수 없을 것이다.

다윈의 새로운 학설이 세상에 나오자 예수교도들은 그것을 원수처럼 보았다. 마치 수백 년 전에 지동설에 반대했던 그 이야기처럼 전력을 다해 항거하는데, 이는 『구약』 「창세기」의 하나님이 7일 만에 사람과 만물을 만들었다는 설과 서로 용납되지 않기 때문이다. 비록 그렇지만 진리는 최후에 이기는 법이다. 저들은 오늘날에 이르러 말문이 막혀 아무 소리가 없다.

3. 아리스토텔레스의 정치학설(1902)

『飮氷室文集』 卷12, 「亞里士多德之政治學說」

아리스토텔레스에 앞서, 그의 스승 플라톤은 『공화국(Republic)』이라는 책을 써서 대동의 이상을 고취시켰다. 대동의 세상에서는 사람들이 자신의 아내만을 아내로 여기지 않고, 자신의 자식만을 자식으로 여기지 않는다고 여겼다. 사적 재산을 소유할 수 없고, 재화를 자기 것으로 숨기지 않으며, 힘을 자기를 위해 쓰지 않으면 간음이 일어나지 않고 도적이 생겨나지 않으며 세상이 태평해진다. (본 문집『생계학 연혁 소사』 참조) 이는 실로 중국「예운」의 미언대의와 은연중에 합치하는 것으로 서 이상주의자의 최고의 모델이다. 하지만 어찌할 수 없이 그 일은 끝내 이 혼탁한 세계에서는 실현될 수 있는 것이 아니고, 그 경계는 끝내 수천 년의 인류가 도달할 수 있는 것이 아니었다. 이에 총명한 제자 아리스토텔레스가 출현해 그것을 덜어내고 보태고 보완하고 바로잡았으니, 그런 후에 정치학의 핵심이 확립되었다. 플라톤의 설은 경기구를 타고 우주를 굽어보며, 극히 짧은 시간 안에 화엄의 누각을 세워놓은 것과 같다. 반면 아리스토텔레스의 설은 평지를 떠나지 않고 속세를 싫어하지 않으면서 이 세계를 서서히 취해, 그것을 장엄하게 만들고 다시 만드는 것이다. 또 플라톤이 윤리학과 정치학을 뒤섞어 하나로 보았다면, 아리스토텔레스는 그것들을 구별했다. 아리스토텔 레스는 이상을 버린 것이 아니라 그 이상을 현실과 부합되게 하려고 했으니, 그것이 곧 그의 장점이다.

아리스토텔레스는 인간사회의 현상 및 희랍 여러 나라의 당시 정치 체제를 널리 관찰하여 국가의 기원과 발전의 흔적을 구했으며, 사람이 무리를 이루는 것은 가족에서 시작된다고 여겼다. 가족이 모인 다음 촌락을 이루고, 촌락이 단결한 다음 국가를 이룬다. 그런데 진화의 순 서로 논하면 국가는 가족이나 촌락보다 다소 늦은 것으로 간주되지만, 인생의 목적으로 논하면 국가는 가족이나 촌락보다 더 중요한 것으로 생각된다. 왜 그런가? 국가에 이르러서야 인도(人道)가 완비되기 때문 이다. 국가는 전체와 같고, 국가 안의 여러 결집체는 사지나 기관과 같다. 전체가 없으면 사지나 기관은 의존할 곳이 없다. 아리스토텔레스 는 말했다. "사람이란 무리를 잘 짓는 동물이다. 그들이 정치하기를 좋아하는 것은 천성이다." 또 말했다. "무리에 기대지 않고 나라에 기대지 않고도 스스로 생존할 수 있는 자는 인류가 아닐 것이다. 인류보다 높은 수준의 여러 신(神) 아니면, 인류보다 낮은 수준의 짐승일 것이다." 아리스토텔레스는 이러한 견해를 지니고 국가는 인도(人道)가 잠시라도 떠날 수 없는 것으로, 그것이 생겨난 것은 우연이 아니고 그것이 유지되는 것 또한 부득이한 것이다. 이것이 아리스토텔레스가 말하는 정치 기원론이다.

플라톤은 사람들이 서로 무리를 이루는 것은 전부가 생계의 편리함을 도모해서라고 했는데, 그 이치는 아리스토텔레스만큼 정확하지 못한 것이다.

또 아리스토텔레스는 말했다. "사람은 천성적으로 무리 짓기를 잘한다. 그 천성이라는 것에는 두 가지 의미가 있다. 하나는 질박하고 순수한 천성으로 아직 발달되지 않은 것을 가리킨다. 다른 하나는 완전해진 천성으로 이미 발달된 것을 말한다. 최초의 생민은 무리를 지어 정치를 할 수 없었다. 그러나 그것은 어린아이가 밥을 잘 먹을 줄 모르지만, 그 본성이 그럴 수 없는 것이 아니고, 그 본성이 아직 이르지 못한 것일 뿐인 것과 같다. 그러므로 무리를 지어 정치를 할 수 있게 된 후에야 참된 본성이 보이는 것이다."

다음으로 국가의 성질을 논할 때, 아리스토텔레스는 국가라는 것은 결집을 통해 형태를 이루는데, 그것을 결집시키는 것은 국민이라고 했다. (원서에는 시민이라고 되어 있다. 희랍의 국가는 도시국가이기 때문이다. 따라서 당시에는 시민은 있었지만 국민은 없었다. 지금 편의상 그것을 나라 국(國) 자로 바꾸었다.) 따라서 국가의 성격이 어떤지 알고자 한다면 마땅히 먼저 국민의 성격이 어떤지를 알아야 한다. 아리스토텔레스는 3가지 조항으로 그것에 대해 정의를 내렸다.

(1) 국민이란 한 곳에 동거하는 사람에게 이 명칭을 붙일 수 있는

것이 아니다. 외국인이나 노예 같은 이들은 이곳에 동거하지만 국민이라 할 수 없다.

(2) 국민이란 재판에서의 권리를 지니는 사람에게만 이 명칭을 붙일 수 있는 것은 아니다. 국민이 아닌 자도 조약의 규정에 따라 재판상에서 권리가 있을 수 있지만(생각건대 예컨대 외국인의 소송에 대해서도 똑같이 심리하고 판단한다) 국민의 자격은 부여되지 않기 때문이다. 또 미성년자나 늙어서 퇴직한 자, 죄를 지어 공민의 권리를 상실한 자, 외국인 가운데 나중에 본국 사람이 된 자는 모두 완전한 국민이 아니다.

(3) 참 국민은 일국의 입법, 행정, 사법의 제 정무에 참여할 권한을 지니고, 모든 관직을 맡을 수 있으며 제한을 받지 않는 자이다.

생각건대 아리스토텔레스의 국민에 대한 설명에는 미진한 점이 있다. 그러나 2천 년 전의 학설은 오늘날처럼 완비된 것일 수 없으니, 아리스토텔레스의 문제라 할 수는 없다. 이 글을 읽는 자들은 모두 이렇게 보아야 할 것이다.

또 생각건대 오늘날 우리나라에서 국민의 자격은 아리스토텔레스가 열거한 두 번째 조항의 것과 흡사하니, 완전한 국민이라 칭할 수 없다.

정치학에서 아리스토텔레스의 가장 큰 공은 정치체제를 구별한 데에 있다. 그는 우선 주권의 소재가 한 사람에게 있는지, 소수의 사람들에게 있는지, 아니면 다수의 사람들에게 있는지에 따라 정치체제를 셋으로 나누었다. 첫째는 군주정치체제(monarchy)이고, 둘째는 귀족정치체제(aristocracy)이며, 셋째는 민주정치체제(polity of democracy)이다. 수천 년 동안 정체체제를 이야기해온 것들 중에서 이것들 밖에 따로 있는 것은 없다. 아리스토텔레스는 주권의 소재로 구별했을 뿐 아니라, 이 주권을 행사하는 수단이 올바른지 그렇지 않은지 더 세분화했다. 이로부터 세 가지 정치체제에 각기 변형된 모습이 생겨나 모두 6종류가 되었다. 군주정치의 올바르지 않은 것은 패주정치(tyranny)라 했고, 귀족정치의 올바르지 않은 것은 과두정치(oligarchy)라 했으며, 민주정치의 올바르지 않은 것은 폭민정치(ochlocracy)라 했다. 그 올바르고 올바르지 않음을 어떻게 판단할 수 있는가? 공의(公意)로 국가의 공익을 도모하는 것은 그 권한이 한 사람에게 있든 소수의 사람들에게 있든 아니면 다수의 사람들에게 있든 모두 올바르다. 사사로운 뜻으로 자신의 이익을 도모하는 것은 그 권한이 한 사람에게 있든 소수의 사람들에게 있든 아니면 다수의 사람들에게 있든 모두 올바르지 않다.

양계초의 생각: 이상이 아리스토텔레스 정치체제론의 대략이다. 그 3종의 분류에 대해서는 후세에 정치체제를 논하는 자 가운데 인용하지 않는 이가 없으니, 그것보다 더 좋은 구별법이 없기 때문이다. 그래서 서로 이어오며 바뀌지 않았다. 그러나 아리스토텔레스가 말하는 3종의 정치체제와 근대의 그것에는 커다란 차이가 있다는 점도 알아야 한다. 고대의 군주정치와 근세의 군주정치 사이에 다른 점은 무엇인가? 근세의 군주는 고대의 군주에 비해 그 실권이 더 강대하다. 근세의 전제군주는 행정가의 직분으로 입법의 권한을 겸하나 고대에는 그런 권한이 없었다. 고대의 사람들에게는 입법에 관한 생각이 없었다. 법률이라는 것은 그저 옛 관습을 계속 따라 받들어 행하는 것이고 군주는 법령을 독단적으로 공표해 집단의 습속을 파괴하여 엄격하게 실행한 적이 없었다. 그러니까 고대의 군주는 그 전제적 권한을 신민들 위에서 행사할 수는 있었으나, 법률 위에서 행사할 수는 없었다. 근세의 전제정치가 법의 정신을 따르지 않고 왕이 말을 내뱉자 만법이 모두 공허해지는 것과는 달랐다. 이것이 차이점이다. 한편 고대의 귀족정치와 근세의 귀족정치의 차이점은 무엇인가? 근세 귀족정치의 참 모습을 보고자 한다면 마땅히 영국을 참고해야 할 것이다. 19세기 이전에 영국은 입헌군주제(limited monarchy)라 불렸지만 실제로는 순전히 귀족정치체제였다. (이전에 영국은 국왕과 상원에 하원을 좌지우지할 수 있는 권력이 있었는

데, 실제로는 한 종족이 한 세대를 대표했다. 그러다가 1831년, 1867년, 1885년, 이렇게 3차례에 걸쳐 국회의 조례를 개혁하면서 오늘날에 이르러 귀족정치 세력이 다 멸하게 되었다.) 영국의 귀족정치체제에서 귀족은 자신을 국가라 여기지 않는다. 다만 정치적으로 감독권을 행사할 따름이다. 고대에는 그렇지 않았다. 고대의 귀족들은 정권을 장악해도 한 나라의 전체 인민을 국가를 조직하는 분자(分子)로 여기지 않았다. 오직 소수의 귀족만을 국가를 조직하는 분자로 여기고, 나머지 백성들은 모두 부속물로 여겼다. (분자란 물리학에서 사용하는 용어이다. 수소와 산소의 두 분자가 조직되어 물을 이룬다. 그것들이 없으면 물도 없듯이, 인민 전체가 분자로 국가를 구성한다. 인민이 없으면 국가도 없는 것이다. 고대 귀족들은 그렇지 않아, 자신만을 물을 이루는 분자로 여겼고, 나머지 백성들은 수면 위를 부유하는 것쯤으로 여겼다.) 이뿐이 아니다. 고대의 민주제도라는 것은 근세의 귀족제도보다 못한 것이다. 어찌하여 그런가? 저 공민권을 지닌 자란 국민 가운데 작은 일부였을 따름이다. 나머지는 노예라 했으며 민(民)이라 하지도 않았다. (아리스토텔레스가 살았던 아테네는 가장 문명이 발달한 국가였다. 그러나 당시 공민의 숫자는 1만 6천 명에 불과했고, 노예는 그 10배에 달했다. 아리스토텔레스는 노예제도를 잘못된 것이라 생각하지 않았다. 자세한 것은 다음 절에 보인다.) 이 소수의 공민이 한 국가의 분자로서 그들을 빼놓고는 국가란 없었다. 귀족이 아니면 무엇이라 하겠는가? 당시의 이른바 귀족정치라는 것은 이 소수 가운데에서 더욱 소수인 자들이 하는 것이었다. 이 점이 오늘날의 제도와는 확연히 다른 점이다. 그러면 고대의 민주정치와 오늘날의 민주정치의 차이점은 무엇인가? (첫째는) 위에서 서술한 것처럼 고대의 민주정치는 귀족정치와 그 차이가 오십보백보라는 것이다. (둘째는) 고대의 민주정치체제에서는 국사를 모여 의논할 때 아테네에서처럼 공민권을 지닌 모든 이들이 직접 참석하는 데 비해, 오늘날에는 인민들이 모두 참석할 수 없으므로 대표자를 투표를 통해 선출해 자신을 대신해 의견을 발표하도록 한다는 것이다. 그러므로 고대의 민주제에서는 민중에게 직접적인 참정권이 있었으나, 오늘날의 민주제에서 민중에게는 간접적인 참정권밖에 없다. 고대의 제도는 작은 도시에서만 행해질 수 있었다. 사람이 조금만 많아져도 모일 수 없었다. 그래서 로마가 전체 유럽을 통일한 후에 민주정치는 두루 미칠 수도 없었고 오래 유지될 수도 없었다. 한편 오늘날의 제도는 지구 전체를 한 나라로 보아도 괜찮다. 이것 또한 다른 점이다. 요컨대 사람을 이해하고 세상을 논해 그 진리를 얻고자, 아리스토텔레스의 책을 읽을 때 저 2천 년 전의 정치가 어땠는지를 살펴야 한다. 만약 단지 오늘날의 눈으로 그것을 본다면 도처에 막히는 것이 있게 될 것이다. 또 생각건대 귀족정치체제는 고대에 지극히 성행했지만 100년 전까지만 해도 그 불꽃이 아직 쇠하지 않았다. 하지만 금일 이후에는 아마도 장차 소멸하게 될 것이다. 금일 천하의 만국에 다시는 귀족정치체제가 존재하지 않을 것이다. 그러므로 아리스토텔레스의 분류는 몽테스키외에 이르기까지도 채용했지만, 근세에는 점차 사용되지 않게 되었다. 정치학자들의 분류에 따르면 대체로 독재정치체제와 합의(合議)정치체제의 두 종류로 분류되며, 그 안에서 다시 하위항목이 있다. (본 문집의 정치 제4편을 참고할 것.) 중국에서 통용되던 옛 번역으로는 군주, 민주, 군민공주(君民共主)라는 것이 있는데, 그 명칭은 다소 논리에 어긋난다. 군주라는 것은 거의 다 전제군주를 가리키는 것이고, 군민공주라는 것은 거의 다 입헌군주제를 가리키는 것이다. 그러나 입헌군주를 군주제가 아니라고는 할 수 없는 것이다. 이것이 그 번역이 타당함을 잃은 점이다. 그러므로 오늘날의 정치체제를 논할 때에는 마땅히 아리스토텔레스가 열거한 귀족정치라는 한 항목은 삭제해야 하고 오직 군주와 민주라는 둘만 남겨 두어야 할 것이다. 그리고 군주제 가운데 다시 전제와 입헌이라는 하위 항목을 구분하면 될 것이다. 그렇지만 군민공주라는 네 글자는 아주 괜찮은 개념이다. 나는 차마 그 개념을 버리지 못하겠다. 그렇다면 다소 논리에 어긋날지라도 세속의 명칭을 따르는 게 안 될 것도 없겠다. 요컨대 군민공주의 정치체제는 과도기의 가장 훌륭한 방법으로서 그 제도는 오래 지속되어서는 안 된다. 그러나 금후 수백 년간 치안을 유지하고 공익을 증대시키는 데 이것보다 더 나은 것은 없다. 이 정치체제의 출현은 진보의 자연스러운 운동이 그렇게 만든 것이다. 그러니 아리스토텔레스 시대에 이러한 사상을 구상해낼 수 없었던 것도 이상할 것이 없다. 군민공주의 정치는 영국에서 비롯되었다. 영국의 정치권력은 군주와 인민을 하나로 합쳤을 뿐 아니라 군주, 인민, 귀족, 이 삼자를 하나로 합쳤다. 아리스토텔레스가 열거한 세 가지는 서로 뒤섞일 수 없는 정치체제인데, 오늘날에는 그것들이 하나로 합쳐졌으니, 이는 아리스토텔레스가 예상치 못했던 점이다.

또 생각건대 아리스토텔레스의 3가지 정치체제와 그 변형된 모습을 합친 6가지에 대해 몽테스키외는 귀족정치 및 민주정치의 변형된 모습, 그 둘을 삭제해 4가지로 정했는데, 그것은 이치에 닿지 않는 분류이다. 무릇 올바름과 올바르지 않음은 정해진 형태가 없다. 아리스토텔레스가 말한 군주정치와 독재정치, 귀족정치와 과두정치, 민주정치와 폭민정치 사이에 확연히 경계선을 그어 어느 정도까지는 전자에 속하고 어느 정도까지는 후자에 속하는지 말한다는 것이 어려움을 나는 안다. 예를 들어 우리 중국의 군주 중에 요, 순, 탕, 무는 훌륭한 군주이고, 진나라의 정치나 수나라의 양광은 백성의 적이라는 점을 사람들은 알고 있다. 그러나 이 둘을 빼고도 그 사이에는 수많은 등급이 있다. 각 등급마다 서로 다른데, 어느 것을 취해 독단적으로 어느 등급 이상은 올바른 군주정치이고, 어느 등급 이하는 변형된 모습의 군주정치라고 할 수 있겠는가? 이 점은 귀족정치나 민주정치로 미루어 나가도 마찬가지이다. 그러므로 나는 아리스토텔레스의 6가지 분류법은 실현될 수 없음을 안다. 나는 올바름과 올바르지 않음을 언급하지 않으면 그만이고, 만약 그것을 언급한다면 오직 민주만이 올바르고 나머지는 그 명칭을 부여하기에 족하지 않다고 생각한다. 왜인가? 국가라는 것은 인민의 결집체이다. 인민의 나라에 대한 관계는 몸에 피가 도는 것과 같다. 피가 도는 것이 막히면 몸 전체가 평안하지 않다. 그러므로 주권은 마땅히 인민에게 있어야 한다. 이 일의 이치는 지극히 얕은 것으로서 번잡하게 말할 필요가 없다. 그렇다면 민주에도 올바르지 않은 것이 있는가? 프랑스대혁명 시대가 그렇다. 그 시대는 실제로 다수가 정치를 하는 것이 아니라 여전히 소수가 정치를 했다. 민주의 이름을 빌렸을 뿐 그 실은 없었다. 그렇다면 나머지 두 정치체제에도 우열이 있는가? 귀족정치는 인민을 해치지 않은 적이 없다. 그것은 한 나라의 자유를 보장하는 것도 아니었고 한 나라의 질서를 보장하는 것도 아니었다. 귀족정치가 열등한 것임은 논변할 필요도 없다. (그러나 각국에서는 대체로 이 단계를 거치지 않은 일이 없었다. 다만 그 시기에 길고 짧음과 범위에 넓고 좁음이 있었을 따름이다.) 군주정치체제의 경우는 이와는 다르다. 사람들이 처음 무리를 지었을 때 사람들은 그 악한 성품을 따라 야만스러운 자유에 내맡겨 쟁탈하며 서로 죽이기를 그칠 때가 없었고 법적인 제재도 없었다. 그리하여 강력하게 힘이 있는 자가 위엄으로 그들을 진압하지 않으면 그 무리는 끝내 구제될 수 없었다. 군주정치란 최초 인민시대의 은인이었다. 그런 까닭에 이 정치치제는 오늘날에는 올바르지 않다고 말하지만 고대에는 올발랐다고 말한다. 하지만 거기에서 옳다는 것은 민주정치의 옳음과는 차이가 있다. 나는 부처님의 설법에 실법(實)이 있고 권법(權)이 있다고 들었다. 권법(權法)이란 무엇인가? 중생의 근기가 성숙되지 않아 방편의 방법을 따로 열어 인도하여 미혹됨에서 점차 깨달음으로 들어가게 하는 것이다. 이미 깨달았다면 권법은 마땅히 버려야 한다. 그러지 못하는 것을 법집(法執)이라 하거니와, 법이 전변하여 미혹의 원인이 되는 것이다. 그러므로 권법은 소승의 가르침에서는 올바르다고 하지만, 대승의 가르침에서는 올바르지 않다고 한다. 군주제도 또한 그러하다. 시대에 뒤떨어진 것이라면 버리지 않을 수 없으니, 권법의 바름이 실법의 바름인 것은 아니다. 그러므로 나는 올바름과 변형된 모습을 논하지 않을지언정, 논한다면 여섯 가지 가운데에서 다섯 가지는 모두 변형된 모습이고 오직 하나만이 올바르다고 생각한다. 게다가 아리스토텔레스가 말한 올바름과 변형된 것의 차이는 전자가 공익을 도모하는 데 반해 후자는 사익을 도모하는 데 있을 따름이다. 군주나 귀족이 정치를 할 때 사익을 뒤로 하고 인민의 공익을 앞세울 수 있다고 말하는 것과 같은 것은 고서나 정사(正史)에서 견강부회하여 말하기 좋아하지만, 실제로 그랬다는 것을 나는 본 적이 없다. 강권을 쥔 자는 그 권한을 남용하는 것은 인간의 천성이다. 그러므로 아리스토텔레스가 말한 올바른 품격이라는 것을 목표로 걸어놓아서는 안 될 게 없지만 역사에서 징험해보면 억겁에 걸쳐 한 번도 그런 상황을 만난 적은 없다. 그렇지만 동일하게 사익을 도모하는 것이라고 하더라도 다수의 백성들이 그것을 스스로 도모한다면 사익은 공익이 된다. 그러므로 아리스토텔레스의 논리에 따르면 민주정치체제에 대해서만 올바름을 말할 수 있고 나머지에 대해서는 그것을 말할 수 없다. 만약 민주이지만 올바르지 못한 점이 있다면 그것은 틀림없이 참 민주가 아닐 것이다. 그렇지 않다면 권법을 사용해야 할 때 실법을 오용한 것일 게다.

아리스토텔레스는 또한 정치체제가 부패하는 이유와 혁명이 반복되는 상황을 논했다. 그는 이렇게 생각했다. 한 나라가 막 세워졌을 때 그 최초의 정치체제는 군주체제로 무인이 군주가 된다. 강한 힘이 있기 때문에 무리를 통솔하고 주권을 장악하여 정돈하고 단결시켜 한 나라의 형태를 이룰 수 있다. 이것이 첫째 단계(즉 군주정치체제)이다. 그 후에 나라를 자손에게 전했는데, 자손들은 점차 나라를 개창했던 어려움을 잊고, 조상의 법을 더 이상 따라 국가와 인민의 공익을 도모하지 않고 전제정치로 멋대로 하니, 인민들이 운명을 견디지 못한다. 이것이 둘째 단계(즉 패주정치체제)이다. 전제의 폐단이 극에 달하면 그 신하 중에 일어나 대항하는 자가 생겨 반란이 일어나고, 그 결과 난을 제창하는 여러 수령들이 교대로 일어나 정권을 장악하여 상자 속 은전을 베풀고 인민의 환심을 얻어 그 지위를 공고히 한다. 이것이 셋째 단계(즉 귀족정치체제)이다. 귀족정치체제가 이미 확립됨에 점차 인민의 도움에 기대지 않는다. 이에 더욱 제멋대로 사익을 추구하여 그 붕당이 많아지고 그 단체는 커져 인민의 자유를 해치고 사회를 다스리는 질서를 파괴한다. 이에 한 사람의 군주에 비해 그 화가 더욱 커진다. 이것이 넷째 단계(즉 과두정치체제)이다. 그것이 극한에 이름에 백성들은 도탄에 빠진다. 이에 다수의 사람들이 서로 따라 일어나 극렬한 혁명을 하게 된다. 혁명 이후에 공공의 폐해를 제거하고 공익을 제공하여 국가가 크게 다스려진다. 이것이 다섯째 단계(즉 민주정치체제)이다. 그 말세에 이르러 민주정치가 점차 노쇠해지고 국민들이 그 법률을 경건히 중시하는 정신을 점차 상실하며 평화롭고 예의바른 기풍에서 멀어져 무정부의 참상에 이른다. 이것이 여섯째 단계(폭민정치체제)이다. 이때 뜻을 품은 영웅이나 간사하고 사나운 자가 일어나 우매한 인민을 선동하고 미혹시켜 권력을 세우고 자신이 성취하는 데 도움을 받아 천자의 지위를 바란다. 이에 이르러 다시 첫째 단계로 되돌아가니 군주전제정치가 다시 일어나고 혁명이 순환하여 한 바퀴를 돈다. 군주정치가 다시 흥기한 후에 두 번째 순환 또한 그와 같다. 선악이 서로 이어지고 치란이 서로를 좇아 교대로 변하여 무궁함에 이른다.

아리스토텔레스의 이 논의는 맹자의 "천하가 생겨난 지 오래되었는데, 한번 다스려지고 한번 어지러워진다."는 것과 그 이상이 같다. 그렇지만 이것을 정치의 참 모습으로 여길 수는 없다. 대체로 아리스토텔레스는 자신이 탄생하기 이전부터 경험했던 역사에 근거해 미래를 추측했을 따름이고, 실제로 후에 지구상의 여러 나라 중에 그러한 예를 따라 순환했던 경우는 없었다. 창업자의 경우에는 선정이 많고 그 체제를 계승한 자의 경우에는 폐단이 많았던 것은 군주와 귀족, 두 정치체제에서 그러했다. 반면 민주정치의 경우에는 그 현상이 위와는 상반되었다. 초창기에는 백성들이 자치에 습관이 들지 않고 법률이 미비하며 풍속이 순정하지 않아 구멍이 백출한다. 그러나 수십 년, 수백 년 동안 시행하여 경험이 날로 많아지면 점차 개량되어 마침내 완전한 참 민주정치가 된다. 이는 근세 유럽 여러 나라에서 분명히 나타난 효과이다. 아리스토텔레스가 말한 제5 단계에서 제6 단계로 변하는 것은 고대 그리스와 로마에서는 그런 일이 있었으나, 그것은 참다운 민주정치를 실현하지 못한 것일 따름이다. 만약 참 민주정치를 행한다면 진보하지, 단연코 퇴보하는 것은 없을 것이다. 다시 불교의 교리로 그것을 비유해보겠다. 불교를 공부하는 자는 성불을 궁극적 목표로 삼는다. 그가 아직 성불하지 못했을 때에는 천계와 인간세계 등 육도를 윤회하며 천상의 몸을 받기도 하고 용의 몸을 받기도 하며 사람의 몸을 받기도 하고 아귀, 축생의 몸을 받기도 한다. 이렇게 저렇게 그 변하는 모습은 다 궁구할 수 없고, 일정하게 오르내리는 순서도 없다. 오직 그가 지은 업에 따라 과보를 받는 것만 보인다. 그러다가 일단 성불을 하면 결단코 다시 타락하는 자는 없다. 만약 타락한다면 그것은 틀림없이 도달한 것이 부처의 경지는 아니었던 것이다. 정치 또한 마찬가지다. 정치제제는 민주를 궁극으로 한다. 민주에 이르지 않았을 때에는 백성의 적 아래에서 억눌려 순환한다. 어진 군주를 만나 군주정치가 이루어지기도 하고 폭군을 만나 패주정치가 이루어지기도 하며, 공화를 만나 귀족정치가 이루어지기도 하고, 전횡의 정치를 만나 호족정치가 이루어지기도 하고 난적을 만나 폭민정치가 이루어지기도 한다. 이렇게 저렇게 그 변하는 모습은 이루 다 궁구할 수 없지만, 일정하게 진보하고 퇴보하는 예도 없다. 그 시세에 상응하여 파고가 칠 따름이다. 그러다가 일단 민주가 실현되면 결단코 다시 타락하는 경우는 없다. 만약 타락한다면 틀림없이 그 행한 것이 민주가 아닌 것이다. 저 미국과 프랑스, 두 나라를 보지 못했는가? 미국의 경우, 독립 이후에 행한 것은 참 민주이다. 그래서 나는 그 나라가 금일 이후에 다시 천만 년이 지나도 군주정치체제나 귀족정치체제로 전환되는 일은 없을 것이라고 믿는다. 한편 프랑스대혁명 때 행한 것은 참 민주가 아니었다. 1789년에서 1870년에 이르는 80여 년 간 군주를 추대한 일이 세 번 있었고, 헌법을 개정한 것이 21차례였으니, 대란으로 어지러워 편안할 때가 없었다. 그렇게 된 것은 다른 데 원인이 있는 게 아니다. 그 궁극에 이르지 못했기 때문이다. 따라서 맹자의 한 번 다스려지고 한 번 어지러워진다는 말을 나는 감히 따를 수 없다. 나는 다스리지 않으면 그만인지, 참으로 다스려진다면 다시 어지러워지는 일은 없을 것이라고 생각한다. (비록 오늘날 미국의 정치를 최고의 정치라 할 수는 없지만, 다시 불교의 용어로 비유하자면 미국은 이미 벽지(辟支)나 독각(獨覺)의 위치에 도달했으되, 아직 불보살의 지위에는 도달하지 못한 것이다.) 다스려지던 것이 다시 어지러워진다면 이른바 다스려졌다는 것은 틀림없이 참으로 다스려진 것이 아니다. 오늘날 진화의 원리가 크게 밝혀져 모든 유기체가 진화의 법칙을 따른다는 점을 안다. 국가도 하나의 유기체이다. 어찌 홀로 그 법칙에 어긋나겠는가? 진화와 순환은 상반된 현상이다. 이 점을 알면 아리스토텔레스의 정치체제 순환론은 공격하지 않아도 자연히 논파된다. 앞서 존재한 순환 또한 진화 가운데의 순환일 뿐이다. 다만 그 궤적이 너무 커서 쉽게 현혹되어 전자를 후자로 오인하는 것이다.

양계초의 생각: 또 아리스토텔레스가 말한 민주제에서 다시 군주제로 변하는 것은 서양에서는 종종 그런 일이 있었다. 그리스의 여러 국가에서 흔히 보이고, 후대 로마의 카이사르, 프랑스의 나폴레옹 1세와 3세 등이 모두 그 분명한 예이다. 백성이 갖춘 지혜와 덕의 수준이 민주제를 할 수 있는 정도에 도달하지 못했는데 그것을 무모하게 행한다면 이는 가장 위험한 일이다. 이는 정치를 논하는 자가 거울삼지 않을 수 없다. 한편 군주, 귀족, 민주제도가 불규칙적으로 교체되는 이치가 옛 서구 여러 나라에서는 여러 차례 보였다. 그러나 그러한 논리는 오늘날에는 통하지 않는다. 오늘날 저 귀족정치체제는 거의 다시 태울 수 없는 재와 같아졌다. 저 러시아 같은 나라는 오늘날 세계에서 제일가는 전제국가이다. 장래에 저 국가에 현재의 제도가 파괴될 날이 생긴다면, 아리스토텔레스의 예처럼 다시 귀족정치의 단계로 회귀할 수 있겠는가? 단연코 그럴 수 없다.

그러면 아리스토텔레스는 여러 종류의 정치체제 가운데 어느 것을 가장 좋은 것으로 보았을까? 아리스토텔레스는 도덕을 논할 때 중용을 가장 중시했다. 그는 "참된 용기는 난폭함과 비겁함 사이에 있고, 참된 어짊은 인색함과 사치스러움 사이에 있다."고 했다. 그의 이 뜻을 근거로 해서 정치를 논해보면, 아리스토텔레스는 이렇게 말할 것이다. 어떤 국가의 백성이든 대체로 세 계급으로 구분된다. 첫째는 부유하고 고귀한 자들로 이들을 상류사회라 부르자. 둘째는 가난하고 천한 자들로 이들을 하류사회라고 부르자. 셋째는 부유함과 가난함, 고귀함과 천함 사이에 있는 자들로, 이들을 중류사회라고 부르자. 한 나라에서 상류사회에 속하는 자들은 가장 수가 적고, 하류사회에 속하는 이들은 수가 가장 많으며, 중류사회에 속하는 이들은 항상 그 사이에 있다. 만약 한 나라의 정권이 저 가장 수가 적은 자들에게 있다면, 그들은 교만하고 사치스럽고 음란하여 백성의 일을 일삼지 않고, 심한 자들은 인민의 고혈을 빨아들여 자신을 살찌울 것이니, 그것이 나라를 해롭게 함은 막대하다. 반대로 가장 수적으로 많은 자들에게 권력이 있다면 그들은 학식이 없고 경험이 없으며, 일을 잘하지 못하고, 심한 자는 부자들의 재산을 노략질하여 무정부의 참상에 빠지게 될 것이니, 그것이 나라를 해롭게 함 역시 막대하다. 그러므로 그 양 극단을 붙잡아 그 중(中)을 사용하는 것이 더 낫다. 나라의 정치권력을 늘 다수 다음가는 중류사회에 둠으로써 늘 저 두 계급을 조화롭게 하면 나라의 근본이 공고해질 것이다.

양계초의 생각: 아리스토텔레스의 이 말은 고칠 수 없는 지당한 말씀이다. 오늘날 구미의 여러 입헌 국가들은 모두 이 원칙을 따르고 있다. 그들이 전제정치제도를 파괴하고 자유를 확립할 수 있었던 것은 최초에 중류사회에 의존하지 않음이 없었다. '최대다수의 최대행복'은 진실로 정치계의 금과옥조라 할 만하다. 그러나 지금은 그럴 때에 이르지 못했다. 오늘날 세계 각국의 사회당은 이 의리로 천하에 호소한다. 그러나 그 폐단은 종종 무정부주의로 빠진다. 그것은 물론 성립될 수 없다. 설사 성립된다 하더라도 오래갈 수 없다. 그러나 아리스토텔레스의 말은 서구에서는 아주 쉽게 이해되지만, 중국인이 그것을 읽음에 이해되기 어렵다. 중국의 경우에는 수천 년 이래로 '1인 정치체제'만 있었을 뿐, 이른바 '소수의 정치체제'나 '다수의 정치체제'는 없었다. 그들이 상류사회에 속하든, 중류사회에 속하든, 하류사회에 속하든 모두 존귀한 한 사람 아래에 웅크리고 있었을 뿐, 이 셋 가운데에서 비교할 수는 없었다. (생각건대 아리스토텔레스가 소수와 다수만을 비교하고 군주를 언급하지 않은 것은 당시 그리스에서 군주정치체제가 거의 절멸했기 때문이다.)

입법, 행정, 사법의 삼권분립에 관한 이론 역시 아리스토텔레스에서 비롯되었다. 아리스토텔레스는 이렇게 말했다. "한 나라의 정치를 하는 중추로는 셋이 있다. 첫째는 국가의 일을 논의하는 권력이고, 둘째는 관리의 자격과 직권이며, 셋째는 사법적 권한이다. 첫 번째 항목과 관련해 장악하는 것은 국가의 선전포고와 강화조약, 동맹의 체결과 해체 등 중대한 정사, 그리고 법률을 제정하고 회계를 감독하며, 사형, 추방, 몰수 등 여러 옥사를 심리하는 것이다. (이는 사법부의 범위에 속하는 일이나 당시 그리스에서는 중의를 모아 결정했다.) 이러한 권력이 전체 인민에게 귀속되어야 하는가? 혹은 인민 가운데 일부 사람들에게 귀속되어야 하는가? 전체 인민에게 귀속하는 것이 민주제의 특징이다. 한편 인민이 정치에 참여하는 방법 또한 하나가 아니다. 집단으로 총 집결하여 논의하는 경우도 있고, 집단으로 총 집결할 수 없어 분반하여 돌아가며 논의하는 경우도 있다. (아리스토텔레스 당시에는 대의제도가 없었다. 그리하여 분반하여 돌아가는 예로 그 궁함을 해결하려 했다. 그러나 이 두 방법은 오늘날 모두 시행할 수 없다.) 그러나 그 권한은 관리를 선출하고, 법률을 논의해 비준하고, 강화와 전쟁을 결정하고, 나라의 회계를 살피는 등 몇 가지 커다란 일들을 하면 된다. 나머지 모든 행정적인 사무는 당국 관리에게 맡긴다. 만약 행정 권력이 다 의회의 수중에 흡수된다면 그것은 실로 가장 나쁜 민주제도일 것이니, 그것은 국가에 복된 것이 아니다.

양계초의 생각: 영국의 장기간 국회의 말로, 프랑스 대혁명 시대는 행정 권력이 의회에 흡수되어 있었으니, 그 폐단은 이루 헤아릴 수 없었다. 아리스토텔레스는 일찌감치 그 점을 논파한 것이다.

두 번째 사항에 대해 아리스토텔레스는 갖가지 문제를 제기했다. 관리의 숫자는 얼마나 되어야 하는가? 관리가 관리해야 하는 일은 어떤 일이어야 하는가? 그들이 재직하는 임기는 얼마나 되어야 하는가? 종신이어야 하는가, 아니면 기간이 있어야 하는가? 기간은 길어야 하는가, 짧아야 하는가? 한 사람이 재임할 수 있는가, 없는가? 관리를 임명하는 법은 어때야 하는가? 그들을 임명하는 권한은 어떤 사람에게 있는가? 임명될 수 있는 자는 어떤 등급에 있는 사람이어야 하는가? 모든 인민이 관리를 임용할 수 있고, 관리로 임용될 수 있는가? 아니면 인민 가운데 특별히 등급을 세우고 특별히 제한을 두어, 어떤 종류의 사람만이 관리를 임용할 수 있는 권한이 있고, 어떤 종류의 사람만이 관리로 임용될 수 있는 권한이 있지, 다른 사람들은 그럴 수 없는가? 그들을 임용할 때 선거의 방법을 채용해야 하는가, 아니면 추첨의 방법을 써야 하는가? 아리스토텔레스는 그것을 뒤섞어 12가지 격식을 열거하여, 각기 그 정치체제에 따라 적합하도록 했다. 그가 민주정치체제를 논한 것 중에서 마땅히 행해야 할 것은 모든 인민이 관리를 뽑을 수 있도록 하고 모든 인민이 관리가 될 수 있도록 한 것이다. 그리고 그들을 임용하는 방법이 선거일지 추첨일지는 그들이 맡는 직분이 무엇일지에 따라 구별되어야 할 것이다.

양계초의 생각: 관리를 추첨하는 방법은 자못 놀랍게 들린다. 대개 당시 그리스의 여러 나라들은 면적이 작고 공민권을 지닌 자의 숫자 또한 제한되어 있었다. 게다가 일반적으로 관리의 봉급은 아주 적어, 사람들은 그 일을 하려고 하지 않았다. 다만 국가를 유지해야 한다는 의무감에 무리 가운데에서 억지로 약간의 사람들을 그 일에 종사하게 했던 것이다. 그래서 당시에는 이러한 방법 또한 썼던 것이다.

세 번째 항목에서도 그는 세 가지 문제를 제기했다. 어떤 등급의 사람을 법관에 임용해야 하는가? 법관의 직무는 무엇인가? 그들을 임명하는 방법은 어떠해야 하는가? 이 또한 세 종류의 정치체제에 따라 논했는데, 여기서는 구체적으로 인용하지 않겠다.

4. 「홉스학안」(1901년)

『飮氷室文集』卷6, 「霍布士學案」

(홉스는 영국인이다. 1588년에 태어났고 1679년에 사망했다. 영국 국왕 찰스 2세의 선생을 지냈고, 당시 명사였던 베이컨과 우애롭게 지내며, 철학으로 서로 호응하여 당시에 이름이 났다. 영국철학의 학풍은 모두 실질을 중시하는 주의, 공리주의로 치우쳤는데, 이 두 사람이 실로 그것을 선도했다. 홉스의 철학에 따르면 모든 사물에는 영혼이라는 것이 없고, 그 물체가 발하는 모든 현상은 한 종류의 운동에 불과하다. 우리의 고락 또한 뇌수의 운동일 뿐이어서, 두뇌의 움직임이 몸체에 적당하면 즐거움이 생기고, 몸체에 저촉되면 괴로움이 생긴다. 즐거움에서 하고 싶은 것이 생기고 괴로움에서 싫어하는 것이 생긴다. 하고 싶어 하는 것은 운동이 뻗어나감이고, 싫어하는 것은 운동이 수축됨이다. 그러므로 자유라는 것은 형체의 자유에 다름 아니다. 즉 나는 내가 하고 싶은 것을 할 따름이다. 반면 영혼의 자유라는 것은 실제로는 존재한 적이 없는 것이다. 홉스는 이러한 생각을 근본으로 삼았기 때문에 도덕을 논할 때 세상을 깜짝 놀라게 하는 말을 하고도 거리끼는 바가 없었다. 그는 이렇게 말했다. 선이란 무엇인가? 쾌락일 따름이다. 악이란 무엇인가? 고통일 따름이다. 그러므로 쾌락을 얻을 수 있는 것은 모두 선이고, 고통을 낳을 수 있는 것은 모두 악이다. 그러므로 이익이란 모든 선의 으뜸으로 사람마다 마땅히 힘써야 할 것이다. 홉스는 이에 모든 사람의 상황이 자신을 이롭게 하려는 일념의 변화에서 온 것이라는 점을 열거했다. 하나님을 공경하는 마음은 두려워하는 감정에서 나온 것이다. 문학예술을 좋아하는 마음은 장차 그것으로 자신의 잘남을 자랑하기 위한 것이다. 타인이 저속하게 추태를 부리면 그것을 비웃고 즐거워하는 것은 스스로를 자랑해 자신은 그 사람보다 출중하다고 여기기 위해서이다. 타인의 어려움을 구휼하는 것은 자신의 의기를 보여주기 위함

이다. 그러므로 자신을 이롭게 한다는 일념은 모든 생각의 근원이다. 홉스는 인생의 직분을 논할 때 상황에 따라 이롭게 이끌어 각기 자신의 최대의 이익을 구하여 즐거움으로 나아가고 괴로움을 피하는 것이라 여겼다. 그것은 천리(天理)의 자연스러운 법칙이고 도덕의 극치라고 생각했다. 홉스는 그것을 기반으로 하여 정치에 대해 다음과 같이 논했다. 인간이 국가를 설치하고 법률을 세운 것은 모두 계약에 의한 것이고, 계약이라는 것은 이익을 위주로 한다. 그런데 이 계약을 유지하여 감히 깨뜨리지 못하게 하는 것은 강대한 권위로 그것을 감독하고 행하게 하는 데 있다. 이것이 그 대략이다. 홉스의 철학은 그 이론이 극히 엄밀하여 앞뒤가 호응하니, 물샐 틈 없다고 하리라. 그의 공리주의는 스펜서 등의 선구자 역할을 했고, 그 계약에 관한 새로운 학설은 로크와 루소의 효시가 되었다. 비록 그 주장에 극단적인 면이 있고, 그 방법에 폐단이 있으나 정치학에 공을 세웠다고 하지 않을 수 없다.)

홉스가 말했다. "우리의 본성(性)은 항상 즐거움으로 향하고 고통을 피하려는 정(情)에 의해 이끌린다. 예컨대 신체기관의 운동은 조금이라도 분노를 억제하고 욕망을 참을 수 없다. 그러니 이러한 사람들이 모여 나라를 만든다고 해서 과연 갑자기 그 본성이 변하여 다시는 자신을 이롭게 하려는 생각에 이끌리지 않을 수 있겠는가? 이는 틀림없이 불가능할 것이다. 틀림없이 여전히 이익으로 향하고 해로움을 피할 것이고 이른바 자연의 영원한 법칙을 따르며 단연코 세속의 옷을 갈아입지 않을 것이다. 고로 옛날에 아리스토텔레스는 사람들이 본래 서로 사랑하여 그들이 모여 나라를 만드는 것은 천리의 자연이라 했다. 그러나 홉스는 그것에 반하여 사람마다 모두 오직 자신을 이롭게 하는 데만 힘쓸 뿐, 다른 것은 몰라 서로 미워함이 실은 천성이라 했다. 그들이 서로 모여 나라를 만든 것도 이익을 도모하기 위한 것으로 부득이한 데서 나온 것일 뿐, 서로 사랑함에서 생겨난 것은 아니라고 했다.

홉스가 말했다. 사람은 모두 본래 서로를 적대시한다. 사람마다 각기 자신의 바람을 채우고자 하지, 타인의 근심은 자신의 마음속에 매인 적이 없다. 사람들이 이와 같은데 서로 싸우지 않고자 한다는 것은 불가능하다. 고로 나라가 세워지지 않고 제도가 갖추어지기 전에 사람들은 서로를 잡아먹기를 호랑이와 이리처럼 했다. 잡아먹음이 그치지 않았으니, 승리는 반드시 강자에게로 귀결되었다. 강자의 승리는 자연의 기세이고 의리에 합치되었으니, 이의를 허용하지 않았다. 이것으로 논하건대 강권은 천하의 여러 종류의 권력의 기본이라 할 만하다.

나라가 세워지기 전에는 강자가 물론 약자를 침략하고 능멸하여 해가 되었다. 그러나 그 해침은 올바르지 않다고 할 수 없다. 어째서 그런가? 저 약자가 침해를 당할 때 과연 어떤 법률에 근거해 호소하고 변호할까? 오직 굴복만이 있을 뿐이다. 그러지 않는다면 저 강자는 이렇게 말하리라. 내가 너를 침해함은 내가 나의 하고자 하는 바를 따름이라. 너는 어찌하여 네가 하고자 하는 바를 따르지 않는가? 그렇게 말하면 저 약자는 대답할 말이 없을 것이다. 그렇다면 무리가 서로 다투어 강자가 약자를 능멸하는 것은 자연의 기세이자 곧 하늘이 정한 법률이다.

비록 그렇지만 사람들이 서로 싸우고 날마다 서로 싸우는 그 일을 사람들이 한심하게 느끼는 까닭은 그 서로 싸우는 본뜻이 이익을 위한 것이나 커다란 해가 출현하기 때문이다. 고로 생각을 한번 전환하면 틀림없이 화목하여 다투지 않는 것이 뭇 사람들에게 더 큰 이익이 된다는 것은 특별히 지식을 갖고 있는 자가 아니더라도 알 수 있다. 그렇다면 사람마다 자기 이익을 추구하는 것은 물론 천성에 속하지만 사람마다 화목하여 다투지 않을 것을 구하는 것 또한 천지의 자연이다. 고로 화목하여 다투지 않음은 건국 이후 첫 번째로 중요한 임무이다. 그러나 중요한 임무라는 것이 도덕적으로 마땅히 그래야 하는 것은 아니고, 다만 이익을 추구하는 하나의 방편법문일 따름이다.

처음에는 사람들이 각기 많은 재물을 취하고자 함이 있어 자신이 지니고 있는 권한을 다 사용하나, 화목하여 다투지 않음을 구함에 이르러서는 이 권한을 들어 포기하지 않을 수 없음이 자연스러운 절차이고 불가피한 이치이다. 그렇지만 자신이 전유하던 권한을 포기함에 그것을 보상해주어야지, 그렇지 않으면 자연스러운 절차에 반하게 된다. 그러므로 내가 일단 자신이 전유하던 권한을 포기하면 뭇 사람들도 그에 상당하는 자신이 전유하던 권한을 포기하지 않으면 안 된다. 이에 나라를 세우기 전에 사람들이 서로 계약을 맺어 말하기를, 내가 획득한 것을 너는 나에게서 빼앗지 말고, 네가 획득한 것을 나도 너에게서 빼앗지 않는다. 이렇게 사람들이 모두 권한을 맞바꾸어 사회계약이 성립한다.

사회계약이 성립된 후에 사람들이 모두 계약을 굳게 지키고 감히 어기지 않는 것은 가장 우선되는, 중요한 임무이다. 예를 들어 어떤 이가 여기에 있어 화목하고 서로 편안하고자 하면서도 많은 사람과의 계약을 먼저 어긴다면 이는 체(體)를 구하면서 용(用)을 버리는 것으로서 자기모순이다. 이러한 이들은 일반적으로 논하자면 바르지 않음, 불의라고 하지만, 홉스는 일의 절차에 반하는 것으로 그 목적을 잃은 것에 불과하다고 말할 것이다. 왜 그런가? 계약이 아직 맺어지지 않았거나 내가 이 계약에 참여하기 전에는 바르지 않음, 불의라고 할 것도 없으니, 이는 타인과 계약을 맺기 전에는 결단코 계약을 이행할 책임이 없는 것과 같다. 혹자는 이렇게 묻는다. 내가 어떤 일에 대해 계약을 맺은 후에 갑자기 회고해보니 나의 말을 실천하지 않는 것이 나에게 이익이 되더라도 나는 여전히 그것을 실천해야 하는가? 홉스는 말한다. 그것을 실천에 옮기는가의 여부는 당신에게 달렸다. 당신이 만약 화목을 이로운 것으로 여기지 않는다면 당신은 다시 싸우라. 우리들 또한 일어나 당신과 싸울 것이다. 다만 화목을 이롭다고 여기는 이가 많으면 당신은 아마도 이기지 못할 것이다. 그러므로 일반적으로 말하는 올바름과 그렇지 않음, 의로움과 불의는 홉스에게는 단지 이로움과 이롭지 않음일 따름이다. 도모함의 좋고 나쁨일 따름이다. 이른바 도덕이라는 것은 존재하지 않는다.

그렇지만 사람들이 모두 갑자기 하고 싶어 했다가 또 갑자기 하기 싫어하고, 생각이 일어났다가 사라지곤 하여 쉽게 그 계약을 깨뜨리면 나라가 다시 쟁투의 옛 상태가 되어 나라를 세우지 않았을 때와 똑같아져, 공중의 이익에 크게 불편하게 될 것이므로, 하나의 방책을 세우지 않을 수 없다. 이는 실로 지극히 어려운 일인데, 홉스는 그것이 아주 쉽다고 여겼다. 그 방책은 어떠한 것인가? 위력으로 이 계약을 유지하게 하여 감히 그것을 파괴하지 못하게 하는 것이다. 사람들은 죄로 죽임을 당하는 것을 두려워하니 계약이 이에 영원히 보존된다. 그러므로 홉스의 정치적 방법은 육체의 힘을 기초로 하며 이 힘에 기대어 법률을 옹호하는 것이다.

양계초의 생각: 홉스의 논의는 그 주장에 근거가 있고 말에 논리가 있다고 할 만하다. 마치 상산(常山)의 뱀처럼 머리와 꼬리가 상응한다. 그는 본래 인간을 생기가 없는 우상으로 여겨 늘 정욕에 이끌리며 자제할 수 없는 존재로 생각하니, 세상의 도덕이라고 하는 것은 모두 공허하고 헛되며 실상이 아닌 것이다. 그러므로 서로 쟁투하는 것이 틀림없이 자연스러운 순서인 것은 의심할 바 없다. 도덕과 신의가 없으므로 이익을 향하고 해를 멀리 하는 것 역시 자연스러운 순서이다. 서로 계약을 맺어 평화를 구하는 것 또한 자연스러운 순서이다. 이와 같이 계약이 이루어짐에 반드시 위력으로 그것을 유지하는 것 또한 자연스러운 순서이다. 사람의 본성이 과연 홉스의 말과 같다면 그 설은 물샐 틈이 없고 모순되는 것이 없다.

홉스의 사람들이 각기 서로 경쟁하고 오로지 자기를 이롭게 하는 일을 도모하지 타인이 해를 입는 것은 돌아보지 않는다는 말은 후대의 다윈의 이른바 생존경쟁, 우승열패이다. 이는 동물의 공통된 본성이며 인간 또한 면할 수 없는 바이다. 만약 인간에게 이 본성만 있을 뿐 이른바 도덕의 관념과 자유의 본성이 없다고 한다면 홉스의 정치이론은 유감없이 완벽할 것이다. 안타깝게도 홉스는 하나만 알고 둘은 모른다. 그러나 인간이 지닌 실체적인 이치에 대해 서술한 공은 얕지 않다.

게다가 홉스가 비록 사람의 마음에 자유로운 본성이 있다고 하지 않았지만, 계약을 정치의 근본으로 본 것은 이미 뭇 사람이 하고자 하는 대로 나라를 세운다는 이치를 알고 있었음이니, 그 견해는 아주 탁월하다 하겠다. 홉스가 이 설을 내세운 뒤에 학자들은 그것을 계승하여 그 생각은 더욱 고상해졌고 그 이론은 더욱 정밀해져, 모든 사람이 각기 자주적인 권리로 그 자유로운 도덕과 신의를 행하는 것이 나라를 세우는 근본이 된다고 하게 되었다. 홉스의 사욕에서 나온 것은 참으로 멀고도 높다. 그렇지만 사회계약의 의미는 실로 홉스를 조술하였으니, 홉스 또한 학계의 공신이다.

이상에서 서술한 홉스의 학설은 앞뒤가 가지런한 부분들이다. 이제부터 다시 그 취지의 앞뒤가 모순되는 것들을 논하겠다.

홉스는 나라가 세워진 후에 이 자연의 법률을 지키려면 마땅히 위력을 사용해야 한다고 했는데, 이 위력이라는 것은 누가 사용할 것인가? 관리의 전제를 따를 것인가, 아니면 인민의 합의를 따를 것인가? 홉스는 당시에 영국의 국왕 찰스 2세의 스승으로 크게 존숭되고 총애를 받았으므로, 그 한 사람에게 아부를 하여 군주전제정치체제를 주장했으니, 실로 한마디 실언이 천고의 유감이라 하겠다.

홉스는 만약 위력을 세워 나라 사람들을 통제하고 다툼이 없게 하고자 한다면, 반드시 대중의 뜻을 한 사람의 뜻으로 통일시킨 후에야 가능하다고 여겼다. 그와 같으면 뭇 사람들이 각자 자신의 의욕을 포기하여 한 사람의 의욕에 위임할 것이니, 이 또한 정치적 계약의 부득이한 점이다. 그들이 서로 계약하는 뜻은 다음처럼 말하는 것과 같다. 우리들은 각자 자신의 권한을 포기해 군주 아무개에게 위임한다. 그렇게 함으로써 우리는 서로 편안해하고 이익을 향유하고자 한다.

이 계약이 맺어지면 민중들은 물론 모두 서로 연결되어 분리되지 않는다. 그러나 홉스는 신하들은 군주에게 완전히 속박된 반면, 군주는 조금도 속박되는 것이 없도록 했다. 이는 군주가 신하에게 어떤 일이든 요구할 수 없는 것이 없음이요, 신하는 군주에게 어떤 한 가지 일도 요구할 수 없음이다. 천하에 과연 이와 같은 계약이 있을 수 있는가? 군주의 권한이 이와 같이 광대하니 의를 행해도 되고 행하지 않아도 된다. 가령 군주가 아들로 하여금 아버지를 죽이도록 한다고 해도 도리가 아니라고 말할 수도 없고, 가령 군주가 나라 사람들의 생명과 재산을 다 빼앗아 자신의 손에 들어가게 한다고 해도 자기가 하고 싶은 대로 하면 된다. 그러므로 홉스의 설과 같다면 군주는 실제로 세상의 조물주인 셈이다.

또 혹자가 국민들이 이미 자신의 권한을 포기해 군주의 손에 맡겼지만, 다시 그것을 회복하고자 한다면 과연 그 뜻을 이룰 수 있느냐고 묻는다면 홉스는 그럴 수 없다고 말할 것이다. 뭇 사람들이 하루라도 그 권한을 회복할 수 있다면 군주는 권한을 결국 홀로 갖지 못하고 계약은 유지될 수 없으며 이익은 영원히 보장될 수 없게 된다. 그러므로 사회계약이 한 번 성립되면 천만년이 지나더라도 그것을 변경하는 것은 허용되지 않는다. 이것이 홉스의 뜻이다. 나의 조상 내지 아버지가 그 권한을 포기해 군주를 받들었다고 하자. 내가 태어나 자라난 후에 할아버지와 아버지의 계약을 파기하고자 하더라도 그럴 수 없다. 아! 내 아버지는 비록 스스로 그렇게 하는 것을 좋아했을 테지만, 나는 그 일에 참여하지 않았다. 그런데도 강제로 내가 반드시 나의 아버지가 한 계약을 따라야지 어길 수 없다고 한다면, 천하에 어찌 이런 이치가 있는가? 홉스의 설은 이에 궁해진다.

　요컨대 홉스 정치학의 근원과 성악(性惡)의 이론은 겉과 속을 이룬다. 그렇지만 나는 홉스가 말한 것처럼 사람들이 오직 이익만을 도모하고 도덕이란 없다고 한 것과 같다고 하더라도, 그것을 정돈하는 정치적 방법이 반드시 군주전제일 필요는 없다고 생각한다. 만약 모든 사람들이 자신의 이익을 도모할 줄 안다면, 전체의 이익을 도모할 줄 알기 때문에 틀림없이 자유체제를 더 좋은 것으로 여길 것이다. 더군다나 자유체제는 인민 전체의 이익만 가져오는 것이 아니다. 그것은 정부의 권력자에게도 커다란 이익이 된다. 왜 그런가? 정부의 권한은 오직 국민의 자유로운 권리를 보호하고 그들이 세운 사회계약을 유지하는 데 있다. 그것 외에는 간여할 일이 없다. 그러면 대중은 편안해지고 화와 어지러움이 싹트지 않을 수 있다. 이에 근세의 정치학자들은 홉스의 사회계약 관념과 공리의 설을 취하고 그의 전제정치체제에 관한 이론은 물리친다.

　다시 종합해 논하면 홉스의 정치이론은 두 단계로 나눌 수 있는데, 이 두 단계는 전혀 서로 연결되지 않는다. 첫 단계는 뭇 사람들이 모두 투쟁의 장에서 빠져나와 평화의 영역으로 들어가고자 하여 서로 계약을 맺고 나라를 세우는 것이다. 둘째 단계는 뭇 사람들이 모두 자신의 권한을 위임하여 그것을 군주의 손에 쥐어주는 것이다. 이렇게 말하면 뭇 사람들이 한 몸을 들어 군주를 받들고 군주는 무한한 권한으로 멋대로 부리고 명령하는 것이니, 이른바 계약이라는 것이 어디에 있는가? 이른바 공중의 이익이라는 것이 과연 어디에 있는가? 첫 단계에서 유지되던 이론을 둘째 단계에서는 스스로 파괴했다. 홉스의 재주와 식견으로 이런 잘못된 말에 이른 것은 다른 데 있는 것이 아니다. 이는 자신의 군주에게 아부하는 것일 따름이다. 비록 그렇지만 사회계약의 관념이 나오자 후대의 학자들은 종종 그의 뜻을 조술해, 티는 버리고 옥은 보존해 발전시키고 빛나게 함으로써, 19세기의 새로운 세계, 새로운 학문에 이르렀다. 그러니 홉스의 공이 없어질 수 있겠는가?

양계초의 생각: 홉스의 학문은 순자와 자못 유사하다. 그가 말한 철학은 곧 순자의 성악의 취지이고, 그가 말한 정치학은 곧 순자의 군주를 존숭한다는 관념이다. 순자는 「예론」편에서 이렇게 말했다. "사람은 태어나면 욕망이 있는데, 욕망하지만 얻지 못하면 추구하지 않을 수 없고 추구하는 데 기준과 한계가 없으면 다투지 않을 수 없으며, 다투면 어지러워지고 어지러우면 궁해진다. 선왕(先王)이 그 어지러움을 싫어하여 예의를 제정해 나누어줌으로써 사람의 욕망을 키워주고 사람들이 원하는 것을 공급해주었다." 이것은 투쟁하던 사람들이 평화로운 나라로 나아간 것을 논한 것으로, 그 형태와 순서가 홉스의 설과 같은 궤적을 그리고 있다. 다만 홉스는 나라를 이룬 것은 인민의 계약에 의해서라고 한 반면, 순자는 나라를 이룬 것은 군주가 힘을 다했기 때문이라 했다. 이것이 상이한 점이다. 또 이론적으로 보면 홉스의 설이 비교적 고상하고, 사실을 검증해보건대 순자의 설이 참되다. 또 순자는 나라를 세운 것이 군주의 뜻에 의해서라고 했으니, 군권을 말한다면 그 설은 자기 완결적이다. 반면 홉스는 나라가 민의에 의해 세워졌다고 하면서도 그 귀착점은 군권에 있었으니, 이것은 창을 들고 자기를 찌르는 것과 같다.

또 생각건대 홉스의 정치학은 묵자와 유사하다. 『묵자』「상동」편에서는 이렇게 말한다. "옛날에 인민이 막 생겨나 형정(刑政)이 없었을 때 했던 말들은 사람마다 옳은 것이 달랐다. 그래서 한 사람에게는 하나의 옳음이 있고, 두 사람에게는 두 가지 옳음이 있었으며, 열 사람에게는 열 가지 옳음이 있어, 사람이 많을수록 옳은 것 또한 많아졌다. 그리하여 사람들은 자신의 옳음은 옳다고 하고 타인의 옳음은 그르다고 하여 서로 비난하게 되었다. 이에 안으로는 부자와 형제가 원망하고 미워하여 흩어지고는 서로 화합할 수 없게 되었으며, 천하의 백성들은 물과 불, 독약으로 서로를 해쳐 마치 금수와 같게 되었다." "백성들에게 행정장관이 없어 천하의 옳음을 통일하지 못하였기 때문에 천하가 어지러워졌음을 알게 되었다. 그리하여 천하의 현명하고 훌륭하며 성스러운 지혜와 변론을 잘하는 사람을 천자로 세워 천하의 옳음을 통일하는 일을 하게 했다." "그리하여 이장은 이 리의 인민들을 통솔해 향장에게로 통일되고, 향장은 이 향민을 통솔해 군주에게로 통일되며 군주는 이 나라의 백성들을 통솔해 천자에게로 통일된다. 천자는 천의 백성들을 통솔해 하늘에로 통일된다." 이것이 이 편 전체의 줄거리인데, 홉스와 하나로 맞물리는 것 같다. 나라를 세우기 이전의 상황에 대한 서술이 같고, 인민들이 서로 약속을 해 군주를 세우는 것도 같으며, 군주를 세운 후에 인민이 각기 자신의 의욕을 제거하여 한 사람의 의욕을 따르는 것도 같다. 지리적으로 수만 리나 떨어져 있고, 시간적으로 수천 년 뒤인데도, 그 생각이 서로 부합됨이 기이하지 않은가? 그렇지만 홉스에게는 묵자에 미치지 못한 점이 한 가지 있다. 묵자는 하늘로 임금을 통솔한다는 의미를 알아, 「상동」 편에서 "이미 천자에게 통일되었으면서 아직 하늘에 통일되지 못하면 하늘의 재앙에서 완전히 벗어나지 못한다."라고 했다. 그렇다면 묵자는 군주에게 제한이 없어서는 안 됨을 알았으되 다만 그를 제한할 수 있는 좋은 방법을 찾지 못하여 하늘에 가탁하여 다스리게 한 것이니, 비록 그 방법이 공허하지만 군권이 유한하다는 공리(公理)는 얻은 것이다. 한편 홉스는 백성을 해치는 잘못된 이론을 주장하여, 군주는 사람들의 권리를 다 흡수하며, 그를 제재할 방법이 없다고 했다. 이는 호랑이가 사람을 잡아먹지 못할까 하여 날개를 달아주는 것이다. 애석하다.

또 생각건대 홉스는 서양의 철학계와 정치학계에서 아주 유명한 사람으로, 17세기에 태어났으되 그 지론은 우리 전국시대 제자백가와 같은 수준이었으며 그 정밀함은 더욱 떨어졌으니, 우리 중국사상의 발전이 매우 일렀음을 알 수 있다. 그러나 최근 2백 년 동안 서양의 사상적 진보는 저와 같이 빨랐던 데 반해, 우리나라는 오늘날에도 여전히 2천 년 전의 보잘것없는 의견들뿐이니, 이는 뒤에 태어난 자의 잘못이다.

5. 근세 최고의 대철학자 칸트의 학설(1903년)

『飮氷室文集』 卷13, 「近世第一大哲學家康德之學說」

발단 및 그 약전

옛날에 나는 일본 철학관에서 『사성사전(四聖祀典)』이라는 책을 보고 깜짝 놀란 적이 있다. 그 명칭을 살펴보니 첫째는 석가요, 둘째는 공자요, 셋째는 소크라테스요, 넷째는 칸트였다. 그러한 비교가 과연 맞는 것인지 나는 감히 말할 수 없다. 하지만 맞지 않는다고 하더라도 수천 년 학계에서 칸트가 차지하는 위치가 어떤지 알고 싶어졌다. 이에 칸트 학안(學案)을 쓴다.

칸트(Kant) 선생의 이름은 임마누엘(Immanuel)로 독일 사람이다. 1725년에 태어났다. 가세는 한미했다. 아버지는 말안장 만드는 장인이었고, 어머니는 자애로우면서도 엄했다. 정직하고 근엄하며 말은 미덥고 행동은 과단성이 있었다. 선생이 어려서부터 진리를 사랑하고 의지가 항상 굳세어 흔들리지 않은 것은 대체로 어머니의 감화를 많이 받았기 때문이라고 한다. 처음에는 김나지움에서 교육을 받았고, 15세에 쾨니히스베르크 대학에 입학해 신학을 배웠다. 하지만 그가 좋아한 것은 철학, 수학, 물리학이었다. 그래서 그가 연구한 것은 종종 이것들에 치중되어 있다. 23세에 점차 문학으로 유명해졌다. 1747년에 논문을 한편 저술했는데, 활력(生力)에 대해 논한 것으로 제목은 『활력의 진정한 측정에 관한 사상(Thought concerning the true Estimate of Living Force)』이었다. 그러다 가계가 빈궁하여 학생들을 가르쳐 겨우 입에 풀칠을 했다. 32세에 대학에서 하급 강사가 되었는데 이 직에 15년 동안 있었다. 처음에는 논리학, 철학, 물리학, 수학을 가르쳤고 후에는 윤리학, 지리학 등도 겸해서 가르쳤다. 1770년 46세에 논리철학의 고급 교수로 천거되어 1797년 퇴직할 때까지 있었다. 이 강좌를 담당한 것이 20여 년이었다. 어렸을 때 펴낸 저작으로는 수학, 박물학에 관한 것이 많았다. 예컨대 천문학에서 천왕성은 선생이 통상적인 규칙에 따라 추측한 것이다. 다섯 별 외에 반드시 이 별이 있어야 한다고 했는데 후에 윌리엄 허셜이 이 설에 따라 측량해 얻었다. 1781년에 그 필생의 대작인 『순수이성비판』이 세상에 모습을 드러냈는데, 이는 실로 전 유럽 학계에 신기원을 열었다. 비록 그랬지만 이에 앞선 각 저술의 편린에 이 생각을 밝힌 것들이 이미 적지 않다. 1770년에 출간한 『감각 가상계의 형식과 원리』가 그 대표적인 것이다. 그 후에도 『실천이성 비판』, 『판단력 비판』, 『순수이성의 한계 내의 종교』 등의 책을 출간했다. 이로부터 일대의 대종사가 되었다.

학계에서 칸트의 위치

근대사의 초기부터 학계에서는 한 줄기 빛이 비치기 시작했다. 그 시기에 유럽에서 우뚝 솟아난 것으로 두 학파가 있었다. 하나는 영국의 학파로 베이컨이 창도했는데, 실험을 강조했고 과학적인 방법으로 철학적 이치를 논했다. 그것을 계승한 자는 홉스, 로크였으며, 흄에 이르러 집대성되었다. 다른 하나는 대륙 학파로 데카르트가 창도했는데, 추리를 강조했고 정신과 물질의 이원론을 세웠다. 그것을 계승한 자는 스피노자, 라이프니츠이고 볼프는 그 마지막 주자였다. 이 두 학파는 유럽의 사상계를 양분하여 각기 발전했으나, 조화를 이루지는 못했다. 18세기 초는 전체 유럽 학계가 가장 대립이 심하고 가장 격렬하게 경쟁하던 시대였다. 이때에 칸트가 나와 그것을 집대성했다.

칸트는 독일인이다. 독일철학이 근대 유럽에서 가장 힘이 있다는 점은 천하가 다 인정하는 바이다. 그렇지만 시간적으로 보자면 독일의 철학은 영국이나 프랑스보다 뒤졌다. 독일철학의 시조는 라이프니츠로 1646년에 태어났으니 실로 프랑스의 데카르트보다 50년 늦었다. (데카르트는 1596년에 태어났다.) 영국의 베이컨보다는 85년 뒤이다. (베이컨은 1561년에 태어났다.) 그 늦게 출현함이 이와 같았다. 게다가 영국과 프랑스 두 나라는 개창자를 잇는 철학자들이 계속 이어져 그 물결이 커진 데 반해, 독일의 철학은 라이프니츠 이후로 이어나간 이가 없었으니, 그 계승의 어려움 또한 이와 같았다. 그러다가 마침내 독일 학자의 위치를 일약 19세기 학술사의 가장 높은 자리에 올려놓은 자는 칸트였다. 그러므로 칸트는 독일 학계의 유일무이한 대표자이다.

칸트의 시대는 실로 도이치 국민의 정치적 능력이 가장 침체되어 있던 시대로, 민족은 흩어져 통일되지 못하고 정권은 종종 이민족의 수중에 장악되었는데, 대철학자가 그 사이에서 출현했다. 그러니 생각이 얕은 자는 철학적 이론은 정치와 아무 관계가 없다고 여긴다. 그러나 이는 그것이 국민의 도덕과 국민의 지혜를 증진시켜 국민들로 하여금 자민족의 능력을 자각하도록 해 정신을 위대하게 만들 수 있음을 모르는 것이다. 그것이 간접적인 힘으로 전국에 영향을 미칠 수 있음은 실로 불가사의한 것이다. 칸트가 출현한 후로 오늘날의 도이치가 있게 되었다고 말해도 괜찮다.

18세기 말에 거짓 유신 사상가들이 일세를 풍미해 직각주의나 쾌락주의 같은 것이 천하에 도도히 흘러넘쳤다. 교만하고 사치스러우며 음탕하고 방종하며 어그러지는 악덕이 횡행하고 범람했다. 진지하고 근엄한 칸트가 출현해 양지(良知)로 본성을 말하고, 의무로 윤리를 말한 후에야 광란(狂瀾)을 막고 만인이 지향할 바를 알게 되었다. 칸트는 실로 백세의 스승이요, 암흑시대의 구세주라. 칸트를 동방의 옛 철인에 비한다면 공리(空理)를 말한 것은 석가와 비슷하고 실행을 말한 것은 공자와 비슷하며, 공리(空理)를 실행에 관통시킨 것은 왕양명 선생과도 비슷하다. 칸트를 희랍의 옛 철인에 비한다면 자신을 확립한 것은 소크라테스와 비슷하고, 이치를 말한 것은 플라톤과 비슷하며, 박학한 것은 아리스토텔레스와 비슷하다. 근세에 그는 멀리로는 베이컨과 데카르트의 두 계통을 계승하면서 그 폐단을 제거했고, 가까이로는 흄과 라이프니츠의 정수를 섭취하면서도 그 선택을 달리했다. 또 아래로는 헤겔과 헤르바르트라는 두 파를 열어 그 정수를 발하게 했다. (두 파 중에 한 파는 유심론을 주장하고 다른 한 파는 유심론에 반대하는데, 모두 스스로 칸트를 조술했다고 말한다.) 그의 정치이론은 루소와 차이가 있으나 세계에 자유를 확보해주었고, 그의 문학은 괴테와 조화를 이루어 게르만의 명예를 빛냈다. 칸트는 독일인이 아니고 세계적인 인물이다. 18세기의 인물이 아니고, 백 세대의 인물이다. 나는 이제 그의 학설의 대강을 소개하여 우리 학계에 공헌을 하려고 한다.

칸트의 비판학파

칸트는 젊었을 때 라이프니츠와 볼프의 학문에서 많은 힘을 얻었고, 그 후에 흄의 저서를 읽고 나서 깊이 느낀 점이 있었다. 그 이전의 학자들이 말하는 철학은 추론에 치우쳐 주장하는 파와 회의에 치우쳐 주장하는 파로 나뉘었는데 모두 지극한 것이 아니라고 여겼다. 추론을 주로 하는 파는 고매하고 심오한 이치를 매번 논하지만 마치 형체와 그림자가 다투는 것 같이, 칼을 들고 쓰려고 하지만 저 그림자 칼이 곧바로 내 앞에 나타난다. 회의파는 그것을 공격해 비판하여 그것은 독단이고 과신이라 하니 참으로 그렇다. 그러나 저 회의파는 해결하기 어려운 문제를 만나면 그것으로 인해 시종 해결을 하지 못하므로 그 또한 그르다. 진실로 해결할 수 없다는 증거를 대고 밝히지 못한다면 우리들은 결국 마땅히 해결할 수 있는 길을 찾는 것이 바로 학자의 책임이기 때문이다.

따라서 추론을 강조하는 파는 거짓되게 우리의 이성이 미칠 수 있는 영역을 지나치게 크게 확장한다. 그러한 생각의 문제점은 과장하여 자신을 속인다는 것이다. 반대로 회의를 강조하는 파는 거짓되게 우리의 이성이 미치는 영역을 지나치게 작게 축소한다. 그러한 생각의 문제점은 사납게 해서 자신을 포기하는 것이다. 칸트는 이 두 파의 다툼을 조화시키고자 한다면 마땅히 우선 이성이라는 것이 무엇인지, 체(體)는 어떠하고 그 작용은 어떠한지 살핀 후에 그것에 의거해, 그것이 미칠 수 있는 범위를 정해야 한다고 여겼다. 이로부터 이른바 '비판학파'의 철학이 출현하게 되었다. 저 두 파가 모두 우리의 지혜가 감촉하거나 받아들이는 것에서부터 말한다면, 칸트는 지혜의 본원을 직접 토론하고 그것의 성질 및 작용을 궁구한다. 정리하자면 저 두 파는 밖에서 작업을 한다면 칸트는 안에서 작업을 한다.

양계초의 생각: 칸트의 철학은 불학에 가깝다. 이 이론은 불교의 유식(唯識)의 교리와 서로 인증이 된다. 부처는 모든 이치를 궁구할 때 반드시 먼저 근본식(根本識)을 근저로 삼아야 한다고 했는데, 바로 이러한 의미이다.

칸트는 이성에는 두 가지 기능이 있다고 했다. 하나는 추리하여 의미를 궁구하는 것으로 그것은 이론을 세우는(立言) 데 쓰인다. 또 다른 하나는 실제 동작으로 행동을 제어하는 데 쓰인다. 이 두 가지 능력은 각기 다르다. 논의를 할 때 몸 밖의 사물에 대해 살피는 것은 이성이다. 또 실행을 할 때 자동적으로 스스로 하여 일체의 업을 짓는 것 또한 이성이다. 칸트는 비판철학을 두 부분으로 나누어 두 권의 책을 저술해 그것을 밝혔다. 그 하나가 『순수이성 비판』이고 또 다른 하나가 『실천이성 비판』이다. 전자는 세속에서 말하는 철학이고, 후자는 세속에서 말하는 도학(道學)이다. 칸트에게서 그것은 하나로 꿰뚫어져 있다(一以貫之).

순수이성(즉 순수한 지혜)

(1) 학술의 본원

칸트는 지혜의 여러 기능을 이해하고자 한다면 마땅히 우선 외물의 상(相)을 둘로 구별해야 한다고 여겼다. 그 하나가 현상이요, 다른 하나는 본상(本相: 물자체)이다. 현상이란 나의 육근(六根)과 접하여 내 앞에 나타나는 것으로, 내가 접촉하고 받아들이는 색깔(色), 소리(聲), 냄새(香), 맛(味)이 모두 그것이다. 본상(本相)이란 내가 접촉하고 받아들이는 것 외에 저 사물에 따로 고유한 성질이 존재하는 것이다. 그러므로 내가 아는 것은 단지 현상일 뿐이다. 본상에 대해서는 내가 다 알려고 하지만 맞는 점이 없다.

지금 색깔(色)만 가지고 말하더라도 우리가 보는 색깔은 특별히 그것이 우리 눈에 나타난 것에 대해 우리가 그것에 이름을 붙인 것일 따름이다. 가령 내가 눈병에 걸려 다시 그 사물을 본다면 그것은 더 이상 평소와는 다를 것이다. 예컨대 황달에 걸린 자는 눈에 접촉해 보는 것이 모두 황색일 것이다. 또 예컨대 색안경을 끼고 있으면 모든 사물이 안경의 색에 따라 바뀔 것이다. 나머지 소리, 냄새, 맛 등의 이치 또한 마찬가지이다. 그러므로 내가 사물을 접하는 것은 나의 오관과 나의 지성, 이 둘이 서로 결합하여 지각이 생겨나는 것이니, 내가 사물을 따르는 것이 아니라, 사물이 나를 따르는 것이다.

양계초의 생각: 이 이치는 불전(佛典)에서 늘 말한다. 『능엄경(楞嚴經)』에서는 말한다. "비유컨대 저 병든 눈으로 공중의 꽃을 보는 것이다. 공중에 실제로 꽃은 없으나 눈이 병든 까닭에 있다고 말한다." 바로 이러한 뜻이다. 나의 오관과 나의 지성이라는 두 가지가 결합하여 사물을 알 수 있다는 점에서 오관은 『능엄경』에서 말하는 전5식(前五識)이고, 지혜는 제6식(第六識)이다.

칸트는 이런 이치에 대한 서술을 전제로 하여, 철학자는 예전의 낡은 방법을 한 차례 변화시켜 따로 새로운 방법을 취해야 한다고 했다. 마치 코페르니쿠스가 천체를 논했던 것처럼 말이다. 코페르니쿠스 이전에 천문학자들은 모두 태양이 지구를 돈다고 여겼다. 코페르니쿠스에 이르러 그 주장에 반하게 되었다. 그리하여 뭇 별의 위치는 그대로이나 그것을 관찰하는 자가 크게 달라졌다. 칸트의 철학이 이전 시대의 자들과 다른 점이 바로 여기에 있다.

칸트는 또한 '나'의 지혜가 어떤 원인과 조건으로 인해 사물을 각각 현상으로 나타나게 할 수 있는지 논했다. 무릇 내가 사물과 처음으로 서로 접하면 여러 종류의 감각으로 어지럽고 자질구레한 것이 흩어져 있어 연결되지 못한다. 무엇을 여러 감각이라 하는가? 색깔, 냄새, 맛 내지 크고 작음, 가볍고 무거움, 딱딱하고 부드러움이 어지러이 '나'의 눈에 들어오니, 모두 인식의 재료라 할 수 있다. 그렇지만 만약 여러 감각이 오랫동안 그렇게 어지럽고 잡다하여 우리의 지성이 그것을 정리하여 연결하지 못한다면 우리의 일생은 꿈을 꾸듯 흐릿할 것이고 끝내 사유가 확립되지 못할 것이다. 그것이 그렇지 않아, 이 지성이라는 것은 이 잡다한 감각을 연결할하여 각각의 배치를 타당하게 할 수 있으니, 이 능력으로 인해 사유가 일어난다. 사유가 생겨나는 까닭에 논의가 생겨나고, 논의가 생겨나므로 학문이 생겨난다.

다음으로 이와 같은 여러 감각이 어떤 원인과 조건으로 질서를 갖추게 되는가? 칸트는 저 감각이라는 것은 항상 몇 가지 연결되는 성질이 있다고 여겼다. 예컨대 빨간색과 열기라는 이 두 느낌에서 하나는 눈으로 받아들인 것이고 다른 하나는 몸으로 받아들인 것인데, 사실은 하나의 불이 두 현상이 된 것이다. 나의 지성이 그것들을 연결해 하나의 사유를 이룬 것이다. 두 현상이 하나로 합쳐졌으니 그것을 불이라 칭한다. 그런 후에 복잡한 것은 단일한 것을 얻고, 저 잡다한 것은 연관성을 지니게 된다. 지성의 힘이 이와 같고 이와 같다. 그러므로 감각은 오로지 외물을 받아들일 수 있고, 저 생각은 다시 나아가 취해 만 가지를 하나로 종합할 수 있다. 그것을 사유하는 것은 종합이라 할 따름이다.

양계초의 생각: 불교에서는 수(受), 상(想), 행(行), 식(識)을 말하는데, 칸트가 말하는 감각은 곧 수(受)이고, 사고하는 것은 곧 상(想)이다.

칸트는 우리의 지성이 저 여러 감각을 종합하여 질서 있는 것으로 나아가게 한다고 생각했는데, 그 기능에는 셋이 있다고 했다. 첫째는 보고 듣는 기능이다. (내 생각에 이것은 눈, 귀, 코, 혀, 몸으로 받아들인 것을 말하니, 단지 하나의 예를 들었을 따름이다.) 둘째는 고찰의 기능이고, 셋째는 추리의 기능이다.

지성의 첫 번째 기능(즉 보고 듣는 기능)

칸트는 보고 듣는 기능이란 우주 간의 각 사물을 종합하는 것을 주로 하는 것이라 생각했다. 예컨대 공중을 올려다보아 해를 본다고 할 때 나는 그것이 해임을 어떻게 아는가? 태양의 실체가 현상으로 발현되어 나의 시계(視界)에 감각되면 나의 지성은 그것을 종합해 공중을 향해

하나의 둥근 선을 그려내고 그것을 태양의 실체라고 한다. 만약 그런 것이 아니라면 여러 종류의 감각이 흩날려 붙잡을 수 없게 되고, 해라는 하나의 관념은 일어날 수 없게 된다. 이로부터 말하자면 우리 지성의 작용은 반드시 '공간'에 의존한다. '공간'이라는 것은 화가에게 종이가 있는 것과 같다. 여러 종류의 감각은 화가의 재료와 같다. 보고 듣는 힘은 화가의 정교한 구상과 같다.

이는 외물에 해당되는 감각의 측면에서 말한 것이다. 그밖에 내면의 감각이라는 것도 있다. 괴롭고 즐거우며 사색하고 결단하는 것과 같은 것이 어떤 원인과 조건으로 인해 이러한 감각을 연결하여 선후가 있어 서로 분리되지 않게 할 수 있었을까? 이는 우리의 지성의 작용이 틀림없이 '시간'에 의존하기 때문이다. '시간'이라는 것은 나의 지성이 여러 감각을 파악해 그것을 영겁 속으로 들어가게 하는 것이다.

양계초의 생각: 공간과 시간이라는 것은 불전에서 널리 쓰이는 번역어이다. 공간은 횡으로 말한 것이고 시간은 종으로 말한 것이다. 불경에서는 또 자주 "횡으로 허공에 세워진 것을 다하고 종으로 영겁을 다한다."고 말하니 바로 이런 뜻이다. 중국의 옛 명칭에 따르면 우(宇)라고 하고 주(宙)라고 한다. (『이아(爾雅)』에 따르면 상하사방을 우(宇)라고 하고 고금왕래를 주(宙)라고 한다.) 그러나 한 글자로 쓰기에 적합하지 않으므로 오늘날의 명칭을 따른다.

그러므로 공간과 시간, 이 둘은 나의 감각하는 힘 가운데에 고유한 형식으로, 이 도구에 의거해 모든 것을 종합하고 질서 지우는 것이다. 그것이 없다면 나는 끝내 여러 감각을 정리해 질서 있게 배치할 방법이 없게 되니, 그것은 마치 화가가 종이를 버리면 그림 그리는 일을 할 수 없는 것과 같다. 비록 그렇게 종이는 화공이 반드시 필요로 하는 것이지만 그가 그리는 사물이 종이가 있고 나서 그려진 적은 없다. (내가 풀 한 포기와 돌 하나를 그리려 한다고 할 때 종이가 없으면 나는 물론 그것을 그릴 수 없다. 그렇지만 풀과 돌이 종이에 의존하는 것은 아니다. 무슨 뜻인가? 그것이 없으면 저것은 출현하지 않을 따름이다. 풀과 돌은 의식이 없는 사물이니 스스로 출현하려 하는 것은 아니고 다만 내가 그것을 취해 사용할 따름이다.) 모든 물상(物象)과 공간, 시간의 관계에 관한 이치 또한 이와 마찬가지이다. 그것이 각 사물에 대해서는 이 두 가지가 전혀 필요하지 않다. 오직 나의 지성이 이것에 기대어 직관하는 형식이 될 따름이다.

칸트는 또 말했다. "공간과 시간, 이 두 가지는 밖에서 와 내 지성 앞에 (자신을) 드러내는 것이 아니고, 나의 지성이 이 두 종류의 형식을 발현해 외물에 미치는 것을 말한다." 간단히 말하면 이 둘은 모두 진짜 있는 것이 아니고(非眞有) 나에 의해 가정된 것이다. 그러므로 그 이전에 학자들이 오관의 힘을 궁리(窮理)의 본원으로 여기고 공간과 시간 이 둘을 실제 경험을 통해 그 정황을 알 수 있다고 했던 것은 큰 오류이다. 우리의 본성 안에 이 정리(定理, 형식)를 지니고 있기 때문에 각종 실제 경험을 할 수 있는 것이다. 반대로 이 사물이 실제 경험할 수 있다고 하는 생각에는 맞는 점이 없다.

양계초의 생각: 희랍(철학) 이후로 여러 학자들은 늘 공간과 시간, 이 둘을 철학의 문제로 삼아 만물이 모두 이 두 가지에 기대어 존립한다고 여겼다. 공간이 어떻게 생겨나고 시간이 어떻게 이루어지는지를 추론하는 것이 궁리의 큰 본원이 되었는데, 모두 그 실마리를 얻지 못한 까닭은 용(用)을 체(體)라고 잘못 생각했기 때문이다. 우리가 기대고 가정하여 사물을 관찰하는 것을 경솔하게 사물의 본상(本相)이 모두 여기에 있다고 한 것이다. 본질에 현상을 뒤섞으니 일체의 모순과 거짓된 견해가 모두 여기에서 생겨난다. 그러므로 칸트가 처음으로 이 이론을 세워 논파한 것이다.

지성의 두 번째 기능(고찰의 기능)

칸트는 보고 듣는 작용은 모든 사물을 정렬하여 학문의 재료가 되게 할 수 있지만, 그것을 참 학문이라고 할 수는 없다. 참 학문이란 반드시 고찰의 기능에서 시작되어야 한다. 고찰의 기능이란 무엇인가? 여러 사물의 현상을 관찰하여 늘 존재하고 바뀌지 않는 통칙을 얻는 것을 말한다. 예를 들어 불이 사물을 만나면 반드시 태우는데, 이로부터 불이라는 현상이 태운다는 현상과 늘 서로 수반하며 분리되지 않아 그 사이에는 일정한 통칙이 있음을 알게 된다. 고찰의 작용이라는 것은 곧 이러한 종류의 통칙을 얻는 것이다. 그러므로 '판단 작용'이라고도 한다.

이와 같은 통칙을 얻고자 한다면 아래의 3대 원리에 의거해 살펴야 한다. 첫째는 질서를 만족시키는 원리이다. A라는 현상의 원인은 반드시 B라는 현상 가운데에 있어 양자가 원인과 결과로 서로 연결되어 있음을 말한다. 둘째는 많은 사물이 조화를 이루는 원리이다. 수많은 현상은 늘 서로 조화를 이루고 연결되어 있지, 갑작스럽게 이르는 것, 다른 현상과 아무 관계가 없는 것은 없음을 말한다. 셋째는 세력이 불멸하는 원리이다. 현상 가운데에 지니고 있는 힘은 늘 증가하지도 감소하지도 않음을 말한다. 칸트는 이 3대 원리는 만물이 함께 따르고 만고에 변하지 않는 것이라 생각했다. 학자가 진실로 이것을 가지고 모든 것을 관찰하면 어지럽게 널린 무수한 사물들이 사실은 모두 서로 연결되어 있고 서로 의존하여 한 몸을 이루고 있음을 알게 된다. 비유컨대 하나의 커다란 그물망에 그 구멍이 천만 개인데 모두 서로를 포함하여 어느 것 하나도 세계의 대세를 벗어난 것이 없음이 저와 같고 저와 같다.

양계초의 생각: 이 3대 원리는 라이프니츠가 주장하고 칸트가 크게 발전시킨 것으로 그 의미는 화엄종의 교리와 상당히 유사하다. "질서를

만족시킨다."는 것은 "주된 것과 종속되는 것이 겹겹이고, 시방(十方)이 함께 노래한다."는 뜻이다. "많은 사물이 조화를 이룬다."는 것은 "사(事)와 리(理)가 걸림이 없이 상즉상입(相卽相入)한다."는 뜻이다. "세력이 감소하지 않는다."는 것은 곧 "체성(體性)의 바다는 원만하여 늘지도 줄지도 않는다."는 뜻이다. 화엄에서는 인드라망으로 세계를 비유하는데, 칸트가 세계의 만물을 커다란 그물이라고 한 것도 그 의미는 같다. 사물의 이치를 살피는 자가 반드시 이에 이르러야 구족하다 할 것이다. 칸트는 "어지럽게 널린 무수한 사물들이 사실은 모두 서로 연결되어 한 몸을 이루고 있다."고 했는데, 이것이 "자신을 구제하려는 자 반드시 먼저 중생을 구제해야 한다. 중생이 때가 끼어 있는데 나 홀로 깨끗할 수 없다. 중생이 고통스러운데 나 홀로 즐거울 수 없다."고 하는 까닭이다. 왜 그러는가? 한 몸인 까닭이다. 횡거(橫渠)의 "백성은 나의 동포이고 만물은 나의 친구"라는 말은 오히려 허언에 가깝고, 이것은 실제 징험 속에서 드러나는 것이다. 이것이 철학이 인간사에 유익한 점이고, 유양(溜陽) 사람 담사동의 『인학(仁學)』 또한 특별히 이러한 뜻을 발휘한 것이다.

오직 그러하여 세계의 만물은 모두 서로 연결되어 있고 서로 잡아끌어 어느 것도 멋대로 할 수 없다. 이를 만물의 일정하여 불가피한 이치라고 한다. 칸트는 이 불가피한 이치로 만물을 망라한 후에야 유형의 학문이 성립될 수 있다고 생각했다. 만약 그러지 못하여 만물이 각기 제멋대로이면 여러 현상이 서로 따르는 이치는 구하려 해도 얻을 수 없으니, 다시 어떤 원칙에 기대어 학문을 이룰 수 있겠는가?

이 3대 원리는 만물의 현상이 따르는 바이다. 그 본상(물자체)의 경우에도 그것을 따를까? 칸트는 말했다. "그것은 알 수 없다. 왜 그런가? 물자체는 알 수 없기 때문에, 우리가 만약 물자체를 확실히 볼 수 있을 때라고 하더라도 이 3대 원리가 진리인지 아닌지는 알 수 없다. 이

3대 원리를 지녔다는 것은 모든 우리의 고찰이 미칠 수 있는 사물이 그것을 따르지 않음이 없음을 말할 따름이다. 비록 그렇지만 내가 실제 체험하는 것은 사물 전체를 다할 수 없고, 그 미치지 않는 것이 많은지 또한 알 수 없다."

그렇다면 불가피한 3대 원리라는 것은 과연 어떤 것인가? 칸트는 그것 또한 우리의 지성이 갖추고 있는 정리(통칙)일 뿐이라고 여겼다. 보고 듣는 기능은 반드시 공간과 시간이라는 두 가지에 의존한다. 고찰하는 기능은 반드시 이 3대 원리에 의존하니 그 일은 똑같다. 우리의 정신을 벗어나면 이 3대 원리는 기댈 바가 없게 된다. 무릇 보고 듣는 기능은 반드시 저 둘에 의존한 후에야 그 멀고 가까우며 앞서 오고 뒤에 오는 차이를 알 수 있다. 그러지 않는다면 만물은 유리되어 어지러워지고 내가 받아들일 수 있는 것이 아니게 된다. 고찰의 기능은 반드시 이 셋에 의존한 후에야 질서가 있게 된다. 그러지 않으면 만물은 돌연 흩어지며 내가 생각할 수 있는 바가 아니게 된다. 이는 모두 우리 지성의 작용이 자연적으로 구성한 것이다. 사물의 본상이 그와 같은지 혹은 그와 같지 않은지는 끝내 알 수 없다.

위에서 말한 바를 종합하면 칸트철학이 처음으로 시작한 것은 우리 지성의 두 기능에 대한 점검을 세세하게 한 점이다. 이 이치를 이해한다면 유형의 실물에 관한 모든 학문의 기반을 알 수 있게 된다. 무슨 뜻인가? 학문은 본디 실제 경험을 근본으로 하니, 이른바 실제 경험이라는 것은 자연히 일정한 경계가 있다. 만약 이 경계 밖으로 내달리지 않는다면 이 실제 체험은 믿을 만할 것이다. 경계라는 것은 무엇인가? 사물의 현상이다. 만약 경솔하게 스스로 만물의 본상을 강구할 수 있을 것이라고 생각한다면 그것은 학문의 경계가 아니다.

(2) 만물에 관한 원리학(原理學, 즉 철학)의 기초

지성의 세 번째 작용(즉 추리 작용)

보고 듣는 작용과 고찰하는 작용, 이 두 작용은 사물의 어지러움을 정리하고 그 순서를 정해 복잡함으로부터 점차 단순함으로 진입하게 할 수 있다. 하지만 만 가지를 가지런히 하여 하나가 되게 할 수는 없다. 최고의 가장 간단한 영역에 가져다 놓을 수는 없다. 그런데 우리의 지성에는 한층 더 높은 기능이 있다. 그것을 '추리의 힘'이라고 한다. 이 힘으로 인해 나의 지성은 일체를 들어 그 본원으로 통일시킬 수 있다. 칸트는 이 추리하는 힘에 의해 순서대로 나열된 사물을 점검해, 하나의 이치에서 다른 이치로 진입할 수 있고 하나의 사례에서 다른 사례로 진입할 수 있다고 생각했다. 이와 같이 층층이 쌓여 올라가 극치에 도달하기를 구한다. 그러다 이 극치에 도달하면 더 이상 앞서 사물에 의존하던 것과는 같지 않아진다. 이를 무한이라 하고 의존함이 없다고 하니, 본원의 의미가 여기에 있다.

양계초의 생각: 주자는 격물치지 보망장(補亡章)에서 이렇게 말했다. "천하의 사물에 나아가 자신이 이미 알고 있는 리에 근거해 더욱 그것을 궁구하여 그 극에 이르기를 구하라. 힘을 쓴지 오래되어 어느 날 활연관통하면 만물의 겉과 속 정밀한 것과 거친 것에 이르지 않음이 없고 내 마음의 전체 커다란 작용에 밝지 않음이 없다." 이는 칸트의 위 논의와 자못 유사하다. 다만 주자는 사람들에게 궁리하라고만 했지, 궁리에 대한 정의나 궁리의 방법을 제시하지 않아 칸트에 비해 넓고 깊지 않을 따름이다.

칸트는 앞의 두 기능이 미칠 수 있는 것은 물리학이요, 여기에서의 기능이 미칠 수 있는 것은 만물의 원리에 관한 학, 즉 철학이라고 여겼다. 철학에서 말하는 원리는 물리학에서와 같이 확실하고 불변하는 것이 아니다. 왜 그런가? 이치를 살필 때 추측을 능사로 하지 실제 체험에서 징험될 수 있는 것이 아니기 때문이다.

이른바 본원이라는 것의 의미는 무엇인가? 그것에는 셋이 있다. 첫째는 영혼이다. 우리 마음속 여러 종류의 현상들은 다 나 자신에게서 나온 것이다. 둘째는 세계이다. 유형의 만물 전체이다. 셋째는 신이다. 영혼과 세계는 모두 신에서 나왔다. 그러므로 신은 '본원 중의 본원'이라 일컫는다. 영혼, 세계, 신은 모두 무한하고 의존하는 것이 없으며 불가사의한 것으로서 보고 듣는 기능이나 고찰하는 기능, 이 두 기능으로 체험할 수 있는 것이 아니고, 오로지 추리의 힘에 의거해 엿보고 추측할 수 있을 따름이다. 철학이라는 것은 바로 이 본원의 의미를 연구하는 것을 목적으로 한다.

양계초의 생각: 칸트가 말하는 영혼은 사람의 정신이 육신 밖에 독립된 것을 말한다. 세계는 부처님이 말한 대천, 중천, 소천의 세계와 같은 것이지, 이 지구만을 가리키는 것이 아니다. 신은 네스토리우스교의 조물주이다. 아래 글에서 상세히 서술할 것이다.

도학이 철학의 근본이 되는 것에 관하여

그 이전에 학자들은 철학과 도학(도덕지학을 가리킴)을 확연히 둘로 나누어 사람이 지닌 양지의 자유로 돌아가지 않고 오직 추리의 힘에 의거해 만물의 원리만을 구하고자 했다. 칸트가 출현함에 이르러 이 공허한 방법으로는 참 학문을 세울 수 없다고 여겼다. 양지의 자유를 버려두고 영혼의 유무, 신의 유무, 세계는 그 자체로 족하지 그 바깥에 기댈 게 없는지의 여부 등에 대해 모두 단정할 수 없다고 했다. 그러므로 반드시 도학을 근본으로 하고 난 뒤에야, 철학이 의지할 바가 있게 된다고 했다. 이는 칸트의 천고에 탁월한 식견이자 인도(人道)에 공이 있는 것으로 이보다 더 큰 것은 없다.

칸트는 과거에 학자들이 이 3대 문제를 연구해 얻은 학설을 취해 그것들을 다음과 같이 정리했다. 첫 번째 큰 문제는 영혼이다. 우리의 갖가지 감각과 사념은 과연 그것들이 유래하는 하나의 본원이 있는가? 과연 영혼이라 부르는 하나의 단순하고 영명한 지혜의 본질이 있는가? 칸트는 이 문제가 경험에 의해 해결될 수 있는 것이 아니라고 보았다. 아무리 안으로 돌이켜 비추어 샅샅이 수색해 보아도 영혼이라는 것은 끝내 얻을 수 없다. 왜 그런가? 우리가 알 수 있는 것은 이 의식뿐이기 때문이다. 의식이 유래하는 바는 끝내 알 수 있는 방법이 없다.

그 이전에 학자들은 의식이란 현상이고, 의식이 유래하는 바는 본질이라 여겼다. 현상은 용(用)이고 본질은 체(體)이다. 용으로부터 체를 추론하고, 이 현상을 보고 그것에는 필연적으로 그것이 말미암은 본질이 있다고 단정했다. 예컨대 나의 의식은 이 의식이 순수하여 잡스러움이 없다는 점을 알 수 있다. 그런 이유로 나의 의식이 미치지 못하는 본질 또한 순수하고 잡스러움이 없다는 점을 나는 알 수 있다고 생각했다. 그러나 칸트는 이것이 논리에 맞지 않는 말이라고 여긴다. 무릇 의식의 힘으로 순수하고 잡스러움이 없다고 상상하는 것 역시 의식계의 일이다. 현상 가운데의 현상이다. 이 현상에 기대어 곧바로 의식 밖의 본질을 독단적으로 단정하는 것은 등급을 뛰어넘어 어지럽히는 것으로 타당하지 않다. 그러므로 내 몸에 영혼이라는 것이 있다고 하는데 그 상황이 어떤지는 사념의 힘으로 미칠 수 있는 바가 아니다. 왜 그런가? 사념은 드러내는 작용이고, 영혼은 드러나지 않는 본체로서 양자는 같은 것이 아니기 때문이다.

두 번째 큰 문제는 세계 전체에 관한 것이다. 칸트는 여러 학파의 학설을 열거하며 그것들은 서로 용납되지 않는 8종이 있는데, 각기 견지하는 주장에 일리가 있고, 8종 가운데 수학의 원리에 근거한 것이 넷이고, 물리학에 근거해 세운 것이 넷이라고 했다.

수학의 원리에 근거한 것으로 첫 번째 문제는 세계는 공간적 시간적으로 과연 유한한지 무한한지 하는 것이다. 이에 대해 갑은 세계라는 것은 횡으로는 무한하고 종으로는 불멸하는 것이라고 하고, 을의 설은 이와는 상반된다. 두 번째 문제는 세계는 약간의 간단한 원자로 나눌 수 있는지, 나누어 무궁한 데 이르면 더 이상 나눌 수 없는지에 관한 것인데, 갑은 전자를 주장하고 을은 후자를 주장한다. 칸트는 이 두 문제를 해결하고자 한다면 네 가지 설을 모두 버려야 한다고 여겼다. 이는 어째서인가? 공간과 시간이라는 것은 우리의 지성으로 가정한 것이지 사물이 본래 지닌 것이 아니기 때문이다. 그러므로 이 네 가지 설을 본질이라 여기는 것은 타당하지 않다고 했다.

물리학의 원리에 근거한 것으로 첫 번째 문제는 저 세계에 따로 무형의 자유가 있는지 아니면 단지 형질의 측면에서 필연적 법칙을 따를 따름인지에 관한 것이다. 갑은 전자를 주장하고 을은 후자를 주장한다. 두 번째 문제는 세계의 만물은 처음부터 있었는지 아니면 후에 만들어진 것인지에 관한 것이다. 갑은 전자를 주장하고 을은 후자를 주장한다. 칸트는 이 두 문제를 해결하고자 한다면 네 가지 설을 취해 조화시켜야 한다고 여겼다. 이는 어째서인가? 그 아는 바가 각기 다른 것 같지만, 실제로는 두 가지 다른 것을 논하는 것으로 이치상으로 모두 합치되는 것이 있기 때문이다.

칸트는 이 서로 용납되지 않는 여러 학설이 생겨나는 것은 다 한 개인이 지성으로 아는 것을 가지고 물자체를 곧장 가리키기 때문이니 이것이 이른바 망념이다. 그런데 이 망념이라는 것은 그 힘이 지극히 세다. 우리가 혹여 그것이 거짓되다는 것을 알면서도 그것에 의해 속박됨을 면치 못하는 것은 마치 색안경을 쓴 자가 각각의 사물을 볼 때 비록 본 것이 진짜 색이 아닌지 알면서도 스스로 분별을 일으켜 무슨 색, 무슨 색이라고 말하는 것과 같다. 과거 학자들의 오류는 모두 이 때문에 생겨났다.

칸트는 위에서 거론한 여러 설들 중에서 물리학적 원리에 근거한 것이 가장 중요하다고 여겼다. 이는 무엇 때문인가? 그 설은 자유의 유무에 대해 논하는 것을 취지로 하는 것으로서 도덕과 연결되기 때문이다. 칸트는 물자체와 현상을 구별했을 뿐 아니라 그 이치에 근거해 자유의 유무를 논했다. 이 구별이 분명해졌으므로 자유의 법칙과 필연의 법칙 병존하여 서로 어긋나지 않을 수 있는 것이다. 이에 양자는 반대되는 설이지만 조화를 이룰 수 있다.

칸트는 말했다. "사물의 현상은 변하는 것이고 사물의 본질은 불변하는 것이다. 그 변하는 것은 허공과 영겁 사이에서 생에 가탁하여 생이 있으니 멸이 없을 수 없는 것이다. 반면 불변하는 것은 시간, 공간과 아무 관련이 없다. 모든 사물이 다 그렇고 우리 인간 또한 마찬가지이다. 사람의 생명에는 두 가지가 있으니 하나는 오관과 육체의 생명으로 한 구역 한 시대에 획정되어 있어 공간, 시간에 의존하는 것이다. 그가 동작하는 일이 있지만 그것은 현상에 불과하다. 그것은 갖가지 만물의 현상과 마찬가지로 모두 멋대로 할 수 없는 필연적 법칙의 지배를 받는다. (양계초의 생각: 피곤하면 쉴 수밖에 없고 배고프면 먹을 수밖에 없는 것은 모두 피할 수 없는 이치이다. 이는 가장 거친 예를 든 것이다. 갖가지가 모두 그와 같을 따름이다.) 그렇지만 우리에게는 위와 같은 하등 생명 외에 또 다시 고등 생명도 있다. 고등 생명이라는 것은 본질이고 참 나이다. 이 참 나는 항상 시간과 공간 밖에 초연히 서서, 자유롭고 활발하다. 그것은 다른 것이 끌어당겨 묶을 수 있는 것이 아니다. 그러므로 자유의 원리는 필연의 원리와 병존하며 서로 어긋나지 않는 것이다."

양계초의 생각: 이 논의는 훌륭하고 완벽하여 거의 부처님에 가깝다. 그것이 한끝차로 이르지 못한 것은 부처님이 말하는 참 나는 대아로,

모든 중생이 이 체(體)를 함께하여 분별상이 없다는 점이다. 그런데 칸트가 논한 것은 여기에 미치지 못했다. 책 전체를 훑어보면 여전히 사람마다 각기 하나의 참 나를 지니고 있지만, 타인의 참 나와는 서로 연결되지 않는다. 부처님은 동일한 참 나인데 어찌하여 돌연 무수한 실체로 나누어져 각자의 내가 된다고 하는가? 대개 중생의 업식(業識)이 허망하게 분별을 일으켜 업(業)의 종자가 서로 훈습해 과보가 서로 다르기 때문이다. 진실로 이러한 이치에 밝으면 현상이 말미암는 바도 함께 알 수 있을 것인데, 칸트는 이를 알지 못했다. 비록 그렇지만 그는 물자체와 현상을 둘로 확연하게 나누었고 수많은 사물을 살펴 그것을 하나로 관통시켰으니, 핵심을 뽑아내었으며, 성스러운 권한을 붙잡았다고 하겠다. 칸트는 자유를 모든 학문과 인간도덕의 근본으로 여겼고 이로부터 자유를 말하고 그것이 이른바 자유롭지 못한 것과 병행하며 어긋나지 않음을 알았으니, 실로 화엄 원교(圓教)의 상승(上乘)이다. 아, 성스럽다.

칸트는 또 말했다. "그대들의 육체 생명이 다른 현상과 똑같이 저 필연의 법칙에 묶이므로 모든 행하는 것은 반드시 하나의 통칙에 내몰려 마음대로 하지 못한다. (모든 사물의 현상이 마음대로 할 수 없다는 점은 전 편에서 밝혔다.) 어떤 사람이 있어 정밀하게 조사하여 우리가 견지하는 이론과 우리의 정념을 들어 ,모든 것을 비교해 경험하여 그가 따르는 통칙을 찾아내면 우리는 장래에 무슨 말을 할 것인지 무슨 일을 하려고 하는지 조금도 틀림없이 미리 알 수 있다. 마치 천문학자들이 혜성을 예측하고 일식과 월식을 예측하는 것처럼 말이다."

양계초의 생각: 나는 일찍이 불전을 읽었는데, 부처님이 "일체의 중생에게 일념이 일어난 것을 나는 다 안다"라고 하는 말을 읽고 나는 옛날에는 그것이 터무니없는 말이라고 생각했다. 그러나 칸트의 이 이론을 읽고 이상할 것이 없음을 알게 되었다. 왜인가? 중생의 몸은

속제(俗諦)에 떨어져 있어 물리적 법칙에 의해 속박된다. 그러므로 그것이 따르는 일정한 궤도는 물론 추측하여 알 수 없는 것이 아니다. 무릇 보통사람은 일식을 예측하지 못하지만 천문학자는 그럴 수 있다. 그렇다면 보통사람은 중생의 행동을 예측하지 못하는데 부처님을 그럴 수 있다는 것에 무슨 이상할 것이 있겠는가? 다만 부처님이 물리학을 공부한 것이 우리보다 깊은 것일 따름이다.

그렇다면 우리의 본성에는 과연 이른바 자유라는 것이 없는 것인가? 칸트는 말한다. "그렇지 않다. 현상과 본질은 애초부터 같은 것이 아니다. 현상의 본성을 알고 본질의 본성 또한 그럴 것이라고 하는 생각은 타당하지 않다. 이는 어째서인가? 육체생명은 현상에 불과하다. 그것은 현상인 까닭에 필연적 법칙에 속박된다. 그러나 우리의 생명에는 육체만 있는 것이 아니다. 본질적인 생명 또한 있는데 내가 알지 못하는 것이다. 지금 육체가 자유로울 수 없다고 하여 본질 또한 자유롭지 못하다고 한다면 그것은 틀린 것이다." 칸트는 말한다. "내가 평생 하는 행위는 다 나의 도덕적인 성격이 표현된 것이다. 그러므로 나의 본성이 자유로운지의 여부는 단지 육체적인 현상으로만 논해서는 안 되고 마땅히 본성의 도덕으로 논해야 한다. 도덕의 성격에 대해 누가 그것에는 조금도 자유롭지 않은 것이 있다고 할 수 있겠는가? 도덕의 성격은 불생불멸이며 시공간에 제한되거나 묶이지 않는 것이다. 과거도 미래도 없으며 늘 현재인 것이다. 사람은 각기 이 시공간을 초월하는 자유권에 기대어 스스로 도덕의 성격을 만들어낸다. (양계초의 생각: 칸트의 뜻은 도덕의 본원과 육체의 현상은 확연히 다른 둘로 시공간을 초월하는 참 내가 곧 도덕의 본원이 말미암는 바이고, 모든 도심(道心)은 참 내가 스스로 만들어낸다는 것이다.) 그러므로 나의 참 나는 비록 나의 육안으로 볼 수 없지만, 도덕의 원리로 추론하면 거기에는 현상 위에 우뚝 솟은 것이 그 밖에 서 있음을 알게 된다. 과연 그렇다면 이 참 나는 반드시 늘 활발하고 자유로워 필연의 원리를 벗어나지 못하는 육체와는 다르다는 점이 분명해진다. 이른바 활발하고 자유롭다는 것은 어떤 것인가? 내가 선한 사람이 되거나 악한 사람이 되고자 하는 것이 모두 내가 스스로 택하는 것이라는 뜻이다. (내 생각에 이것이 사람이 자유로운 점이다.) 선택이 되었으면 육체는 선인과 악인의 자격을 빚어내는 그 명령을 따른다. (내 생각에 이것이 자유롭지 못한 점이다.) 이렇게 보건대 우리 자신에게 자유성과 부자유성이라는 두 가지가 동시에 병존한다는 이치는 분명하고 쉽게 밝혀진다."

양계초의 생각: 부처님 말씀에 진여(眞如)라는 것이 있다. 진여라는 것은 칸트가 말하는 참 나, 자유성이 있는 것이다. 또 무명(無明)이라는 것도 있다. 무명이란 칸트가 말하는 현상적인 나, 필연적인 법칙에 의해 속박되고 자유성이 없는 것이다. 부처님은 "우리는 무시이래(無始以來)로 진여와 무명이라는 두 종자를 '성품의 바다(性海)'와 '인식심의 저장고(識藏)'에 포함하여 서로 훈습해왔다. 범부는 무명으로 진여를 훈습하므로, 지혜가 미혹되어 인식심(識)이 되고, 도를 배우는 자는 다시 진여로 무명을 훈습하므로, 인식심을 전환시켜 지혜를 이룬다."고 했다. 송 대 유학자들은 이 이치로 중국철학을 조직하려고 했다. 그리하여 주자는 의리지성(義理之性)과 기질지성(氣質之性)을 분리시켰다. 그는 『대학』에 주석을 달 때 이렇게 말했다. "밝은 덕(明德)이란 사람이 하늘에서 얻은 허령불매(虛靈不昧)한 것으로 수많은 리를 갖추고 만사에 응하는 것이다. (내 생각에는 이것이 불교에서 말하는 진여이고 칸트가 말하는 참 나이다.) 다만 기품에 의해 구애되고 인욕에 의해 가려져 어떨 때는 어두워진다." (내 생각에는 이것이 불교에서 말하는 무명이고, 칸트가 말하는 현상의 나이다.) 그러나 부처님이 말한 진여라는 것은 일체의 중생이 공유하는 체(體)로 한 사람에게 각기 하나의 진여가 있는 것이 아니다. 그런데 칸트는 사람에게 모두 하나의 참 나가 있다고 하니,

이것이 다른 점이다. 그러므로 부처님은 "하나의 중생이라도 성불하지 않았으면 나도 성불할 수 없다."고 했다. 이는 그 체가 하나이기 때문이다. 이는 구원이라는 의미가 비교적 넓고 깊으며 절실하고 밝은 것이다. 칸트는 "내가 진실로 선한 사람이 되고자 하는 것은 그 체가 자유롭기 때문이다."라고 했다. 이는 수양의 의미에서 비교적 절실하고 쉽게 진입할 수 있다. 주자가 말한 명덕은 그것이 일체(一體)의 상(相)이 됨을 지적할 수 없었으니, 이것이 부처에 미치지 못하는 점이다. 또 이 명덕은 기품에 의해 구애되고 인욕에 의해 가려진다고 하여 자유로운 참 나와 자유롭지 않은 현상의 나의 경계선을 분명히 하지 못했으니, 이것이 칸트에 미치지 못하는 점이다. 칸트는 참 나는 결코 다른 것에 의해 구애되거나 가려질 수 없는 것이라 여겼다. 구애되고 가려질 수 있다면 그것은 자유롭지 않은 것이다.

양계초의 생각: 칸트의 학설은 아주 심오하여 학자들이 고심하며 그 의미를 탐색해왔다. 프랑스 학자는 한 가지 비유로 칸트의 학설을 설명했다. 한 줄기 광선이 여기에 있다고 치자. 그것은 본디 순수하여 잡스러움이 없는 것이다. 일단 무수히 올록볼록한, 빛을 투과하는 사물을 그것 앞에 놓는다. 이 광선이 이 사물을 투과하여 내 눈과 접촉하면 갖가지 색깔을 발해 원추형을 이루고, 무량수의 부위가 시공간의 갖가지 부위를 만들어낸다. 바로 이러한 이치와 같다. 그러므로 진실로 자세히 헤아리는 자는 그 원추형의 상을 취할 수 있고 무수한 부위들을 하나하나 헤아림에 추호도 틀림이 없다. 왜 그런가? 현상이 구현되는 것은 필연의 법칙을 따르기 때문이다. 하지만 그 형색을 발하는 것은 광선 본체로 말미암아야 그럴 수 있다. 광선은 본디 높고 지극히 자유로우니, 그것이 틀림없이 필연의 법칙을 따를 것이라 말한다면 그것은 잘못된 것이다.

본 편에서 칸트가 제기한 3대 문제, 영혼, 세계, 신에 대해 기술했는데, 앞 두 가지에 대해서는 번역을 했다. 신에 관한 문제는 종교가의 말과 관련되고 서구에서 논쟁이 가장 극렬했던 것이지만 우리 동양에서는 그것을 그다지 중시하지 않았다. 게다가 칸트 또한 판단하지 않고 추측하는 말을 했을 따름이다. 그러므로 지금 그것은 비워두고 논의를 계속해 나가려 한다.

자유와 도덕률의 관계에 대하여

칸트는 말한다. "모든 명령의 성질을 띠는 것은 법률이라 할 만하다. 명령에는 두 종류가 있다. 하나는 목적이 있는 것(有所爲者)이고, 다른 하나는 목적이 없는 것(無所爲者)이다." 이를테면 이렇게 말하는 것이다. '네가 건강하고 강하고 싶다면 음식 조심을 해야 하고, 욕망을 절제해야 한다.' 이를 목적이 있는 것이라고 한다. 이는 명령 가운데에 반드시 목적을 포함하고 있는 것으로, 그 의미는 반드시 그러해야 그 목적에 도달할 수 있지, 그러지 않으면 그럴 수 없다는 뜻이다. 그렇지만 그 사람이 그 목적을 달성하고 싶어 하는지는 물론 그 사람의 마음대로이다. 여기에 어떤 이가 고통을 달게 받을지언정 후회하지 않는다면 밤낮으로 '도끼'로 본성을 베어내는 지경에 빠지고 부장(腐腸)의 약에 빠져도, 그것은 다른 사람이 못하게 할 수 있는 것이 아니다. 그래서 이익을 목적으로 하는 모든 것을 목적이 있는 명령이라 하니, 도덕과는 아무 관련이 없다.

도덕의 책임은 이와는 다르다. 모든 책임이라 하는 것은 목적이 있어서 지는 것이 아니다. 그것(도덕적 책임을 가리킴)을 수단으로 삼아 다른 목적을 추구할 수 있는 것이 아니다. 어째서인가? 수단이 곧 목적이기 때문이다. 이를테면 이렇게 말하는 것이다. '너의 자유를 존중하고 그 것을 포기하지 않도록 하라.' 이렇게 말할 때 자유라는 것은 수단이 아니다. 왜인가? 존중하는 자유 외에 다른 목적이 없기 때문이다. (내 생각에 음식 조심을 하고 욕망을 절제하라고 하는 명령은 건강하고 강해지려는 목적을 달성하기 위해 발하는 것이다. 그러므로 수단이라고 한다.) 모든 도덕적 책임이라는 것은 이러한 부류에 속한다. 그것이 지는 책임은 중요한 것을 귀히 여기는 것으로 다른 종류의 이익과 비교를 거부하는 것이다. 저 수단을 써서 이익을 추구하는 것과는 달리 나아가거나 포기하는 것을 자신이 선택하는 것이다.

그렇다면 도덕적 책임은 어째서 그와 같이 귀한가? 칸트는 말한다. "도덕적 책임은 양심의 자유에서 생겨나고 양심의 자유는 시공간을 넘어서는 것이다. 이 세계의 어떤 것도 이것과 가치를 비교할 수 없다."

양계초의 생각: 칸트가 말하는 자유의 세계는 그 설명이 매우 엄밀한데, 그 대략적 내용은 이미 앞 절에 담았다. 자유의 근원을 전부 양심, 즉 참 나로 귀착시키는 것이 그것이다. 대체로 칸트의 양심설은 국가론자의 주권설과 상당히 유사하다. 주권이라는 것은 절대적인 것이고, 지고무상한 것이며, 명령하는 것이지 명령을 받는 것이 아니다. 모든 인민의 자유는 다 이것을 원천으로 한다. 인민은 국가의 주권에 의해 부여된 자유의 범위 안에서 모두 자유로우니, 주권에 복종하지 않을 수 없다. 양심 또한 그러하여 절대적이고 지고무상한 것이다. 우리의 자유로운 권리가 성립될 수 있는 까닭은 양심에 의거하기 때문이고, 참 나에 의지하기 때문이다. 그러므로 양심에 복종하지 않을 수 없고, 참 나에 복종하지 않을 수 없으며, 주권에 복종하지 않을 수 없다. 개인의 국가에 대한 책임도 여기에서 나온다. 양심에 복종하면 육체의 내가 참 나에 대해 책임을 진다. 이 점으로 말하자면 자유는 반드시 복종을 조건으로 한다. 국민이 주권에 복종하지 않으면 반드시 저 주권이 나에게 부여한 자유를 상실하게 될 것이다. (만약 사람마다 그런다면 주권을 갖고 있던 국가도 소멸하고 자유도 더 이상 드러나지 않게 될 것이다.) 사람으

로서 양심에 복종하지 않으면 이는 고유하고 절대적이며 무상(無上)인 명령이 나에게 행해지지 않는 것이니, 이것이 바로 내가 나의 자유를 상실함이다. 그러므로 참으로 자유를 존중하는 자는 양심의 자유를 존중하지 않을 수 없는 것이다. 소인의 거리낌이 없는 자유라면, 양심이 인욕에 의해 통제되고 참 나가 육체의 나에 의해 통제된다. 이는 하늘에 죄를 짓는 것이다. 칸트가 말한 자유와 정반대의 위치에 서 있는 것이다.

양계초의 또 다른 생각: 왕양명이 말했다. "조그만 양지가 너 자신의 준칙이다. 너의 의념이 머무르는 곳에서 그것이 옳으면 옳은 줄 알고, 그르면 그른 줄 아니, 조금도 더 속일 수 없는 것이다. 너는 성실하게 그것에 의거해 행하면 선은 곧 보존되고 악은 곧 제거된다." 이 또한 양지를 명령으로 삼고 양지에 복종하는 것을 도덕적 책임으로 여기는 것이다. 양지의 양지는 곧 칸트의 참 나이니, 그 학설의 기초는 완전히 같다.

칸트가 또 말했다. "설사 천명이 도와주지 않아 내가 선의를 품고서도 실행하지 못하거나 혹은 힘써 실행했지만 효과가 없었다 하더라도 이 뜻을 늘 유지하여 잃지 않으면 독실하고 빛이 나, 편안하고 자신감이 있게 될 것이다. 어째서인가? 효과가 있느냐 없느냐는 선의에 양적으로 증가하거나 감소된 것이 없고, 따라서 그 가치는 전적으로 자유 안에 있기 때문이다."

양계초의 생각: 어떤 수단을 써서 어떤 목적에 도달하려는 자는 만약 목적을 달성하지 못할 것 같으면 잘못된 수단을 쓴다. 만약 도덕적 책임을 져 실천하는 자라면 이 책임을 실천하는 것이 목적이다. 실천했다면 목적은 이미 전부 달성한 것이다. 그러므로 그 후에 효과가 있는지 없는지와 상관없이 본체의 분량과 가치에는 조금도 증가되거나 감소된 것이 없다. 이 이치는 매우 분명하다.

칸트는 말한다. "사람이 만약 자유로운 선의지를 지켜 나간다면 천하에 이로운 것으로 그것보다 큰 것은 없을 것이다. 이는 그것이 자기 자신과 분리될 수 없으며, 실제로는 자기 몸속에 가장 숭고하고 귀한 품성이 깃든 것이기 때문이다." 또 말한다. "사물의 가치는 다 비교하는 것이 있음으로 인해 생겨난다. 따라서 그것을 계산해서 이렇게 말할 수 있다. '갑의 일의 이익은 얼마나 되는가? 을의 일의 이익은 얼마나 되는가?' 비율과 경중을 얻음으로써 그것으로 나아가기도 하고 그것을 버리기도 한다. 반면 자유로운 선의지는 비교하고 계산할 수 없는 것이다. 그러므로 선한 사람의 가치는 오직 다른 선한 사람만이 그와 똑같을 수 있다. 그 위에 놓을 수 있는 것은 천하에 없다. 이것이 도덕적인 제재(制裁)가 생겨나는 까닭이다."

그러므로 자유라는 것은 자연히 자신을 목적으로 하고 자연히 자신을 법령으로 한다. 오직 스스로 이 법령을 실제로 지킬 수 있는 자라야 그 자유를 실제로 지닐 수 있다. 간단히 말하자면 내가 스스로 그렇게 하도록 명령하고, 나 밖에서는 견제를 받지 않도록 하여, 나의 양지에 비추어 스스로 편안한 것을 관철시키는 것을 말한다. 그러므로 권위와 자유, 법은 그것을 세우는 사람과 법률, 주체와 객체가 모두 합쳐져 일체가 되니, 거기에 차별상은 없다. "중도에 서서 치우치지 않으니 대단히 강한 것이 아니겠는가?"라고 한 것은 바로 이런 의미이다. 그러므로 강학을 하는 자가 만약 참 나의 자유 이외의 사물을 목적으로 삼는다면 비록 거기에 좋은 말이 있다고 하더라도 노예의 학문이 됨을 면키 어려울 것이다. 이것이 칸트가 한마디로 정곡을 찌른 가르침이다.

칸트는 이 학리(學理)에 근거해 간이하고 단도직입적인 격언 세 도막으로 후학들에게 가르침을 주었다. 그 첫째는 이렇다. "너 자신을 대할 때, 그리고 모든 인간을 대할 때 그들을 자유로운 선의지의 화신(化身)으로 보아 그들을 존중해야 한다." 그러므로 타인을 목적으로 대하면 괜찮지만, 타인을 수단으로 보아서는 안 된다. 어째서인가? 나에게 자유로운 선의지가 있듯이 타인 또한 그렇기 때문이다. 따라서 노예제도가 존재하는 사회는 그 체제가 어떠하든, 요컨대 다 타인을 수단으로 삼으니, 천하에 싫어할 만한 것으로 이보다 심한 것은 없다.

이에 칸트는 도학(道學, 윤리학)의 최고 법칙을 도출해낸다. "마땅히 전 세계를 통합하여 하나의 자유로운 선의지를 지닌 민주국가를 건설해야 한다." 그 나라에서는 사람마다 다 타인의 행위를 목적으로 여기지, 수단으로 삼지 않는다. 이와 같은 것을 '다목적적인 민주국가'라고도 불렀다. 사람마다 서로 존중하고 서로 이용함이 없는 것이다. 즉 루소가 말한 "사람마다 입법자이고, 법의 수호자이며 사람마다 군주이기도 하고 신하이기도 하다."는 것이다.

이에 두 번째 격언이 되는 것을 다음과 같이 말했다. "네가 자신 및 타인을 대함에 모두 마땅히 이 다목적적인 민주국가에서 군주도 될 수 있고 신하도 될 수 있는 자격을 갖추도록 하라." 이 자격의 기준은 어떠한가? 내가 생각하고 일을 할 때마다 반드시 스스로 이 생각과 이 일이 과연 이 민주국가의 법률이 될 수 있는지 살피고 헤아리는 것이다. 이것이 가장 간단하고 직접적으로 징험할 수 있는 방법이다. 그 법률이 될 수 있는 것은 도덕이 명령하는 것에 합치되는 것이요, 그렇지 않은 것은 될 수 없는 것이다. 예컨대 여기 어떤 사람이 다른 사람으로부터 금전을 맡아달라는 부탁을 받았는데 사적으로 그것을 삼켜버렸다면, 그와 같은 것이 이 다목적적인 민주국가의 법률이 될 수 있겠는가? 과연 그렇다면 누가 다시 자신이 중히 여기고 아끼는 것을 남에게 맡기겠는가? 이것을 보건대 불신과 같은 종류의 것은 끝내 법률이 될 수 없다. 사람에게 신뢰가 없는 것은 자신은 홀로 불신하면서 천하의 사람들은 모두 믿어주기를 바라기 때문이다. 그렇게 하지 않으면 자신에게 이로운 것이 없기 때문이다. 그러나 천하에 결코 이런 일은 없다. 어찌 더 논할 것이 있겠는가? 이 예를 준거로 하면 도덕적 법률의 표준이라는 것은 분명히 알 수 있을 것이다. 이에 칸트는 다시 세 번째 격언을 보여준다. "네가 목적하는 바를 하고자 한다면 그것이 천하에 통용되는 법률이 되도록 하라."

칸트는 또 말한다. "타인의 신체를 존중하여 그것을 나의 수단으로 삼지 않는 것은 단지 도덕의 기초일 뿐인 것만은 아니다. 그것은 제도적 법률의 본원이다. 법률에는 두 종류가 있다. 하나는 마음속에서 제정된 것, 즉 도덕이다. 다른 하나는 밖에서 제정된 것, 즉 일반적으로 말하는 법률이다." 일반적인 법률은 몸 밖(내 생각에는 사람과 사람의 교류를 말한다)에 있지 않은 모든 것에 대한 책임에 대해서는 간여하지 않는다. 어째서인가? 몸 안에 대한 책임은 타자가 힘으로 강제할 수 있는 것이 아니기 때문이다. 한편 권리가 성립되는 근거를 추적해보면 그것은 자유를 존중하라는 핵심적 이치에서 생겨나지 않는 것이 없다. 두 사람이 서로 각기 자신의 자유를 보전하려 하고 포기하려 하지 않는데, 이것이 법률에서 권리가 생겨난 이유이다. 그리하여 칸트는 권리에 관한 학설에서 다시 격언 하나를 제시했다. "너는 마땅히 법률에 정해진 것을 따라 너의 자유와 타인의 자유가 조화를 이루도록 해야 한다." 즉 사람마다 자유롭지만 타인의 자유를 침해하지 않는 것을 그 한도로 정한다는 것이다.

칸트가 말한다. "모든 권리라고 부르는 것에는 반드시 강제력이라는 의미가 포함되어 있다. 타인의 자유를 방해하고 침해한 자가 있다면 위력을 가해 그것을 누르는 것은 사람의 자유를 침해한 것이라 할 수 없다. 그렇지만 이 강제력을 행사하는 것이 합당하려면 첫째로는 행하는 위치 및 정도가 억제를 행하는 자의 자유와 상응하도록 해야 하고, 둘째로는 억제되는 자의 자유와도 상응하도록 해야 한다." 예를 들어 채권자가 채무자를 억누름이 채무자의 자유를 침해해서는 안 된다. 왜인가? 저 돈을 빌릴 때 상환할 기한을 정했을 것이다. 기한에 이르러 상환하지 않을 경우 채권자의 처치에 맡긴다는 것은 저 자가 미리 인지하는 바이다. 그러므로 채권자가 저 자를 누르는 것이 아니라 저 자 스스로 누르는 것이다. 그러므로 칸트의 법률이론에 따르면 비록 누르는 방법을 취하지만 여전히 독립자존이라는 큰 뜻은 보존되어야 하는 것이다. 이 이론은 선대의 현자들이 이야기하지 않았던 것을 말한 것이다.

칸트의 정치론은 거의 다 루소의 『사회계약』의 취지와 같되, 법학의 원리로 그것을 논증했다. 그는 사유권을 법리적으로 다음과 같이 논했다. "모든 사유권은 반드시 사회제도가 성립된 뒤에 생겨난다. 처음에 많은 사람들은 토지는 공유로서 정해진 주인이 있어 그 이익을 독점할 수 없다고 여겼다. 그렇지만 그 폐단으로 다툼이 일어났고 다투므로 어지러웠다. 이에 함께 이런 저런 경계를 세워 각기 자유로운 계약이라 칭했다. 그러나 이 계약은 공인되지 않으면 효력이 없는 것이었다. 이에 반드시 그것에 앞서서 무리를 결합시켜 나라를 세우게 하는 하나의 계약이 더 있어야 했다. 이것이 국가가 세워진 까닭이다. 그러므로 국가가 세워지기 전에는 사유권은 하나의 가정에 불과하고, 그것이 하나의 신성불가침한 권리가 된 것은 사회계약이 이루어지고 나라가 세워진 이후의 일이다." 나라 간의 교류이건 사람 간의 교류이건 그 도(道)는 하나일 뿐이다. 각 나라는 모두 자유롭고 자주적이어서 타국에 복속될 수 없다. 갑의 나라는 을의 나라를 자기 이익의 수단으로 삼을 수 없으니, 이것은 국가의 독립과 자존의 대의이자 국제법이 준거하는 원리이다.

칸트는 말한다. "지금 두 나라가 말이 맞지 않아 걸핏하면 무력을 일삼는다면 이는 야만시대의 악습이다. 오늘날 각국 국민의 한 성원으로 태어난 모든 이들은 마땅히 각자 그것을 고치는 일에 힘써 문명으로 나아가야 한다. 이는 인도적인 책임이다. 저 야만시대에 사람 사이의 교류에는 종종 결투가 있었다. 이는 그것을 판결할 완비된 법정이 없었기 때문이다. 지금 국가 간의 결투를 피하려 한다면 완비된 국제법정이 없을 수 없다. 지금까지는 아직 갖추지 못했지만 함께 미래에 대비해야 한다." 이에 칸트에게는 영구 평화론이라는 저서가 생겨나게 되었다.

영구 평화론의 요지는 아래 다섯 부분을 포함한다.

첫째, 모든 나라는 그 크기를 막론하고 침략의 수단이 되어 교역, 할양, 매매 등의 이름으로 타국에 합병되어서는 안 된다.

둘째, 여러 나라에서는 오늘날의 오래된 관습처럼 상비군을 둘 수 없다.

셋째, 어떤 나라에 내홍이 있을 때 다른 나라가 병력으로 그것에 간여하는 것은 금지된다.

넷째, 각국에서는 모두 민주입헌제도를 취한다. 이 제도는 최초의 사회계약에 가장 적합하고, 전국 인민의 자유와 평등의 권리를 공고히 할 수 있기 때문이다.

다섯째, 각 독립국이 서로 의지하여 하나의 커다란 연방을 구성한다. 각국 국민은 국제법의 범위 안에서 서로 단결하고 조화를 이룬다. 만약 갈등이 생기면 연방의회에서 그것을 심판한다. 마치 오늘날 스위스 연방의 예와 같다.

혹자가 칸트를 힐난해 이렇게 말한다. "이 일은 훌륭하기는 하지만 그것이 실행될 날이 있기는 하겠는가?" 칸트는 말한다. "이는 강한 힘으로 이를 수 있는 것이 아니다. 오로지 백성의 덕과 백성의 지혜, 이 두 가지가 날로 빛을 향해 나아가야 얻을 수 있다. 무릇 사람에게는 욕망이 있으니 이것이 다툼이 일어나는 근원이다. 만약 이성이 더욱 진보하면 참다운 이익이 어디에 있는지 알게 될 것이니, 이에 과거에 자신에게 이익이 된다고 하여 다투던 것이 실제로는 심히 해가 된다는 것을 문득 깨닫게 될 것이다. 이에 울상이 되어 돌이킬 것이다. 그러므로 사람이 태어나 욕망이 있는 가운데에 전쟁을 멈추는 싹이 그 사이에서 점차 자라나니 이것이 조화의 오묘한 작용이다."

『음빙실문집(飮氷室文集)』 중 종교·유교 관련 자료

황종원

1. 맹자를 읽고 정의함(1898년)

『飮氷室文集』 卷3, 讀孟子界說

설명 1: 공자의 학은 전국시대에 이르러 2대 파로 나누어졌으니 하나가 맹자이고 다른 하나는 순자이다.

　『사기(史記)』에서는 「맹순열전(孟荀列傳)」을 특별히 세우고 「유림전 (儒林傳)」에서도 맹자와 순경의 무리가 학문으로 당시에 유명했다고 했 다. 대체로 한유 이전에는 맹자와 순경을 병칭했고 송 대의 현인들에 이르러서야 맹자만을 존숭하며 그를 공자와 동등하게 여겨, 후세에 마침내 공맹을 함께 거론하였고 맹자와 순자를 함께 거론하는 자는

---

　* 『음빙실문집』(北京: 中華書局, 1988).

없었다. 요컨대 공자는 가르침을 세운 사람이고, 맹자는 가르침을 행한 사람이다. 맹자가 공자교(孔敎) 가운데의 일파임을 반드시 알아야만 『맹자』를 읽어낼 수 있다.

설명 2: 순자의 학은 경(經)을 전한 데 있고, 맹자의 학은 세상을 다스린(經世) 데 있다. 순자는 공자 문하의 문학과(文學科)이고, 맹자는 공자 문하의 정사과(政事科)이다.

한나라 때 여러 경이 흥기한 것은 모두 순자에서부터 전해진 것으로서 그 공이 가장 높았음을 경시할 수는 없다. 그러나 그가 전한 미언대의(微言大義)는 맹자에 못 미친다. 맹자는 특별히 공자의 '자신이 서고자 하면 남을 세우고 자신이 도달하고자 하면 남을 도달케 해주며', '천하에 도가 있었다면 내가 바꾸려고 하지 않았을 것이다'라는 종지를 내세워 날마다 천하를 구할 것을 마음으로 삼았으니, 실로 공자학문 가운데의 정통파이다.

설명 3: 맹자는 육경 가운데 『춘추』에서 힘을 얻었다.

시서예악(詩書禮樂)을 공자는 젊었을 때 산정해 표준어로 저술했고 순자 일파는 그것을 전했다. 순자는 모든 학문은 시를 외우는 데서 시작하고 예를 읽는 데서 끝마친다고 했다. 그래서 『순자』에서 예를 논하는 부분은 절반을 넘는다. 한편 『춘추』는 노 애공 14년 이후에 썼으며, 적절한 말로 기록했다. 후대 제왕의 모범이 되는 것으로 맹자 일파가 전했다. 그러므로 맹자는 도통(道統)을 서술할 때마다 우(禹)가 홍수를 막고 주공이 오랑캐들을 아울렀다고 한 후에 공자에 이르러서는 『오경』을 놔두고 『춘추』를 논했다고 언급했다. 순임금은 온갖 사물에 밝았고 우임금은 좋은 술을 싫어했으며, 탕임금은 중(中)을 붙잡았고 문왕은 백성을 마치 자신이 다친 듯이 보았으며, 무왕은 가까운 곳을 태만히 여기지 않았고, 주공은 삼왕(三王)을 다 아우를 것을 생각했다고 한 후에 공자에 이르러서는 또한 『오경』을 놔두고 『춘추』를 논했다고 언급했다. 『장자』에서는 춘추는 세상을 다스리는 것에 관한 선왕의 뜻이라고 했다. 무릇 세상을 다스리는 것에 대해 논하는 자 중에 춘추를 배우지 않은 자는 없었던 것이다. 그러므로 맹자가 말한 어진 정치(仁政)에 관한 모든 논의는 다 춘추에 뿌리를 둔 것임을 알아야 한다. 그래야만 맹자가 공자에게서 배운 실질이 보인다.

설명 4: 맹자가 『춘추』에서 전한 것은 대동의 뜻이다.

공자는 소강(小康)의 뜻을 세웠는데, 그것으로 2천 년 이래의 천하를 다스렸다. 『춘추』에서도 그것을 승평(昇平)이라 하여 한 나라를 다스리는 논의라고 했다. 순자가 서술한 것은 모두 이러한 부류이다. 또 공자는 대동의 뜻도 세웠는데, 그것으로 금일 이후의 천하가 다스려질 것이다. 『춘추』에서는 이를 태평(太平)이라 하고 천하를 다스리는 논의라고 했다. 맹자가 서술한 것은 모두 이러한 부류이다. 대동의 뜻에는 오늘날 서양인들이 이미 행하고 있는 것도 있고 오늘날 서양인들이 행하지 못한, 다른 날에 반드시 행하기를 기다리는 것도 있다. 『맹자』를 읽는 자는 마땅히 이 점에서 그것을 구해야 할 것이다.

설명 5: 인의(仁義)라는 두 글자는 맹자의 모든 학문의 총체적인 종지이다.

동중서가 말했다. 인(仁)은 사람다움(人)이고, 의(義)는 나(我)이다. 타인이 있음은 알지만 내가 있음을 알지 못하면 묵자의 학문이고, 내가 있음은 알지만 타인이 있음을 알지 못하면 노자의 학문이다. 그러므로 묵자는 어질 뿐이고 노자는 의로울 뿐이다. 인이 지극하고 의를 다했을 때 중용이라고 한다. 공자가 다른 가르침과 다른 점이 이것이고, 맹자가 공자를 홀로 높인 것이 이것이다. 모든 의리와 제도가 다 여기에서 나왔으니,

배우는 자들은 진부한 글자로 보지 않는다면 깨달음이 있을 수 있을 것이다.

설명 6: 백성을 보호함이 맹자의 세상을 다스리는 것에 관한 이론의 종지이다.

맹자는 백성이 귀하니 백성의 일은 늦추어서는 안 된다고 했다. 그러므로 책 전체에서 말하는 어진 정치(仁政), 왕도정치, 차마 두고 보지 못하는 정치(不忍人之政)는 모두 백성을 위한 것이다. 서양 여러 나라의 오늘날의 정치는 거의 그것에 가깝다. 안타깝게도 우리 중국에서 맹자의 학문은 끊어졌다. 이 의리에 밝아 『맹자』를 읽으면 모두 자연스럽게 풀릴 것이고, 그렇지 못 한다면 사마광처럼 맹자를 의심하게 될 것이다. 나머지 그것을 숨기고 맹자를 존숭해온 이들도 단지 시끄럽게 떠들어대는 것만을 일삼을 뿐이므로, 양쪽 모두 틀린 것이다.

설명 7: 맹자는 의로운 전쟁은 없다고 하였는데, 이는 대동(大同)설의 출발점이다.

이 뜻은 『춘추』에 근본을 두고 있는 것으로서, 공자에 의해 대의가 특별히 세워졌고, 후대의 유가 중에서는 맹자만이 그것을 발전시킬 수 있었다. 유교 밖으로는 묵적, 송경 등이 이 의미를 깊이 밝혔다. 서양의 여러 나라 중에서는 아메리카만이 그것에 거의 가깝지만 완전히 이르지는 못했다. 근래에 국제법 학자들이 모임을 가져 그 설을 제창하는데, 이는 공자교가 지구상에 점차 실현될 징조이다. 송나라 이후로 맹자를 읽는 자들은 모두 이에 대해 어두웠다.

설명 8: 맹자는 정전(井田)을 논했거니와 그것은 대동의 강령이다.

정전제는 공자가 특별히 세운 제도로 빈자와 부자를 균등하게 할 수 있는 것이다. 『논어』에서 말한 '적은 것을 근심하는 것이 아니라 균등하지 못한 것을 근심한다.'는 말이 그것이다. 정전제는 균등함의 지극함이고, 평등의 최고 척도이다. 서양 국가에서는 근래에 빈자와 부자가 재산을 균등하게 가져야 한다는 주장을 자못 내세우나 아직 그 방법을 얻지 못했다. 정전제를 후세에 행할 수 없음은 말할 필요도 없다. 그런데 고루한 유자들 중에 좀스럽게 그것을 회복할 것을 생각하는 자들은 망령된 것이다. 선왕을 본받는다는 것은 그 뜻을 본받는 것이다. 정전(井田)의 뜻은 참되게 천하를 다스리는 첫 번째 뜻이다. 고로 맹자의 모든 경제는 다 여기에서 나왔다. 그 뜻을 깊이 알면 도를 말할 수 있을 것이다.

설명 9: 맹자는 성선(性善)을 말했는데, 이는 대동의 최고 효과이다.

공자가 말한 성품에는 세 가지 의미가 있다. 거란세에 백성의 성품은 악하고, 승평세에 백성의 성품은 선도 있고 악도 있으며, 선하게도 될 수 있고 악하게도 될 수 있다. 태평세의 백성은 성품이 선하다. 순자는 거란세의 주장을 전하였다. 복자(宓子), 칠조자(漆彫子), 세자(世子)는 승평세의 주장을 전했고, 맹자는 태평세의 주장을 전하였다. 각기 들은 것을 높여 서로 다투었으나, 만약 삼세(三世)의 의미에 통한다면 조금도 막힘이 없을 것이다. 태평세는 「예운」에서 말한 바, 음모가 끊어져 생겨나지 않고 도적이 생겨나지 않는 시대이고, 『춘추』에서 말한 바, 사람마다 선비와 군자의 행위가 있는 시대이다. 고로 성선이라고 한다. 서양인들은 근래에 민족의 진화와 개량에 관한 학을 제창했는데, 미래에 이 학문이 극히 성한다면 공자의 성선의 가르침 또한 커다란 성취가 있을 것이다. 이 점에 밝지 못하면 맹자의 떠들썩한 논변이 진실로 무의미할 것이다.

또 생각하건대 성선, 성악은 내적인 것이고 대동과 소강은 외적인 것이다. 표면적으로는 관계가 없는 듯하다. 그러나 순자는 소강의 학자이므로 반드시 성악을 말해야 하고 맹자는 대동의 학자이므로 반드시 성선을 말해야 했다. 옛 사람들의 학문에는 각기 계승하는 유파가 있어,

서로 뒤섞일 수 없었다. 후대의 학자들은 이 점에 밝지 못하여 억지로 끌어다가 하나로 만들려 하니, 그렇게 여러 서적을 읽는다면 옛 사람을 의심하거나 옛 사람을 가벼이 여기게 된다.

설명 10. 맹자는 요순을 말하고 문왕을 말했으니, 이들은 대동의 대명사이다. 「예운(禮運)」에서는 소강시대를 우, 탕, 문, 무, 성왕, 주공으로 돌린다. 한편 대동은 대체로 요, 순을 가리키고, 그리하여 천하가 공평해진다고 말한다. 『춘추』 애공(哀公) 14년 전(傳)에서는 '여러 군자들이 요순의 도를 즐겨 말했다.'고 하였으니, 이 또한 대동을 가리켜 말한 것이다. 『춘추』 은공(隱公) 원년 전에서는 '왕 노릇하는 자 누구인가? 문왕을 말한다.'고 했으니 문왕 시대 또한 태평세를 뜻하는 것이다. 이 여러 성자들은 천하를 소유했으나 소유하지 않은 자들이다. 그래서 대동의 학자들은 반드시 그들을 으뜸으로 여겼으니, 맹자를 읽는다면 이 의미를 모를 수 없다.

설명 11. 맹자는 왕도와 패도를 말했는데, 이는 곧 대동과 소강의 구별이다. 위 문장을 보면 자명하다.

설명 12. 양주와 묵적을 배격함이 맹자가 가르침을 전한 종지이다. 양주는 노자의 제자로 『열자』에 보인다. 양주를 배격하는 것은 곧 노자를 배격하는 것이다. 주진(周秦)시대에는 제자백가들이 비록 많았지만 그 종지는 노자와 묵가 두 파를 벗어나지 않았다. 당시에 가장 큰 명성을 지니고 거의 공자와 대적했던 자들은 오직 노자와 묵가 두 파가 있었다. 따라서 노자와 묵가를 배격하는 것은 곧 제자백가를 배격하는 것이었다. 그래서 말로 배척하여 깨끗하게 하였으니 이것이 맹자가 가르침을 전한 공이다.

설명 13. 부동심(不動心)이 맹자의 내적으로 성인이 되는 학문의 종지이다.

그 중에서 공부에 착수하는 것은 다시 세 가지 단초로 나뉜다. 첫째는 먼저 그 큰 것을 세우는 것이고, 둘째는 기운을 기르는 것이며, 셋째는 놓은 마음을 찾는 것이다. 한나라 유학의 '기개(氣節)'의 학문과 송나라 유자들의 '고요함을 위주로 하는(主靜)' 학문은 각기 맹자의 내적으로 성인이 되는 학문의 한 면을 얻은 것이다. 부동심은 세상을 다스리고 가르침을 전하는 일의 총체적 근원이다. 학자가 맹자를 배우고자 한다면 이 세 가지 단초에서 힘을 다하지 않으면 안 된다. 그 중 하나를 배우더라도 괜찮을 것이다.

학자가 맹자를 처음 읽음에 설명6에서 설명13까지 총 8조목을 분류해 구해도 좋을 것이다.

설명 14. 맹자의 말은 곧 공자의 말이다.

그렇다면 공자는 어찌하여 스스로 말하지 않았을까? 공자가 살아 있을 때는 가르침이 크게 행해지지 않았다. 그래서 『춘추』에는 대의가 있고, 미언이 있었는데, 모두 입으로 제자들에게 전했으며, 여러 차례 전해진 후에 죽간에 저술했다. 시대의 어려움을 피하기 위함이었다. 고로 『논어』에 있는 것은 공자의 통용되는 말들이다. 미언이 간혹 존재하기는 하지만 드물었다. 미언을 전한 것으로 맹자와 동중서가 가장 많았다. 고로 맹자는 마지막 편에서 직접 보아서 아는 자로 자임했다. 학자가 공자를 배우고자 할진대 먼저 맹자를 공부하면 될 것이다.

설명 15. 맹자의 학문은 오늘날에 이르기까지 천하에 실행된 적이 없다.

한나라가 흥성하자 여러 경서들은 모두 순자로부터 전해졌고 14박사의 대부분은 순자의 학에 속했다. 동한 이후로는 찬탈의 혼란을 맞이했으며, 육조와 당나라 때에는 더욱 산산조각이 났다. 옳고 그름이든 이해득실이든 모두 순자 학문 가운데의 일파를 따라 생활해 나갔다. 2천 년 동안 맹자를 존숭할 줄 아는 자는 없었다. 한유(韓愈) 이후로 그를 제창하고, 송나라의 현자들이 거기에 화답했으니, 맹자 학문이 광대해진 것 같지만, 맹자의 세상을 다스리는 대의에 대해서는 말할 수 있는 자가 한 명도 없었다. 그들이 하는 주장은 맹자와 반대되지 않은 것이 없었으니, 실은 순자의 학문임을 가리고 그것을 뱉어내는 것에 불과했다. 다만 부동심의 학설만큼은 간혹 그것을 논하는 자가 있었다. 하지만 지극함에 이른 것도 아니었다. 따라서 송나라 이후로 맹자를 존숭한다는 명분이 있었지만 맹자학문의 실질을 행하는 일은 없었다. 공자 문하의 적통이 2천 년 동안 어둠 속에 가려져 세상에 드러나지 못했다. 이것이 과거의 견해와는 다른 점이니, 습관적으로 보던 책으로 여겨 그것을 소홀히 여기지 말라.

2. 중국의 종교개혁에 대하여

『飮氷室文集』 卷3, 「論支那宗教改革」(1899)

금일 철학회의 회합에 제가 姉崎正治 군의 소개로 말석을 차지해 동양 문명국의 여러 현철과 만나게 되어, 10년 떨어져 지내던 마음이 위안을 얻게 되었으니 어찌 행운이라 하지 않겠습니까? 여러 군자들로부터 버려지지 않았으니 한마디 하여 친교를 맺는 계기로 삼고자 합니다. 제가 비록 고루하나 저의 스승 남해 강유위 선생이 말씀하신 철학의 일부를 들어 그것을 진술할 터이니 여러분께서 바로잡아주시길 바랍니다.

남해 선생이 말씀하신 철학에는 두 가지 실마리가 있으니, 하나는 중국에 관한 것이고 다른 하나는 세계에 관한 것입니다. 중국에 관한 것은 종교혁명을 첫 번째 출발점으로 하고 세계에 관한 것은 종교통합을 첫 번째 출발점으로 합니다. 이것이 그 대강입니다. 이제 먼저 중국 종교혁명의 필요성에 대해 논하겠습니다.

여러분. 무릇 한 나라의 강함과 약함, 흥함과 망함은 전적으로 국민의 지식과 능력에 달려 있고, 지식과 능력의 진보와 쇠퇴, 증대와 감소는 전적으로 국민의 사상에 달려 있으며, 사상의 높고 낮음, 통하고 막힘은 전적으로 국민이 습관을 들이고 신앙하는 바에 달려 있습니다. 그러므로 국가가 독립되려면 국민의 지식과 힘의 증진을 꾀하지 않을 수 없고, 국민의 지식과 힘을 증진시키려면 국민 사상의 전환을 꾀하지 않을 수 없으며, 국민의 사상을 전환시키려면 그 습관을 들이고 신앙하는 것에서 그 옛것을 제거하고 그 새것을 펼치지 않을 수 없으니, 이것은 천하의 많은 이들이 하는 말입니다. 서양에 금일의 문명이 존재하는 까닭은 종교혁명으로부터 옛 학문이 부흥했기 때문입니다. 종교라는 것은 국민의 머리의 바탕을 제조하는 약재로서, 우리 중국은 주나라에서 진나라 사이에 사상이 발흥하여 재주와 지혜 있는 자들이 운집해 용솟음친 상황은 서양의 그리스 못지않았습니다. 그러나 한나라 이후로 2천여 년 동안 상황이 갈수록 나빠져 금일에 이르렀습니다. 쇠미함이 더욱 심해져 서양의 나라들에 훨씬 못 미치게 되었으니, 육경의 정미한 뜻을 오해하여 공자의 본뜻을 잃었으며, 천한 유학자들이 곡학아세하고, 군신은 교지(教旨)로 백성들을 우매하게 만들었습니다. 결국 2천여 년 간 공자의 진면목은 사라져 보이지 않게 되었으니 이는 실로 동방의 액운입니다. 그래서 지금 동방을 진흥시키려 하면 공자의 참 가르침을 발견하지 않을 수 없으니, 남해 선생이 발견하신 것은 다음과 같은 공자의 가르침입니다.

진화주의이지, 보수주의가 아니다.

평등주의이지, 전제주의가 아니다.

겸선(兼善)주의이지, 독선(獨善)주의가 아니다.

강립(强立)주의이지, 문약주의가 아니다.

박포(博包)주의(相容無碍주의)이지, 단협(單狹)주의가 아니다.

중혼(重魂)주의이지, 애신(愛身)주의가 아니다.

이 여섯 가지가 그것입니다. 이 여섯 주의가 성립되고 저 여섯 반대되는 주의가 잘못 전해졌음을 증명하고자 하면 우선 공자 학문의 조직과 그 전수, 변화의 원류를 밝히지 않을 수 없습니다. 이에 이제 먼저 그것을 말하겠습니다.

공자 문하에서 가르친 것에는 특별한 것과 일반적인 것, 두 가지가 있었으니, 특별한 것은 이른바 중인 이상에 대한 것, 높은 수준의 것을 이야기할 수 있는 것이요, 일반적인 것은 이른바 중인 이하의 것, 높은 수준의 것을 이야기할 수 없는 것입니다. 일반적인 가르침은 시서예악을 말하였으니, 모든 문하의 제자들은 다 그것을 배웠습니다. 『논어』에서는 그것을 아언(雅言)이라고 했으니, 아(雅)라는 것은 통상적임을 칭합니다. 특별한 가르침은 『역』과 『춘추』를 말하였으니, 뛰어난 인재가 아니면 받아들일 수 없었습니다. 『춘추』의 전함을 얻은 자는 맹자였고, 『역』의 전함을 얻은 자는 장자였습니다. 일반적인 가르침은 소강을 말하고 특별한 가르침은 대동을 말합니다. 그런데 천하에 중등의 인재는 많아도 고급 인재는 적습니다. 그래서 소강을 전한 자는 많고 대동을 전한 자는 적었습니다. 대동과 소강은 불교의 대승, 소승과 같습니다. 설법에는 권(權, 소승의 설법)과 실(實, 대승의 설법)의 구분이 있어 이치를 세움이 종종 상반됩니다. 소승에 빠진 자가 대승의 이치를 들으면 가벼리고, 종종 그 편견으로 서로 공격하고 비난하며 대승은 부처님 말씀이 아니라고 의심합니다. 때문에 부처님께서 『화엄경』을 설하실 때 5백 성문(聲聞) 중에 아무도 들은 자가 없었습니다. 공자교 또한 그랬습니다. 대동의 가르침은 소강의 제자가 들을 수 있는 것이 아니었으니, 들으면 그로 인해 그것을 공격하고 비난했습니다. 그래서 순경은 모든 학문은 시를 암송하는 데서 시작되어 예를 읽는 데서 끝난다고 했고, 『춘추』가 있는 줄 몰랐습니다. 또 『맹자』 전체에 걸쳐 『역』에 대해 말한 적이 없으니, 『역』이 있는 줄 알지 못했습니다. 대개 근기가 달라 전해 준 것 또한 달랐던 것은 어찌할 수 없었던 것입니다. 그래서 진나라, 한나라에서 금일에 이르기까지 유자들이 전한 것은 소강 일파만 있었으니 공자의 진면목을 볼 수 없었던 것은 이상할 것이 없었습니다. 이제 공자 문하의 2대 계통을 유파에 따라 나열하면 아래와 같습니다.

대동교파－유자(有子)－자유(子遊)

자하(子夏)－전자방(田子方)－장자(莊子)

자장(子張)

증자(曾子)－자사(子思)－자사(子思) 문인－맹자(孟子)

소강교파－중궁(仲弓)－－－－－－－－－－－－－－－순자(荀子)

이상을 보건대 대동교파의 큰 스승은 장자, 맹자이고, 소강교파의 큰 스승은 순자입니다. 그런데 진나라, 한나라 이후로 정치와 학술은 모두 순자에게서 나왔으니, 2천 년 동안 모두 소강의 학문을 행하고 대동의 계통은 거의 따르는 것이 단절된 것입니다. 이제 우선 『순자』 전체에서 그 강령을 끄집어내 보면 거기에는 4가지 큰 실마리가 있습니다.

첫째, 군권의 존숭입니다. 그의 문도 이사(李斯)가 그 종지를 전하고 그것을 진나라에서 행해 법제를 정하였으니, 한나라 이후로 군주가 서로 따르며 그것을 덜어내거나 보탰습니다. 2천 년 동안 행한 것은 실로 진나라 제도였습니다. 이것이 순자의 정치적 갈래입니다.

둘째, 이설에 대한 배격입니다. 『순자』에는 「비십이자(非十二子)」 편이 있어 오직 이설을 배척하는 것을 일삼았습니다. 한나라 초에 경(經)을 전한 유자들은 모두 순자에게서 나왔습니다. 그래서 그 방법을 따라 썼으며, 날이 갈수록 문호로 서로 대립하는 것을 일삼았습니다.

셋째, 예의에 신중하였습니다. 순자의 학은 대의(大義)를 논하지 않고 오직 예의를 중하게 어겨 자신을 단속해 잘못을 적게 하고 작은 절차에 얽매이고 이끌렸으니, 송 이후의 유자들은 모두 그것을 답습했습니다.

넷째, 고증을 중시했습니다. 순자의 학문은 특별히 명물(名物), 제도, 훈고를 중히 여겼으니, 한나라가 흥하자 여러 경전이 전해짐에 다투어 고증하다가 점차 마융(馬融), 정강성(鄭康成) 일파를 이루었고 본 왕조(청)에 이르러 그 해독을 크게 입었습니다. 이 세 가지는 순자의 학문적 갈래입니다.

이를 보건대 2천 년 정치는 모두 순자에게서 나왔고 이른바 학술이라는 것은 한학과 송학의 양대 파가 실제로 모두 순자에게서 나왔습니다. 그러니 2천 년은 순자 학문의 세계라고 말할 수 있을 뿐 공자 학문의 세계라고 말할 수는 없습니다. 한편 소강의 가르침은 시서예악에 있고 대동의 가르침은 『역』과 『춘추』에 있으되, 시서예악은 공자가 찬술한 책이기는 하지만 실제로는 옛 가르침을 따른 것일 뿐, 공자의 뜻은 아닙니다. 공자의 뜻은 전적으로 『역』과 『춘추』에 있습니다. 『역』은 형이상학(出世間法)에 관한 책이므로 여기서는 상세히 논하지 않겠습니다. 『춘추』의 경우에는 공자의 세상을 다스리는 대원칙과 가르침을 세운 미언이 모두 거기에 담겨 있습니다. 그래서 맹자는 공자의 공덕을 서술할 때 『춘추』를 지은 일을 가장 큰 일로 여겨, 그것을 우가 홍수를 막고 주공이 오랑캐를 아우르고 맹수를 쫓아낸 것과 나란히 칭송했고,

태사공이 공자를 찬송할 때에도 춘추를 지은 것을 큰 업적으로 여겼으니, 『춘추』가 당시에 가장 중시되었음은 분명합니다. 그러나 2천 년 동안의 『춘추』로 말할 것 같으면 그것은 사건을 기록한 역사책에 불과해 어지럽게 적힌 관보(官報)와 다를 것이 없었습니다. 어찌 족히 기서(奇書)로 여겨졌겠습니까? 그런데 맹자 등은 무슨 이유로 그것을 존숭함이 그와 같았을까 하는 것 역시 중국철학을 논하는 자의 커다란 문제 가운데 하나였는데, 이는 『춘추』가 (마치 수학의 대수처럼) 부호로 된 서적에 불과하고 그 정수가 되는 요체는 전적으로 입으로 말한 데 있고, 그 입으로 전수된 것은 『공양전』에 있음을 알지 못한 것입니다. 서한 이전에 대동교파는 끊어지지 않아 여러 유학자들 중에 그것을 말할 수 있는 자가 많이 있었으나, 동한 이후로 『공양전』은 있는 듯 없는 듯 하여 『춘추』를 이해할 수 있는 자가 없어졌습니다. (주자 또한 자신은 『춘추』를 이해할 수 없다고 했습니다.) 공자의 원 모습이 결국은 다시 보이지 않게 되었으니 어찌 개탄하지 않을 수 있겠습니까? 그 까닭을 미루어보니, 이는 역대의 군주와 재상이 소강의 가르침이 자신에게 유리하고 대동의 가르침은 자신에게 불리하다고 여겨, 전자는 선양하고 후자는 억눌렀기 때문입니다. 또 곡학아세하는 무리 또한 그 학문을 변형시켜 군주에게 알랑댔으니, 한나라 이후로 『춘추』는 비상하고 괴이한 이론이라 하여 감히 그것을 말하지 않았습니다. 이것이 대동교파가 어두워져 전해지지 않은 커다란 근원입니다. 고로 오늘날에는 『춘추』가 공자교파 가운데의 중견임을 알아야 종교혁명을 말할 수 있을 것입니다.

이상으로 유파의 대략을 서술하는 것은 마쳤으니, 이어서 앞서 제시한 6가지 주의에 대해 하나하나 논하겠습니다.

첫째, 공교는 진화주의이지 보수주의가 아닙니다.

『춘추』에서 법칙을 세움에 삼세(三世)가 있습니다. 첫째는 거란세(據亂世)요, 둘째는 승평세(昇平世)요, 셋째는 태평세(太平世)입니다. 그 뜻은 세계가 처음 생겨날 때, 반드시 거란에서 일어났다가 점차 나아가 승평이 되고 다시 점차 나아가 태평이 된다는 것으로, 지금이 옛날보다 낮고 후대가 지금보다 낫다는 것입니다. 이는 서양인 다윈, 스펜서 등이 주창한 진화설입니다. 중국에서 과거의 구설에서는 문명 세계는 상고시대에 있다고 했으니 그 이미지는 이미 지나간 것인 데 반해, 『춘추』 삼세설에서 문명 세계는 다른 날에 있으니, 그 이미지는 미래입니다. 문명이 이미 지나갔다고 한다면 보수적인 마음이 생겨나고, 문명이 미래에 있다고 한다면 진보적인 마음이 생겨납니다. 고로 한나라 때 『춘추』를 연구한 학자들은 삼세의 이치를 『춘추』 전체의 핵심이라고 여겼습니다. 참으로 그렇습니다. 그것이 핵심입니다. 삼세가 차례로 나아가므로 일체의 전장 제도가 시대에 따라 달라지고, 날마다 변화합니다. 거란세에는 거란세에 적합한 정치를 해야 하고 승평세에는 승평세에 적합한 정치를 해야 하며, 태평세에는 태평세에 적합한 정치를 해야 하지, 옛 법을 묵수(墨守)하여, 한번 이루어진 것은 불변한다고 해서는 안 됩니다. 고로 삼세의 이치에 밝으면 틀림없이 국정의 혁신을 신념으로 삼게 될 것이고 보수적이고 완고한 습성은 반드시 한 차례 변할 것입니다.

둘째, 공자교는 평등주의이지, 전제주의가 아닙니다.

대동과 소강의 차이는 앞서 이미 말했습니다. 소강은 군권을 높이는 것을 신념으로 하고 대동파는 민권을 높이는 것을 신념으로 합니다. 대동과 소강의 명칭은 『소대예기(小戴禮記)』「예운」편에 나옵니다. 그 책에서 이르기를, 대도가 행해지면 천하가 공평해져, 어질고 능력 있는 자를 천거하여 지위를 주고, 사람들은 자신의 부모만을 부모로 여기지 않고 자신의 자식만을 자식으로 여기지 않으며, 노인은 봉양을 받을 데가 있고 장정은 쓰일 데가 있으며, 어린아이는 길러질 데가 있는 것, 이를 대동이라 합니다. 천하가 군주의 일가(一家)가 되고, 대인의 세습을 예로 여겨, 군신을 바로잡고 부자 사이를 돈독히 하며, 상하를 화목하게 하고 부부를 조화롭게 하는 것을 소강이라 합니다. 고로 소강은 전제의 정치이고, 대동은 평등의 정치입니다. 맹자는 대동의 학문을 전했으므로, 그 책에서는 모두 민권을 신념으로 하였습니다. 예컨대 백성이 귀하고 사직은 그다음이며 군주는 가볍다는 따위가 그것입니다. (그 책은 전체적으로 민권을 말합니다. 단지 이 몇 마디만이 아니지요.) 한편 『춘추』의 법제는 모두 군주의 전횡을 억제하기 위한 것으로 뜻이 심원하고 조리가 엄밀합니다. 남해 선생은 일찍이 『공교민권의(孔敎民權義)』라는 책을 저술했는데, 지금 강연 시간이 촉박해 많이 인용할 수는 없습니다. 그밖에도 정전제 같은 것은 빈부의 경계를 공평하게 하려 한 것이고, 친영(親迎) 같은 제도는 남녀의 권리를 평등하게 하려 한 것입니다. 그와 같은 것들이 한두 가지가 아니니, 이를 보면 공자가 전적으로 평등을 숭상하였음을 알 수 있습니다. 그런데 후세에 백성을 해치는 자들이 공자의 이름을 빌려 전제의 정치를 행하였으니 이는 순자의 해로운 영향일 따름입니다.

셋째, 공자교는 겸선주의이지 독선주의가 아닙니다.

부처님은 한 가지 큰 일을 위해 세상에 출현하시어 49년 간 설법을 하셨는데 다 중생을 구제하기 위한 것이었습니다. 만약 중생을 위하지 않았다면 보리수에서 깨달음을 얻었을 때 즉시 열반에 들면 되었을 것입니다. 공자가 가르침을 세우고 도를 행한 것 또한 백성을 구제하기 위한 것이었습니다. 고로 천하에 도가 있었다면 나는 그것을 바꾸려 하지 않았을 것이라고 했습니다. 그 뜻은 바로 부처님께서 말씀하신 내가 지옥에 들어가지 않는다면 누가 지옥에 들어가겠느냐는 것과 같습니다. 고로 불법은 자비를 최고의 진리로 여기고 공자교는 인자함을 최고의 진리로 여깁니다. 공자는 만약 인에 뜻을 둔다면 악이 없을 것이라고 했습니다. 공자는 백성을 구제하려 했던 까닭에 날마다 몸을 굽혀 당시의 제후와 경상들을 뵙기를 청했으니, 이는 그들의 손을 빌려 폐정을 혁신하여 이 백성들을 문명의 행복으로 나아가게 하고자 했던 것입니다. 당시에는 염세주의 일파가 자못 성하여 초나라의 광자, 장저, 걸닉, 삼태기를 맨 장인, 새벽에 성문을 열어주는 자, 미생묘 등의 무리는 모두 공자를 공격하고 비난했으니, 이들이 모두 성문법, 외도법에 속하는 이들이라면 공자는 보살행을 행하는 자입니다. 그러니까 공자를 배우는 자는 마땅히 자신을 버리고 명성도 버리며 천하를 구제하려 하는 것을 배워야 함이 명백합니다. 그런데 송 대 이후로 유자들은 자신을 단속하여 잘못을 적게 하고 삼가 조심하는 것을 종지로 삼아 결국은 향원 일파가 되고 말았으니, 국가의 위망(危亡)과 생민의 고통을 좌시하며 그것에 의해 마음이 동요되지 않았습니다. 나라를 걱정하는 자가 있는 것을 보면 호사가라고 하고 함부로 논한다고 하여 서로 배척했습니다. 이것이 중국의 천 년 동안의 가장 추악한 습성으로, 그러한 식견이 모든 사람의 머릿속에 들어가 아파하지 않고 가려워하지 않는 마비된 세계를 양성하게 되었습니다. 이것이 중국이 멸망에 이른 이유입니다. 만약 공자가 당시에 호사가이고 함부로 논하는 사람이었지, 조심스럽게 준칙을 지켜 자신을 단속하고 잘못을 적게 하는 사람이 아니었음을 알았다면 전국의 기풍이 틀림없이 일변했을 것입니다.

넷째, 공자교는 강하게 서는 주의이지, 문약주의가 아닙니다.

공자는 『역』「계사」에서 '하늘의 운행은 굳세니 군자는 쉼없이 스스로 강해진다고 했고, 홀로 서서 두려워하지 않는다고 했습니다. 『논어』에서는 '나'는 강한 자를 보지 못했다고 했고, 『중용』에서는 중도에 서서 치우치지 않으니 대단히 강한 것이 아니냐고, 나라에 도가 없으면 죽을 때까지 변치 않으니 대단히 강한 것이 아니냐고 했습니다. 『상서』「홍범」편의 말미에는 육극(六極)에 대해 서술했는데, 약함을 가장 아래로 두어 요절하고 곤궁과 나란히 놓고 칭했습니다. 그러니 공자가 육경에서 강하게 서는 것을 중시하고 문약함은 아주 싫어했던 것입니다. 그러다가 진나라, 당나라 이후로 유자들은 모두 유약하고 무기력하여 공자의 취지에 크게 반하였으니, 오직 명 대의 양명 일파만이 다소 그 본래의 참모습을 회복했을 따름입니다. 한편 본 왕조(청)에서는 고증학이 흥하여 유약함이 더욱 심해져 결국 성인의 가르침이 땅에 떨어지고 나라는 그에 따라 멸망하였습니다. 이는 모두 압제에 복종하려는 생각이 많고 평등과 자립의 기운이 감소했기 때문입니다. 따라서 지금 평등주의를 발현하니 강하게 서는 주의는 자연히 그것에 수반되는 것입니다.

다섯째, 공자교는 널리 포용하는 주의이지(즉 서로 용납하여 걸림이 없는 주의이지) 단독의 편협한 주의가 아닙니다.

부처님의 대승법은 일체를 포용할 수 있습니다. 그래서 화엄의 법계는 일과 일 사이에 걸림이 없고(事事無碍), 이치와 일 사이에 걸림이 없습니다(理事無礙). 공자의 대동교 또한 일체를 포용할 수 있습니다. 그래서 『중용』에서는 만물이 함께 발육되어 서로 해가 되지 않는다고 했고, 도가 함께 행해져 서로 어긋나지 않는다고 했습니다. 그것들이 서로 어긋나지 않으므로 함께 행해져도 무방한 것입니다. 예를 들어 삼세의 의미가 그렇습니다. 거란과 승평, 승평과 태평에서 그 법제에는 서로 반대되는 것이 많습니다만, 『춘추』에서는 그것들을 함께 용납하며 반대되는 것을 해가 되는 것으로 여기지 않습니다. 무릇 세상의 운행에는 갖가지 차이가 있되 법제는 각기 그 적절함에 부응하니, 마땅히 갖가지 차이가 있어야 합니다. 예컨대 부처님의 설법은 중생의 근기에 따라 차이가 있습니다. 그래서 법에도 갖가지 차이가 있으나 그 실법(實法)은 모두 같습니다. 만약 이러한 이치에 통한다면 틀림없이 문호의 다툼은 없어질 것이고 저들은 천하고 나는 귀하다는 근심도 없어질 것입니다. 이것이 대동교의 규모가 광대한 점입니다. 당시에 아홉 유파(九流)의 제자백가 중에 그 큰 스승들은 많은 이들이 공문의 제자에 속했으니, 공자교에서 받아들인 후 물러나 따로 기치를 세웠습니다. 예컨대 오기는 자하에게서 배워 병가의 종사가 되었고, 금활리는 자하에게서 배워 묵가의 거자가 되었습니다. 추연을 비롯한 제(齊)나라와 노(魯)나라의 여러 학생들은 음양가의 조상이 되었습니다. 그밖에도 이와 같은 부류의 일들은 아주 많았습니다. 대개 사상의 자유는 문명발달의 근원입니다. 여러 설이 뒤섞여 일어나 서로 경쟁하도록 놔두면 세계는 자연히 진보합니다. 『중용』의 '도가 함께 행해지되 서로 어긋나지 않는다'는 이치는 바로 춘추의 삼세가 함께 선다는 이치에 뿌리를 두고 있으며 그것이 공자의 참모습입니다. 그러나 한나라 이후로 존숭할 것이 하나로 정해지고 제자백가를 내쫓았으니, 이름은 공자를 존숭한 것이지만 실질은 공자의 뜻을 심히 배반한 것입니다. 결국 2천년 동안 모든 사람의 사상이 자유롭지 못해 기발한 이론을 발하는 자가 있으면 우르르 성인의 가르침이 아니고 무법적인 것으로 지목하였으니, 이것이 지식이 발달하지 못한 까닭입니다. 지금 함께 행해지되 어긋나지 않는다는 원칙을 마땅히 발현하여 제자(諸子)의 학문이 곧 공자의 학문임을 알고 제자를 존숭하는 것이 곧 공자교를 존숭하는 것임을 알아 천하의 사람마다 문호의 견해를 깨뜨리고 보수의 울타리를 제거하면 주나라에서 진나라의 옛 학문 부흥이 거의 이루어지고 인민의 지식이 발달하게 될 것입니다.

이상 각 조목에서 대략 그 대강을 열거하였습니다. 공자교의 혼(魂)을 중시하는 주의와 세계종교가 합일된다는 사상은 다른 날을 기약하겠습니다. 만약 제군들이 싫어하지 않으시어, 다른 회의에 다시 참여하는 것을 허락하신다면 다시 진술하여 가르침을 구하는 일이 있을 것입니다.

3. 남해 강유위(康有爲) 선생 전기(1901)*

『飮氷室文集』 卷6, 「南海康先生傳」

제6장 종교가로서의 강남해

선생은 종교가이기도 하다. 우리 중국은 종교의 나라가 아니다. 고로 수천 년 동안 종교가가 한 명도 없었다. 선생은 어려서 공자 학문을 배웠고 서초(西樵)에 은거해 계실 때에는 불교 전적에 침잠하여 크게 깨달음을 얻으셨으며, 밖으로 나와 노닌 후에는 예수의 책을 읽으셨다. 고로 종교사상이 특별히 성하시어 늘 의연히 여러 성인을 계승하시었으며, 중생을 널리 구제하는 것을 자신의 임무로 여기셨다. 선생은 종교를 말씀하실 때 신앙의 자유를 주장하시어 일가만을 존숭하거나 외도를 배척하지 않으셨고 세 성인이 일체이고 여러 교설이 평등하다는 이론을 견지하셨다. 그러나 중국에서 살아가니 마땅히 중국을 먼저 구제해야 한다고 여기셨고, 중국을 구제하려 하니, 중국의 역사와 습관을 따라 그들을 이롭게 인도하지 않을 수 없었다. 또한, 중국인에게는 공덕(公德)이 부족하고 단체가 흩어져 있어 대지에 설 수 없다고 여겨 그것을 통일시키고자 했으니, 나라 사람들이 함께 이고 진심으로 복종하는 것을 선택하지 않는다면 그들의 감정을 결합하여 그 본성을 크게 밝힐 수 없을 터였다. 이에 공자교의 복원을 가장 먼저 착수할 것으로 삼으셨다.

선생은 공자교의 마르틴루터이다. 그가 공자의 도에서 발견해낸 것은 한두 가지가 아니지만, 그 대강을 요약하면 여섯 가지 이치가 있다.

공자교는 진보주의이지, 보수주의가 아니다.

공자교는 겸애주의이지, 독선주의가 아니다.

공자교는 세계주의이지, 국별(國別:국가)주의가 아니다.

공자교는 평등주의이지, 독재주의가 아니다.

공자교는 강립주의이지 손나(巽懦, 유약)주의가 아니다.

공자교는 중혼(重魂)주의이지, 애신(愛身)주의가 아니다.

그가 공자교 복원에 종사함에 우선 속세의 학문을 배척하여 그것을 밝게 변별함으로써 운무를 걷어내고 맑은 하늘을 보지 않을 수 없었다. 이에 정리하고 살핀 순서를 세 단계로 나누었다.

첫째, 송학을 배척했다. 그들은 공자의 자신을 수양하는 학문만을 말하고 공자의 세상을 구하는 학문에 대해서는 밝지 못했기 때문이다.

둘째, 유흠(劉歆)의 학문을 배척했다. 그는 위서를 만들어 공자를 무고하고 후세를 무고했기 때문이다.

셋째, 순자의 학문을 배척했다. 그는 공자의 소강의 도통만을 전하고 공자의 대동의 도통은 전하지 않았기 때문이다.

과거에 중국에서 공자의 학문을 말하는 자들은 모두 『논어』를 유일무이한 보배로운 경전으로 여겼다. 그런데 선생은 『논어』가 공자 문하의 참된 전적이기는 하지만, 문하의 제자들이 기록한 데서 나온 것으로 각기 들은 것을 높이고 각기 하나의 이치에만 밝아 공자교의 전체를 다 드러낼 수 없었고, 그래서 육경에서 근본을 미루지 않을 수 없다고 여겼다. 육경은 모두 공자의 손으로 정해진 것이다. 그러나 시서예악은 다 앞 세대에 있었던 것을 덜어내고 보탠 것이고, 오직 『춘추』만이 공자가 스스로 지은 것이며, 『역』은 공자가 글을 덧붙인 것이다. 그러므로 공자의 도를 구하고자 한다면 『역』과 『춘추』에서 구하지 않을 수 없다. 『역』은 영혼 세계의 책이고 춘추는 인간세계의 책이다. 이른바 광대함을 다하고 정미함을 다하며 고명함을 다하면서도 중용(中庸)으로 이끄는 것이니 공자교의 정신은 여기에 있다.

선생은 『춘추』를 연구하실 때 우선 제도 개혁의 이치를 밝히셨다. 공자는 당시 세속의 폐단을 근심하시어 그것을 혁신할 것을 생각하셨으며, 그래서 천 년의 옛적으로 나아갔다가 물러나며 법률을 제정하시어 후세에 남기셨다. 『춘추』라는 것은 공자가 세운 헌법 안으로 중국을 야만의 영역에서 벗어나 문명으로 진입하게 하는 것이다. 고로 『춘추』는 천자의 일이라고 했다. 다만 공자가 처한 시대 상황과 지위로는 솔로몬이 될 수 없었고 루소가 될 필요도 없었다. 그래서 사건 기록에 근거해 부호를 세우고 구설로 전하였으니, 그 미언대의는 『공양전』, 『곡량전』 및 『춘추번로』 등의 책에 있다. 그 미비한 것은 갑을 미루어 을을 알고 한 구석에서 나머지 세 구석을 이끌어냈으니, 선생은 이에 『공자개제고(孔子改制考)』를 저술하시어 그 뜻을 크게 펼치셨다. 이것이 공자교 복원의 첫 단계이다.

다음으로는 삼세의 의미를 논했다. 춘추의 예에 따르면 12공(公)을 삼세로 나누었으니, 거란세, 승평세, 태평세가 있다. 거란과 승평은 소강이라도 하고 태평은 대동이라고도 하는데, 그 의미는 「예운」에서 전하는 것과 서로 표리를 이룬다. 소강은 국가주의이고 대동은 세계주의이다. 소강은 독재주의이고 대동은 평등주의이다. 무릇 세계는 소강의 단계를 거치지 않으면 대동에 이를 수 없고, 이미 소강의 단계를 지났다면 대동으로 나아가지 않을 수 없다. 공자는 소강의 개념을 세움으로써 현재의 세계를 다스리고, 대동의 개념을 세워 미래의 세계를 다스리려 했다. 이른바 사통팔달하여 작고 큰 것, 거칠고 정미한 것 등 그 어디에도 없지 않다. 그중에 소강의 개념은 문하의 제자들이 모두 받아들였고 순경 일파가 가장 성하여 양한(兩漢)에 전했으니, 학관(學官)에 세워졌다. 그러다가 유흠에 이르러 고문으로 된 경(經)을 위조하여 순자 학문의 학통 또한 빼앗기게 되었다. 한편 송, 원, 명의 유자들은 따로 성리(性理)를 발현하여 자못 유흠의 범위에서 벗어났으나 순자

학문의 작은 가지에서 벗어나지는 못했다. 대동의 학을 문하의 제자 중에서 받아들인 자는 적었으니, 자유와 맹자가 약간 그 대략을 얻었으나 그 계통은 중간에 단절되었다. 본 왕조에 이르러 황종희(黃宗羲)가 자못 그 일부를 엿보았다. 선생께서는 이에 『춘추삼세의』, 『대동학설』 등의 책을 저술하시어 공자의 참뜻을 발현해내었으니, 이것이 공자교 복원의 두 번째 단계이다.

『대역(大易)』의 경우에 그것은 원(元)으로 하늘을 거느리고 하늘과 사람이 함께 하는 학문이다. 공자의 교육은 부처님이 말씀하신 화엄종과 같아, 중생은 똑같이 성품의 바다에 근원하고 있다고 여겼으니, 중생을 떠나 성해(性海)는 없으며, 세계는 법계에 포함되어 있되 세계를 벗어난 법계 또한 없다. 고로 공자 교육의 큰 취지는 세간의 일을 많이 말하고 출세간의 일은 적게 말했으니, 세간과 출세간은 같지도 않고 다르지도 않기 때문이다. 그러나 거기에 근본과 말단은 있으니, 보통 근기를 가진 사람을 위해 설법을 할 때에는 그들을 따르게는 할 수 있어도 알게는 할 수 없었다. 만약 상등의 근기를 가진 자라면 반드시 무상의 지혜를 주어 무상의 원력을 기를 수 있게 했다. 고로 공자는 『역』에 「계사전」을 지어 영혼(魂)의 학문(學)을 밝힘으로써 사람들로 하여금 구구한 육신은 우연히 세간에 환상으로 현현된 것에 불과하여 아낄 것이 없고 미련을 둘 것이 없다고 하셨고, 그로 인해 커다란 용맹이 생겨나게 해 자신을 버리고 천하를 구하도록 했다. 선생께서는 이에 『대역미언(大易微言)』을 저술하고자 했으나 지금까지도 완성하지 못하셨다. 그러나 강학을 하실 때에는 항상 입으로 전하셨을 따름이다. 이것이 공자교 복원의 세 번째 단계이다.

그밖에 선생이 공자교에 관해 저술한 것으로는 『교학통의(敎學通義)』라는 책이 있는데, 소년기의 저작으로 지금은 이미 버려졌다. 또 『신학위경고(新學僞經考)』가 있는데, 세상에 나온 것이 가장 일렀다. 『춘추공양주(春秋公羊注)』, 『맹자대의술(孟子大義述)』, 『맹자공양상통고(孟子公羊相通考)』, 『예운주』, 『대학주』, 『중용주』 등의 책은 모두 세상에 공개되지 않았다. 이상이 선생께서 공자교를 밝힌 대략이다. 나는 따라 배운 이후로 그러한 이치를 다 받아들인 것이 오늘날에 이르기까지 10여 년이 되었다. 말단의 학문에 마음이 치달아 오랫동안 연구가 부족했고, 서구의 학설을 열람한 후에는 받아들인 것이 자못 번잡하여, 자연히 변별하여 선택함이 있게 되었다. 선생이 앞서 고찰한 각 이치에 대해 그와 같고 다름이 없을 수 없게 되었다. 요컨대 선생은 식견이 멀리 내다보고 생각이 예리하며 기백이 큰 것이 수천 년 후의 한 사람으로서 오랫동안 추락했던 앞선 성인의 정신을 발현해내어 우리 중국의 국교(國敎)에 거대한 빛을 내뿜는 것이었다. 이는 나 혼자만 마음으로 기뻐하고 진심으로 복종할 것이 아니요, 실로 이후 중국 교육계에서 영원히 잊을 수 없는 것이다.

선생은 불교에 대해 더욱 얻은 것이 있는 자이다. 선생은 양명학에서 출발해 불학으로 들어갔다. 그래서 선종에서 가장 힘을 많이 얻었고 화엄종을 귀착점으로 여겼다. 그가 배운 것은 마음이 곧 부처라는 것, 얻은 것도 깨달은 것도 없다는 것이었다. 그런 까닭에 정토를 좋아하지도 않았고 지옥을 두려워하지도 않았다. 두려워하지 않았을 뿐 아니라 늘 지옥에 머물렀다. 늘 머물렀을 뿐 아니라 늘 지옥에서 즐거워했다. 이른바 무량겁의 보살행을 행함이 바로 그것이다. 그런 까닭에 날마다 구국과 구민을 일삼았다. 그것 외에 다른 불법은 없다고 여겼다. 그가 다섯 가지 탁한 것이 어지러운 세계에 서 있으면서 그것에 의해 동요되지 않은 데에는 한 가지 방법이 있었으니, 그것은 항상 깨어 있음이었고, 인과에 어둡지 않음이었다. 고로 매번 횡포한 처사와 곤란한 지경에 맞닥뜨림에 늘 자신을 일깨워 '나'의 발원함이 본디 마땅히 이와 같았다, 나는 본디 즐거움을 버리고 고통으로 나아갔다, 본디 정토를 버리고 지옥에 머물렀다, 본디 중생들이 미혹되고 번뇌하므로 이 세계로 들어가 그들을 구제한다고 했다. 나는 단지 중생이 아직 깨닫지 못했음을 가엾게 여기고 나는 단지 법력의 정진을 구할 따름이니, 나에게 무슨 성냄이 있고 무슨 물러남이 있겠느냐고 하면서 스스로 가르쳤다. 신명이 편안해지고 용맹스러움이 더욱 배가되었으니, 선생의 수양은 실로 이러한 경지에 있었고 선생이 얻은 것은 실로 이러한 것에 있었다.

선생은 예수교에 대해서도 홀로 얻으신 것이 있었다. 예수교에서 영혼 세계의 일에 대해 말한 것은 그 원만함이 부처님보다 못하다고 여겼고, 인간 세상의 일에 대해 말한 그 정신도 공자보다 못하다고 여겼다. 그러나 그것의 장점은 단도직입적이고 오직 순결함에 있으며 단일한 표준이라는 한 가지 이치는 깊고 분명하다고 여겼다. 인류는 동포라고 말하고 인류는 평등하다고 말하는 것은 위로는 진리에 근원을 두고 있고 아래로는 실용에 절실하며 중생을 구제하는 데 가장 유효하다고 보았다. 불교의 이른바 둘이 아닌 법문인 것이다. 비록 그렇지만 선생은 중국에서 포교를 할 때 오로지 공자교로 했지 불교와 예수교로 하지 않았다. 그 이유는 싫어하는 바가 있었던 것이 아니라, 실로 민속과 역사에 관계되어 그러지 않을 수 없었던 것이다.

선생이 국민들에게 가장 힘을 다하신 것으로 종교 사업이 가장 컸다. 그가 천하에 비방을 들은 것 역시 종교 사업이 가장 많았다. 대개 중국에서 사상의 자유가 막힌 지 이미 수천 년이 되어 조금이라도 이견이 있으면 성인이 아니고 무법이라고 하거나 대역무도하다고 하였으니 만국의 앞선 일 중에 그렇지 않은 것이 없었다. 이는 소크라테스가 옥중에서 죽은 까닭이고 마르틴루터가 법정에 선 까닭이다. 선생의 박식함으로 곡학아세하여 일시적으로 널리 환영을 받을 수도 있었으나 이 자유로운 사상의 울타리를 열어젖히지 않으면 중국은 결국 구제될 수 없다고 여겼기 때문에 의연히 2천 년의 학자, 4억의 시류에 도전하고 결투를 했던 것이다. 아! 이것이 선생의 선생다움이다. 서양의 역사가들이 근세 정치, 학술의 진보를 논함에 종교개혁의 대업을 일체의 원동력으로 여기지 않는 자, 누구이던가? 후대에 학식이 있는 자, 반드시 이 사건을 살펴 판정할 것이다.

제9장 인물 및 그 가치

강남해는 과연 어떤 인물인가? 나는 그를 정치가라고 하느니 차라리 교육가라고 부르는 것이 낫고 그를 실천가라고 하느니 차라리 이상가라고 부르는 것이 낫다고 생각한다. 한마디로 말하자면 그는 시대를 앞서간 인물이다. 닭의 울음소리는 여러 동물보다 앞서고 금성의 출현이 뭇별들보다 앞서는 것과 같다. 그래서 사람들은 대부분 그것들을 보지도 듣지도 못했고 게다가 그 성질에는 실로 현 시대에 적합하지 않은 것도 있었다. 그런 까닭에 걸핏하면 책망을 받고 온 나라가 적대시했으니 그 원인은 다름 아닌 너무 일찍 세상에 나온 데 있었을 따름이다.

패기 있고 과감하게 사업을 개척해 가는 것은 선생의 가장 큰 장점이다. 그가 행하는 일 중에 오늘날에 이르기까지 이루어진 것은 하나도 없지만, 늘 사람들이 감히 개척하지 못하는 일을 개척하였으니, 매번 어떤 일을 할 때마다 후대 사람들에게 많은 일들을 남겼다. 그것이 원동력이 되었든 혹은 반동력이 되었든 사람들을 고요한 상태에서 활동하는 상태로 나아가게 한 자가 선생이었다. 선생은 가장 모험적이고 가장 활동하기를 좋아하는 사람이었다. 예전에 갑, 을 두 사람이 무술

---

* '남해 강선생전'은 제1장 시세와 인문, 제2장 가세 및 유년시대, 제3장 수양시대 및 강학시대, 제4장 위신국사시대(委身國事時代), 제5장 교육가로서의 강남해, 제6장 종교가로서의 강남해, 제7장 강남해의 철학, 제8장 강남해의 중국 정책, 제9장 인물 및 그 가치로 구성되어 있다. 그 가운데 제6장과 제9장을 번역한다.

년의 유신에 대해 다음과 같이 토론한 바 있다. 을이 말했다. "강유위도 보통사람에 불과하다. 그가 건의한 것은 나도 다 알고 행할 수 있는 것들이다." 갑이 말했다. "그렇다면 자네는 왜 행하지 않는가?" 을이 말했다. "어렵기 때문이다." 갑이 말했다. "어려운 줄 알면서도 하는 것이 강유위의 강유위다운 점이다." 이는 식견이 있는 말이라 하겠다.

선생은 가장 자신감이 넘치는 사람이다. 그가 붙잡고 있는 신념은 그 어떤 사람도 흔들 수 없으니, 학문적으로도 그렇고 일을 할 때도 그렇다. 신념에 따라 사물을 찾으려 하지 않고 매번 사물을 녹여 취하여 자신의 신념에 보탠다. 늘 육경은 '나'의 각주이고 여러 산이 다 복종한다고 하는 기개가 있다. 그래서 선생을 비판하는 자들은 그를 독단적이라 하고, 집요하다고 하며 독재적이라 하였는데, 이는 이유가 없는 것이 아니라 하겠다. 그러나 사람에게는 단점이 있으면 장점이 있다. 게다가 단점은 장점 안에 있고, 장점은 단점 안에 있다. 선생이 난제를 두려워하지 않고 강건하고 과감하게 세계를 뒤흔들 수 있었던 까닭은 다 이러한 자신감에 의해서였으니, 이는 불학에서 크게 힘입은 것이었다.

선생은 일을 맡으면 그 일의 크고 작음을 가리지 않았다. 늘 일에는 크고 작은 것이 없다고 말했다. 비교해보면 커다란 천상세계의 뭇 별과 하늘에 비하면 어느 것이 작지 않겠으며, 서륜(西輪), 미세한 벌레, 먼지, 겨자에 비하면 어느 것이 크지 않겠는가? 크고 작은 것이 있다고 말하는 것은 허망하게 분별이 일어나는 것일 따름이다. 그러므로 한 가지 일에 맞닥뜨려 그 '차마 두고 보지 못하는 마음(不忍人之心)'을 건드리는 것이 있으면 곧바로 전력을 다해 행한다. 힘을 아주 많이 쓰지만, 성과가 거의 없더라도 아쉬워하지 않았다. 그의 반평생은 방해하는 힘에 둘러싸여 있었으니, 대체로 스스로 그것을 행하는 것을 좋아한 것이다.

선생은 머리가 가장 영민하시어 책을 한 권 읽을 때 한 번 읽고는 암송을 했고, 한 가지 일을 논할 때 몇 마디로 결정했다. 그의 앞에 도달하는 사물들에 대해서는 즉각 분석하는 것이 논리 정연했다. 가끔 합당하지 않은 것도 있었으나 모두 다 그 목적에 도달하는 데 도움이 되었다.

선생의 달관은 내가 참으로 미치지 못하는 바이다. 현재의 위치에서 할 일을 하고 그 올바른 것을 따라서 받아들이라는 것은 그가 평생 가슴에 품고 따른 말이다. 또 자신이 지옥에 들어가지 않으면 누가 지옥에 들어가 이 중생을 구제하겠느냐고 생각하여 환난을 만나든지 곤궁함을 만나든지 모두 자신에게 마땅히 있어야 하는 일이고 반드시 그래야 자신의 책임을 다하는 것이라고 여기기도 했다. 날마다 나라를 걱정하고 천하를 걱정했으나 몸은 세상 사이에서 늘 태연했다. 선생이 진보주의적인 인물이라는 점은 사람들이 알지만, 그는 보수적인 성격이 짙은 인물이기도 하다. 사랑의 바탕을 가장 중시하고 옛것을 사모함이 가장 절실했다. 옛 금석(金石)을 좋아하고 옛 서적을 좋아했으며, 옛 기물을 좋아하고 옛것에 독실하고 고향에 대한 정취가 두터웠다. 그는 중국사상계가 국수(國粹)를 보존해야 한다고 간절하게 이야기했다. 대체로 선생의 학문은 역사를 근저로 하고, 겉모습은 급진파인 것 같지만, 그 정신은 실로 온건파이다. 나는 이후에 새로운 것을 배운 소생이 더욱 선생을 수구적이라고 틀림없이 비웃을 것이라는 점을 안다. 비록 그러겠지만 진실로 그와 같은 것은 중국의 복이다.

요컨대 다른 이들이 선생을 어떻게 헐뜯고 단죄하며 적대시하든 선생은 참으로 많은 이들의 공격의 대상이고 오늘날의 원동력이며 미래의 스승이다. 미래의 어느 날 성취하는 것이 더욱 많건 어떻건 간에 지금 그는 중국 정치사와 세계철학사에서 아주 중요한 위치를 점하고 있다고 나는 감히 단언할 수 있다. 비록 그렇지만 그것은 선생이 바라는 것이 아니다. 선생은 오직 서원(誓願)을 따라서 오시어, 마주친 바에 따라 행하였다. 차마 두고 보지 못하는 마음을 따라 한 가지 일을 하면

한 가지 일을 한 것으로 치고, 한 부분을 다했으면 한 부분을 한 것으로 쳤을 따름이다. 우리 중국이 미래에 수많은 위대한 정치가, 외교관, 철학자, 교육자가 없을까 걱정하지 않지만, 그에 앞서 이 자신감 있는 자, 모험가, 이상가인 강남해가 없어서는 안 될 것이다. 내가 어찌 엄청난 양의 뜨거운 피를 들이부어 중국과 중생을 대신해 감사를 표하지 않을 수 있겠는가?

영국의 명재상 크롬웰은 일찍이 어떤 화가를 꾸짖으며 "Paint me as I am"이라고 했다. 나쁜 화가가 자신에게 알랑거리니, 자신의 진짜 모습대로 그리라고 한 것인데, 이것은 세상에 전해져 미담이 되었다. 나는 강남해 전기를 지었다. 이것에 다른 장점은 없거니와, 오직 크롬웰이 꾸짖는 정도에 이르지는 않았다고 자신한다. 48시간에 기초하여 전기가 이루어졌다. 공자 탄신 2452년 11월 9일, 양계초가 일본 요코하마(橫濱) 산초(山椒)의 음빙실(飮氷室)에서 기록하였다.

4. 공자교 보위는 공자를 존숭하는 것이 아님에 관하여

『飮氷室文集』 卷9, 「保敎非所以尊孔論」(1902)

이 글은 저자의 수년 전 주장과 정반대된다. 말하자면 내가 내 창으로 나를 찌르는 것이다. 지금은 맞지만, 과거에는 틀렸다는 점에 대해 감히 침묵할 수 없다. 이것이 사고의 진보일까, 퇴보일까? 독자들 생각의 진보와 퇴보로 나는 그것을 결정하고자 한다.

서론

최근 10년 동안 세상을 걱정하는 선비들은 종종 3색의 기치를 들고 나라 가운데에서 뛰어다니며 부르짖었거니와, 그것을 나라의 보위(保國), 종족의 보위(保種), 공자교의 보위(保敎)라 한다. 그 펼친 뜻이 높지 않다고 할 수 없고 그 애쓰는 것이 고생스럽다고 하지 않을 수 없다. 소생 역시 이 깃발 아래에 있던 보잘것없는 군졸일 뿐이었다. 그랬지만 지금의 이해력과 안목으로 큰 판세를 관찰해보면 우리가 금일 이후로 노력해야 할 것은 오직 나라의 보위뿐이다. 종족과 공자교는 급한 것이 아니다. 어째서인가? 저들이 말하는 종족 보위는 황인종의 보위인가, 중화종족의 보위인가? 그 경계선이 다소 불분명하다. 만약 황인종 보위를 말한다면 저 일본 역시 황인종으로서 오늘날 엄청나게 흥하였는데, 우리가 그들을 보위할 필요가 있겠는가? 만약 중화종족의 보위를 말하는 것이라면 우리 중화 4억 인은 전 세계 인구의 1/3을 차지하므로, 노예가 되든 우마가 되든, 그들이 멸절되는 것은 볼 수 없을 것이다. 나라를 보위할 수 있으면, 종족은 강하지 않음이 없지만, 나라가 보존되지 않으면 이 노예와 우마를 보존하여 지금보다 10배 불어난다고 해도 무슨 이득이 있겠는가? 그러므로 종족 보위는 나라 보위의 범위 안에 포함되지, 따로 그 개념을 세울 필요는 없는 것이다. 한편 공자교 보위를 제안하는 자의 경우, 그 가려진 점으로 몇 가지가 있다. 첫째는 공자의 참모습을 모르는 것이고, 둘째는 종교가 무엇인지 모르는 것이며, 셋째는 금일 이후 종교 세력의 변화를 알지 못하는 것이고, 넷째는 여러 나라의 정치와 종교 사이의 관계를 알지 못하는 것이다. 아래에서 이를 하나씩 논하려고 한다.

종교는 인력으로 보위할 수 있는 것이 아니다

종교와 나라는 다르다. 나라는 인민을 모아 이루는 것으로서 인민을 빼면 나라는 없다. 그러므로 나라는 반드시 사람의 힘에 기대어 보위되는 것이다. 반면 종교는 그렇지 않다. 종교라는 것은 사람을 보위하는 것이지 사람에 의해 보위되는 것이 아니다. 우승열패의 법칙으로 추론해 보면, 그 가르침을 훌륭하게 만들면 반드시 다른 종교를 이겨낼 수 있고, 갈아낼수록 밝아지고, 누를수록 펴지며, 구속할수록 멀리까지 간다. 이는 일종의 영감(inspiration)이라는 것이 있어, 사람의 머릿속 식견을 끌어들여 따르지 않을 수 없게 하는 것이니, 어찌 사람이 그것을 보위할 필요가 있겠는가? 그 가르침이 그렇지 못하면 페르시아의 조로아스터교, 인도의 바라문교, 아랍의 이슬람교처럼 일시적으로 인간의 힘으로 최고로 융성함에 도달했다고 할지라도 끝내는 이 문명 세계에 존재할 수 없다는 점은 의심할 것이 없다. 이것이 반드시 종교를 보위할 필요는 없다는 주장이다. 반대로 그것을 보위하겠다고 한다면, 그것을 보위하는 자의 지혜와 능력이 그 보호의 대상보다 훨씬 뛰어나야 한다. 마치 자애로운 부모가 갓난아기를 보호하고 전제정치를 하는 영명한 군주가 백성들을 보호하듯이 말이다. (나라를 보위하는 것은 이것 안에 포함되지 않는다. 나라는 무의식적인 것으로서 나라를 보위하는 것은 실로 사람마다 보위할 수 있을 따름이다.) 저 교주는 불세출의 성현, 호걸이자, 인류의 스승이다. 우리는 '그의 지혜와 능력을 보아 교주로 간주하면 어떠한가?'라고 하고는 멋대로 보위하자, 보위하자고 하니 어찌 거짓된 것이 아니겠는가? 이는 신앙하는 힘이 너무 커서 교주를 모독하는 것이 아니겠는가?'라고 자문한다. 이것이 보위해서는 안 된다는 주장이다. 그러므로 이른바 종교를 보위하자는 그 말이 이치에 합치되지 않아 성립될 수 없다는 점은 진실로 그렇다.

공자교의 성격은 여러 종교와 다르다

지금 공자교 보위의 주장을 견지하는 자가 "중국에는 종교가 없다"는 서양인의 말을 듣고는 확 얼굴에 노기를 띠고는 "이는 우리를 모함하는 것이요! 이는 우리를 모독하는 것이요!"라고 할 것이니, 이는 종교가 어떤 것인지 모르기 때문에 그러는 것이다. 서양 사람들이 말하는 종교라는 것은 미신적인 신앙을 가리킬 뿐이고, 그 힘이 미치는 범위는 육신의 세계 밖에 있으며, 영혼을 근거로 하고 예배를 의례로 하며, 세속을 벗어나는 것을 목적으로 하고 열반과 천국을 궁극으로 하며, 내세의 화복을 법문으로 한다. 모든 가르침에 크고 작으며 정밀하고 개략적인 차이는 있지만, 그 대강은 하나이다. 그러므로 그 가르침을 받드는 자에게 믿음을 일으키는 것보다 중요한 것은 없다. (예수교는 세례를 받을 때 반드시 십신경(十信經)이라는 것을 외우는데, 그것은 예수의 갖가지 기적을 믿는다는 것으로, 불교에는 기신론(起信論)이 있다.) 마귀를 항복시키는 것보다 급한 것은 없다. 믿음을 일으킨다는 것은 사람들이 의심하지 못하게 하여 사람의 사상의 자유를 질식시키는 것이다. 마귀를 항복시킨다는 것은 자파의 견해를 견지하면서 그 밖의 것을 배척하는 것이다. 그러므로 종교는 사람을 진보하게 하는 수단이 아니다. 인간사회가 진화하는 첫 번째 시기에는 커다란 공로가 있었으나 두 번째 시기 이후로 그 폐단은 덮어버리기에 부족한 것 같다. 반면 공자는 그렇지 않았다. 그가 가르친 것은 오로지 세계, 국가의 일이었고, 윤리, 도덕의 근원이어서, 미신도 없고 예배도 없으며, 회의도 금하지 않았을 뿐 아니라, 다른 도(道)도 적대시하지 않았다. 공자교가 여러 다른 종교에 비해 특별히 다른 점이 바로 여기에 있다. 솔직히 말해 공자는 철학자, 경학(經學)자, 교육자였지 종교가는 아니었다. 서양 사람들이 종종 공자를 소크라테스와 함께 거론하지, 석가모니, 예수, 무함마드와 함께 거론하지 않는 것은 참으로 옳다고 하겠다. 종교라고 하지 않는 것이 공자에게 무슨 손해날 것이 있는가? 공자는 "사람도 섬기지 못했는데 어떻게 귀신을 섬길 수 있겠느냐?"라고 했고, "삶에 대해서도 알지 못하는데 어찌 죽음에 대해 알 수 있겠느냐?"라고 했다. "선생님께서는 괴이한 힘이나 어지러운 신들에 대해서는 말하지 않으셨다."고도 했다. 공자가 확립한 교육의 기초는 서양의 교주와는 달랐다.

공자교 보위론(保教論)을 견지하는 자는 교회를 설립하고 교당을 세우고 예배의 의례를 정하고 신앙의 규율에 관한 조목을 저술하는 등, 사사건건 불교와 예수교를 모방하려 하는데, 이는 쓸데없는 일인 것 같다. 그것은 불가능할 뿐 아니라, 가능하다고 하더라도 그것은 공자를 심하게 무고하는 것이다. 공자는 예수처럼 하느님 아들의 화신이라 스스로 칭한 적이 없다. 공자는 붓다처럼 하늘의 용을 부린다고 말한 적이 없다. 공자는 사람들에게 자신의 말 외에는 모두 믿어서는 안된다고 한 적이 없고, 자신의 가르침 외에는 모두 따라서는 안 된다고 한 적이 없다. 공자는 사람이고, 앞서 살았던 성인이고, 앞서 살았던 스승이지, 하늘이 아니고 귀신이 아니며 신이 아니다. 억지로 공자를 가지고 부처와 예수를 본뜸으로써 공자교 보위를 말한다면 보위하는 것은 분명 공자교가 아닐 것이다. 그 이유는 다른 데 있는 것이 아니라, 그가 종교의 함의를 오해하고 남의 것을 몹시 부러워해 자신의 본래 모습을 잊었다는 데 있다.

미래에 종교 세력이 쇠퇴할 징조에 관하여

공자교 보위론은 어디서 생겨났는가? 예수교의 침입을 두려워하여 그것을 저지할 방법을 생각한 데서이다. 그러나 나는 그것을 우려하는 것이 잘못이라고 생각한다. 저 종교라는 것은 사회진화의 제2기 문명과는 서로 용납되지 않는다. 과학의 힘이 성할수록 미신의 힘은 쇠해진다. 자유의 영역이 확장될수록 신권의 영역은 축소된다. 오늘날 유럽에서 예수교의 세력을 보건대 그것은 수백 년 전의 십 분의 일 혹은 이에 불과하다. 옛날에 각국 군주는 교황의 자리를 우러러, 존귀하고 영화롭게 여겼으나 지금은 군주제로 자신을 그렇게 만들었다. 옛날에 교황은 로마라는 천혜의 요새를 장악하고 전 유럽을 지휘했으나 지금은 이탈리아에 의탁하는 신세가 되었다. 옛날에 목사와 신부에게는 모두 특권이 있었으나 지금은 정치에 참여하지 않는다. 이 점들이 정계에서의 상황이다. 학계의 경우 옛날에 교육의 전권은 교회에 있었으나 지금은 바뀌어 국가로 귀속되었다. 코페르니쿠스 등의 천문학이 흥기하자 교회는 '적국'이 하나 늘었고, 다윈 등의 진화론이 흥기하자 교회는 또 '적국'이 하나 더 늘었다. 전력을 다해 그것들을 밀쳐냈지만 그럴 수 없었다. 그리하여 오늘날에 이르러서는 그 주장을 변화시키고 그 면모를 바꾸어 일시적으로 미봉할 수밖에 없게 되었다. 이와 같으니 예수교의 앞길은 알 만하다. 저들은 정밀한 것을 취한 것이 많고 사물에 작용함이 광대하니, 참으로 부자가 망해도 삼 대는 간다고, 천 년 이상 유지되던 세력이 갑자기 하루아침에 소멸하지는 않을 것이다. 그러나 앞으로 예수교가 그 잔재를 보위할 수 있다고 하더라도 수백 년 전의 모습이 아닐 터임은 단언할 수 있다. 그러니 내가 오늘 그것이 쇠미함으로 나아가는 모습을 그려 남의 결점을 장점인 줄 알고 배우는 발걸음이 하책이 됨을 파헤치는 것이 어찌 불필요하다고 하겠는가?

혹자는 저 종교가 유럽에서는 쇠약해졌지만, 중국에서는 성행하므로 자신이 어찌 막지 않을 수 있겠냐고 하지만, 그것은 그렇지 않다. 예수교가 중국에 들어오는 데에는 두 가지 목적이 있다. 하나는 진짜 전도를 위해서이고, 다른 하나는 각국 정부가 그것을 이용해 우리의 권리를 침해하기 위해서이다. 중국인이 예수교에 입교하는 것에도 두 종류가 있다. 하나는 참으로 믿기 위해서이고, 다른 하나는 외국인 선교사를 이용해 관리에 저항하거나 향촌을 농단하기 위해서이다. 저 참으로 전도를 하고 참으로 믿는 자들이 중국에 무슨 해가 되겠는가? 예수교의 장점이 되는 것을 어찌 무고할 수 있겠는가? 우리 중국은 드넓은 바다의 파도처럼 도도하여 불교를 받아들이고 이슬람교를 받아들였으며 장릉(張陵)과 원료범(袁了凡)의 종교도 받아들였거늘, 어찌 예수교만 거부할 수 있겠는가? 게다가 예수교는 우리나라에 들어온 지 수백 년이 되었지만, 상류의 인사 가운데 그것을 따르는 자가 드무니 그 힘이 우리나라를 바꾸기에 부족하다는 점 또한 분명하다. 그런데도 그것을 호랑이처럼 두려워하는 것은 무엇 때문인가? 각국 정부와 향촌의 나쁜 이들이 이 종교를 이용해 우리의 주권을 침해하고 우리의 정치를 어지럽히기 때문이니, 이는 공자교회를 열어 공자교 보위를 주장한다고 해서 막을 수 있는 것이 아니다. 정치를 닦아 밝혀 나라가 자립할 수 있다면 글래드스턴(William Ewart Gladstone)이 아일랜드교의 모임에 평등한 권한을 주었던 것을 따라 해도 좋고, 비스마르크가 이교도로 제한을 가한 것을 따라 해도 좋다. 주권이 우리에게 있다면 누가 건드릴 수 있겠는가? 그러므로 저 공자교 보위를 견지하여 저들을 저지하자는 주장은 내가 보기에는 근거가 없는 것이다.

법적으로 본 신앙의 자유라는 이치

저 공자교 보위론을 견지하는 자들은 스스로 자신의 식견이 속세의 사람들보다 한 등급 높다고 하지만, 그들은 근세문명의 법의 정신을 몰라, 그것과 서로 어그러진다. 지금 그 주장이 물론 공언에 불과하지만, 그 주장이 갈수록 성행해 그 주장을 하는 자가 한 나라의 주권을 장악한다고 한다면 어찌 그 품고 있던 뜻을 실행하여 이른바 국교를 세움으로써 억지로 인민들이 따르도록 하지 않겠는가? 정말 그렇게 된다면 우리나라는 그로 인해 여러 일이 일어날 것이다. 저 유럽에서는 종교적 분파로 인해 전쟁이 수백 년 동안 이어졌고 피를 흘린 이가 수십만 명이었다. 오늘날 그 역사를 읽어도 모골이 송연해진다. 몇 번의 토론을 거치고 몇 번의 변화를 거치고서야 '신앙의 자유'라는 조목이 여러 나라의 헌법에 실리게 되었으니, 오늘날에는 각국이 그렇지 않음이 없다. 그리하여 종교적 다툼의 재앙이 거의 사라졌다. 신앙의 자유라는 이치는 한편으로는 국민의 품성을 고상하게 만들었으며, (만약 국교를 단독으로 세워 이것을 받들지 않는 자는 온전한 권리를 누릴 수 없게 한다면, 국민 중에 혹여 마음속으로 믿는 이가 있다고 하더라도, 이는 종교가 힘에 의해 강요되어, 스스로를 속이고 서로 따르는 것으로, 국가가 인민을 이끌고 신뢰의 덕을 내다버리는 것이다. 종교적 신앙의 자유에 관한 이론에서는 이것이 가장 중요하다.) 다른 한편으로는 국가의 정치체제를 통일했다. (옛날에 신앙의 자유에 관한 법이 확립되지 않았을 때, 나라 안에 두 종교이상이 있으면 항상 서로 물과 불 같았다.) 더욱 중요한 것은 정치와 종교의 한계를 획정하여 서로 침해하지 않는 것이다. 정치는 세속의 법에 해당되고 종교는 출세간법에 해당된다. 교회가 그 권한으로 정부를 침해해서 안 되는 것은 물론이요, 정부 또한 그 권한을 남용해 국가의 영혼에 간여해서는 안 된다. (자유 이론에 따르면 타인의 자유권에 해가 되지 않는 한, 개인의 말, 행동, 생각에 대해 정부가 간섭해서는 안 된다. 내가 믿고자 하는 종교가 가져다주는 이익과 해로움은 내가 받으며 타인에게 손해를 입히는 일은 없다. 그러므로 타인과 정부는 간여할 수 없다.) 그러므로 이 법이 행해지면 정치와 교화(敎化)가 크게 진보하게 될 것이다! 우리 중국의 역사가 다른 나라에 비해 우월한 점이 한 가지 있다. 바로 수천 년 동안 종교적 쟁투의 화가 없었다는 것이 그것이다. 저 유럽에서는 수백 년 동안 정치가들이 심혈을 기울여, 온갖 수단을 동원해 종교를 조화롭게 하여 정치권력을 회복하려고 했다. 세계 역사에 남아 있는 그 자취는 곳곳에서 살펴볼 수 있다. 다행히 우리 중국은 그러한 혼란이 없었다. 즉 이는 공자가 우리들에게 가져다준 천행(天幸)이었다. 그런데 지금 서양의 전철을 밟아 이 한계를 만드는 것은 무엇 때문인가? 지금 공자교 보위론을 견지하는 자들의 힘이 이후에도 지속되게 해서는 안 된다. 예수교가 중국에 들어오지 않았을 때, 공자는 공자였고 예수는 예수로 각자 자유롭게 행해졌으며 둘 다 의심할 것이 없었다. 그런데 까닭 없이 건널 수 없는 강을 만들고 담벼락을 치니, 양자는 나날이 물과 불 같아지고 종교적 분쟁이 일어나며, 정치적 다툼 또한 그것을 따라 일어날 것이다. 그것은 우리 국민이 분열되는 화근이 될 것이니, 공자교 보위를 말하는 자는 오랫동안 깊이 생각해보아야 할 것이다.

공자교 보위의 주장이 국민의 사상을 속박하는 것에 관해

문명이 진보하는 원인은 하나가 아니겠지만, 사상의 자유는 그것의 총체적 원인이다. 유럽에 오늘날이 존재하는 것은 다 14~15세기의 문예부흥에서 비롯되었다. 그때 교회의 울타리를 벗어나고 사상계의 노예근성을 일신하였으니, 그 진보의 세찬 기세는 아무도 막을 수 없었다. 이 점은 역사학을 조금이라도 공부한 사람이라면 알 것이다. 우리 중국 학계에서 가장 빛나고 위대한 인물이 많았던 때는 전국시대였는데, 이는 사상적 자유가 가져다준 분명한 효과였다. 그러나 진시황이 제자백가의 말을 불사르고 방술(方術)의 선비들을 묻어, 사상이 한 차례 질식되었다. 또 한 무제 때에는 육예(六藝)를 표창하고 제자백가를 축출하여, 육예의 과목에 있지 않은 것은 절대 진보할 수 없게 되었다. 이에 사상이 또 한 번 질식되었다. 한나라 이래로 공자의 가르침을 행한다고 하는 자가 2천여 년 가까이 존재했는데, 모두 아무개를 표창하고 아무개를 축출하는 것을 일관된 정신으로 삼았다. 그리하여 정학(正學)과 이단 사이에 쟁투가 있었고, 지금의 학문과 옛 학문 사이에 쟁투가 있었으며, 옛 학문을 말하는 자는 스승의 학문을 다투었고, 성리를 말하는 자는 도통(道統)을 다투었다. 각기 자신을 공자교라 여기고 타인을 공자교가 아니라 배척했다. 이에 공자교의 범위는 날이 갈수록 위축되고 작아졌다. 점차 공자가 동중서와 하휴(何休)로 변했다. 점차 공자가 마융과 정현으로 변했다. 점차 공자가 정이천과 주자로 변했다. 점차 공자가 한유와 구양수로 변했다. 점차 공자가 육상산과 왕양명으로 변했다. 점차 공자가 기윤(紀昀)과 완적으로 변했다. 모두 사상을 한 점에 묶어 새로운 국면을 열지 못했다. 마치 원숭이 무리가 과실 하나를 얻자 던지며 서로 빼앗는 것과 같았고, 노파의 무리가 돈을 얻자 욕하며 서로 빼앗는 것과 비슷했다. 그 모습이 어찌 가련하지 않다 하리오? 무릇 천지는 크고 학계는 광대하니, 누가 공들이 말하는 것을 제한할 수 있겠는가? 그렇지만 공들은 과연 무엇을 하는 자들인가? 이들은 다름 아니라 애매하게 특정 선생의 말을 지킨다. 그 중에서 조금이라도 이 범위 밖에 있는 것이라면 그것을 감히 말할 수 없을 뿐 아니라 생각하려 하지도 않았던 것이다. 이것이 2천여 년 이래로 공자교 보위의 무리들이 얻은 결과이다. 일찍이 공자가 그러했는가? 공자가 『춘추』를 지어 삼대(三代)에서 덜어내고 보태어 역대의 제왕 내지는 이상하고 법도를 벗어나며 기괴한 주장을 바로잡은 것이 전 편에 가득하니, 공자의 공자 다운 점은 바로 그 사상의 자유로움에 있다. 그런데 공자의 문도로 스스로를 칭하는 자들이 그 정신에 반하여 그것을 활용하니, 이 어찌 공자의 죄이겠는가? 아! 오늘날 여러 학문이 날로 새로워지고 여러 사조가 흘러넘치는 시대에 공자교 보위를 공자 존숭의 방법으로 여기니 이는 그만둘 수 없는 것인가!

게다가 오늘날 공자교 보위를 말하는 자는 그 방법 또한 옛날과는 다소 다른 점이 있다. 그들은 공자교의 범위를 넓히고자 한다. 이에 근세의 새로운 학문과 새로운 이론을 취하여, 거기에 갖다 붙여 이러저러한 것은 공자가 이미 알고 있었고, 이러저러한 것은 공자가 일찍이 이야기했다고 한다. 그 고심에 대해서는 나 또한 경의를 표하는 바이다. 그러나 안타깝게도 그들은 공자를 심히 무고하고 있으며, 사람들이 사상적으로 자유로워지는 길을 더욱 방해하고 있다. 공자가 2천 년 전에 태어났을진대, 그는 2천 년 이후의 일의 이치나 학설을 다 알 수 없었을 것이다. 그 사실이 공자에게 무슨 해가 됨이 있겠는가? 소크라테스는 기선을 탄 적이 없지만, 기선을 만드는 자는 소크라테스를 존경하지 않을 수 없다. 아리스토텔레스는 전선을 이용한 적이 없지만, 전선을 만든 자는 아리스토텔레스를 감히 깔볼 수 없다. 이 이치는 당연하다. 공자의 성스러운 지혜로 그가 본 것 중에 오늘날 새로운 학문, 새로운 이론과 은연중에 합치되는 것이 틀림없이 많은 것이다. 이는 더 말할 필요가 있겠는가? 그러나 만약 하나씩 갖다 붙이고 포함시킨다면 그것은 이 새로운 이론, 새로운 학문이 나의 마음에 분명히 있어 그것을 따르는 것이 아니라, 다만 우리 공자와 은연중에 합치된다고 하여 그것을 따르는 것일 뿐이다. 이는 사랑하는 바가 여전히 공자에게 있는 것이지 진리에 있는 것은 아닌 것이다. 만일 사서와 육경에서 두루 찾았으나 결국 갖다 붙일 수 있는 것이 없다면, 확실하여 바뀔 수 없는 진리임을 분명히 알았다고 하더라도 감히 따를 수 없을 것이다. 만일 내가 갖다 붙인 것에 대해 누군가 그것을 꼬집어 말하기를 공자는 그렇지 않았으니, 그것은 폐기하지 않을 수 없다고 한다면, 진리는 결국 우리 국민들에게는 전해지지 못할 것이다. 그래서 나는 말장난을 하는 천한 유자들을 가장 싫어한다. 서구학문을 중국학문에 갖다 붙이는 자는 그 명분은 새로운 것을 여는 것이지만, 실제로는 보수이고, 사상계의 노예근성을 부채질해 그것을 더욱 자라나게 하는 것이다.

나에게는 눈과 귀가 있고 나에게는 생각이 있다. 오늘날 찬란한 문명세계에 태어나 동서고금의 학술이 나란히 있으니, 당상에 앉아 그 시비곡직을 판단하여 괜찮은 것은 보급하고 그렇지 않은 것은 버리는 것은 대장부 최고의 유쾌한 일이 아니겠는가? 남이 뭐라고 한다고 해서 자신도 따라야 한다고 한다면, 공들은 과연 무엇을 하는 자들인가? 그러므로 이러한 방법으로 공자교를 보위하려는 자들은 무고가 아니면 우둔한 것이다. 요컨대 결국 국민에게 무익하다고 단언할 수 있다.

공자교 보위의 주장은 외교에 방해가 되는 것에 관하여

공자교 보위가 사상의 자유를 저해한다는 것이 이 논문의 가장 큰 목적이다. 그런데 그다음으로는 외교에 방해가 됨을 말하고자 한다. 오늘날 중국은 쇠약함이 누적된 상태에 처해 있는데다가, 외국인이 교회를 이용하는 상황에 직면해 있다. 그런데 국민들에게는 일찍부터 기독교를 원수로 여기는 경향이 있다. 그리하여 톈진(天津) 교안(敎案)에서 의화단에 이르기까지, 수십 년 동안 갖가지 외교적으로 지극히 어렵고 험난한 문제가 민중과 기독교의 투쟁 속에서 일어난 것이 열이면 일고여덟이었다. 그렇지만 그것들은 모두 무지한 백성들이 일으킨 사단일 뿐이다. 반면 오늘날에는 박학다식한 사대부들이 기치를 높이 올려 공자교 보위를 말한다. 공자교 보위이므로, 그들은 논저나 연설에서 주장하지 않을 수 없는 것이, 공자교를 보위해야 하는 까닭에 대해서 말하자면 반드시 예수교를 통렬히 비난해야 한다. 서로 다투면 반드시 저열한 말이 많아지고 그 글은 절제되지 않고 말장난을 쳐 사람들을 놀라게 한다. 백성들이 기독교를 원수로 여기는 것으로는 부족하다고 여겨, 그 파고를 더욱 높이는 것이다. 내가 이 말을 하는 것은 우리나라 사람들이 외국인에게 아부하기를 권면하는 것은 아니다. 다만 한 가지,

일을 할 때 반드시 그것이 이로운지 해로운지 헤아리고 그 이해득실의 경중을 따져야 한다는 것이다. 지금 공자교의 존재 여부는 공자교 보위로 성사될 수 있는 것이 아니다. 예수교의 유입 여부도 공자교 보위로 거부할 수 있는 것이 아니다. 그 이롭다고 할 만하지 않음이 그와 같다. 만일 내가 시끄럽게 소란을 피워 타인의 소란을 야기한다면 언젠가는 다시 톈진의 교안 같은 것이 일어나, 교회당 하나로 인해 부(府), 현(縣) 책임자들의 목을 요구하게 될 것이다. 쟈오저우(膠州) 교안 같은 것이 일어나 선교사 두 명 때문에 백리의 영토를 잃고, 성 한 곳에 대한 권리를 상실하게 될 것이다. 의화단 사건 같은 것이 일어나 서양인 수십 사람이 목숨을 잃음으로 인해 11개국의 병사가 출동해 5억을 배상하게 될 것이다. 이렇다면 국가의 우환은 어찌되겠는가? 아! 천하의 일이 최초에는 조그맣지만 끝내는 거대해진다. 공자교 보위론을 주장하는 자들은 기우라 여기지 말라.

공자교는 없어질 리 없다는 생각에 대하여

그렇지만 공자교를 보위하려는 무리의 마음 씀을 나는 물론 깊이 이해하고 깊이 경의를 표한다. 그들은 공자교를 사랑함이 깊되, 사랑할수록 더욱 그것에 대해 우려하며 그것이 미래에 없어질까 두려워한다. 그리하여 이해관계를 따지지 않고 힘을 헤아리지 않고 산을 옮겨 바다를 메우겠다는 정신으로 그것을 보위하려 한다. 그러나 나는 이 남모르는 근심을 품는 것이야말로 진짜 기우라 생각한다. 공자교는 모든 시간에 걸쳐 있고 모든 공간에 가득하여 만고에 소멸될 수 없는 것이다. 다른 종교는 의례를 중요하게 여긴다. 그래서 자유가 창성하자 의례는 없어지고 다만 미신으로 귀착되었다. 진리가 밝혀지고 미신은 교체되었다. 그것은 미래의 문명과는 결코 서로 용납되지 않으니, 자연 진화의 법칙이 그러하다. 그러나 공자교는 그것과는 다르다. 그것이 가르치는 것은 사람의 사람다움, 사회의 사회다움, 국가의 국가다움에 관한 것이다. 이 모든 것은 문명이 진보할수록 그것에 대한 연구 또한 더욱 중요해지는 것들이다. 근세의 위대한 교육자들은 많은 경우 인격교육론을 주창한다. 인격교육이란 무엇인가? 사람의 사람다운 조건을 살피고 어린아이들을 교육해 이러한 품격을 갖추도록 하는 것이다. 동서고금의 성철(聖哲)이 말한 것 중, 인격에 합치되는 것이 하나는 아니지만 가장 많이 한 자로 공자만한 이는 없었다. 공자가 실로 미래 세계의 도덕교육이라는 숲에서 가장 중요한 위치를 차지할 것이라는 점을 나는 감히 예언하는 바이다. 공자가 우리들에게 바라는 것은 우리들이 그를 교주로 부르고 세상의 존귀한 자로 예우하는 것이 아니다. 지금 다른 이들에게는 교주가 있고 세상의 존귀한 자라는 호칭이 있지만 우리에게는 없다고 하여 마침내 공자교가 장차 망할 것이라고 서로 놀라나, 이것이 어찌 공자를 아는 것이라 하리오? 소크라테스와 아리스토텔레스는 공자에 훨씬 미치지 못하지만, 소크라테스와 아리스토텔레스의 가르침은 오래될수록 더욱 빛나거늘, 공자가 그것을 두려워하겠는가? 이에 나는 세계에 만약 정치가 없고, 교육이 없으며 철학이 없다면 공교는 없어지겠지만, 이 셋이 존재한다면 공자교의 빛남은 그치지 않을 것이라고 단언한다. 공자교 보위론을 견지하는 자들은 어찌 근심 없이 지내지 않는가?

여러 종교의 장점을 취해 공자교를 빛내는 것에 관하여

내가 공자교에 대해 마음을 다하는 것은 다른 부분에 있다. 바로 우리 교(教)라는 경계선을 긋지 않고, 그 문을 열어 영역을 넓히고 여러 교를 취해 받아들이는 것이다. 이것이 우리 공자를 자라나게 하고 보위하는 방법이다. 저 불교, 예수교, 이슬람교, 그리고 고금의 갖가지 종교에는 모두 다른 종교의 교의를 받아들일 수 있는 도량이 없다. 왜 그런가? 저들은 '믿음을 일으키는 것(起信)'을 근본으로 하고 마귀를 항복시키는 것을 기능으로 삼기 때문이다. 그것을 따르는 것은 마치 부인이 두 지아비를 섬길 수 없는 것과 같다. 그러므로 붓다는 '천상천하 유아독존'이라고 했고, 예수는 '유일무이한 하느님의 진짜 아들'이라고 했다. 그 범위는 모두 일정하여 증감할 수 없다. 공자는 그렇지 않아 비천한 사람이더라도 양쪽 극단을 다해 중도를 찾았고, 세 사람이 함께 가더라도 나의 스승을 얻을 수 있다고 했다. 공교의 정신은 전제적인 것이 아니라 자유주의적이었던 것이다. 우리들이 진실로 공자를 존숭한다면 마땅히 그의 정신과 바로 접해야지 그 모양과 자취에 구애되어서는 안 된다. 공자가 가르침을 세운 것은 2천 년 전 사람들을 겨냥한 것이지, 통일적으로 관문을 걸어 잠근 중국인을 겨냥한 것은 아니다. 만세토록 바뀌지 않는 '보편적 의리(通義)'도 물론 많지만, 시대와 함께 변화하는 '특수한 의리(別義)'도 적지 않다. 맹자가 말하지 않았던가? "공자는 성인 가운데 시중을 하는 자"라고 말이다. 공자가 오늘날 태어난다면 우리는 그가 자신의 교의에서 다시 더하고 덜어낼 것임을 안다. 지금 우리 국민은 춘추전국시대의 사람들이 아니다. 이미 20세기의 사람들인 것이다. 한 마을 한 나라의 사람인 것만이 아니고 세계인이기도 하다. 공자의 뜻을 스승 삼아 공자가 준 것을 받을 자가 반드시 있을 것이다.

그러므로 불교의 널리 사랑함, 크게 두려움이 없음, 생사를 꿰뚫어 봄, 중생을 구제함 같은 것, 예수교의 평등함, 원수를 친구처럼 봄, 인민을 위해 자신을 희생함 같은 것 등은 공자의 가르침에도 물론 있으니, 나는 그 더 심오하고 분명한 것을 취해 서로를 밝게 드러낸다. 그 혹여 없는 것을 나는 급히 취해 다 품지 한 구석에 버려두지 않는다. 그 혹여 서로 반대되고 그들에게 우월한 것이 있다면 나는 자신을 버리고 저것을 따르는 것에 인색하지 않을 것이다. 또한 여러 종교에 대해서만 그런 것이 아니다. 고대 희랍과 근세 구미의 여러 철학에 대해서도 어느 것 하나 함께 허용하여 스스로 그것을 포용하지 않을 수 있겠는 가? 그와 같은 것이 공자교에 이익이 될지 손해가 될지는 지혜로운 자가 아니라 하더라도 판단할 수 있을 것이다. 공자는 특히 협소한 여러 종교와는 달리 우리 공자교를 존숭하는 자를 위해 이 법문을 열어 주었으니, 이는 우리가 마땅히 기뻐해야 할 일이다. 이 하늘이 준 행운 을 탓해서는 안 된다. 위대하다 공자여. 위대하다 공자여. 광활한 바다 에서 물고기가 뛰어놀고 하늘에서는 새가 자유롭게 나니, 이런 식으로 공자를 존숭하면 공자의 참 모습이 보일 것이고, 이런 식으로 공자를 말하면 공자의 계통이 오래갈 것이다. 어찌 반드시 두려워하고 스스로 를 폄하하여 분파를 세우고 경계선을 그어 공자교를 보위하자, 공자교 를 보위하자고 말하는가?

결론

아, 아! 보잘것없는 이 몸이여. 옛날에는 공자교 보위당의 용맹스러 운 장군이었다가 지금은 공자교 보위당의 최대 적이 되었네. 아, 나의 선배들이여. 아, 나의 옛 친구들이여. 그들이 번복하는 것을 싫어하고 애매모호한 것을 꾸짖어 보잘것없는 죄인이라 여기지 않을 수 있겠는 가? 그렇지만 나는 공자를 사랑하되 진리를 더욱 사랑한다. 나는 선배 들을 사랑하되 국가를 더욱 사랑한다. 나는 옛 친구들을 사랑하되 자유 를 더욱 사랑한다. 나는 또한 공자가 진리를 사랑했고, 선배들과 옛 친구들이 나라를 사랑하고 자유를 사랑하는 것이 나보다 더 깊다는 것을 잘 안다. 나는 이에 자신하면서 참회한다. 2천 년 이래의 정론을 뒤집는 것에 대해 나는 애석하지 않고, 4억 사람들의 도전에 대해서도 두렵지 않다. 나는 이것으로 모든 교주들이 나에게 베푼 은혜에 보답할 것이고, 이것으로 국민들이 나에게 준 은혜에 보답할 것이다.

5. 종교가와 철학자의 장단점과 득실

『飮氷室文集』 卷9, 「宗敎家與哲學家之長短得失」(1902)

　세상사 이치는 얻는 것이 있으면 반드시 잃는 것이 있다. 그러니 얻는 것은 곧 잃는 것 가운데에 깃들어 있고, 잃는 것은 곧 얻는 것 가운데에 있다. 천하의 인물에는 장점이 있으면 반드시 단점이 있다. 그러니 장점은 항상 단점과 인연(緣)이 되고, 단점 역시 장점과 함께 붙어 있다. 만약 그 얻는 것, 장점이 되는 것만을 보아 그것만을 활용하면 그 결점이 발견됨에 이르러 그 폐단을 이겨내지 못하게 된다. 만약 그 잃는 것, 단점이 되는 것만을 보아 그것만을 폐기하면 그 잃는 것, 단점이 되는 것을 제거함으로 인해 얻는 것, 장점이 되는 것 또한 보이지 않게 된다. 학문을 논하고 일을 논하고 사람을 논하는 이들이라면 이 점을 깊이 유의하지 않으면 안 될 것이다.

　종교가의 발언과 철학자의 발언은 종종 상반되는 경우가 많다. 우리들이 과거에 학문을 논함에 종교를 가장 좋아하지 않았던 것은 그것이 미신으로 기울어 진리에 장애가 되었기 때문이다. 비록 그렇지만 '이치를 궁구하는(窮理)' 면에서는 종교가가 철학자만 못하고 일을 처리하는 면에서는 철학자가 종교가만 못하다. 이 점은 역사의 여러 곳에서 증명된다. 역사상 영웅호걸들로서 대업을 성취하여 일세를 뒤흔든 자들은 대부분 종교사상을 지닌 사람이 많았고, 철학사상을 지닌 이들은 적었다. (그 두 사상이 없는 사람이 더욱 많았고, 오직 철학에 기대어 자임하는 자는 거의 없었다.) 서양에서 크롬웰은 영국을 재건한 자로서 모두가 잘못이라고 하는 일을 피하지 않고 하고, 수많은 어려움을 겪고도 변치 않았던 것은 종교사상이 그렇게 만든 것이다. 여걸 잔다르크는 프랑스를 구한 자로서 평범하여 다른 장기는 없고 오직 미신과 열성으로 나라 사람들을 감동시켜 적을 무너뜨렸으니, 종교사상이 그렇게 만든 것이다. 윌리엄 펜(William Penn)은 아메리카를 개척한 인물로 그가 자유를 생명으로 삼고 육신을 희생물로 여긴 것은 종교사상이 그렇게 만든 것이다. 미국의 워싱턴과 링컨은 모두 호걸이자 성현으로 종교사상이 풍부한 사람들이었다. 마치니(Giuseppe Mazzini)와 카보우르(Camillo Benso, conte di Cavour)는 이탈리아를 배태해 키운 자들이다. 마치니는 새로운 나라를 세우려고 새로운 종교를 주창했고, '청년 이탈리아당'은 실로 종교의 지반 위에서 축조한 것이다. 그가 단결하여 흩어지지 않고 인내하며 변치 않았던 것은 종교사상이 그렇게 만든 것이다. 카보우르는 나라를 다스릴 때 우선 교황의 권한을 억제했다. 그러나 이는 교회를 적대시하는 것이었지 종교적 가르침을 적대시한 것이 아니었다. 그는 미신의 힘이 자못 강했다. 그래서 재산을 불리지 않고 나라를 재산으로 여겼으며, 결혼을 하지 않고 나라를 아내로 여겼는데, 이는 종교사상이 그렇게 만든 것이다. 글래드스턴(William Ewart Gladstone)은 19세기 영국의 걸출한 인물로 그가 미신에 깊이 빠짐은 거의 천고에 없는 것이었다. (글래드스턴 공은 매주 일요일이면 반드시 예배당에 갔는데, 그 일을 평생토록 중단하지 않았다. 또 글래드스턴 공은 일찍이 다윈과 하루 종일 대담을 하였는데, 다윈이 자신의 생물학에서의 새로운 이론을 흥미진진하게 말했으나, 글래드스턴 공은 그 재미를 조금도 이해하지 못한 것 같았다고 한다.) 그가 하나의 신념을 견지하고 여론을 움직이며 국시를 혁신한 것은 종교사상이 그렇게 만든 것이다. 일본의 경우 메이지유신 전의 여러 인물들 예컨대 오시오 츄사이(大鹽中齋), 요코이 쇼오난(橫井小楠) 등은 모두 선종에서 힘을 얻은 자들이다. 사이고 다카모리(西鄕隆盛)는 더욱 유명한 자이다. 흰 칼날 위를 걸으면서도 후회하지 않고 앞 사람이 넘어지면 뒤 사람이 이어간 그의 정신은 종교사상이 그렇게 만든 것이다. 우리나라의 경우에는 근세에 철학과 종교의 두 측면에서 모두 극히 의기소침했다. 다만 강유위와 담사동 같은 이들은 모두 불교에서 얻은 것이 있는 인물들이다. 두 선생의 철학은 독창적이고 심오한 경지에 이르렀는데, 우주를 뒤흔들고 전 사회의 풍조를 환기할 수 있었던 것은 철학에 의거한 것이 아니고, 여전히 종교사상이 그렇게 만든 것이다. 이와 같이 종교사상의 힘은 크고 두텁다.

철학에도 두 파가 있으니 유물파와 유심파이다. 유물파는 학문을 만들어낼 수 있을 뿐이지만 유심파는 때로 인물도 만들어낼 수 있다. 나폴레옹과 비스마르크는 모두 스피노자의 저서를 아주 좋아해 거기에서 감화를 받은 것이 적지 않았다. 또 러시아의 허무당(虛無黨) 사람들 또한 헤겔의 학설을 숭배하기를 일용하는 양식처럼 했다. 스피노자와 헤겔의 책은 모두 정치를 논하지도, 일의 효과를 논하지도 않았지만, 그것이 사람에게 미치는 전염력은 그와 같았으니, 유심철학 또한 종교에 거의 가깝다고 하겠다. 나는 일찍이 유럽사를 읽을 때 자유를 쟁취하기 위해 피를 흘린 자들이 수백 년을 하루같이 끊임없이 이어져왔는데, 그 인물들은 모두 종교 미신에서 나왔다는 점을 발견했다. 생각건대 미신의 힘이 아니면 사람의 생사에 관한 생각을 넘어서도록 할 수 없는 것이다. 한편 러시아 허무당의 역사를 살펴보건대 그 사람들 중에 예수교를 믿지 않는 이들이 열이면 여덟에서 아홉이었다. (그들의 지도자였던 여걸 소피아가 형장에 나아갈 때 선교사가 십자가를 지니고 그녀를 위해 기도를 했는데, 이는 네스토리우스교를 믿는 나라의 통상적 풍속이었다. 그런데 소피아는 그것을 물리치며 "나는 예수교를 믿지 않으니, 이런 것으로 요란 떨지 말라"고 했다. 이와 유사한 다른 예들도 많다.) 그런데 어떻게 삶아 죽이는 형벌을 당하는 것마저 기꺼이 받아들여 저와 같이 걸림이 없고 두려움이 없을 수 있을까? 내가 그 까닭을 깊이 구하고 나서 그들에게는 대신 유심철학이 있음을 알게 되었다. 유심철학은 일종의 종교이다. 우리나라의 양명학이 유심파이니, 만약 이것을 배워 얻은 것이 있으면 그 사람은 반드시 강하고 굳세어져, 일을 맡음에 더욱 용맹스러워진다. 명 말기 유자의 풍모를 보면 이 점을 알 수 있다. 본 왕조 200여 년간 이 학문이 쇠약해진 데 반해, 그 지류는 동쪽 바다를 건너 일본의 메이지유신을 성취했으니, 이는 심학이 활용된 것이다. 심학이라는 것은 종교 가운데 최고 수준의 것(最上乘)이다.

종교사상은 어째서 일을 처리하는 데 적합하고 철학사상은 적합하지 않은가? (여기서의 철학은 협의의 철학, 즉 유심파 이외의 철학을 가리킨다.) 나는 그것에 대해 깊이 생각하여 다음 다섯 가지 원인을 찾아냈다.

첫째, 종교사상이 없으면 통일이 없기 때문이다. 오늘날 이 세상 중생은 근기(根器)가 박약하여 성불할 수 있는 자격이 없고, '뭇 용이 머리가 없는' 즉 종교적 구원을 받는 지위에 이를 수 없다. 그래서 반드시 어떤 것에 의지해 통일하여, 멋대로 경쟁하고 궤도를 벗어나며 흩어져 단결하는 것이 없는 지경에 이르지 않도록 해야 한다. 이 통일의 도구는 하나가 아니겠지만 종교가 가장 요긴한 것이다. 그리하여 사람마다 자유로운 가운데 무형의 어떤 것을 그 위에 놓아 정신을 하나로 단결시켜야 한다. 객기를 누를 수 없는 상황이 있다면 그것은 객기를 누를 수 있고, 사욕을 억제할 수 없는 상황이 있다면 그것은 사욕을 억제할 수 있으며, 평정할 수 없는 당쟁이 있다면 그것은 당쟁을 평정할 수 있다. 그와 같은 것으로 종교만한 것이 없다. 종교의 정신은 일종의 군대 정신이다. 고로 야만적인 제도일수록 인민의 뜻을 통일시키는 것으로 종교에 의지할 수밖에 없다. 오늘의 세계만이 그럴 뿐, 문명의 극한에 도달하면 사람마다 자치의 힘이 생겨 진실로 종교에 기대는 일이 없게 될 것이다. 그러나 오늘날은 그러한 때가 아니므로 종교사상이 없으면 통일이 없다고 말하는 것이다.

둘째, 종교사상이 없으면 희망이 없기 때문이다. 희망이라는 것은 인간이 걸어가는 길(人道)에 필요한 '양식(糧)'이다. 사람에게는 두 가지 경계가 있으니 하나는 현재의 세계이고, 다른 하나는 미래의 세계이다. 현재의 세계는 사실에 속하고 미래의 세계는 희망에 속한다. 사람에게는 반드시 늘 희망이 마음속에 걸려 있다. 그러고 나서야 용기를 발휘해 휘몰아가 일체의 일을 맡을 수 있다. 그러나 어떤 것이 있어 희망과 서로 연(緣)이 되니, 그것은 희망의 가장 큰 독충, 즉 실망이다. 희망을 할 때 그 기운의 성함은 몇 배이지만 실망을 할 때에도 그 기운이 소침해지는 것 또한 몇 배이다. 그러므로 유형의 눈에 보이는 희망은 희망 가운데 자못 위험한 것이다. 반면 종교는 무형의 희망이다. 이 칠 척의 몸으로 이 수십 년의 춘추라는 생애는 지극히 구구하고 보잘것없다. 그러나 나에게는 영혼이 있다. 그러니 나의 위대한 사업은 후자에 있지 전자에 있지 않다. 그러므로 나를 괴롭게 하는 것은 일시적이고 나를 즐겁게 하는 것은 영겁이다. 나를 괴롭게 하는 것은 환유(幻有)의 몸이고 나를 즐겁게 하는 것은 법신(法身)이다. 이 희망을 얻으면 안심입명(安心立命)할 곳이 생기고, 어떤 좌절을 당하고 어떤 번뇌가 생겨도 소침해지지 않으며 그 나아감이 더욱 굳세다. 그렇지 않으면 한번 실의하고는 잃게 된다. 그러므로 종교사상이 없으면 희망이 없다고 한다.

셋째, 종교사상이 없으면 해탈이 없기 때문이다. 사람이 대업을 이루지 못하는 까닭은 대체로 바깥 경계에 속박되기 때문이다. 소리, 색, 재물과 이재(理財), 아내, 명예 등 가지가지가 다 미련을 두는 것이다. 일단 미련을 두면 일에 맞닥뜨릴 때마다 책임을 떠넘길 수 없다고 여기지만 이것저것에 일일이 계탁하게 된다. 그러고는 '이와 같으면 나의 명예에 이롭지 않다'고 말하며 책임지려는 마음이 거의 절반은 사라진다. 또 '이와 같으면 내 자신과 집안에 이롭지 않다'고 말하며 책임지려는 마음이 절반 이상 줄어든다. 또 '이와 같으면 내 생명에 이롭지 않다'고 말하며 책임지려는 마음이 거의 다 사라진다. 이것이 '아는 것은 어렵지 않지만 행하는 것은 어려운' 까닭이다. 종교는 사람을 해탈로 이끈다. 이 기세간(器世間)이라는 것은 다만 업장으로 이루어져 있다. 이 몸은 다만 사대(四大)가 화합한 것이다. 몸 또한 내게 있는 것이 아니거늘 하물며 몸 밖의 갖가지 환상(幻象)에 연연하겠는가? 이 법문을 얻으면 자유롭게 노닐어 걸림이 없고 자신을 버려 세상을 구원하며, 곧장 무사(無事)를 행하게 된다. 그렇지 못한 자는 날마다 억지로 절제하더라도 일에 임해서는 그 효과를 거두지 못한다. 그러므로 종교사상이 없으면 해탈이 없다고 한다.

넷째, 종교사상이 없으면 거리끼는 것이 없기 때문이다. 공자는 "소인은 거리낌이 없다."고 했다. 사람이 거리끼는 바가 없음에 이르면, 소인의 기량(器量)은 극에 달한다. 지금 세상에서 시대를 안다는 준걸들은 일본과 중국에서 한두 가지 새로운 학문과 개념을 주워듣고는 고래로 전해오는 모든 도덕을 그다지 중요하지 않다고 내다버린다. 근대의 철학에서 말하는 새로운 도덕이라는 것 또한 손톱만큼도 엿본 적이 없으면서 '공중의 도덕(公德)'을 다했다고 말한다. 그러나 나는 공중의 도덕에 선양할 만한 것이 있다고 하여 '사적인 도덕(私德)'을 버리는 일은 본 적이 없다. 「예운」의 대동의 이치를 듣고는 다른 것은 얻는 것이 없이 자신의 부모만을 부모로 여기지 않는다는 말만을 앞세운다. 벤담의 공리주의에 관한 책을 읽고는 다른 것은 생각하는 것이 없이 그 즐거운 것을 즐길 줄만 안다. 아담 스미스의 『국부론』을 받아들고는 공익을 늘리는 것이 아니라 사적 재산을 증식시킨다. 다윈의 『종의 기원』에 관한 논의를 보고는 단체를 결성하지 않고 내부 다툼이 일어나게 한다. 로크와 칸트의 의지의 자유에 관한 이론을 듣고는 앞 다투어 방탕하며 그것은 나의 천부적 본능이라고 한다. 카보우르와 비스마르크의 적에 응하는 외교술을 보고는 앞 다투어 속이고는 내가 일을 처리하는 수단이라고 말한다. 이와 같은 것들은 다 거리끼는 바가 없는 것이다. 서구의 나라에서 이러한 학설이 성행하면서도 폐단이 없는 것은 무엇 때문인가? 근엄하고 진부한 종교로 그것을 치유하기 때문이다. 기독교의 교의는 심히 천박하지만 '마지막 날의 심판'이나 '천국이 가까이에 있다'는 등의 논의로 날마다 떠들썩함으로써 사회의 중하층 사람들이 각기 두려워하는 것이 있어 감히 그 울타리를 파괴하지 않도록 한다. (상층의 지혜로운 자들은 높은 수준의 교의를 직접 받아들여 폐단에 이르지 않을 수 있다.) 비록 그렇지만 이와 같은 교리는 과학의 원리와 서로 허용되지 않으므로 오래 유지될 수 없다. 반면 우리 불교의 업보설 같은 것은 지금 지은 것은 후에 이어져 하나의 원인과 하나의 결과 사이에 그 응함이 메아리 같고 그 찍힘이 부절과 같아 추호도 거짓이 없다. 그러므로 이것은 어떤 학문이론에 근거해서도 결코 깨뜨릴 수 없는 것이다. 만약 이러한 사상이 있다면 어찌 감히 방자하고 자포자기하여, 오늘 악업을 지어 내일 악과(惡果)를 받겠는가? 공자는 "고집이 센 사람은 하지 않는 바가 있다."고 했고 "극기복례가 인이 된다."고 했다. 무릇 모든 교단에는 크든 작든 계율이 없을 수 없다. 계율이라는 것은 '인민의 도덕(民德)'을 향상시키는 가장 큰 법문이다. 내가 보기에 일본은 최근 30년 동안 '인민의 지혜(民智)'는 크게 진보했으나 인민의 도덕은 반대로 하락했다. 이는 그들이 서양인의 학문을 받아들이기는 했으나 그 효력이 저기까지는 미치지 못했기 때문이니, 이는 의미심장하다. 그러므로 종교가 없으면 거리낌이 없다고 한다.

다섯째, 종교사상이 없으면 기백이 없기 때문이다. 인성이란 심히 유약하다. 공자는 "아는 것은 거기에 미치지만 인(仁)으로 지키지 못한다."라고 했는데, 이와 같은 경우는 아주 많다. 그래서 부처님은 설법하실 때 '대웅(大雄)'을 말하셨고, '크게 두려움 없음'을 말하셨으며, '날램', '용맹', '위력'을 말하셨고, 이 여러 의미를 포괄하여 사자로 형상화했다. 무릇 사람에게는 어째서 두려움이 있는 걸까? 두려움 가운데 가장 큰 것은 생사이다. 종교사상이 있는 자는 태어난다는 것도 없고 죽음이라는 것도 없음을 안다. 죽음이라는 것은 내 몸 안의 철분이 죽음이다. 나머지 금속류, 목류(木類), 탄, 전분, 당, 염수와 같은 것, 나머지 잡다한 질과 기질일 뿐이다. 그리고 나에게 죽지 않는 것도 있으니 그것을 영혼이라 한다. 언제나 죽지 않는 것이 있으니, 죽음을 내가 두려워할 게 무엇인가? 죽음조차 두려워하지 않는데, 더 두려워할 것이 무엇이 있겠는가? 그러므로 위대한 종교, 훌륭한 종교에서 참으로 얻은 것이 있는 자 중에 떨쳐 힘을 내고, 강하고 용맹스럽지 않은 이가 없다. 철학자의 경우에는 그렇지 않아 수학적 원리를 활용함에 극히 정밀하고, 논리학을 활용함 또한 극히 정밀하여 목전의 이해관계를 털끝까지 해부한다. 천하에 순전히 이롭고 해가 없는 일이 어찌 있겠는가? 30근의 기계에 모래가 하나 놓이더라도 움직이지 못하듯이 철학자들은 종종 이 주장을 갖고 세 번, 네 번, 대여섯 번 생각하니, 천하에 하나도 할 수 있는 일이 없게 된다. 그러므로 종교사상이 없으면 기백이 없다고 한다.

요컨대 철학은 의심을 귀히 여기고 종교는 믿음을 귀히 여긴다. 믿음에는 바른 믿음이 있고 미신이 있다. 그런데 바른 믿음이든 미신이든 만약 믿는다면 반드시 '지극히 정성스럽다(至誠)'. 지극히 정성스러우면 중한 일을 맡을 수 있고 먼 곳에 이를 수 있으며, 사람을 감동시키고 사물(物)을 움직일 수 있다. 그러므로 보통 사람이 한 마을과 한 읍의 훌륭한 선비가 될 수 있는 것은 종종 종교에 의지해서이다. 대인이 경천동지할 만한 사업을 할 수 있는 것도 종교에 의지해서이다. 혹은 어떤 사람의 지극히 정성스러움이 반드시 종교에 의해 생겨난 것은 아니더라도 종종 종교를 갖게 된 후에 움직이기 시작하고, 종교사상을 얻은 후에 그 힘이 증대되니, 종교를 멸시할 수 있겠는가? 기록에 "지극히 정성스러우면서 움직이지 않는 자 없다"고 했으니, 종교사상을 갖추고 있는 자를 가리켜 한 말이다. 또 "정성스럽지 않은 자 중에 움직일 수 있는 자 없다"고 했으니, 종교사상이 없는 자를 가리켜 한 말이다.

그렇다면 종교가 더 낫고 철학은 그보다 못하며 종교가 이득이 많고 철학은 잃는 것이 많다는 말인가? 그것은 그렇지 않다. 종교가의 말은 자신을 세우기 위한 것이고 일을 처리하기 위한 것이지만 강론하고 배우기 위한 것은 아니다. 어째서인가? 종교와 미신은 항상 서로 인연이 되므로, 미신이 있기만 하면 진리는 절반이 가려지고, 미신이 계속되면 사람의 지혜는 결국 앞으로 나아갈 수 없게 되며 세상의 운행도 앞으로 나아갈 수 없게 된다. 그러므로 학술을 말하는 자는 미신과 적이 되지 않을 수 없고, 미신을 적대하면 그것과 인연하는 바인 종교와도 적대하지 않을 수 없다. 그래서 한 나라 안에는 종교를 믿는 사람이 없을 수 없고, 종교를 무너뜨리려는 사람도 없을 수 없다. 경제학의 법칙에 따르면 공(功)이 나눠질수록 일처리가 더욱 나아진다고 하니, 방법의 차이로 서로를 비난할 필요는 없다.

그렇지만 종교의 미신은 무너뜨릴 수 있어도 종교의 도덕은 무너뜨려서는 안 된다. 도덕은 천하의 공적인 것이지 특정 종교가 전유할 수 있는 것이 아니다. 만약 도덕을 무너뜨린다면 그는 거리끼는 바가 없는 소인일 것이다. 진실로 종교가 아니라면 어떻게 철학의 숲을 스스로 가까이할 수 있겠는가?

'천하에 종교가 많은데 내가 무엇을 따라야 한단 말인가'라고 말한다면 이렇게 말하리라. 종교가의 말은 모두 중생의 근기에 응해 설법한 것이고, 때와 장소에 따라 다르다. 또 같은 시간 같은 장소라 하더라도 사람마다 다르다. 내가 특정 가르침을 주는 말을 들어 감동이 생겨난다는 것은 내가 어떤 가르침에 응해 구원을 얻은 것이다. 그러므로 오늘날 문명국에서는 신앙의 자유를 가장 중시한다. 우리들이 어찌 그것을 제한할 수 있겠는가? 그리고 지금 우리가 논하는 것은 종교이지 종교학이 아니다. 만약 종교학을 논한다면 우열과 고하를 말할 수 있을 것이다. 그러나 지금은 자신을 세우고 일을 처리하는 것에 대해 논하므로 그 가르침의 우열과 고하가 어떤지는 살피지 않고, 지극한 정성으로 느끼고 의탁한 것이 어느 정도인지를 살핀다. 비록 원료범과 같이 열등한 종교라 하더라도 인물을 낼 수 있으니, 다른 것은 더 말할 것도 없다. 만약 종교학으로 논하자면 횡으로는 허공을 다하고 종으로는 억겁을 다하여 일체 중생을 다 제도할 수 있는 것으로는 부처님이 지극하시다. 부처님이 지극하시다.

모든 종교를 미신하는 자는 틀림없이 지극정성이지만 지극정성이 반드시 다 미신에서 나온 것은 아니다. 종교적인 지극정성의 발현은 선에서 정성스러움도 있고 악에서 정성스러움도 있다. 그러나 그들이 정성스럽게 행할 때, 그것이 선이든 악이든 그 힘은 늘 일반 사람의 몇 배를 넘어선다. 지극한 정성과 발광(發狂)의 경계는 아주 미세한 차이일 따름이다. 그러므로 기민하고 맹렬하고 굳세고 날카롭고 깊은 것이 항상 다른 이들에게는 이해되지 못하여, '어찌 저들의 고통이 저와 같은가' 하고 여긴다. 그 악한 지극정성으로는 성적인 것에 지극정성이다가 정사(情死)하는 것, 재화에 지극정성이어서 저자거리의 재물을 쓸어 담는 것이 그것이요, 그 선한 것으로는 효에 지극정성이어서 넓적다리를 베어내는 것, 충에 지극정성이어서 옻으로 몸을 칠하여 나라에 지극정성인 것, 도(道)에 지극정성이어서 피를 흘려 인(仁)을 완성하는 것이 그것이다. 이와 같은 것들은 정성스럽지 않은 사람이라면 수백 번 생각해 보아도 이해할 수 없는 일이다. 그러므로 천지 사이에 유일무이한 사람, 그리고 천지 사이에 다시 일어나지 않을 일 중에 지극정성에서 나오지 않은 것은 없다. 이 점을 아는 자는 종교를 논할 수 있다.